Georg Engelhardt & Carl Ritter (Hg.)

Reise des kaiserlich-russischen Flotten-Lieutenants Ferdinand von Wrangel längs der Nordküste von Sibirien und auf dem Eismeere, in den Jahren 1820 bis 1824

Erster Teil

Georg Engelhardt & Carl Ritter (Hg.)

Reise des kaiserlich-russischen Flotten-Lieutenants Ferdinand von Wrangel längs der Nordküste von Sibirien und auf dem Eismeere, in den Jahren 1820 bis 1824

Erster Teil

ISBN/EAN: 9783954271542
Erscheinungsjahr: 2012
Erscheinungsort: Bremen, Deutschland

www.maritimepress.de | office@maritimepress.de

Bei diesem Titel handelt es sich um den Nachdruck eines historischen, lange vergriffenen Buches. Da elektronische Druckvorlagen für diese Titel nicht existieren, musste auf alte Vorlagen zurückgegriffen werden. Hieraus zwangsläufig resultierende Qualitätsverluste bitten wir zu entschuldigen.

Reise

des

kaiserlich-russischen Flotten-Lieutenants

Ferdinand v. Wrangel

längs der Nordküste von Sibirien und auf dem Eismeere,
in den Jahren 1820 bis 1824.

Nach den handschriftlichen Journalen und Notizen bearbeitet

von

G. Engelhardt,

Staatsrath.

Herausgegeben

nebst einem Vorwort

von

C. Ritter, Dr. und Professor.

Mitglied der Academie der Wissenschaften zu Berlin und St. Petersburg.

Mit Tafeln der Temperatur - Verhältnisse und einer Landkarte.

Erster Theil.

Berlin, 1839.

Verlag der Voss'schen Buchhandlung.

Vorwort.

Der lebhafteste Wunsch, das in neuerer Zeit so wissenschaftlich glänzend erweiterte Feld der Polar-Reisen, auf welchem die ausgezeichnetsten Forscher verschiedener europäischer Nationen sich, seit einer kurzen Reihe von Jahrzehenden, dauernden Ruhm um die Erdkunde erworben, in seinen grossartigen Entdeckungen, auch für die sibirische Curve des Erdrings, für jede Zukunft in dem Gebiete der Wissenschaft gesichert zu sehen, um nicht, wie dies schon öfter der Fall gewesen, wieder in Vergessenheit oder Unsicherheit zurückzusinken, und zu blos wiederholten, gleichartigen Anstrengungen und Unternehmungen, sondern zu immer fortschreitenden zu führen — dieser Wunsch veranlasste den Herausgeber

schon vor Jahren sich an seine wissenschaftlichen Freunde
im Norden zu wenden, um die Resultate der vorliegenden, wahrhaft grossartigen, mehrjährigen sibirischen Expedition zur öffentlichen Mittheilung zu bringen. Er
wusste, dass diese nicht nur den Ruhm des Kaiserlich-
russischen Gouvernements in der für den Fortschritt der
Geschichte der Menschheit und der Wissenschaften so
wichtigen Angelegenheit verherrlichen half, sondern, dass
auch das Verborgenbleiben so erfolgreicher Anstrengungen mannigfacher Art, als eine unersetzliche Lücke in
der Geschichte des geographischen Wissens anzusehen
sein würde, da seitdem schon die ganze graphische Darstellung des äussersten Nordostens der alten Welt durch
ihre Ergebnisse, wenn auch, bei jener bescheiden zu-
rückgetretenen Expedition, fast unbesprochen, eine ganz
veränderte Gestalt angenommen.

Nur Einiges der v. Wrangel'schen physikalischen
Beobachtungen über die Eismassenbildung, das Nordlicht, die arctischen Temperaturverhältnisse u. s. w. jener Polar-Region, wurde von dem berühmten Physiker
Parrot zu seiner Zeit veröffentlicht, der vollständige, höchst lehrreiche Reisebericht selbst erscheint
aber hier zum ersten Male, da selbst der russsiche bisher noch nicht veröffentlicht worden ist. Diese deutsche
Bearbeitung hat aber den Vortheil, von einem gleichfalls

berühmten, des Russischen vollkommen mächtigen Lite-
rator herzurühren, von dem bekannten Herrn Verfasser der russischen Miscellen, einem Freunde des Reisenden, einem Lehrer, von dessen Gefährten, dem Herrn
Matiuschkin, so dass dieser Druck als Original-
bericht aus den Quellen selbst des Herrn Contre-
Admirals Wrangel anzusehen ist, mit dessen besonderer
Autorisation, welche derselbe bei seinem letzten Besuche
in Berlin dem Herausgeber auch persönlich zu bestätigen die Gewogenheit hatte.

Ueber das Werk selbst ist hier nicht der Ort in
das Besondere einzugehen; es reiht sich als ein wür-
diges Glied an die gefeierten, früheren Polar-Reisen der
Atlantischen Seite, der sogenannten Nordwest-Passage,
von Briten und Andern, die gegen das arctische Nord-
ost-Amerika hin ausgeführt wurden, an; es vollendet
mit den gleichzeitig begonnenen und später ausgeführten
Lütke'schen und andern Nowaja Semljaschen direkten
Polarfahrten, die Kenntniss der arctischen Eismeere,
zumal der weniger erforschten Seite der nordöstlichsten Polarscheibe der alten Welt, Nordost-Sibiriens,
und bildet wahrhaft das Complement zu den Berichten über das arctische Nordwest-Amerika, die wir
fragmentarisch theils schon besitzen, theils noch erhalten werden, die wir selbst noch aus dem Journal des

Herrn Contre-Admirals, während seiner mehrjährigen Gouvernementsverwaltung in Sitcha zu erhalten hoffen. Die aus den officiellen russischen Quellen mitgetheilte Geschichte der sibirisch-polarischen Entdeckungsunternehmungen, welche als Einleitnng zu diesem nachfolgenden Reisebericht gefügt ward, ist als lehrreiche Zugabe mit Dank entgegenzunehmen. Die ungemein anziehende und würdige Darstellung der Reisekampagnen wird, bei den mannigfach eingewebten Episoden, welche die besondern Zustände zur klarsten Anschauung bringen, sich selbst schon ihre Leser verschaffen, da man zugleich von Schritt zu Schritt das Heldenmüthige, wie das Besonnene der ganzen Unternehmung, im fortwährenden Kampfe mit den gewaltigsten Naturkräften und den dürftigsten menschlich-geselligen Verhältnissen, unter solchen hohen Breiten der Erde, zu bewundern Gelegenheit hat. In dieser Hinsicht werden die wissenschaftlich gebildeten Zeitgenossen aller Nationen, welche daheim mit Bequemlichkeit den Gewinn so riesenhafter und gefahrvoller Kämpfe, wie die ähnlichen von J. Ross, Parry und Andern, denen die mit gleicher Energie durchgeführten des Herrn Wrangel sich anreihen, den dadurch mühsam erworbenen Fortschritt sicherlich mit gehöriger Aufmerksamkeit und schuldigem Dank zu würdigen wissen.

Schlüsslich bemerken wir, dass dem Werke nicht unwichtige Tafeln von Thermometerbeobachtungen der höchsten nordischen Breiten beigegeben sind, eine erläuternde, durch viele astronomische Beobachtungen berichtigte Karte des durchforschten Reisefeldes, welche von dem Herrn Verfasser in doppeltem Maassstabe angefertigt, durch Reduction auf die Hälfte der Grösse desselben nichts verloren hat, und doch geeigneter zur Herausgabe und bequemer zum Handgebrauche wurde.

Der Herausgeber, dessen lange gehegter Wunsch, das Erscheinen dieser Bereicherung der Erdkunde, insbesondere der Polar-Literatur, durch begünstigte Umstände, endlich erfüllt werden konnte, dankt dem Herrn Verfasser und dem Herrn Bearbeiter für ihr Entgegenkommen, wie für das Vertrauen, mit dem sie ihn bei der Beförderung der Herausgabe beehrt, und wünscht dem Werke selbst, das von dem Herrn Verleger auf die zweckmässigste und dem Gegenstande angemessene Weise auch äusserlich ausgestattet wurde, bei dem Publikum die Aufnahme, welche es in so hohem Maasse verdient. Noch ist zu bemerken, dass während der Abwesenheit des Herausgebers vom Druckort, dessen College, der berühmte sibirische Reisende, Herr Professor

A. Erman, ein Freund des Herrn Verfassers, gefälligst die Besorgung der Beendigung der Herausgabe des zweiten Theils übernommen hat.

Berlin, den 8. Juli 1839.

C. Ritter.

Reise

des kaiserlich-russischen Flotten-Lieutenants

Ferdinand von Wrangel,

längs der Nordküste von Sibirien und auf dem Eismeere.

Einleitung.

- - -

Allmälige Entdeckung der Küsten Sibiriens. — Uebersicht der Reisen, welche vor dem Jahre 1820 in dem nördlichen Eismeere, zwischen dem Karischen Meere und der Behrings - Strasse unternommen sind. — Unsicherheit der Aufnahmen und Karten in jener Zeit. — Anordnung und Zweck der in den Jahren 1820 bis 1823, längs der Nordküste Sibiriens und auf dem Eismeere unternommenen Expeditionen.

Die ganze, ungeheure Strecke Landes, von der Behrings-Strasse bis an das Weisse Meer, welche längs der Küste von Asien und Europa 145 Längengrade ausmacht, ist durch Russen entdeckt, aufgenommen und beschrieben worden. Alle Versuche der übrigen seefahrenden Nationen, durch das Eismeer einen Weg aus Europa nach China, oder aus dem Grossen Ocean in das Atlantische Meer zu finden, beschränkten sich im Westen mit dem Karischen Meere und im Osten mit dem Meridian des Nordkaps. Die unüberwindlichen Hindernisse, welche sich dem Weiterdringen jener Seefahrer entgegenstellten, sind durch die Russen überwunden und beseitigt worden; vertraut mit den Schrecknissen des Klima's, gewöhnt an alle die Entbehrungen, die es mit sich bringt, und im Besitz des ganzen östlichen Sibiriens, gelang es ihnen endlich, das Anderen Unmögliche möglich zu machen.

Die ersten ebenso beschwerlichen als gefahrvollen Reisen der Russen in jene eisigen Wüsteneien unternahmen Privatleute, welche durch die Hoffnung angelockt wurden, in dem Handel mit den Küstenbewohnern dieser an den köstlichsten Pelzthieren so reichen Gegen-

1 *

den einen ungeheuern Gewinn zu machen. Späterhin wurden, unter dem Einflusse und Schutze der Regierung bewaffnete Expeditionen, sowohl zu Lande als auch in Fahrzeugen (Kòtschy)*) dorthin abgesandt, welche von den Mündungen der grossen, in das Meer fallenden Ströme längs der Küste hingingen, nach und nach die dort lebenden Völkerschaften unter russische Botmässigkeit brachten und ihnen einen gewissen Tribut (Jassàk) auflegten. — Endlich wurden von der Regierung, mit grossen Kosten, eigne wissenschaftliche Expeditionen ausgerüstet, deren einziger Zweck darin bestand, die schon entdeckten Gegenden genau aufzunehmen, und neue Entdeckungen zu machen.

Viele dieser an den Küsten und nach den Inseln des Eismeeres unternommenen Reisen und ihre Resultate sind bis jetzt dem Publikum noch unbekannt, und da ich in der Beschreibung der von mir in den Jahren 1820 bis 1823 auf Befehl der Regierung dorthin ausgeführten Expeditionen oft in dem Falle seyn werde, mich auf jene frühere Unternehmungen zu beziehen, so halte ich nachstehende gedrängte Uebersicht derselben für eine zweckmässige und nöthige Einleitung zu der Beschreibung meiner Reise.

Schon um die Hälfte des XVI. Jahrhunderts waren die Küsten des Eismeeres den russischen Seefahrern zum Theil bekannt, welche in kleinen, flachen Fahrzeugen (ladji) von dem Weissen Meere und aus der Mündung der Petschòra über das Karische Meer bis an den Ausfluss des Ob' und des Jenissej gingen. Zuweilen machten sie die ganze Fahrt ununterbrochen zu Wasser, gewöhnlich aber pflegten sie, um den Weg zu verkürzen, ihre Fahrzeuge über den Landstrich hinüber zu schleppen, der die Ob'sche Bucht von dem Karischen Meere trennt. In diesem Falle war ihr Weg folgender: sie gingen aus der Karischen Bucht den Fluss Mutnaja

---

*) Kòtschy, ziemlich breite, ungefähr 12 Faden lange, platte Fahrzeuge ohne Kiel, mit einem Verdeck. Gewöhnlich gehen sie mit Rudern, bei günstigem Winde aber bedienen sie sich auch der Segel.

hinauf und erreichten, nach einer achttägigen Fahrt, zwei Landseen, welche ungefähr 10 bis 12 Meilen im Umkreise haben. Hier leerten sie ihre Fahrzeuge und schleppten sie über eine zweihundert Faden breite Landenge, bis an den See Selenoj, aus welchem sie, vermittelst des Flusses gleiches Namens, in den Ob'schen Meerbusen gelangten. Die Rückfahrt zur See aus dem Ob' nach Archangel erforderte gewöhnlich drei bis vier Wochen; um aus dem Ob' in den Jenissej zu gelangen, waren aber nur zwei bis drei Wochen erforderlich *).

In Fischer's sibirischer Geschichte, so wie auch in Müller's Nachrichten von Seereisen findet sich die Angabe, dass im Jahr 1598, auf Befehl des Zaar Fedor Joannowitsch, ein gewisser Fedor Djakow aus Tobolsk, zu den Jenissejskischen Samojeden abgeschickt wurde, um von ihnen den Jassàk oder Tribut einzufordern. Desgleichen finden wir daselbst angezeigt, dass im Jahr 1600, unter der Regierung Godunow's, zu mehrerer Sicherung der russischen Oberherrschaft, in dem Lande der Samojeden, an dem Flusse Jasa eine Stadt mit Namen Mangaseja erbaut worden ist. Diese ward später an den Fluss Turuchanka hin verlegt, wo die mit Unterwerfung der Samojeden, Ostjäken und Tungusen unablässig beschäftigten Kosaken, im Jahr 1607, eine Winterniederlassung (Simòwje) erbaut hatten, welche, nach dem Namen des Flusses, Turuchansk, benannt war. Von hier gingen die Kosaken den Jenissej herab, und erreichten endlich im Jahr 1610 die Mündung dieses merkwürdigen Stromes, welche bis dahin noch völlig unbekannt gewesen war. Die ziemlich umständlichen Berichte, die sie über diese Entdeckung abstatteten, veranlassten eine neue Expedition dorthin.

In demselben Jahre bildete sich nämlich in Mangaseja eine aus Kaufleuten und Pelzjägern (promyschlenniki) bestehende Gesellschaft, welche den zwiefachen Zweck hatte, neue Entdeckungen zu machen und Handel zu treiben. Die Mitglieder dieses Vereins begaben sich nach der neuen Kosakenniederlassung Turuchansk, erbauten dort einige Kòtschy, mit denen sie stromabwärts zur Mündung des

*) Reise des Kapitain Litke. B. 1. S. 76.

6

Jenissej gingen, und nach einer vierwöchentlichen Fahrt, das Eismeer, oder wie es damals genannt wurde, das kalte Meer (studenöje more) erreichten. Hier trafen sie aber auf so viele grosse Eismassen, dass sie ganze fünf Wochen stille liegen mussten, bis endlich ein kräftiger Südwind das Eis zerbrach, auseinandertrieb und ihnen die Möglichkeit darbot, in See zu gehen. Nach Versicherung dieser Leute soll es dort Eisschollen von dreissig und mehr Faden Dicke gegeben haben. Uebrigens ist von den Resultaten dieser Expedition weiter nichts bekannt, als dass sie bis an die Mündung des Flusses Pässida gelangt ist*).

Der Lauf der Flüsse Tunguska und Wymoj, welche beide aus einem Bergrücken**) entspringen, und von denen ersterer sich in den Jenissej, letzterer aber in die Lena ergiesst, brachte im Jahr 1630 die Jenissejskischen Kosaken zu der höchstwichtigen Entdekkung der majestätischen Lena, welche ihnen und den sibirischen Wojewoden die Möglichkeit darbot, die begonnene Unterwerfung Sibiriens immer weiter auszudehnen und zu vollenden.

Unter andern ward im Jahr 1636 der Kosaken-Dessätnik Jelissej Busa aus Jenissejsk nach der Lena mit dem Auftrage abgeschickt, alle in das Eismeer fallenden Ströme und Flüsse zu untersuchen und die Bewohner jener Gegenden mit einem Jassàk zu belegen. — In Begleitung von nicht mehr als zehn Kosaken machte Busa sich auf den Weg, und überwinterte in der kleinen Festung Olekminsk, wo er sich noch vierzig Pelzjäger zugesellte, mit denen er im Frühling seine Expedition weiter fortsetzte. In zwei Wochen drang er bis an die westliche Mündung der Lena vor, und demnach also bis an das Eismeer, auf welchem er, nach einer Fahrt von 24 Stunden, an die Mündung des Flusses Olekma gelangte, der

---

*) In früherer Zeit soll die ganze untere Gegend am Jenissej den Namen Pässida geführt haben, welcher in dem Samojeden-Dialekt eine flache, waldlose Ebene bedeutet; bekanntlich besteht der grösste Theil des nördlichen Sibiriens, nach dem Eismeere zu, aus solchen nackten Ebenen, die hier Tundra heissen.

**) Dieser Bergrücken ist ein Zweig des Gebirges, welches sich von dem Bajkal-See nach Norden hin zieht.

sich bekanntlich auch in das Eismeer ergiesst. Er ging denselben hinauf, und brachte den Winter unter den Tungusen zu, die er mit einem Jassàk belegte. Im nächsten Frühling (1638) ging Busa mit seinem kleinen Haufen wieder nach der Lena zurück, die er bei dem Ausflusse der Molòda in dieselbe erreichte. Hier erbaute er sich zwei Fahrzeuge, mit welchen er, die Lena hinab, nach einer zehntägigen Fahrt in das Eismeer gelangte. Fünf Tage später entdeckte er die Mündung der Jana, in welche er einlief; und nachdem er den Strom drei Tagereisen weit hinauf gegangen war, traf er auf einige Stämme Jakuten, denen er, wie gewöhnlich, einen starken Jassàk abnahm.

Auf der Jana erbaute Busa vier neue Fahrzeuge mit denen er im folgenden Frühling die Rückfahrt in's Eismeer antrat; ein östlich gehender Arm des Stromes, der sich gleichfalls in das Meer ergiesst, brachte ihn bis an den Fluss Tschèndoma, wo er eine Niederlassung von Jukahiren antraf, die in halb unterirdischen Erdhütten (semlänki) wohnten. Hier blieb er zwei Jahre lang, und benutzte diese Zeit sowohl zu allerlei Untersuchungen, als auch zu Erhebung eines bedeutenden Jassàks von diesem und von einigen andern in der Umgegend lebenden Stämmen.

Um dieselbe Zeit, als Busa von der Meerseite in die Jana einlief, entdeckte ein gewisser Iwanow, mit dem Beinamen Postnik, (Beobachter der Fasten) von der Landseite aus den Fluss Indigirka. Er unterwarf sich die längs demselben lebenden Jukahiren-Stämme, und legte dort eine Winterniederlassung an, in welcher er sechzehn Kosaken zurück liess. Diese erbauten nach seiner Abreise zwei Fahrzeuge, mit denen sie die ganze Ufergegend des Stromes bis an seine Mündung befuhren und den Bewohnern Tribut abnahmen. Endlich wagten sie sich auch ziemlich weit in das Meer hinaus, von wo sie verschiedene Nachrichten über die Mündung des Alasej zurück brachten.

Ueber die eigentliche Epoche der Entdeckung des Kolyma-Flusses, besitzen wir keine bestimmte Nachrichten. Fischer, in seiner Geschichte Sibiriens, erwähnt desselben zuerst im Jahr 1644, wo der Jakuzkische Kosak Michajlo Staduchin an dem linken Ufer dieses Flusses, ungefähr hundert Werste von dessen Ausfluss, eine Winterniederlassung anlegte, aus welcher späterhin die kleine Stadt Nis'hne Kolynsk entstand. — Staduchin brachte von dort die erste Kunde von dem kriegerischen Volke der Tschuktschen und von einer nördlich im Eismeere liegenden grossen Insel. Man hatte ihm nämlich dort versichert, dass von der Küste des festen Landes, in der Richtung der Mündungen der Jana und Kolyma, eine Insel zu sehen sey; dass die Tschuktschen von dem sich östlich von der Kolyma in das Eismeer ergiessenden Tschukotsch-Flusse, in einem Tage mit Rennthieren hinüberführen und von dort immer eine reiche Ausbeute an Wallrosszähnen mitbrächten. — Die in dieser Gegend verkehrenden Pelzjäger bestätigten diese Aussage, behaupteten aber zugleich, jene vermeintliche Insel sey nur eine Fortsetzung von Nowaja Semlja. — Nächstdem erzählte man dem Staduchin noch allerlei von einem grossen, gleichfalls in das Eismeer fallenden Strome, Namens Pogytscha oder Kowytscha, dessen östlich von der Kolyma belegene Mündung man bei gutem Winde, in drei Tagen von hier aus erreichen könne.

Diese Anzeigen waren jedoch, wie durch die spätere Untersuchungen erwiesen worden, grösstentheils unrichtig; jene als sehr gross angegebene Insel, ist durchaus keine andere, als die auf unsern Karten mit dem Namen Krestowskoj bezeichnete, welche zu der Gruppe der Bären-Inseln gehört. Sie ist zwar nicht von grossem Umfange, kann aber doch bei klarem Wetter vom festen Lande aus gesehen werden; auch trifft der Umstand zu, dass die Uferbewohner von dem grossen Tschukotsch-Flusse aus, über das Eis, mit Rennthieren in einem Tage nach dieser Insel hinüber fahren. Uebrigens ist es auch wohl möglich, dass man damals schon einige, obgleich unvollkommene Kenntniss von den Inseln hatte, die gegenüber der Mündung der Jana liegen, und dass man daraus allerlei, mehr oder weniger irrige, Begriffe über die Bären-Insel u. s. w. verbreitet hat.

Die erste eigentliche Schifffahrt auf dem Eismeere, östlich von der Kolyma, ist im Jahr 1646 von einer Gesellschaft Pelzjägern unter der Leitung eines gewissen Issaj Ignatjew ausgeführt. Die Seefahrer fanden das Meer mit dichtem Treibeise belegt, doch gelang es ihnen in demselben eine schmale, offene Durchfahrt zu finden, in welcher sie zwei Tage lang, ohne bedeutende Hindernisse, vorwärts gingen, und dann in eine mit Felsen umgebene Bucht an der Küste des festen Landes einliefen, wo sie einige Tschuktschen antrafen und von ihnen Wallrosszähne eintauschten. Da sie die Sprache dieser Leute gar nicht kannten, und es auch bei der kriegerischen Stimmung derselben nicht rathsam fanden weiter vorzudringen, so begnügten sie sich für dies Mal mit dem geringen Resultat ihrer Reise und kehrten nach der Kolyma zurück. Aus Ignatjew's sehr unvollständigem Berichte ist nicht deutlich zu ersehen, wie weit er eigentlich vorgedrungen war, doch lässt sich aus der Zeit, die er zu seiner Fahrt brauchte, schliessen, dass er wohl die Tschaun-Baj erreicht haben mag, in welcher sich, gegenüber der Insel Arauton, eine kleine Bucht mit steilen, felsigen Ufern findet.

Ignatjew's Erzählungen von einem dort lebenden, noch nicht unterworfenen Volke, welches unter andern besonders reich an Wallrosszähnen sey, war hinlänglich, um die rastlosen Eroberer Sibiriens, zu einer neuen Unternehmung anzufeuern, die ihnen nicht schwieriger als ihre bisherigen schien; sie beschlossen einen Zug nach dem unbekannten Tschuktschenlande vorzunehmen, von dem sie sich, nicht ohne Grund, wichtige Vortheile und grossen Gewinn versprachen. Es bildete sich bald eine Gesellschaft von Pelzjägern unter Anführung eines gewissen Fedot Kolmogorzow, der im Dienste des moskauschen Kaufmanns Ussow stand, und man traf mit vielem Eifer die nöthigen Vorkehrungen zu der bevorstehenden Expedition. — Auf Kolmogorzow's Ansuchen bewilligte ihm der Zarische Beamte zu Nis'hne-Kolymsk einen in Kron-Diensten stehenden Begleiter, um bei der bevorstehenden Expedition den Vortheil und Nutzen „der hohen Krone wahrzunehmen." Dieser Begleiter war der Kosak Semen Des'hnew, welcher sich späterhin durch die Umschiffung der nordöstlichen Spitze Asiens ausgezeichnet und bekannt gemacht hat.

Im Juni des Jahres 1647 ging die Expedition in vier Fahrzeugen aus der Mündung der Kolyma in See. Ihre Absicht war den Fluss Anadyr (damals Anandyr genannt) aufzusuchen, von welchem man ihnen gesagt hatte, das er in das Eismeer fiele; aber die ungeheuern Eisfelder und Eisberge, die ihnen überall den Weg versperrten, nöthigten sie, nach vielen vergeblichen Anstrengungen und Versuchen, ihr Vorhaben aufzugeben, und unverrichteter Sache nach Nis'hne-Kolymsk zurückzukehren.

Unterdessen hatten Staduchin's Erzählungen von der grossen Insel im Eismeere und von dem Flusse Pogytscha, die Regierung zu Jakuzk bewogen, ihn wieder nach Nis'hne Kolymsk zu schicken, mit dem Auftrage, jenen Fluss aufzusuchen und die an demselben, so wie überhaupt in der Gegend lebenden Völkerschaften unter russische Botmässigkeit zu bringen. Staduchin reiste im Juni 1647 aus Jakuzk ab, überwinterte an den Ufern der Jana, und fuhr gegen Ende des Winters bis an die Indigirka, wo er sich ein Fahrzeug erbaute, mit welchem er nach Nis'hne Kolymsk ging.

Im Jahr 1649 lief Staduchin endlich aus der Kolyma aus, um, seinem Auftrage gemäss, die Pogytscha zu suchen. Er hatte sich hiezu noch ein zweites Fahrzeug angeschafft, welches aber gleich zu Anfang seiner Reise scheiterte. Nachdem er sieben Tage in einer östlichen Richtung gesegelt war, ohne die Mündung irgend eines etwas bedeutenden Flusses erblickt zu haben, landete er und sandte einen seiner Begleiter aus, um vielleicht nähere Nachrichten über die Pogytscha von den Eingebornen zu erhalten; doch auch diese schienen nichts von einem solchen Flusse zu wissen. — Das Schiffsvolk tauschte hier eine geringe Anzahl Wallrosszähne ein, konnte aber von den Eingebornen gar keine Lebensmittel erhalten; die, nach Staduchin's Bericht, aus lauter schroffen Felsen bestehende Küste gestattete ihnen nicht zu fischen, und da der mitgenommene Schiffsproviant beinahe zu Ende ging, so sahen sie sich genöthigt umzukehren, ohne den Zweck ihrer Reise erreicht zu haben.

Nach der zur Hinfahrt angewandten Zeit von sieben Tagen, ist es sehr wahrscheinlich, dass Staduchin und seine Gefährten weit hinter dem Schalagskoj Noss gewesen sind; dies bestätigt sich auch noch durch die oben erwähnte Beschreibung der dortigen Küsten, welche in der Gegend dieses Vorgebirges wirklich aus lauter nackten, bis weit in das Meer hinein reichenden Felsen und Klippen bestehen.

Das Misslingen des ersten Versuches den Anadyr zu erreichen, hatte die unermüdlichen Abenteurer nicht abgeschreckt; vielmehr vergröserte sich die Anzahl der Liebhaber zu einer zweiten Unternehmung der Art so sehr, dass bald nach Kolmogorzow's und Des'hnew's Rückehr (1648) sieben neue Fahrzeuge oder Kòtschy*) erbaut wurden und im folgenden Jahre in See gingen. — Vier derselben sind wahrscheinlich zu Grunde gegangen**), weil Müller nur von den übrigen dreien spricht, auf welchen sich als Befehlshaber die Kosaken Semen Des'hnew und Gerasim Ankudinow, und als Anführer der Pelzjäger der oben erwähnte Kolmogorzow befanden.

Des'hnew war so fest überzeugt von dem glücklichen Erfolge seines Vorhabens, dass er unter andern bei seiner Abreise versprach, von den Ufern des Anadyr wenigstens 280 Zobelfelle (Sem' So-

---

*) Burney, in seiner Chronological History of North-Eastern Voyages, p. 64. will diese Fahrzeuge nicht Kòtschy genannt haben, weil sich diese Benennung nicht in Loxa's Auszug aus Des'hnew's Original-Berichten findet, und leitet jenen Namen von dem Englischen Ketch ab, welches ein Seefahrzeug von eigener Struktur bedeutet. — Ich bin aber der Meinung, dass alle zu jener Zeit von den sibirischen Seefahrern im Eismeere gebrauchten Fahrzeuge mehr oder weniger von gleicher Beschaffenheit waren und daher ohne Ausnahme so genannt werden müssen; dies bestätigt auch Müller, indem er in einer Note S. 373 sagt: „Die Kòtschy müssen durchaus die bestimmte Länge von 12 Faden halten; übrigens ist es hinlänglich, wenn sie nur wie Schiffe aussehen."

**) Burney sagt im angeführten Werke S. 63, ohne jedoch seine Quelle anzugeben, dass diese vier Fahrzeuge an einer Insel nördlich von der Kolyma scheiterten, dass aber die Mannschaft derselben gerettet ward. — In Berg's Geschichte der nördlichen Polarreisen, wo den Lesern allerlei von den bärtigen Leuten erzählt wird, die in Amerika, an dem Flusse Jassu weren, leben sollen, ist unter andern S. 89. gesagt: „Die Meinung von dem Daseyn dieser Völkerschaft gründet sich darauf, dass vier von den mit Des'hnew abgegangenen Kòtschy verloren gegangen sind." — Endlich wird in dem Journal Sibirskoj Westnik vom Jahr 1821 behauptet, dass die gegenüber dem Ausflusse der Jana liegende Insel Kotelnoj von der Mannschaft jener vier Fahrzeuge bewohnt sey, da doch, wie bekannt, diese Insel völlig wüst und unbewohnt ist. Uebrigens konnten auch wohl diese Fahrzeuge nicht füglich dorthin verschlagen werden. — Die Unbestimmtheit und das Widersprechende in diesen verschiedenen Angaben beweist hinlänglich, dass das Schicksal jener vier Fahrzeuge durchaus unbekannt geblieben ist.

rokòw, sieben Vierziger) mitzubringen*). Seine Hoffnungen gingen wirklich in Erfüllung, aber die Ausführung dieser Unternehmung war bei weitem schwieriger und beschwerlicher, als er sich Anfangs vor- gestellt hatte. .

Am 20. Juni 1648 ging Des'hnew mit seinem kleinen Ge- schwader ab, ohne sich durch die zahllosen Beschwerlichkeiten und Gefahren abschrecken zu lassen, die ihm in diesen unwirthbaren, noch nie befahrenen Meeren drohten, ohne auch nur zu ahnden, dass in Jahrhunderten nach ihm keine ähnliche Fahrt würde unternommen wer- den; Des'hnew und seinen kühnen Gefährten allein gebührt bis jetzt ausschliesslich die Ehre eine Seereise aus der Kolyma in dem nörd- lichen Stillen Ocean vollbracht zu haben.

Es ist, wie auch Müller bemerkt, sehr zu bedauern, dass wir keine umständliche, genaue Beschreibung dieser merkwürdigen Seefahrt besitzen. Alles was wir über dieselbe wissen, beschränkt sich bloss auf die ziemlich unvollständigen Berichte, welche Des'hnew an die Regierung nach Jakuzk einschickte**), in denen er überhaupt seine Schicksale erzählt, aber nur gleichsam beiläufig seiner eigentlichen Seefahrt und dessen was er dabei erfahren und ausgestanden habe, erwähnt. — Merkwürdig ist, dass er gar nichts von den Hindernissen sagt, die, wie doch nach den frühern Versuchen zu vermuthen war, das Eis ihm entgegen gestellt hätte; es ist demnach wahrscheinlich, dass er offenes Wasser fand, besonders da er an einer Stelle seines

---

*) Diese Felle, sagt der Sibirskoj Westnik, waren das goldene Vliess jener Zeiten und Gegenden, welches nicht bloss Kosaken und Pelz- jäger zu den gefährlichsten Unternehmungen anfeuerte, sondern auch sogar Leute aus den höhern Ständen bewog, die Annehmlickeiten eines beque- men Lebens im Schosse ihrer Familien, aufzugeben, und nach den furcht- baren, damals noch ganz unbekannten Wüsteneien Sibiriens zu ziehen, um sich dort durch den Pelzhandel zu bereichern. — Zur Ehre unserer Landsleute aber gereicht es, dass sie bei diesem Durst und Streben nach Gewinn, sich doch nie die Unmenschlichkeiten und Greuel haben zu Schulden kommen lassen, die sich die goldgierigen Unterjocher von Peru und Mexiko erlaubten.

**) Diese in ihrer Art gewiss merkwürdigen Aktenstücke befinden sich in der Kaiserlichen Bibliothek zu St. Petersburg.

Berichtes ausdrücklich sagt; „Das Meer ist hier nicht immer so frei von Eise."

Des'hnew's Bericht fängt mit der Beschreibung eines Vorgebirges an, das er den Grossen Tschukotskoj Noss nennt, und dass ganz aus schroffen Felsen besteht; er unterscheidet dieses von einem andern Vorgebirge, westlich von der Kolyma, an dem Fluss Tschukotschje, jenes erstere Kap liegt nach seiner Angabe zwischen N. und NO., und biegt sich nach dem Anadyr zu herum. An der russischen oder westlichen Seite dieses Kaps ergiesst sich das Flüsschen Stanowje ins Meer, bei dessen Mündung die Tschuktschen eine Art von Thurm aus Wallfischribben erbaut hatten. Gerade gegenüber demselben liegen zwei Inseln, auf denen man Tschuktschen mit durchstochenen Unterlippen fand, in welchen sie allerlei Zierrathen aus Wallrosszähnen trugen. — Von diesem Vorgebirge soll man, bei anhaltend günstigem Winde, in drei Tagen zu Wasser bis an die Mündung des Anadyr gelangen können; ebenso viele Tage soll auch die Reise zu Lande dorthin erfordern.

Der grosse Tschukotskoj Noss ist übrigens nicht das erste Vorgebirge, welches Des'hnew auf der Fahrt östlich von der Kolyma antraf; vor demselben fand er noch ein anderes bedeutendes Kap, welches Swätoj Noss (heilige Kap) heisst. Ersteres ist aber viel grösser als dieses; es wurde Des'hnew auch dadurch besonders merkwürdig, dass Ankudinow's Fahrzeug an demselben scheiterte, und weil hier einige der in ihren Böten herumrudernden Eingebornen von den Russen gefangen genommen wurden.

In der kurzen und leider höchst unvollständigen Beschreibung seiner Reise erwähnt Des'hnew weder der Tschaun Bucht, noch der Insel Koljutschin, noch auch vieler andern bemerkenswerthen Punkte an der Küste, die er ohne Zweifel auf seiner Fahrt von der Kolyma bis in die Behrings-Strasse gesehen haben muss. Dessungeachtet aber geht aus der Beschreibung des grossen Tschukotskoj Noss, aus dessen Wendung nach dem Ausflusse des Anadyr aus der Lage der beiden Inseln, aus den daselbst angetroffenen Eingebornen mit durchstochenen Lippen u. s. w. klar hervor, dass Des'hnew von keiner andern als der Ostspitze Asiens spricht, und dass er

also wirklich durch die Meerenge gegangen ist, welche 80 Jahre später unser Seefahrer B e h r i n g erreichte, und sich die Ehre zuschrieb,
zuerst diese Durchfahrt entdeckt, und die Streitfrage wegen der Trennung A s i e n s von A m e r i k a gelöst zu haben.

Des'hnew's S w ä t o j N o s s ist kein andres als der jetzige S c h e-
l a g s k o j N o s s , welches das erste bedeutende Vorgebirge von der
Kolyma östlich ist.

B u r n e y , welcher immer beflissen ist Gründe und Beweise für die
Richtigkeit seiner Meinung wegen des Zusammenhangens von Asien
und Amerika durch eine Landenge in der Gegend des S c h e l a g s k o j
N o s s anzuführen, nimmt seine, Zuflucht zu allerlei sonderbaren Behauptungen und Angaben. So sagt er unter andern: Des'hnew sey
nicht in einer K ö t s c h a , sondern in einem S c h i t i k *) gereist, welcher nach seiner Meinung leicht auseinander zu nehmen und ebenso
leicht wieder zusammen zu setzen seyn soll; hierauf gründet er die
Behauptung, dass Des'hnew nicht um den Swätoj Noss, oder das Kap
Schelagskoj h e r u m gefahren sey, sondern, dass er auf diese Art sein
Fahrzeug auseinander genommen und so ü b e r d i e L a n d e n g e transportirt habe. — Um diese Behauptung noch mehr zu unterstützen.
führt er die Reise eines gewissen T a r u s S t a d u c h i n an, der aus
der Mündung der Kolyma östlich ging, und, da er es unmöglich fand

---

*) S c h i t i k i nennt man jetzt in Sibirien eine Art ziemlich grosser,
aber aus e i n e m Baumstamme ausgehöhlter, offener Fischerböte, deren Seite
durch Bretter erhöht sind, die vermittelst eines Geflechtes von Weidenruten befestigt werden. Sowohl das Aushöhlen des Baumes, als auch
die Zubereitung der Weidenruten, welche lange in heissem Wasser ge-
weicht werden müssen, um die gehörige Biegsamkeit zu erlangen, erfordert viele Zeit und Mühe. — Zu Des'hnew's Zeiten waren die Schitiki
ziemlich unbehülfliche Fahrzeuge von 5 Faden Länge und 2 Faden Breite,
mit einem Verdeck und Mast, aber ohne Kiel. Die Fugen waren mit
Moos verstopft, statt der Taue hatten sie Riemen von Elendsleder, ihre
Segel waren aus Rennthierfellen gemacht, und die Stelle des Ankers vertrat eine mit grossen Steinen beschwerte, zackige Baumwurzel. — In jedem Falle irrt daher B u r n e y sehr, wenn er von den Schitiki sagt:
„it was customary to construct vessels in a manner that admitted of
their beeing with ease taken to pieces, by which means they could be
carried across the ice, to the edgeand there be put together again..."
Chronological History etc. pag. 69.

den grossen Tschukotkoj Noss zu umschiffen, sein Fahrzeug liegen liess und zu Lande über eine schmale Erdzunge auf die andre Seite des Vorgebirges gelangte. — Wir werden weiter unten sehen, welche Bewandniss es mit dem Reisen der drei Staduchin hatte, und wie wenig das, was man über dieselben weiss, mit Burney's Angabe übereinstimmt*).

Da es jetzt bestimmt ausgemacht ist, dass das ganze nördliche und nordöstliche Sibirien vom Meere umgeben ist, so giebt es auch weiter keinen Grund, dem Kosaken Des'hnew die Ehre streitig zu machen, dass er wirklich der Erste ist, welcher die Seereise aus der Kolyma in den Anadyr vollbracht hat; dies ist um so weniger zu bezweifeln, da Des'hnew, wie wir sehen werden, die Absicht hatte, denselben Weg zu Wasser wieder zurück zu machen.

Nach dieser kleinen Abweichung, kehren wir wieder zu den Reise-Abenteuern Des'hnew's und seiner Gefährten zurück. Die Mannschaft des an der Nordostspitze Asiens gescheiterten Ankudinow-schen Fahrzeuges ward auf die beiden übrigen vertheilt. — Am 20. September 1648 hatten sie ein Gefecht mit den die Küste bewohnenden Tschuktschen, in welchem der zweite Anführer der Expedition, Fedot Alexejew, verwundet ward. Bald darauf wurden die beiden Fahrzeuge, auf denen sich Kolmogorzow befand, durch einen heftigen Sturm getrennt und kamen auch nachher nicht wieder zusammen. — Des'hnew wurde von widrigen Winden auf dem Meere herum getrieben, bis er endlich, zu Ende Octobers, auf die Küste geworfen ward; dies geschah in einer ziemlichen Entfernung südlich von dem Ausfluss des Anadyr, wahrscheinlich in der Gegend der Bucht Omotorskaja. — Die Schicksale Kolmogorzow's und seiner Gefährten werden wir weiter unten sehen.

---

*) Nach der in der Folge erlangten genauern geographischen Kenntniss des Tschuktschen Landes, ist es höchst wahrscheilich, dass Staduchin durch stehendes Eis am Weiterschiffen behindert, an der Stelle überging, wo der Koliutschinsche Meerbusen so tief ins Land hineingeht, dass er sich der südöstlichen Küste des Tschuktschen Landes nähert, und so eine Art von Landzunge bildet, welche die gebirgige Halbinsel mit dem westlichen Theile des Landes verbindet.

Sobald Des'hnew sich von der Unmöglichkeit überzeugt hatte, sein Fahrzeug wieder flott zu machen, beschloss er mit seinen 25 Gefährten, die weitere Reise bis zum Anadyr zu Fusse zu machen. Unkundig des Landes, ohne Wegweiser, ohne irgend eine Art von Anleitung, gelang es dem kühnen Häuflein wirklich, nach einem zehnwöchentlichen, äusserst mühevollen und beschwerlichen Marsche endlich das Ziel ihrer Wünsche, die Mündung des Anadyr, zu erreichen; aber in der nackten, unfruchtbaren und ganz menschenleeren Wüste, ohne Lebensmittel, ohne Geräthe zum Fischfange, mit einem Worte, entblösst von allem, war ihre Lage schrecklich. Man beschloss 12 Mann stromaufwärts zu schicken, in der Hoffnung vielleicht dort, in etwas waldigeren Stellen, einiges Wild zur Nahrung zu erlegen. Zwanzig Tage irrten diese in der Einöde umher, ohne Spuren von Menschen zu entdecken, ohne irgend etwas von Nahrungsmitteln, ausser Baumrinde und einigen kraftlosen Wurzeln zu finden, und nachdem mehr als die Hälfte von ihnen durch Hunger und Entkräftung umgekommen war, kehrten die wenigen Uebriggebliebenen trostlos zu ihren Gefährten zurück.

Wie Des'hnew den Winter verbrachte, ist aus den wenigen vorhandenen Notizen nicht zu ersehen; es findet sich aber die Nachricht, dass er im Sommer des Jahres 1649 mit den ihn übriggebliebenen 20 Mann, in Böten*) den Strom hinauf ging, und einen kleinen Völkerstamm antraf, der sich selbst Anauly nannte. Er hielt sich eine Zeit lang bei ihnen auf, und bewog sie, ihm einen Jassàk zu bezahlen; da sie sich aber in der Folge davon lossagten und sich überhaupt widerspänstig und feindselig bezeigten, so wurden sie alle niedergemacht.

In demselben Jahre begründete Des'hnew auch den nachmaligen Anadyrskoj Ostrog, einen kleinen befestigten Ort, der wohl wahrscheinlich damals nichts weiter als eine gewöhnliche Winterwohnung (Simòwje) war, die er zwar hier für sich und seine Gefährten erbaute,

---

*) Wahrscheinlich hatten sie während des Winters, aus Treibholz, dessen sich in Sibirien immer eine grosse Menge längs den Küsten und an den Mündungen der Ströme findet, ein paar Böte erbaut, in welchen sie diese Fahrt unternahmen.

immer aber ernstlich darauf bedacht war, nach der Kolyma zurückzu
kehren, oder doch wenigstens, sobald sich nur eine Möglickeit dazu
darböte, Nachricht dorthin von sich zu geben.

Unterdessen war man auch dort nicht unthätig geblieben, sondern
hatte gesucht, genauere Kenntniss über das Daseyn und die geographische Lage des Flusses Pogitsch zu erhalten, von welchem, wie
oben gesagt, Michajlo Staduchin die ersten unvollkommenen Nachrichten
gegeben hatte. Durch vielfaches Nachfragen und Erkundigungen hatte
man endlich ausgemittelt, dass dieser Fluss kein anderer seyn könne,
als der Anadyr, und dass demnach der Ausfluss desselben nicht an
der nördlichen Küste des Tschuktschenlandes zu suchen sey. Desgleichen war ausgemittelt, dass der kürzeste Weg dorthin über ein
Gebirge führe. Diese Nachrichten erhielt man grösstentheils von einigen gefangenen Chodynzen (ein im Jahr 1650 durch die Kosaken
unterworfener Völkerstamm, an dem obern Anjui), welche sich zu
Wegweisern dorthin erboten.

Es bildete sich bald eine Gesellschaft von Kosaken und Pelzjägern, welche die Erlaubniss erhielten, nach dem Anadyr zu gehen
und die dortigen Völkerschaften mit einem Tribut zu belegen. — Im
März 1650 machte sich die Expedition unter Anführung eines gewissen Semen Motòra, begleitet von einem Chodynzen-Häuptling, auf
den Weg, und traf nach einer vierwöchentlichen Reise, im April, zu
gegenseitiger grosser Freude auf Des'hnew und dessen kleines Häuflein am Anadyr. — Bald nach dieser ersten Expedition ging eine
zweite ab, deren Anführer Michajlo Staduchin *) war; dieser
schlug einen anderen Weg ein, der ihn seitwärts von Des'hnew's Winterniederlassung vorbeiführte; er stiess daher nicht auf ihn, gelangte
aber nach einem siebenwöchentlichen Zuge auch an den Anadyr und
trieb dort sein Wesen abgesondert von Des'hnew und Motòra. Diese
beiden, die Staduchin's neidischen und unruhigen Sinn kannten und
fürchteten, beschlossen, um ihm sicher auszuweichen, nach dem Flusse

---

*) In dem Sibirskoj Westnik ist gesagt, Staduchin sey auch
dieses Mal wieder zu Wasser gegangen, welches aber falsch ist, siehe
Müller's Nachrichten von Seereisen. S. 15.

Pens'hena zu gehen, allein Staduchin kam ihnen darin zuvor; er ging mit seinen Leuten dahin, ist aber wahrscheinlich dort umgekommen, weil seitdem weiter nie etwas von ihm gehört worden ist.

Des'hnew und Motòra blieben unterdessen nicht müssig, sondern erbauten Fahrzeuge, mit denen sie gesonnen waren auf neue Entdekkungen auszugehen. Gegen Ende des Jahres 1651 ward Motòra in einem Gefechte mit den Anaulen, einer der dortigen Völkerschaften, erschlagen; Des'hnew aber ging allein in den neuerbauten Fahrzeugen im Sommer des folgenden Jahres den Anadyr hinunter, und entdeckte an der nördlichen Seite der Mündung desselben die grosse Sandbank Korzd, aut welcher er eine Menge Wallrosse fand. Er machte hier eine bedeutende Ausbeute an Zähnen dieser Thiere, mit denen er sein Fahrzeug belud und sehr zufrieden mit diesem Erfolg seines Zuges nach seiner Niederlassung zurückkehrte.

Im nächstfolgenden Jahre (1652) unternahm Des'hnew den Bau einer grossen Kòtscha, in welcher er den von den verschiedenen Völkerschaften erhobenen Tribut zur See nach Jakuzk abfertigen wollte. Er hatte wirklich schon das nöthige Holz dazu angeschafft und zugerichtet, konnte das Fahrzeug aber nicht vollenden, weil es ihm an Eisen und verschiedenen anderen unentbehrlichen Erfordernissen fehlte. Da er zugleich auch von mehreren Eingeborenen hörte, dass das Meer längs den Küsten des Tschuktschen Landes nicht immer so frei von Eise sey, als er es im Jahr 1648 bei seiner Herfahrt gefunden, so gab er den Plan zu dieser Seereise wieder auf, machte aber im Jahr 1653 eine zweite Fahrt nach der Bank Korga, an der Mündung des Anadyr. Auf diesem Zuge begleitete ihn, unter anderen, auch ein Kosak Namens Juschka Seliwerstow, welcher unlängst aus Jakuzk mit dem Befehl angelangt war, die Wallrossjagd für Rechnung der Regierung zu betreiben. Dieser Seliwerstow gab sich für den ersten Entdecker jener Bank aus, und wollte dieselbe schon im Jahr 1649, bei Gelegenheit der ersten Seereise Staduchin's, gesehen und gekannt haben; Des'hnew hingegen behauptete, und wohl mit Recht, seine Ansprüche auf die Ehre der ersten Entdeckung dieses Punktes. Darüber enstand zwischen beiden ein weitläuftiger und langwieriger Streit, welchem wir eigentlich die Erhaltung der Nachrichten über Des'hnew's merkwürdige Fahrt verdanken, indem er, um seine Rechte geltend zu machen, in den deshalb an die Jakuzkische Regierung eingesandten Berichten und Erklärungen, viele nähere Umstände seiner Reise anführte, welche Müller im Jahr 1746 aus den Original-Dokumenten in dem Archiv zu Jakuzk gezogen hat.

Auf der jetzigen Fahrt nach Korga richtete Des'hnew seinen Kurs längs dem Ufer, wo er einige Korjäkische Hütten erblickte und landete, um Nachrichten einzuziehen. Hier erzählte ihm eine Jakutin, die den Kolmogorzow (1648) auf seiner Reise begleitet hatte, dass sein Fahrzeug nach langem Umherirren endlich aufs Ufer getrieben sey, dass er selbst und einer seiner Gefährten (Ankudinow) am Skorbute gestorben seyen, viele der übrigen aber von den Eingebornen erschlagen worden; nur einige wenige hätten sich auf Böten geflüchtet, wohin aber und was weiter aus ihnen geworden, wusste sie nicht anzugeben. — In der Folge hat sich ausgewiesen, dass sie bis an den Kamtschatka Fluss *) gelangt waren; hier hatten sie eine Zeit lang unter den Kamtschadalen gelebt und in gutem Vernehmen mit ihnen gestanden, endlich aber wurden sie bei Gelegenheit einer Misshelligkeit von den Kamtschadalen und den benachbarten Korjäken erschlagen.

Mit dem Jahre 1654 endigen leider alle Nachrichten über die weiteren Schicksale des in so vieler Hinsicht merkwürdigen Des'hnew, welcher sechs Jahre hindurch mit wirklich beispielloser Thätigkeit, Ausdauer und Beharrlichkeit seinen Zweck verfolgte, alle Hindernisse und Gefahren, die ihm das furchtbare Klima, der Mangel und Hunger sowohl als auch die wilden Bewohner der von ihm entdeckten Landstriche entgegenstellten, überwand und wahrlich das Unmögliche möglich machte. Ob er endlich zurückkehrte, oder ob er ein Opfer seines gewagten Unternehmens wurde, ist nicht bekannt; selbst Müller, dem doch die dortigen Archive offen standen, scheint nichts über das Ende des merkwürdigen Mannes gefunden zu haben, weil er nichts davon in seinem Werke sagt.

Um einen ungefähren Begriff von den zahllosen Gefahren und Beschwerden zu geben, welchen die damaligen Beschiffer des Eis-

---

*) Siehe Müller's Nachrichten von Seereisen etc. S. 19.

2 *

meeres sich unterzogen, theile ich hier noch eine kurze Beschreibung der Expedition eines gewissen Buldakow mit, welche aus dem Journal Sibirskoj Westnik, 1821, entlehnt ist, in der ich aber das Jahr der Abfertigung, nach Müller's richtigerer Angabe, geändert habe.

Im Jahr 1649 ward der Kosak Timofej Buldakow, in Geschäften aus Jakuzk nach der Kolyma gesandt. Er überwinterte in Schigansk, langte am 2. Juni 1650 in der Mündung der Lena an und wollte in See gehen, allein die seit einiger Zeit anhaltenden Nordost-Winde hatten eine so grosse Menge Eis herangetrieben, dass er hier einen ganzen Monat stille liegen musste, bis endlich der Wind und das Eis ihm gestatteten, auszulaufen. Er segelte nun ohne viele Schwierigkeit bis an die Bucht Omoloj, wo er aber wieder auf viele grosse Eismassen stiess, zwischen welchen sein Fahrzeug ganzer acht Tage herumgetrieben und sehr beschädigt wurde, so dass er sich genöthigt sah, an einer der Inseln gegenüber dem Ausflusse der Lena zu landen, und auch hier erforderte es zweitägiger schwerer Arbeit, um sich eine Durchfahrt durch die Eisschollen zu bahnen.

Nach sechs Tagen, die er gebraucht hatte, um sein Fahrzeug einigermassen wieder in Stand zu setzen, glaubte er zu bemerken, dass trotz dem sehr veränderlichen Winde das Meer dennoch freier von Eis geworden sey, und entschloss sich noch eine zweite Fahrt nach der Omoloj-Bucht zu unternehmen, von wo er hoffte weiter gehen zu können; allein er gerieth bald zwischen unabsehbare Eisfelder, und nur mit vieler Mühe und Gefahr gelang es ihm endlich wieder in die Mündung der Lena einzulaufen. Hier traf er noch acht andere Fahrzeuge an, welche Privatleuten, Kosaken und Pelzjägern gehörten und auf günstige Witterung warteten, um in See zu gehen. Sie schlossen sich an Buldakow an, und sobald die Umstände es erlaubten, machten sie sich gemeinschaftlich auf, um nach der Omoloj-Bucht zu gehen. Zwar trafen sie auch jetzt eine grosse Menge Treibeis, allein es gelang ihnen doch bis an die Bucht vorzudringen; hier fanden sie die gewöhnliche Durchfahrt, zwischen einer Insel und dem Ufer, mit Eismassen verlegt, deren viele sich auf dem Meeresgrunde festgesetzt hatten; da es aber ausser diesem Kanal keine andere Durchfahrt in den Busen giebt, so waren sie genöthigt, sich förmlich durchzueisen.

Nachdem sie diese ungeheure und langwierige Arbeit vollbracht hatten, gelangten sie endlich in die Bucht, wo sie noch vier Fahrzeuge antrafen, welche auf einer Fahrt von der Kolyma nach der Indigirka begriffen waren.

Am folgenden Tage stellte sich ein günstiger Wind ein, welcher die kleine Eskadre glücklich bis an die Mündung der Jana brachte, wo sie aber wieder auf eine ungeheure Menge Treibeis stiessen, zwischen welchem die Fahrzeuge die grösste Gefahr liefen zerquetscht zu werden. Nur dem Umstande, dass, bei dem dort sehr flachen Meeresufer, die grossen Eisschollen sich nicht der Küste näheren können, verdankten sie ihre Rettung; dadurch nämlich entstand längs der Küste eine vom Eise ziemlich freie Durchfahrt, welche sie benutzten und so wohlbehalten an dem Swätoj Noss vorbei kamen. Diese Stelle ist durch ihre hoch nördliche Lage und anderweitige Beschaffenheit schon von Alters her als einer der schwierigsten und gefährlichsten Punkte für die Seefahrer in jenen Gegenden bekannt, und hat wahrscheinlich auch seine Benennung, heiliges Vorgebirge, daher erhalten, weil man sich demselben mit einer heiligen Scheu näherte*).

Einen Tag später erreichte Buldakow die Bucht Chromskaja, welche aber mit einer ungeheuren Menge Treibeis angefüllt war, die seine Fahrt sehr erschwerte, besonders da bei den jetzt schon eintretenden starken Nachtfrösten sich immer neues Eis bildete, und die Eismassen durch das Zusammenfrieren derselben vergrösserte. — Am 30. August gefror die ganze Oberfläche des Meeres, so weit man es übersehen konnte, so dass am Weitergehen nicht zu denken war. Einige der Fahrzeuge standen in der Nähe der Küste, und da das Meer hier nur ungefähr einen Faden Tiefe hatte, so hoffte Buldakow das Eis würde schon stark genug seyn, um ihm zu gestatten, seine Ladung über dasselbe auf das Ufer zu schaffen. Er versuchte das Wagestück, aber ein am 1. September plötzlich eingetretener heftiger Landwind zerbrach das nur ungefähr eine halbe Spanne dicke Eis, und trieb die Fahrzeuge in das offene Meer, wo sie sich, be-

---

*) Aus ähnlichem Grunde hat auch wohl Des'hnew das Schelagsche Vorgebirge, Swätoj Noss, heiliges Kap, genannt.

sonders wegen des vielen Treieises, während fünf Tage in grosser
Gefahr befanden und von einander getrennt wurden. — Endlich liess
der Sturm nach, es stellte sich starker Frost ein, und als das Eis
dick genug war, um sich mit Lasten auf dasselbe wagen zu dürfen,
schickte Buldakow einige Leute aus, um zu erfahren, in welcher Richtung sich das nächste Ufer befände. Nachdem diese einen ganzen
Tag gegangen waren, stiessen sie auf das eingefrorene Fahrzeug des
Kosaken Gorelow, welches viel näher nach der Küste zu lag als
das ihrige. Sie kehrten mit dieser Nachricht zurück, und Buldakow
beschloss einstweilen den Proviant und die übrige Ladung seines
Fahrzeuges, nach jenem hinüberzuschaffen. Kaum hatte man aber
diese Arbeit begonnen, als plötzlich das Wasser stieg und das beinah'
eine halbe Arschin dicke Eis zerbrach; zugleich erhob sich wieder
ein heftiger Landwind, welcher die Fahrzeuge noch in das Meer hinaus-
trieb. Nach Buldakow's Versicherung wurden sie mit dem Eise ebenso
schnell vorwärts getrieben, als es nur immer bei offenem Wasser und
günstigen Winde mit Segeln möglich gewesen wäre. — Fünf Tage
lang wurden sie so umhergetrieben; endlich legte sich der Sturm und
die Fahrzeuge froren zum dritten Mal ein, aber in einer solchen Entfernung vom Ufer, das man dasselbe durchaus gar nicht mehr unterscheiden konnte. — Die Mannschaft, welche durch die unaufhörlichen
Anstrengungen und durch alle bisher ausgestandenen Mühseligkeiten
muthlos und unfähig geworden war, diesen schrecklichen Zustand länger zu ertragen, fasste nach einer kurzen Berathschlagung endlich
den verzweifelten Entschluss, sich mit so viel Proviant und anderen
Bedürfnissen, als sich auf Schlitten fortschleppen liesse, zu Fusse
aufzumachen und zu versuchen, auf diese Art das Ufer zu erreichen.
Dies ward ausgeführt, allein auch hiebei verfolgte sie ihr Unstern;
das Eis fing wieder an zu brechen, so dass sie genöthigt waren von
einer Eisscholle zur anderen mit der grössten Lebensgefahr hinüber-
zuspringen, und ihre Schlitten mit Stangen und Stricken nachzuziehen.
So arbeiteten sie sich, mit ganz durchnässten Kleidern, ohne irgend
ein Mittel zum Erwärmen, bei Sturm und Kälte, bloss durch Ver-
zweiflung gestärkt, vorwärts, während vor ihren Augen die verlassenen

Fahrzeuge, durch das Eis zertrümmert, eines nach dem anderen unter-
gingen.

Endlich erreichten die unglücklichen Abenteurer, entkräftet von
Hunger, Kälte und Krankheiten die langersehente Küste, unweit des
Ausflusses der Indigirka; doch auch hier hatten ihre Leiden noch
kein Ende, denn sie hatten noch einen weiten Weg durch völlig unbewohnte Eiswüsten bis an die oberhalb des Flusses gelegene Winterniederlassung Ujandinsk zurückzulegen, wo sie endlich wieder Menschen, ein Obdach und einige kärgliche Erholungs- und Lebensmittel
fanden. Wie viele von ihnen umkamen, ist nicht bekannt, aber nur
ein kleiner Theil der Ausgezogenen kehrte wieder zurück.

Zwei Jahre nach dieser unglücklichen Expedition, nämlich 1652,
ward aus Jakuzk der Kosak Rebròw als Befehlshaber nach dem
Kolymskischen Ostrog abgesandt, und ihm insbesondere aufgetragen,
möglichst genaue Nachforschungen über die grosse Insel anzustellen,
welche nach Staduchin's Berichten im Eismeere liegen sollte. Es scheint
aber, dass Rebròw keine Nachrichten eingesandt hat, denn es finden
sich, wie Müller sagt, gar keine weitere Berichte über diese vermeintliche Staduchinsche Entdeckung in dem Jakuzkischen Archiv, bis
zum Jahr 1710, wo die dortige Regierung wieder einige Aufmerksamkeit darauf richtete und sowohl aus Staduchin's früheren Anzeigen,
als auch aus verschiedenen mündlichen und schriftlichen Berichten der
Kosaken, welche das Kamtschatkische und das Eismeer beschifft hatten,
eine Art von Uebersicht zusammenstellte, die aber voll Unrichtigkeiten und Widersprüchen ist, und von einer völligen Unkunde in der
geographischen Lage der verschiedenen Küsten und Gewässer zeugt. —
Ausser Staduchin's schon oben erwähnten Nachrichten, besteht das
Wesentlichste dieser Zusammenstellung in folgendem.

In den Jahren 1661 bis 1678 reis'te der Kosak Nikifor Malgin mit dem Handelsmanne Woropajew aus der Lena nach Kolymsk.
Bis an den Swätoj Noss folgten sie grösstentheils in geringer Entfernung der Richtung der Küste, von dort an aber nöthigte sie das längs
dieser letzteren liegende Eis weiter in's Meer zu gehen. Auf dieser
Fahrt zeigte ihnen der Schiffer Rodion Michajlow eine diesseits der
Mündung der Kolyma belegene Insel, welche, obgleich ziemlich weit

entfernt, doch von allen deutlich gesehen ward. Nach ihrer Ankunft in Kolymsk erzählte ein dortiger Kaufmann, Namens Jakow Wätka, dem Malgin, er sey ein Mal auf einer Fahrt aus der Lena nach der Kolyma mit drei seiner Fahrzeuge bis nach dieser Insel hin verschlagen worden, und habe einige Leute an's Land gesetzt, welche aber daselbst gar keine Menschen, sondern blos verschiedene Spuren unbekannter Thiere gefunden hätten.

Ein gewisser Michajlo Nasjutkin, der beiläufig auch von einem Lande spricht, das er im Jahre 1702 von der südlichen Spitze der Mündung des Kamtschatka-Flusses im Meere gesehen habe, berichtet, dass er später, auf einer Fahrt zwischen der Kolyma und der Indigirka, in der hohen See ein Land gesehen, von welchem der Schiffer Danijl Monastyrskoj ihm versichert habe: „es hange mit dem Ufer gegenüber Kamtschatka zusammen, und erstrecke sich weit bis gegen die Mündung der Lena."

Im Jahre 1710 erhielt die Jakuzkische Kanzellei einen schriftlichen Bericht von dem am Ausflusse der Jana lebenden Kosaken-Aeltesten Jakow Permäkow, welcher anzeigte, er habe bei einer Fahrt aus der Lena nach Kolymsk, gegenüber dem Swätoj Noss, eine Insel gesehen, so wie auch eine andere gegenüber der Mündung der Kolyma, auf welcher letzteren die Berge vom festen Lande aus sichtbar seyen.

Die Insel, welche Malgin und Wätka gesehen haben, ist entweder eine der gegenüber dem Ausflusse der Jana liegenden Bären-Inseln, oder auch vielleicht die zu dieser Gruppe gehörige Kreuz-Insel Krestòwoj Ostrow. — Michajlo Nasjutkin bezeichnet ganz deutlich die erste der Kurilischen Inseln, und dann die erste der Bären-Inseln; was aber die Versicherung des Schiffers Monastyrskoj anlangt, so ist dieselbe so völlig ungereimt, dass sie auch nicht die mindeste Rücksicht verdient. — Permäkow's Bericht bezieht sich unzweifelhaft auf die erste Lächowsche und auf die Kreuz-Insel.

Diese und mehrere andere, eine eben so völlige Unkunde in der geographischen Lage der angegebenen Orte verrathenden Nachrichten über die verschiedenen im Eismeere befindlichen Inseln erregten bei dem Jakuzkischen Wojewod Trauernicht den Wunsch, diesen Theil jenes Meeres genauer untersuchen zu lassen. Hierin ward er noch durch einen Brief des Gouverneurs von Sibirien bestärkt, welcher ihm im Jahre 1711 schreibt: „Ich höre von Kosaken und Edelleuten aus Jakuzk, dass Eure Liebden gesonnen seyen, Kosaken und Freiwillige auszurüsten und sie nach dem Neuen Lande (Nòwaja Semlà) zu senden, welches eine Insel gegenüber der Mündung des Kolyma-Flusses ist, und dass Ew. Liebden bloss deshalb Anstand nehmen dieses auszuführen, weil Dieselben darüber keinen besonderen Befehl haben; weshalb ich Denenselben hiemit anzeige, dass mit dieser Expedition gar nicht weiter zu zögern sey u. s. w."

In Folge dessen rüstete Trauernicht sogleich zwei Expeditionen aus, von welchen die eine nach Kolymsk, die andere aber nach der Jana bestimmt war. Beiden ward aufgetragen, eine genaue Untersuchung des Eismeeres anzustellen, und damit nach Umständen, theils im Sommer, theils im Winter, fortzufahren, bis die Existenz und wahre Lage der Inseln oder des Neuen Landes daselbst völlig ausgemittelt seyn würde.

Die erste Expedition, unter Anführung des Kosaken Merkurij Wagin, bestand aus eilf Kosaken und ging im Herbste 1711 aus Jakuzk nach der Festung Ustjansk, an der Mündung der Jana, ab. — Im Mai des folgenden Jahres fuhren sie von dort, in Begleitung des oben erwähnten Jakow Permäkow, auf Narten *), längs dem Ufer bis zu dem Vorgebirge Swätoj Noss und von demselben in grader Richtung nach Norden hinauf. Sie gelangten bald an eine Insel, auf welcher gar keine Bäume waren, und welche ungefähr 9 bis 12 Tagereisen im Umkreise hatte. Von hier aus sahen sie zwar noch eine andere Insel, zu welcher sie aber, wegen der schon vorgerückten Jahreszeit und wegen Mangel an Lebensmitteln, sich nicht hinwagen durften, sondern beschlossen, nach dem festen Lande zurückzukehren, um während des Sommers einen bedeutenden Vorrath von Fischen und verschiedene andere Vorbereitungen zu einer zweiten Eisfahrt im folgenden Winter zu machen. Sie erreichten das Ufer zwischen dem Swätoj Noss und dem Flusse Chromoj, an der Stelle, wo ehemals der Jakuz-

---

*) Bekanntlich leichte, schmale Schlitten, mit Hunden bespannt.

kische Kosak Katajew ein Kreuz aufgepflanzt hatte, woher denn auch dieser Punkt den Namen Katàjew Krest, Katajews Kreuz, führt. — Wagins Plan war, landeinwärts nach dem Flusse Chromoj zu ziehen, sich oberhalb an demselben auch den Sommer niederzulassen, und sich dort mit Fischerei und Jagd zu beschäftigen. Auf dem Wege dahin aber ging ihr Proviant aus, so dass sie sich genöthigt sahen, die Hunde, mit denen ihre Narten bespannt waren, zu schlachten. Als auch diese verzehrt waren, nährten sie sich noch eine Zeitlang sehr kärglich von Ratten und Mäusen, bis endlich der Hunger sie zwang, an die Küste zurückzukehren, wo sie sich den Sommer über von Fischen, wilden Gänsen, Enten und deren Eiern nährten. — Die bis dahin ausgestandenen Mühseligkeiten und die Furcht, dass die bevorstehende Eisfahrt nach der zweiten entdeckten Insel wahrscheinlich noch weit beschwerlicher und mit grösseren Gefahren verknüpft seyn werde, brachten die Mannschaft zu dem verzweifelten Entschluss, sich durch Ermordung ihrer Anführer (nämlich Malgins und seines Sohnes, Permäkow's und eines Promyschlennik's) von derselben loszumachen. Sie führten dies Vorhaben wirklich aus und kehrten allein nach Ustjansk zurück, wo sie vorgaben, jene vier seyen durch Krankheit auf der Reise umgekommen. — Erst lange nachher, als ihr Verbrechen ruchbar ward, kam in den gerichtlichen Verhören auch die Nachricht von Wagins Entdeckung zur Sprache, an deren Wahrheit zu zweifeln wir durchaus gar keinen Grund haben, obgleich Müller dieselbe bestritten. — Die jetzt genau bekannte Lage der ersten Lächowschen Insel trifft vollkommen mit der Beschreibung jener entdeckten Insel zusammen, und lässt wohl keinen Zweifel über die Identität der beiden übrig. Dass ihr Umfang so viel grösser angegeben wird, als er wirklich ist, rührt wohl nur daher, dass Malgin und seine Gefährten, wie überhaupt alle die ungebildeten Reisenden in jenen Regionen, dadurch vermuthlich ihrer Entdeckung mehr Wichtigkeit geben wollten.

Für die zweite Abtheilung dieser Expedition waren eigentlich 50 Mann bestimmt, welche auf zwei Kotschy abgehen sollten. Als es aber zur Abfertigung kam, fanden sich nur 22, welche unter Anführung des Kosaken Wassilij Staduchin, in einem ziemlich schlechten Schitik die Reise antraten. Aus einem schriftlichen Berichte Staduchins, vom 28. Juli 1712, ergiebt sich, dass er im Osten von der Kolyma ein weit ins Meer hineingehendes Vorgebirge gesehen hat, welches mit undurchdringlichen Eismassen umgeben war, und welches wahrscheinlich das Schelagsche Kap ist, das seine Vorgänger mit der Benennung Swätòj Noss bezeichneten. Von irgend einer Insel erwähnt er nichts, obgleich sie durch einen heftigen Sturm so weit ins Meer hinein verschlagen wurden, dass sie sich nur mit vieler Mühe vom Untergange zu retten vermochten.

Im Jahre 1714 wurden noch zwei ähnliche Expeditionen durch die Kosaken Alexej Markow und Grigorij Krugläkow unternommen. Ersterer sollte aus der Mündung der Jana, letzterer aber aus der Kolyma in See gehen, und ihnen ward erlaubt, wenn sie es nach den Umständen für nöthig fänden, statt der Schitiki, die man ihnen gab, sich Kòtschy zu erbauen. Auch ward bei jeder Abtheilung ein der Schifffahrt kundiger Matrose angestellt, deren der Gouverneur Fürst Gagarin mehrere nach Jakuzk gesandt hatte, um bei der von Ochozk aus zu unternehmenden grösseren See-Expedition gebraucht zu werden.

Markow berichtete am 2. Februar 1715 aus der Winterniederlassung in Ustjansk dem Wojewoden in Jakuzk, das Heilige Meer, Swätòje mòre, sey im Sommer sowohl als im Winter ganz mit festem Eise bedeckt, und also durchaus nicht mit Schiffen, sondern nur mit Narten zu befahren. — Eine solche Fahrt unternahm er auch wirklich am 15. März desselben Jahres in Begleitung von neun Mann, und kehrte am 3. April nach Ustjansk zurück. Das wichtigste in seinem Bericht darüber besteht in Folgendem: er war sieben Tage lang in einer gerade nördlichen Richtung so schnell gefahren, als es die Kräfte der Hunde erlaubten, ohne irgend eine Insel oder anderes Land zu sehen. Weiter konnte er seine Fahrt, wegen der hochaufgethürmten Eismassen, nicht fortsetzen; doch bestieg er mehrere dieser Eisberge, sah aber auch von da aus nirgend Land. — Der Mangel an Proviant, vornehmlich aber an Futter für die Hunde, von welchen mehrere fielen, nöthigte ihn umzukehren. — Die Fahrt hatte 17 Tage gedauert; da er sich immer, ohne Abwechselung, derselben Hunde bediente, so kann er in dieser Zeit nicht mehr als 680 Werste überhaupt, also auf der Hinfahrt ungefähr **350** Werste gemacht haben. Hätte er aber wirklich diese Strecke, wie er behauptet, in gerader, nördlicher Richtung gemacht, so hätte er durchaus auf die Insel S t o l - b o w o j stossen müssen, welche bekanntlich nur ungefähr **300** Werste nördlich von Ustjansk liegt; er muss also von jener Richtung abge- wichen seyn, welches auch wohl, bei den unvollkommenen Mitteln, de- ren sich die Kosaken auf ihren Fahrten im Eismeere zu Bestimmung des Kurses bedienten, sehr wahrscheinlich ist.

Ueber K r u g l ä k o w's Expedition finden sich gar keine Nachrich- ten, ausser den in Müllers Werke angeführten mündlichen Erzählun- gen der Einwohner von Jakuzk, aus welchen weiter nichts hervorgeht, als dass Krugläkow gleichfalls eine Eisfahrt auf Narten unternommen, aber eben so wenig ausgerichtet habe, als Markow.

Durch alle diese verunglückten oder wenigstens fruchtlosen Un- ternehmungen schien der Eifer der Kosaken für fernere Versuche der Art auf eine Zeitlang erkaltet zu seyn; wenigstens war in den näch- sten neun Jahren von keinem dergleichen weiter die Rede, bis end- lich, 1723, der Bojarensohn F e d o t A m o s s o w die ehemalige Be- hauptung von der Existenz einer grossen Insel im Eismeere erneuerte, welche sich von der Jana bis an die Indigirka und weiter hinaus er- strecken sollte. Er erbot sich, dahin zu gehen, um die dort lebenden Völkerschaften der Krone Russland zu unterwerfen, und ward mit der Ausführung dieses Unternehmens beauftragt, wozu ihm auch die nöthi- gen Leute und andere Mittel zugestanden wurden. Statt aber, seinem ersten Plane gemäss, seine Untersuchungen aus der Mündung der Jana oder der Indigirka zu beginnen, ging er zuerst nach Kolymsk, von wo er zwar am 14. Juli[*]) 1724 zu Schiffe auslief, aber wegen der un- geheuren Menge Treibeises, welches er antraf, völlig unverrichteter Sache wieder umkehren musste.

Unterdessen hatte ein Promyschlennik, Namens I w a n W i l e g i n, die verschiedenen Nachrichten über die Existenz jener Insel durch al- lerlei Erzählungen bestätigt; er behauptete, dass er im November des

---

[*]) Das Journal S i b i r s k o j W e s t n i k giebt den 18. April an; nach der grossen Menge l o s e n T r e i b e i s e s aber, die Amossow antraf, scheint Müller's Angabe, 14. Juli, wohl richtiger.

Jahres **1720**, mit dem Promyschlennik G r i g o r i j S e n k i n, auf Narten, von der Mündung des Tschukotschflusses aus, wirklich das Ufer jenes Landes erreicht habe, welches bei klarem Wetter von hier aus zu sehen sey; dass ihnen aber die dichten Nebel und Schneegestöber nicht gestattet hätten, dasselbe genauer zu untersuchen, daher er denn auch nicht zu entscheiden vermöge, ob das gefundene Ufer festes Land oder eine Insel, ob es bewohnt oder unbewohnt, ja nicht einmal, ob es nackt oder mit Bäumen bewachsen sey *). Doch behauptete er, auf dem Ufer Ueberreste von ehemaligen Jurten gefunden zu haben, nach denen er aber nicht schliessen könne, welcher Völkerschaft dieselben gehört haben möchten. — Nach der Anzeige eines Küstenbewohners vom festen Lande, eines Schalagen, Namens K o p a j, soll jenes Land sich von der Jana her, an der Indigirka und dem Swätoj Noss, und andererseits an der Kolyma vorbei, bis zu den Wohnsitzen der Schalagi, eines Tschuktschen Stammes, erstrecken. — Wilegin war der Meinung, dass wegen des vielen Treibeises, welches sich fast immer in der ganzen Breite zwischen den Mündungen der Kolyma, der Tschukotschja und der Indigirka findet, es unmöglich sey, von diesen Flüssen aus zur See dahin zu gelangen und dass dieses wohl nur in der Gegend angehen könnte, wo die Schalagen leben und wo gewöhnlich das Meer freier vom Eise zu seyn pflege.

Auf diese Meinung bauend, ging Amossow zu Wasser längs der Küste bis zu der von Wilegin bezeichneten Gegend, und erreichte wirklich am 7. April **1723** des oben erwähnten Kopaj's Niederlassung; aber auch da war das Meer so bedeckt mit Eis, dass er sich nicht hineinwagen durfte, und sogar nur mit vieler Mühe und Gefahr den Rückweg finden konnte. — Dennoch entschloss er sich im folgenden Winter zu einem dritten Versuche, jenes räthselhafte Land aufzufinden. Von dieser Fahrt sagt er in seinem Bericht an den Jakuzkischen Wojewod unter andern Folgendes: „Am **3.** November **1724** fuhr ich auf Narten von Nishnej-Kolymsk ab, und fand im Meere ein Land, oder eine Insel, von wo ich am **23.** desselben Monats wieder nach Nishnej-

---

*) Der **S i b i r s k o j W e s t n i k** meint, Wilegin habe dort Bäume gesehen, Müller aber behauptet das Gegentheil.

Kolymsk zurückkehrte. An der Küste dieses Landes fand ich einige zerfallene Erdjurten, kann aber nicht bestimmen, zu welcher Völkerschaft die ehemaligen Bewohner derselben gehört haben mögen, oder was aus ihnen geworden ist. Der Mangel an Lebensmitteln und an Futter für die Hunde erlaubten uns nicht, Untersuchungen weiter in das Innere des Landes anzustellen. — Der Weg auf dem Eise war überaus beschwerlich, theils durch die überall hoch und zackig vorragenden Eisschollen (torossy), so wie auch wegen des an sehr vielen Stellen ausgetretenen Meersalzes und der daraus entstandenen feinen scharfen Eisrinde (nast), welche den Füssen der Hunde sehr schädlich ist *).”

Müller, der während seines Aufenthaltes in Jakuzk Gelegenheit hatte, sich mit Amossow über dessen Reisen zu unterhalten, erfuhr unter anderm von ihm, dass Kopaj's Wohnort ungefähr **200** Werste östlich von der Mündung der Kolyma liege und dass er durch eine kleine, ganz nahe an der Küste befindliche Insel kenntlich sey. Die Entfernung der von ihm zwischen den Flüssen Tschukotschje und Alasej entdeckten Insel von dem festen Lande gab Amossow auf Eine Tagereise (ungefähr **60** Werste) an; eben so viel soll auch der Umfang dieser Insel betragen, welche einige hohe Berge hat, die vom festen Lande aus sichtbar sind. Er behauptete auch, dass es dort Rennthiere gäbe, von Gewächsen aber nichts als das zu ihrer Nahrung erforderliche Moos.

Die Identität der beiden Entdeckungen Amossows und Wilegins ist wohl keinem weiteren Zweifel unterworfen; beide befanden sich auf der ersten der Bäreninseln, die von dem festen Lande aus sichtbar ist, deren Existenz man schon lange vorher wusste, und die auch schon von einigen unserer Pelzjäger besucht worden war. Da aber Wilegin nicht wusste, dass er sich auf einer kleinen Insel befände, und zugleich von einem gegenüber der Jana-Mündung belegenen Lande (der ersten Lächowschen Insel) gehört hatte, so nahm er diese beiden Inseln für ein grosses zusammenhangendes Land, dem er, nach

---

*) Diese Reisenotizen sind grösstentheils aus dem S i b i r s k o j W e s t- n i k 1821 gezogen und nach Müllers Werke berichtiget.

der Aussage des Schelagen Kopaj, eine noch viel grössere Ausdehnung gab. Das Zeugniss dieses letzteren aber ist durchaus nicht glaubwürdig; er wohnte, nach Amossow's Beschreibung, neben der Insel Sabadej (oder Ajun'), ungefähr 200 Werste östlich von der Kolyma, wo wir im Jahre 1821, bei unseren Untersuchungen, auf $2\frac{1}{4}°$ der Breite nach Norden (ungefähr 230 Werst) gar keine Spur von Land gefunden haben. Auch die um das Kap Schelagskoj wohnenden Tschuktschen versicherten uns im Jahre 1822 wiederholentlich, dass sie durchaus gar keine Kunde von irgend einem in jener Gegend befindlichen grossen Lande hätten. Dahingegen aber erzählten sie uns, dass von dem Felsen Jakan (welcher ungefähr 200 Werste östlich von dem Kap Schelagskoj, und folglich 300 Werste von Kopaj's Wohnung liegt) zuweilen bei klarer Witterung Berge im Meere zu sehen seyen. Es ist möglich, dass Kopaj hiervon gehört und darauf hin dem Wilegin etwas von einem nördlich im Meere gelegenen Lande erzählt haben mag, und dass dies zu einem Missverständniss Anlass gegeben hat. Uebrigens ist es auch sonderbar, dass beide, Kopaj sowohl als Wilegin, immer nur von Einer gegenüber der Kolyma-Mündung liegenden Insel und von dem hinter derselben befindlichen grossen Lande sprechen, ohne irgend der übrigen vier Inseln zu erwähnen, welche mit der durch Wilegin gefundenen Eine Gruppe ausmachen. Viel natürlicher und wahrscheinlicher ist es daher, anzunehmen, dass dies sogenannte grosse Land nichts weiter war, als die damals noch wenig bekannte zweite Bäreninsel, welche weniger entfernt von der ersten dieser Inseln liegt, als diese von dem festen Lande. Dies stimmt auch ganz mit der Karte des Kosaken-Obristen Schestakow überein, wie wir weiter unten sehen werden.

Aus allen diesen sich widersprechenden Angaben sieht man, wie unvollkommen um jene Zeit (zu Anfange des 18. Jahrhunderts) die Kenntniss der nördlichen Ufer Sibiriens, von dem Karskischen Meere bis an die äusserste Spitze Asiens gegen Osten, war. Eben so unzuverlässig und oberflächlich waren auch die wenigen von diesen Ufergegenden vorhandenen Karten, welche sich bloss auf die Anzeigen der Kosaken und Promyschlenniki gründeten, die diese Gegenden erst seit ungefähr funfzig Jahren entdeckt und häufig besucht hatten, denen es aber durchaus an allen wissenschaftlichen Kenntnissen und Hülfsmitteln fehlte, um irgend etwas mehr als unvollständige und unzuverlässige, schriftliche und mündliche Berichte über das, was sie sahen oder zu sehen geglaubt hatten, zu liefern. Daher tragen auch alle aus jener Zeit zu uns gelangten Karten den Stempel der Unbestimmtheit und Unzuverlässigkeit. — Die einzige darunter, welche einige Aufmerksamkeit verdient, ist die des Kosaken-Obristen Schestakow, der im Jahre 1726 aus dem nordöstlichen Sibirien nach Petersburg kam, wo diese von ihm angefertigte Karte gestochen ward. Später ist sie auf Veranstaltung der Geographen Delisle und Bürt in Paris nachgestochen worden. Auf dieser Karte findet sich eine Insel, Kopaj genannt, zwei Tagereisen von dem festen Lande entfernt; nach der Parallele ist ihre Ausdehnung in die Länge der Entfernung gleich, die sich zwischen den Mündungen der beiden gegenüberliegenden Ströme, Kolyma und Alasej, findet. Der Ueberschrift zufolge soll diese Insel von freien, nicht unterworfenen Schelagen bewohnt seyn. — Nördlich von der Insel Kopaj sieht man das Ufer des sogenannten grossen Landes, welches nach der Ueberschrift auf nicht volle zwei Tagereisen von derselben entfernt seyn soll *). — Gegenüber der nordöstlichen Spitze Asiens, nach Osten hin, ist eine grosse Insel angedeutet, mit der Ueberschrift: „Insel gegenüber dem Anadyrschen Vorgebirge; dieselbe ist stark bevölkert und reich an Thieren aller Art; die Bewohner zahlen keine Abgabe und leben ganz abgesondert für sich." — Das nördliche Ufer des Tschuktschenlandes ist auf dieser Karte beinahe als eine gerade Linie verzeichnet und weder die Tschaun-Baj noch das Schelagsche Vorgebirge sind darauf angedeutet.

Eine andere Karte, deren der Historiograph Müller erwähnt, rührt von dem jakuzkischen Edelmann Iwan Lwow her; auf dieser sind zwei Vorgebirge angezeigt, von denen das nordöstlichste (welches gewöhnlich das Tschukozkische oder nordöstliche genannt wird) mit dem

---

*) Folglich wäre die Insel Kopaj weiter von dem festen Lande Sibiriens, als von diesem grossen Lande gelegen. Vergl. oben die Notiz über das Wileginsche Land.

Namen Schelagskoj Noss bezeichnet ist. Das andere, gerade im Süden vom ersteren liegende, nennt Lwow Anadyrskoj Noss.

Zwischen diesen beiden Kaps liegt eine grosse Bucht, in welcher eine von Tschuktschen bewohnte Insel angezeigt ist. Desgleichen finden sich auch noch zwei Inseln gegenüber dem Anadyrskoj Noss. Die eine derselben, welche dem Ufer näher liegt, hat folgende Ueberschrift: „Bis an die erste Insel gelangt man zu Wasser in einem halben Tage; die Bewohner derselben werden von den Tschuktschen Achju chalaety genannt. Dieser Völkerstamm hat eine eigene Sprache und macht sich Kleider aus Entenfellen. Sie nähren sich von Wallrossen und Wallfischen, und da es ihnen an Holz fehlt, so bedienen sie sich des Thranes zum Kochen. — Die andere Insel liegt von dieser auf zwei Tagereisen zu Wasser entfernt. Die Bewohner derselben, die von den Tschuktschen Pejekeli benannt werden, kleiden sich gleichfalls in Entenfelle, durchbohren sich die Backen und stecken allerlei Knochen und Thierzähne hinein. Ihre Wohnungen sind befestigt." Hinter diesen Inseln ist ein grosses Land abgebildet und dabei folgende Inschrift: „Die Bewohner dieses Landes heissen bei den Tschuktschen Kitschin Elaet". Sie haben eine eigene Mundart, tragen Kleider aus Zobelfellen, wohnen in Erdhütten (semlänki) und ihre Waffen bestehen in Bogen und Pfeilen. Es giebt in diesem Lande allerlei Thiere, deren Felle den Eingeborenen zur Kleidung dienen. Von Bäumen giebt es hier Tannen, Fichten, Lärchen und Birken."

Endlich erwähnt Müller noch einer in Jakuzk verfertigten Karte, auf welcher das Kap Schelagskoj auch nicht bestimmt angedeutet ist. Gegenüber demselben findet sich, eben so unbestimmt, ein Land angedeutet, welches von einer Völkerschaft Namens Kykykme bewohnt seyn soll, die viel Aehnlichkeit mit den Jukahiren hat. Bei dem Kap Schelagskoj ist angemerkt: „Die hiesigen Eingeborenen haben eine eigene Mundart; sie sind im Gefechte sehr muthvoll und grausam, so dass es nicht möglich ist, Herr über sie zu werden, ja wenn auch einer von ihnen in Gefangenschaft geräth, so nimmt er sich selbst das Leben."

Aber nicht blos auf den in Jakuzk von Nicht-Geographen angefertigten Karten finden sich dergleichen Unbestimmtheiten und Unrich-

tigkeiten; auch auf Behrings eigener Karte, welche er selbst im Jahre
1728 anfertigte, als er von seiner ersten Reise nach der östlichen
Küste des Tschuktschen Landes zurückkehrte, finden wir dieselbe Ver-
wechselung des Kap Schelagskoj mit der Ostspitze von Asien und dem
Tschukotskoj Noss. Um einigermassen diese Karte mit Des'hnew's Kurs
auszugleichen, hat man auf einigen später erschienenen Karten diesem
letzteren Vorgebirge den Namen Swätoj Noss beigelegt; auf anderen
hat man das von Lwow Schelagskoj Noss benannte Kap unbestimmt
gelassen, und demnach Des'hnew's ganze Fahrt in Zweifel gezogen;
letzteres sowohl, als auch die oben erwähnten irrigen Andeutungen auf
den Karten rühren aber blos daher, dass den Verfertigern dieser letzteren die merkwürdigen Reisen des kühnen Des'hnew unbekannt waren, über welche zuerst im Jahre 1736 Müller einige bestimmtere
Nachrichten aus dem Archiv zu Jakuzk ans Licht brachte. — Das sogenannte Grosse Land hinter den Inseln bei dem Kap Anadyrskoj ist
gewiss kein anderes, als das nordwestliche Ufer von Amerika, so wie
auch das andere eben so bezeichnete Land, welches dem Schelagskoj
Noss gegenüberliegen soll, und welches wahrscheinlich dasselbe Ufer
ist, das sich, der damaligen Sage nach, weit nach Norden hinauf erstrecken sollte. Dies bestätigt sich noch besonders durch die Berichte
des Jakuzkischen Kosaken Popow, welcher im Jahre 1711 von dem
Anadyrschen Ostrog nach dem Tschukotskischen Vorgebirge gegangen
war, und unter andern berichtete: „Gegenüber dem Vorgebirge zu beiden Seiten desselben, sowohl im Kolymskischen als im Anadyrschen
Meere, ist eine Insel zu sehen, welche die Tschuktschen das Grosse
Land nennen. Die Bewohner desselben durchbohren sich die Backen,
stecken Knochen hinein u. s. w." — Es ist gar nicht zu bezweifeln,
dass Popow hier von dem Ufer Amerika's spricht, welches gegenüber
dem Kap Tschukotskoj liegt, und sich sowohl nach Norden als nach
Süden erstreckt; sein sogenanntes Kolymskisches Meer ist der-
jenige Theil des Oceans, welcher nördlich von der Tschuktschen Halbinsel liegt; eben so bezeichnet seine Benennung Anadyrskisches
Meer den südlicheren Theil. Vielleicht waren diese beiden Benennungen damals angenommen. Unter dem Namen Tschukotskoj Noss
versteht Popow den östlichen Theil der Halbinsel, und so erklärt sich,

meines Erachtens, ganz natürlich die Erscheinung des Grossen Landes gegenüber dem Schelagschen Vorgebirge auf den Karten, welche durch unwissende Menschen, nach den sich oft widersprechenden Beschreibungen eben so unwissender Reisenden, angefertigt wurden.

Es ist oben schon erwähnt, dass der bekannte Geograph Delisle sämmtliche Unrichtigkeiten der Schestakowschen Karte auf die seinige hinübergetragen hat. Auf der im Jahre 1728 von ihm herausgegebenen Karte liegt gegenüber der Kolyma - Mündung in 73° der Breite eine Insel, und hinter derselben in 75° ein grosses Land, welches die Russen unter Anführung eines Häuptlings der Schelagen, Namens Kopaj, im Jahre 1723 sollen entdeckt haben. — Wir haben oben gesehen, dass zwar in diesem Jahre der Kosak Amossow zu dem Schelagen Kopaj hinreiste, dass er aber weder mit ihm, noch auch ohne ihn, irgend eine weitere Untersuchungsreise anstellte, sondern völlig unverrichteter Sache zurückkehrte, und dass folglich die ganze Entdeckung jenes Landes völlig grundlos ist.

Ueberhaupt geht aus einer vergleichenden Gegeneinanderstellung über das vermeintliche hoch oben im Eismeere befindlich seyn sollende Grosse Land hervor, dass keine dieser Angaben Glauben verdient, indem sie, wie gesagt, von durchaus ungebildeten Menschen herrühren, welchen alle wissenschaftliche Hülfsmittel völlig unbekannt waren. Sie erkannten weder die Wichtigkeit, noch auch die Möglichkeit einer genauen Untersuchung, sondern begnügten sich mit blossen, oft falsch verstandenen Erzählungen, und so geschah es denn, dass man zu Anfange des achtzehnten Jahrhunderts da festes Land vermuthete, wo wir ungefähr hundert Jahre später offenes Meer, oder höchstens einige unbedeutende Inselchen fanden.

Mit dem Jahre 1734 erst beginnen die von wissenschaftlich gebildeten Männern unternommenen Reisen, welche zuerst das Verdienst hatten, die Karten der nördlichen Ufer Sibiriens zu berichtigen, und zuverlässigere Nachrichten über dieselben zu geben.

Die erste bedeutende Expedition dieser Art hatte unter der Regierung der Kaiserin Anna Joannowna Statt. Ihr Hauptzweck war die genaue Bestimmung der nördlichen Ufer Sibiriens, von dem Weissen Meere bis zur Behringsstrasse, und die Untersuchung der Möglichkeit, zu Schiffe von Archangel nach Kamtschatka zu gelangen. Um desto gewisser diesen Zweck zu erreichen, beschloss das Admiralitätscollegium, drei abgesonderte Expeditionen dazu auszurüsten; die eine, von zwei Schiffen, sollte von Archangel auslaufen und östlich bis an die Mündung des Ob', und die andere, mit einem Schiffe, von hier nach der Jenissej-Mündung gehen. Die dritte sollte von der Lena ausgehen; diese bestand aus zwei Schiffen, deren eines nach Westen bis an den Jenissej, das andere aber östlich, an der Kolyma vorbei, bis in die Behringsstrasse gehen sollte.

Die Auswahl und völlige Ausrüstung der Schiffe für die erste Expedition ward dem Oberbefehlshaber des Archangelschen Hafens übertragen, welcher nach dem Rathe mehrerer der dortigen Schiffahrtkundigen zwei Kotschi, jede von 52½ Fuss Länge, 14 Fuss Breite und 8 Fuss Tiefe erbauen liess, deren eines Ob' und das andere Expedition benannt wurde. Jedes derselben hatte 20 Mann Schiffsvolk und wurde von einem Flottenoffizier geführt; das eine kommandirte der Lieutenant Pawlow, das andere der Lieutenant Murawjew.

Die beiden Schiffe verliessen Archangel am 4. Juli 1734, und erreichten noch in diesem Sommer den Mutnoj Saliw (die trübe Bucht) im Karischen Meere, kehrten aber von dort zu der Mündung der Petschora zurück, wo sie überwinterten. Im Juni des folgenden Jahres gingen sie wieder in See, kamen aber nicht viel weiter als im vorigen und kehrten zum Winter wieder nach der Petschora zurück. — Da der Lieutenant Murawjew den wenigen Erfolg seiner beiden Fahrten lediglich auf Rechnung der Kotschi schrieb, welche er für völlig untauglich zu diesem Zwecke erklärte, so verordnete das Admiralitäts-Collegium, auf den Archangelschen Werften zwei Verdeck-Böte von 50 bis 60 Fuss Länge zu erbauen, und dieselben unter Führung der Lieutenants Skuratow und Suchotin zu der Expedition des Lieutenants Murawjew abzufertigen, welcher unterdessen aber schon durch den Lieutenant Malygin abgelöst war.

Dieser letztere war am 27. Mai 1736 mit dem Fahrzeuge Expedition den Strom hinabgegangen, um in See zu stechen, gerieth aber am 29., als er eben aus der Mündung der Petschora auslief, in starkes Treibeis, welches sein Fahrzeug zertrümmerte, so dass er nur mit grosser Mühe die Equipage und einen Theil der Ladung retten konnte. Demungeachtet ging er schon am 17. Juni mit dem anderen Schiffe wieder in See. Auch jetzt traf er auf ungeheure Massen von Treibeis, und nachdem er lange mit den grössten Gefahren gekämpft hatte, sah er sich gezwungen, bei der Insel Dolgoj stehen zu bleiben, wo sich am 7. August die beiden aus Archangel nachgesandten Fahrzeuge zu ihm einfanden. Malygin bestieg sogleich das eine derselben, übertrug die Führung des anderen dem Lieutenant Skuratow und fertigte seine Kotscha Ob' mit dem Lieutenant Suchotin nach Archangel ab, der auch glücklich daselbst anlangte. — Die beiden Verdeck-Böte aber gingen weiter bis an den Fluss Kar. wo sie überwinterten.

Im Juli und August desselben Jahres (1736) befuhr der Geodet Selifontow mit Rennthieren das westliche Ufer der Ob'schen Bucht und besuchte zu Bote die Insel Beloje, deren südliches Ufer er zum Theil aufnahm. Im November vereinigte er sich mit dem Lieutenant Malygin. Im nächstfolgenden Jahre unternahm er in Begleitung einiger Samojeden eine zweite Eisfahrt, um die weitere Aufnahme der Ufer des festen Landes und der Insel Beloj fortzusetzen; die Resultate dieser Reise sind mir aber nicht bekannt.

Mit dem Mai 1737 schickten sich Malygin und Skuratow zu ihrer Expedition an; die Kara ging zwar schon zu Anfange des Juni auf, allein da, wie bekannt, das Meer in jenen Gegenden nicht vor der ersten Hälfte des Juli so weit frei von Eise wird, dass man es befahren kann, so beschlossen sie, bis zum 1. Juli in der Kara zu bleiben und dann erst in See zu gehen. — Im Laufe dieser Zeit fanden sich unter der Mannschaft Spuren von Skorbut, doch gelang es durch den Gebrauch einiger in der Gegend wachsenden antiskorbutischen Kräuter, dem Uebel Einhalt zu thun.

Am 3. Juli befanden sich beide Fahrzeuge in der Mündung der Kara; obgleich im Meere noch sehr viel Eis herumtrieb, so liefen sie doch aus und suchten, so viel möglich, in einer nördlichen Richtung vorzudringen. Am 23. Juli erblickten sie die Insel Beloj und gingen Tages darauf in der Meerenge vor Anker, die das feste Land von dieser Insel trennt, und deren Breite auf 73° 8' bestimmt ward. Die Fluth dauerte hier nur vier Stunden und kam von Westen; die Ebbe von Osten dauerte acht Stunden; erstere brachte salziges, letztere süsses Wasser. Die Strömung der Ebbe war viel stärker als die der Fluth, welche sich zuweilen kaum bemerkbar zeigte. — Die Ebbe und Fluth bei Voll- und Neumond trat um 3 Uhr ein und das Wasser stieg auf $1\frac{1}{2}$ Fuss.

Die Meerenge ist mit einer Menge Untiefen besäet, zwischen welchen sich viele gegenwirkende Strömungen finden. Durch widrige Winde wurde der Lieutenant Malygin 25 Tage lang in dieser Meerenge aufgehalten, so dass er erst am 18. August (nach Müllers Angabe) auslaufen konnte. Er umschiffte ein von den Samojeden Jalmal benanntes Kap, gelangte in den Ob'schen Meerbusen und lief am 11. September in den Ob' ein, den er bis zu der Soswa hinaufging; hier brachte er die Fahrzeuge für den Winter in Sicherheit, und nachdem er die Mannschaft in dem Flecken Beresow einquartirt hatte, reiste er zu Lande nach Petersburg ab. Die fernere Leitung der beiden Fahrzeuge übertrug er dem Lieutenant Skuratow und dem Untersteuermann Golowin, welche im Jahre 1738 den Rückweg antraten und nach vielen überstandenen Mühseligkeiten und Gefahren endlich am 11. August 1739 wieder in der Dwina anlangten.

Die Ausrüstung und obere Leitung der beiden anderen Expeditionen, welche vornehmlich die Küste nach Osten von dem Ob' untersuchen sollten, ward dem bekannten Kommodore Behring übertragen. Dieser liess zu Tobolsk eine Doppel-Sloop, Tobol' genannt, erbauen, welche 70 Fuss Länge, 15 Fuss Breite und 8 Fuss Tiefe hielt. Das Fahrzeug hatte zwei Masten und war mit 8 zweipfündigen Falkonets versehen. — Die Mannschaft bestand aus 53 Matrosen, einem Steuermann und einem Geodeten; auch ward ein Priester mitbeordert *). Die Führung des Schiffes ward dem Lieutenant Owzyn übertragen, welchem Behring eine von dem Admiralitäts-Collegium aufgesetzte Instruction ertheilte.

---

*) Die nachstehende Beschreibung der Reisen der Herren Owzyn, Malygin, Prontschischtschew, Laptew, Tschemoskin und Minin habe ich grösstentheils aus den Memoiren des ehemaligen Admiralitäts-Departements 1820 genommen, in welchen ich jedoch, nach den Original-Reisejournalen, mehrere irrige Angaben berichtigt und ergänzt habe.

Am 15. Mai 1734 war alles in Bereitschaft und der Lieutenant Owzyn machte sich auf den Weg, gefolgt von einigen kleinen Fahrzeugen, welche ihm Proviant und allerlei Schiffsbedürfnisse nachführten. — Neun Tage brauchte Owzyn, um bis an die Mündung des Irtysch zu gelangen, wo er am 25. Mai, bei einem ziemlich bedeutenden Dorfe Samachowskoj Jam, auf kurze Zeit Halt machte, einen anderen Lotsen nahm und dann seine Reise weiter, den Ob' hinab, fortsetzte.

Am 2. Juni langte er bei Beresow an, wo er wieder einen neuen Lotsen und einige dort befindliche Matrosen einnahm, die ihm noch zur Komplettirung seiner Mannschaft bestimmt waren. Nach einem dreitägigen Aufenthalte ging er weiter und erreichte endlich am 12. Juni Mittags das letzte Russische Dorf am Ob', Obdorskoj Ostrog genannt.

Am 15. Juni befand er sich am Ausflusse des Ob', der sich hier, in drei Arme getheilt, in den Ob'schen Meerbusen ergiesst. Durch den östlichsten dieser Arme, der der tiefste ist, gelangte Owzyn am 19. in den Meerbusen, wo er einen Sturm auszuhalten hatte, der die Proviantfahrzeuge so stark beschädigte, dass sie nicht weiter gebraucht werden konnten. Aus dem Holze eines derselben, welches am meisten gelitten hatte, ward an der Küste ein Magazin erbaut, in welches der Proviant und der Vorrath aus den übrigen Fahrzeugen niedergelegt wurden. Dieser Ort erhielt den Namen Semosèrnoje (der sieben Seen), weil sich hier gerade sieben kleine Landseen finden; er liegt in 66° $36'$ nördlicher Breite.

Am 21. Juni war alles beendigt; man hinterliess bei dem Magazin die nöthigen Wächter, und Owzyn trat seine Seereise an, indem er zuerst längs dem rechten Ufer der Ob'schen Bucht hinsteuerte. — Am 26. fertigte er einen Kosaken-Unteroffizier mit sieben Matrosen in Böten ab, um an dem Eingange der Bucht Lotszeichen auszustellen und die aus Archangel kommenden Schiffe in Empfang zu nehmen; er selbst setzte seine Fahrt in der Ob'schen Bucht nordwärts fort, welches aber nur sehr langsam von Statten ging, theils wegen der widrigen Winde, theils auch wegen der vielen Untiefen, zwischen denen es nur mit der grössten Vorsicht möglich war, das für sein Schiff erforderliche Fahrwasser auszufinden. So erreichten sie endlich am 6. August die nördliche Breite von 70° 4′, wo die schon eintretenden ziemlich starken Fröste ihr Weitergehen für dieses Jahr, wenn auch nicht gerade unmöglich, doch wenigstens höchst gefährlich machten, und den Lieutenant Owzyn bewogen, nach dem Obdorskischen Ostrog zurückzukehren, um dort zu überwintern. — Am 4. September langten sie daselbst an; das Schiff ward ausgeladen und abgetakelt, und die Mannschaft in dem Ostrog untergebracht. — Am 13. Oktober belegte sich der Ob' ganz mit Eise.

Die Ufer der Ob'schen Bucht bestehen grösstentheils aus holzleeren, nackten Tundry oder Steppen, deren ewig gefrorener Boden selbst mitten im Sommer kaum in der Tiefe einer halben Arschin aufthaut. Die Vegetation ist höchst kümmerlich; von Thieren sah man nur Rennthiere in ziemlicher Menge, und einige Bären; die Bucht schien arm an Fischen; ein Mal nur zeigten sich etliche Hausen *), ausserdem aber bemerkte man gar keine dergleichen. — Auf den Eissteppen nomadisiren Samojeden, mit welchen Owzyn mehrmals Zusammenkünfte hatte. — Im November fanden sich von Westen herkommende Rennthiersamojeden, mit dem jährlichen Tribut (Jassàk) in dem Ostrog ein, welche erzählten, sie hätten im verflossenen Sommer an der Seeküste, unweit des Karaflusses, russische Leute gesehen, welche mit Rennthieren aus Pustosersk dahin gekommen wären, um Lotszeichen im Meere auszustellen. Mit diesen rückkehrenden Samojeden fertigte Owzyn zwei Kosaken nach Pustosersk an den Lieutenant Murawjew ab, um ihm sowohl von seiner Fahrt in der Ob'schen Bucht, als auch von den dort ausgestellten Lotszeichen Nachricht zu geben.

Im Frühling 1735 schickte sich Owzyn zu einer zweiten Fahrt an, und ging am 29. Mai den Ob' hinunter, war aber durch den noch sehr starken Eisgang mehrmals genöthigt, Schutz in den Uferbuchten zu suchen. — Am 6. Juni langte er bei seinem im vorigen Jahre angelegten Magazin an, wo er die daselbst hinterlassenen Vorräthe ein-

---

*) Wahrscheinlich nicht Hausen, sondern sogenannte weisse Wallfische, Delphinus leucas, welche an den Küsten des Eismeeres auch Beluga, oder richtiger Belucha, genannt werden.

nahm und am 11. weiter ging; bald aber ward er durch das Eis aufgehalten, welches nicht ausgehen konnte, weil die ganze Ob'sche Bucht noch fest gefroren war. Endlich am 20. Juli ging auch diese auf und das Fahrwasser ward rein. Unterdessen hatte sich wieder Skorbut unter dem Schiffsvolk gezeigt; dieser nahm so sehr zu, dass im halben Juli von den 53 Mann nur noch 17 Gesunde übrig waren. — Auch er selbst lag ernstlich krank darnieder. — Dieser üble Gesundheitszustand der Equipage bewog den Lieutenant Owzyn endlich, dem Rathe seiner Untergebenen gemäss, für dieses Jahr die Expedition in das Eismeer aufzugeben und nach Tobolsk zurückzugehen, um dort während des Winters seine Kranken mit Hülfe der Aerzte bei guter Nahrung und Pflege wieder herzustellen, so wie auch um sein Schiff auszubessern und die nöthigen Vorräthe für eine dritte Fahrt im nächsten Jahre zu besorgen. Er brach am 18. Juli auf; aber obgleich auf seine Forderung ihm aus Obdorsk und Beresow Leute zur Hülfe geschickt waren, so ging die Fahrt stromaufwärts doch nur sehr langsam, und er langte nicht eher als am 6. Oktober in Tobolsk an. Wenige Tage nach seiner Ankunft blieb das Eis im Irtysch stehen.

Im Dezember war der Lieutenant Owzyn so weit hergestellt, dass er eine Reise nach Petersburg unternehmen konnte, um dem Admiralitäts-Collegium persönlich Bericht über seine Expedition abzustatten und die Gründe auseinanderzusetzen, die es bisher unmöglich gemacht hätten, den ihm ertheilten Auftrag auszurichten. — Nächst einem genauen Bericht über seine Expedition stellte er dem Collegium auch verschiedene zum sicheren Erfolg des Unternehmens nöthige Massregeln vor, unter welchen die wichtigste darin bestand, ihm zu einer künftigen Expedition ins Eismeer noch ein zweites Schiff zuzugestehen, theils damit die beiden Fahrzeuge im Falle der Noth einander Hülfe leisten könnten, theils auch um korrespondirende Beobachtungen anstellen zu können. — Desgleichen schlug er vor, im Frühling einen Geodeten zu Lande auf Narten abzufertigen, um die Küsten des Eismeeres bis an die Mündung des Jenissej aufzunehmen. Sämmtliche Vorschläge Owzyns wurden gebilligt, und ihm aufgetragen, zum künftigen Sommer ein Fahrzeug zu bauen, auf welchem der Flottensteuermann Koschelew ihn begleiten sollte.

Am 24. Februar langten Owzyn und Koschelew wieder in Tobolsk an, und begannen unverzüglich den Bau eines neuen Fahrzeuges
von 60 Fuss Länge, 17 Fuss Breite und 7½ Fuss Tiefe; trotz allen
Anstrengungen aber konnte dasselbe doch nicht zum Sommer beendigt
werden, und Owzyn entschloss sich am 23. Mai 1736, zum dritten
Male allein die Reise nach dem Eismeere in seinem vorjährigen Schiffe
zu unternehmen. Wie früher, ging er auch jetzt in Begleitung einiger kleinen Transportfahrzeuge mit Proviant u. dergl. den Irtysch und
den Ob' hinunter und gelangte am 14. Juni nach Beresow, wo er sich
verschiedener Ursachen wegen neun Tage aufhielt. — Am 7. Juli erreichte er die Mündung des Ob', liess die Proviantfahrzeuge bei dem
Semoserschen Magazin zurück, und ging dann nördlich den Ob'schen
Meerbusen hinab. — Am 28. befand er sich an derselben Stelle, von
welcher er im Jahre 1734 zurückgekehrt war, und am 5. August traf
er in 72° 34′ nördlicher Breite auf festes Eis, welches den Busen in
seiner ganzen Ausdehnung bedeckte, und noch seit dem vorigen Winter nicht aufgegangen war. Nach vielen fruchtlosen Versuchen, einen
Ausweg ins Meer zu finden, und nachdem man sich durch mehrere
Untersuchungen auf dem Eise überzeugt hatte, dass für dieses Jahr
keine Wahrscheinlichkeit da sey, den Busen offen zu sehen, entschloss
sich Owzyn, nach gepflogenem Rathe mit seinen Begleitern, zurückzu
kehren und in Obdorsk zu überwintern. Er langte dort den 26. September an, und wenige Tage nachher war auch schon der Ob' ganz
mit Eise bedeckt.

Im Dezember kamen wie gewöhnlich die Samojeden mit dem Jassak dahin, und mit ihrer rückkehrenden Karawane ward, nach Owzyn's
Vorschlag, ein Geodet zur Aufnahme der Küsten des Eismeeres abgefertigt.

Am 5. Mai 1737 war das zweite Fahrzeug zu Tobolsk fertig,
und am 5. Juni langte es mit dem Schiffsbaumeister Koschelew und
dem Steuermann Minin in Obdorsk an, wo eben Owzyn sich zu seiner vierten Reise anschickte. Er übertrug Koschelew die Führung
seines bisherigen Schiffes, bestieg selbst das neuangekommene Fahrzeug, und beide verliessen am 29. Juni Obdorsk. Nach einem kurzen
Aufenthalte bei dem Semoserschen Magazin, traten sie am 14. Juli

ihre Fahrt in die Ob'sche Bucht an, konnten aber wegen der widrigen Winde und dicken Nebel nur sehr langsam vorrücken. Am
6. August befanden sie sich unter 72° 46' nördlicher Breite an dem
rechten Ufer des Busens, wo sie eine tiefe Bucht entdeckten, welche
sich in südöstlicher Richtung auf 160 Werste weit in's Land hinein erstreckt. Diese Bucht wird von den Eingeborenen Gydyjam genannt;
in das obere Ende derselben ergiesst sich ein Flüsschen gleiches
Namens.

Da es schon ziemlich spät im Jahre war, so fand Owzyn gerathen, sich nicht weiter mit der genaueren Aufnahme des linken
Ufers des Busens aufzuhalten, sondern ohne Zeitverlust gerade nach
der Mündung desselben zu gehen. Sie fanden daselbst in 72° 40'
die Fluth mit einer Schnelligkeit von 3½ Meilen (in sechs Stunden)
nach SW., und die Ebbe mit gleicher Schnelle nach NO. gehend.
Am 8. August gingen sie aus der Bucht in das Eismeer, wo sie mit
ziemlich günstigem Winde in nördlicher Richtung bis zu der Breite
von 73° 56' gelangten. Hier aber stiessen sie auf sehr dickes, in
hohen bergartigen Massen aufgethürmtes Eis, das mit einer zahllosen
Menge von Möwen bedeckt war. Das Senkblei zeigte 15 Faden Tiefe.
Die Strömung ging nach Westen mit einer Geschwindigkeit von
¾ Meilen in einer Stunde. Hier zeigte sich auch ein Wallfisch. —
Sie nahmen nun ihren Kurs von dem dichten Eise landwärts nach
SO + S., in welcher Richtung das Meer rein von Eis zu seyn schien.

Am 9. August erblickte man nach ONO. Land; das Loth zeigte
7, 6 und 5 Faden, festen grauen Sandboden. Am 10. befanden sie
sich gegenüber einer niedrigen, flachen Küste, und gingen in der Entfernung einer halben Meile von derselben, bei 2½ Faden Tiefe, vor
Anker. Die Nordspitze des Einganges in den Ob'schen Busen lag
nach NNO., die Südspitze nach S + O. Die Breite des Ankerplatzes
fand sich 73° 10'; die Abweichung der Magnetnadel ½ Rumb östlich. Die Strömung war nördlich und betrug von 7 Uhr Morgens bis
Mittag, also in fünf Stunden, 3½ Meilen.

Der in der Jolle nach der Küste abgeschickte Steuermann Minin
kehrte gegen Abend zurück und berichtete: das Ufer sey flach und
niedrig, und habe die Richtung von SW. nach NO. An den von

dem Meere bespülten Stellen fand er eine Menge Treibholz. In einiger Entfernung von dem Ufer liegen sechs Landseen, die durch ein Flüsschen mit einander verbunden sind, welches sich in das Meer ergiesst. In diesen Gewässern nisteten grosse Schwärme von wilden Enten, Gänsen und Möwen. Das Land schien überall völlig unfruchtbar zu seyn. In der Ferne sah' man einige Rennthiere und einen weissen Bären.

Wegen der widrigen Winde waren sie genöthigt während ganzer sechs Tage beständig zu lawiren, Nachts aber vor Anker zu liegen. Am 16. August befanden sie sich in 73° 18' nördlicher Breite, die nordöstliche Landspitze, welche von den Samojeden Mate - Sol' (die stumpfe Spitze) genannt wird, lag ihnen nach OSO., in der Entfernung von 3½ Meilen*). Auf diesem Kap errichtete Owzyn aus Treibholz ein Wahrzeichen mit einer Inschrift, welche besagt: dass er am 16. August 1737 mit zwei Schiffen aus dem Obschen Meerbusen nach Osten gegangen sey.

Sie fanden das Wasser bittersalzig und von hellgrüner Farbe. Ebbe und Fluth hatten die Richtung von Norden nach Süden, mit einer Geschwindigkeit von 3¼ holländischen Meilen. Weiter nach Osten fanden sie 10, 7 und 5 Faden Tiefe; am 17. trafen sie auf eine grosse Menge Treibholz, welches von Norden nach Süden ging, Die Tiefe war sehr ungleich und von dem Ufer her erstreckten sich grosse Sandbänke weit in das Meer hinein. — Hinter dem Kap Mate Sol' fanden sie eine sich auf hundert Werste weit nach SO. in's Land hinein erstreckende Bucht, von mehr als zwanzig Meilen in der Breite. Von dort an hat die Küste bis zu der Mündung des Jenissej (eine Strecke von 90 Meilen) eine südöstliche Richtung.

Am 1. September legten sich beide Fahrzeuge in der Mündung

---

*) In der chronologischen Geschichte der Seereisen des Herrn von Berg, B. 1 S. 124, ist diese vierte Reise Owzyns fälschlich in das Jahr 1738 gesetzt; auch ist dort gesagt, Owzyn sey in diesem Jahre um das Kap Jalmal herum in den Jenissey eingelaufen. Bekanntlich liegt aber dieses Kap an der Westseite der Ob'schen Bucht. — Müller hat denselben Irrthum in Betreff des Jahres, benennt aber das Vorgebirge Mate - Sol' richtig.

des Jenissej, bei einem daselbst auf Veranstaltung der Oberbehörde für diese Expedition erbauten Vorathsmagazine vor Anker. Nach einer genommenen Sonnenhöhe ward die Breite des Ankerplatzes auf 71° 33′ bestimmt; die Abweichung der Magnetnadel war ³/₄ Rumb östlich. — Nachdem die Reisenden sich aus dem Magazin mit den nöthigen Vorräthen versehen hatten, nahmen sie einen Lotsen aus dem in der Nähe liegenden Winterdorfe Korennöje, und gingen am 2. September weiter den Jenissej hinauf, indem sie theils den Wind benutzten, theils sich am Schlepptau fortzogen. So gingen sie einen Monat stromaufwärts und hofften noch vor Eintritt des Winters die Stadt Turuchansk zu erreichen; aber am 1. Oktober fing das Eis so stark an auf dem Strome zu treiben, dass Owzyn nicht weiter fort konnte, sondern sich genöthigt sah in eine, dreissig Werst unterhalb Turuchansk liegende Bucht einzulaufen, um dort zu überwintern. — Koschelew's Fahrzeug, welches etwas zurückgeblieben war, konnte sich aller angewandten Mühe ungeachtet, nicht nur nicht durcharbeiten, sondern wurde vielmehr mit dem Eise bis an die hundert Werste von Turuchansk befindliche Mündung des Flusses Deneschkina hinuntergetrieben, wo es ihm endlich gelang, sich hineinzuziehen und wo er überwintern musste. Der Eisgang dauerte eine Woche, und am 10. Oktober war der ganze Strom zugefroren.

Im Winter des Jahres 1738 ward der Lieutenant Owzyn, in Folge einer von seinen Untergebenen eingereichten Klage zur gerichtlichen Verantwortung gezogen, und der Schiffsbaumeister Koschelew nach Petersburg berufen; die fernere Leitung der Expedition aber ward dem Steuermann Minin übertragen, welcher im folgenden Sommer wieder in's Eismeer gehen und womöglich das Kap Tajmur umschiffen sollte.

Bei einer genauen Besichtigung der beiden Fahrzeuge wies sich aus, dass das ältere derselben, die Doppelsloop, sehr gelitten habe, und zu einer weiteren Reise nicht mehr tauglich sey. Minin beschloss daher, dieses zurückzulassen und mit dem anderen Fahrzeuge allein in See zu gehen. Es ward gehörig in Stand gesetzt und am 4. Juni trat er seine Reise den Jenissej hinab an, dessen Mündung er am 3. August erreichte, und östlich längs der Meeresküste hinauf ging. —

Am 8. August passirten sie in der Breite von 72° 36' ein nacktes Felsenufer, Baranow Kamen' genannt. — Am 9. stiessen sie bei einer Tiefe von 15 Faden, unter 72° 53', auf dichtes undurchdringliches Eis, welches sie nöthigte nach dem in 72° 20' der Breite liegenden Winterdorfe Wolgino zurückzukehren. Nach einem Aufenthalt von drei Tagen machten sie wieder einen Versuch gegen Norden vorzudringen, aber das, wie es schien, feste Eis hielt sie bald wieder auf, und am 16. mussten sie, in 72° 8', hinter einer vier Werste vom festen Lande entfernten Insel bei einer Tiefe von 19 bis 20 Faden vor Anker gehen. — Von hier schickte Minin den Steuermann Sterlägow in der Jolle aus, um zu untersuchen, ob sich nicht irgendwo eine offene Stelle fände, wo man weiter vordringen könnte. Nach drei Tagen kehrte Sterlägow zurück und berichtete, dass er sich mit der grössten Mühe und Gefahr zwischen dem Felsenufer und den Eismassen auf einer Strecke von 40 Wersten fortgearbeitet habe, wo die Küste eine östliche Richtung annimmt. Von hier aus sah Sterlägow nach ONO ¼ O. in der Entfernung von 16 Meilen ein Vorgebirge, da aber die mitgenommenen Lebensmittel zu Ende waren, so konnte er nicht weiter gehen, sondern musste zurückkehren.

Minin hielt sich bis zum 30. August an obigem Ankerplatze auf, dann aber zwang ihn der eintretende Winter nach dem Jenissej zurückzukehren. Er lief am 13. September in die Mündung des Stromes ein, und überwinterte in dem Dorfe Jassakova Terechino unterhalb Turuchansk.

Den Frühling des folgenden Jahres (1739) benutzte Minin zur Aufnahme derjenigen Ufer des Jenissej, die bisher noch nicht aufgenommen waren. Die Tiefe des Fahrwassers fand er von zwei bis acht Faden. — Am 3. Juni ging das Eis in dem Strome auf und am 18. konnte Minin mit seinem Fahrzeuge nach Turuchansk hinauf gehen, um daselbst allerlei nothwendige Vorräthe einzunehmen. Verschiedene Umstände hielten ihn dort bis zum 31. Juli auf; dann machte er sich zwar auf den Weg, aber die zu weit vorgerücke Jahresfrist erlaubte ihm nicht weiter als bis an die Jenissej-Mündung zu gehen, von wo er wieder zurückkehren musste.

Im Winter (1740) ward der Steuermann Sterlägow aus Turuchansk auf Narten abgefertigt, um die Küsten von dem Ausflusse des Jenissej bis an den Najmur aufzunehmen. Am 22. März langte er bei den sogenannten Nordöstlichen Inseln, unter 73° 5′ nördlicher Breite an, und begann von hier seine Aufnahme. — Unter 73° 9′ fand er die Abweichung der Magnetnadel 10° östlich. Es schien ihm als ob in einer Entfernung von drei bis vier Wersten von der Küste offene Stellen im Meere seyn müssten, weil, wie er sich ausdrückt: „dort ein Dampf, gleich Rauch, über dem Wasser stand." — Auf seiner ganzen Fahrt längs der Küste beobachtete Sterlägow fast täglich die Breite. — Das Ufer und die zunächst gelegenen Inseln bestanden durchgehends aus Felsen. Am 14. April befand er sich in 75° 26′ und stellte dort auf einer stark vorragenden Felsenspitze ein Wahrzeichen auf. „Hier, sagt er in seinem Journal, war die Abweichung der Magnetnadel so gross und dabei so unbeständig, dass ich glauben muss, die magnetische Kraft wirke nicht mehr in diesen hochnördlichen Gegenden." — Die Refraction der Sonnenstrahlen von dem Schnee war hier so ungeheuer blendend, dass die Reisenden fast nichts mehr sahen und aus Besorgniss ganz zu erblinden sich entschlossen umzukehren. Auf dem Rückwege machten sie in einer an dem Flusse Pässina liegenden Winterwohnung halt, um ihre von der fortdauernden Anstrengung ganz erschöpften Hunde ausruhen und etwas Kräfte sammeln zu lassen, und langten endlich am 29. Mai wieder in Turuchansk an.

Am 7. Juni trat Minin in seinem Fahrzeuge wieder die Reise den Jenissej hinab an, erreichte am 4. August die Mündung desselben, und ging in nördlicher Richtung der Küste nach. Unweit der obenerwähnten Nordöstlichen Inseln hatte er einen heftigen Sturm, bei welchem er sein Boot verlor; die See ging ungeheuer hoch, so dass Minin sich genöthigt sah, hinter einem hohen Felsen Schutz zu suchen. Als der Sturm und Wellengang sich etwas gelegt hatten, setzte Minin seine Reise wieder fort, und erreichte am 16. die Mündung der Pässina, in welche er aber, der vielen Untiefen halber, nicht einlaufen konnte. Die Bucht, in welche der Fluss sich ergiesst, ist geschützt gegen die Nordwest-Winde und hat bei einer Tiefe von 4 ½ Faden guten, zuverlässigen Ankergrund. Eine zweite

kleinere, aber durch ein paar Inseln wohl gedeckte Bucht liegt unter
74° 43'. — Sie benutzten den günstigen Wind um ihre Fahrt weiter
nach Norden fortzusetzen; das Senkblei zeigte immer 8 bis 10 Faden,
plötzlich aber fand man keinen Grund mehr*). Am 21. August trafen sie in der Breite von 75° 15' festes, undurchdringliches Eis.
Dies, hauptsächlich aber die späte Jahreszeit und die Fröste, welche
sich anhaltend bis 209° F. erstreckten, nöthigten Minin den Rückweg
anzutreten. Am 28. August erreichten sie die Mündung des Jenissej,
gingen denselben bis zu der Breite von 60° 40' hinauf und zogen
sich da in die Dudina hinein, wo sie den Winter verbrachten, während dessen Minin die Aufnahme des Jenissej bis nach Jenissejsk
beendigte, und von da nach Petersburg reis'te.

Die andere Doppelsloop (Jakuzk), welche mit jener gleichzeitg in
Jakuzk erbaut war, wurde der Führung des Lieutenant Prontschischt-
schew anvertraut, und sollte von der Lena-Mündung westlich nach dem
Jenissej gehen, um so mit dem Lieutenant Owzyn zusammenzutreffen.
— Ein drittes Fahrzeug (Jakuzk) unter Leitung des Lieutenants Las-
sinius erhielt den Befehl östlich von der Lena längs der Küste des
Eismeeres zu gehen, um wo möglich durch die Behringsstrasse in
den östlichen Ocean und so nach Kamtschatka oder zur Mündung des
Anadyr zu gelangen.

Beide Schiffe traten am 30. Juni 1735 ihre Reise in Begleitung
mehrerer Proviantfahrzeuge an. Ihre Fahrt, die Lena hinab, ging
sehr glücklich von Statten; sie fanden überall von 4 bis 9 Faden
Tiefe; längs den reich mit Lärchenbäumen und Birken bewachsenen
Ufern des Stromes, so wie auf den Inseln, deren sie mehrere passirten, sahen sie eine Menge kleinerer und grösserer Niederlassungen,
deren Bewohner eiftrig mit dem Fischfange beschäftigt waren; das
Ganze gab ein ziemlich belebtes und freundliches Bild. — Am 2. August erreichten sie die Mündung der Lena, welche sich, in fünf Arme
getheilt, in das Meer ergiesst und dadurch vier bedeutende Inseln bildet. Nachdem sie durch den östlichsten dieser Arme, welcher der

---

*) Aus Minin's Journal ist nicht zu sehen, wie lang sein Loth-
seil war.

Lychow'sche heisst, das Meer erreicht hatten, nahmen sie den Proviant und die übrige Ladung der sie begleitenden Fahrzeuge an Bord, und fertigten dieselben zurück nach Jakuzk ab.

Am 9. August trennten sich die beiden Seefahrer; Lassinius ging seiner Instruction gemäss nach Osten; Prontschischtschew aber musste, widriger Winde halber, bis zum 14. liegen bleiben; dann trat auch er seine Seereise an, indem er die Inseln Kishylow, Tumitz und Zeste umging, welche durch die Arme der Lena gebildet werden. — Am 16. erblickten sie nach Norden hin grosse Eismassen; sie hielten daher, in der Nähe der Inseln, ihren Kurs nördlich und nordwestlich; die Tiefe war hier $1\frac{1}{2}$, 2 bis $2\frac{1}{2}$ Faden. — Am 24. befanden sie sich bei der Mündung des östlichen Armes der Lena, von welcher südlich sie in eine Bucht einliefen, die der Olenek bei seinem Ausflusse bildet, · und am 26. daselbst vor Anker gingen. Nachdem durch ein ausgesandtes Boot das Fahrwasser genau untersucht war, gingen sie am 30. den Fluss hinauf. Da sich hier einige von Pelzjägern erbaute leere Sommerjurten am Ufer befanden, so beschloss Prontschischtschew diese zu Winterwohnungen einzurichten und den Winter hier zu verbringen. Am 20. September erhob sich ein heftiger Sturm aus dem Meere, welcher eine so grosse Menge Eis in den Strom hinein trieb, dass derselbe bei der anhaltenden starken Kälte auch gleich zufror. — Am 5. Oktober waren die Jurten, so viel es sich thun liess, in Stand gesetzt und die Mannschaft des Fahrzeuges bezog sie. — Die Breite dieses Orts bestimmte Prontschischtschew auf $72^{\circ} 54'$*). — Am 10. November verschwand ihnen die Sonne unter dem Horizonte.

---

*) In den Memoiren des Admiralitäts-Kollegiums ist diese Breitenbestimmung für unrichtig erklärt, und nach der von Prontschichtschew angegebenen Zeit des Verschwindens der Sonne die Breite jenes Orts auf $70^{\circ} 57'$ angenommen. Nach dieser letzteren Bestimmung und nach der durch den Kapitain Billings für die Mündung der Kolyma angegebenen Breite von $69^{\circ} 29'$, (welches von den früheren Karten des Eismeeres um $1^{\circ} 46'$ abweicht) ist in den Memoiren die Behauptung aufgestellt: „Die Küsten des Eismeeres seyen auf den ehemaligen Karten (nämlich der von Prontschischtschew's Expedition) um $1\frac{1}{2}^{\circ}$ zu viel nördlich angegeben." — Diese Behauptung ist falsch, wie sich aus folgendem ergiebt:

Mit dem ersten Eintritt des Frühlings (1736) schickte sich Prontschischtschew zur Fortsetzung seiner Reise an; der Strom selbst ging zwar schon am 21. Juni auf, allein das Eis in der Mündung desselben stand unbeweglich, bis zum 3. August, wo es endlich brach; der Strom reinigte sich bald vom Eise und Prontschischtschew konnte schon am folgenden Tage in See gehen, wo er seinen Kurs nach Nordwesten richtete.

Am 5. August befanden sie sich vor der Mündung des Flusses Anakara, wo sie vor Anker gingen und den Geodeten Tschekin zur Aufnahme des Stromes abschickten. Er kehrte nach Verlauf von sechs Tagen zurück, und sie setzten am 12. ihre Reise in nördlicher Richtung längs der Küste fort; allein nachdem sie 32 Meilen gemacht hatten, stiessen sie auf eine grosse Menge Treibeises, welches ihre Fahrt äusserst erschwerte. Mit widrigem Winde lawirten sie bis zum 13., wo sie sich genöthigt sahen, in die Bucht Chotanga einzulaufen, deren Mündung 30 Meilen breit ist. In der Mitte derselben liegen ein Paar Inseln; die eine ist niedrig und flach, die andere, welche westlich von jener liegt, besteht aus ziemlich hohen Felsen; die Tiefe in der Bucht ward von 9 bis 12 Faden gefunden. — Auf dem Ufer trafen sie eine Hütte und in derselben einige Hunde und frisch gebackenes Brod, wahrscheinlich einem Pelzjäger gehörig. — Nach einer am 14. August genommenen Sonnenhöhe ward die Breite dieses Ortes auf 74^0 48′ bestimmt; die Abweichung der Magnetnadel betrug 1 ½ Rumb östlich. — Die Mündung des Flusses Chotanga liegt von hier nach SW., 2^0 44′ in der Entfernung von 30 Meilen.

Nach Prontschischtschew ist die Breite der Mündung des
Olenek. . . . . 72^0 54′
Nach der Aufnahme des Lieutenant Anjou ist sie . . . . . 72^0 57′
Nach Laptew ist die berechnete Breite des Leuchtthurms
am Ausflusse der Kolyma. . . . . 70^0 05′
Nach Wrangel ist dieselbe . . . . 69^0 35′.
Endlich ist noch zu bemerken, dass in den hochnördlichen Breiten im Winter sowohl, als auch besonders im Frühling beim Thauen des Schnees die horizontale Refraction der Strahlen so stark, und dabei so ungleichmässig ist, dass dadurch die gewöhnlichen mathematischen Breitenberechnungen, nach dem sichtbaren Verschwinden der leuchtenden Himmelskörper unter dem Horizonte, sehr oft unrichtig und unzuverlässig werden.

Am **16.** setzten sie ihre Reise weiter fort und kamen am **17.** an einer mit dichtem Eise bedeckten Bucht vorbei, längs welcher sie sich mit vieler Mühe durcharbeiteten: sie fanden hier von **2** bis **14** Faden Tiefe*). — Zwischen dem Eise sah man mehrere Inseln, allein der über die ganze Bucht liegende dicke Nebel gestattete nicht, die Grösse derselben zu bestimmen. — Nach der Schiffsrechnung befanden sie sich am **17.** auf **120** Meilen von dem Flusse Chotanga entfernt, in der Breite von **76°20'**. — Während des **18.** setzten sie ihre Fahrt längs dem festen Eise zwar fort, doch rückten sie nur sehr langsam vor, weil das Meer mit ungeheueren umhertreibenden Eismassen bedeckt war; die Bucht selbst aber war in diesem Sommer gar nicht aufgegangen, sondern stand fest. — Ueber die niedrige Küste hinaus sahen sie in weiter Entfernung, nach Süden, hohe mit Schnee bedeckte Berge.

Am **19.** passirten sie eine andere grosse Bucht, welche sich in südöstlicher Richtung auf **20** Meilen in das Land hinein erstreckte. Vor derselben lagen zwei, ungefähr eine Meile von einander entfernte Inseln. — Das feste Eis, welches sich von dem Busen aus ziemlich weit ins Meer erstreckte, nöthigte sie einen ganz nördlichen Kurs zu nehmen, wobei ihr Schiff sehr oft Gefahr lief, zwischen den grossen Massen von Treibeis gequetscht zu werden. — Um Mittag befanden sie sich gegenüber einer Bucht, welche sie nach ihren sehr hohen, schroffen Ufern für die Mündung des Elusses **Tajmura** hielten; an der Einfahrt dieser Bucht fanden sie eine Tiefe von **10** bis **35** Faden. Sie arbeiteten sich mit vieler Mühe und Gefahr zwischen den Eisschollen weiter nach Westen durch, und sahen zwischen den Inseln eine Menge Hausen im Wasser; dies und die in grosser Anzahl herumkreisenden Möwen bestärkten sie in der Meinung, dass diese Bucht die Mündung des Tajmura sey**); jedoch waren alle Versuche

---

*) In den Memoiren des Admiralitäts-Kollegiums ist gesagt, dass am 18. August die Tiefe plötzlich von 5 auf 113 Faden zugenommen habe, und dass bald darauf gar kein Grund mehr erreicht worden sey; darüber findet sich aber in Prontischtschew's Original-Journal nichts.

**) Diese Vermuthung ist falsch, denn nach den späteren Reiseberichten Laptew's und Tschemokssin's ergiesst sich die Tajmura in eine Bucht

in dieselbe einzulaufen vergeblich, da nicht nur die Bucht, sondern auch der ganze Fluss mit festem Eise bedeckt waren, welches allem Anscheine nach wohl nie aufgeht. — Von der Küste aus erstreckten sich breite Eisfelder, auf welchen mehrere weisse Bären zu sehen waren. Am 20. August um Mitternacht, als man sich nach der Schiffsrechnung unter 77^0 $29'$ nördlicher Breite befand, ward das Fahrzeug plötzlich von allen Seiten so zwischen grosse Eisschollen eingeklemmt, dass es sich gar nicht weiter fortbewegen konnte, und jeden Augenblick Gefahr lief zertrümmert zu werden. Bei der weit vorgerückten Jahreszeit und der hochnördlichen Breite, in der sie sich befanden, war durchaus nicht zu hoffen, dass das vor ihnen liegende feste Eis sich lösen könne, und man entschloss sich daher den Rückweg anzutreten, um noch vor völligem Eintritte des Winters, den Fluss Chotanga oder irgend eine andere zum Ueberwintern taugliche Stelle zu erreichen. — Unterdessen trat eine völlige Windstille ein, der Frost nahm zu und auf den noch offenen Stellen bildete sich eine starke Eiskruste, die mit Stangen und Rudern zerbrochen werden musste, um das Schiff durchzubringen, welches ebenso beschwerlich als gefahrvoll war.

Am 25. erhob sich ein heftiger Nordwind, welcher das Schiff mit den dasselbe umgebenden Eisschollen nach Süden trieb. Die Reisenden verzweifelten beinah' an der Möglichkeit, sich aus dieser gefährlichen Lage zu retten, und hätten auch wohl wahrscheinlich ihren Untergang hier gefunden, wenn nicht durch einige am folgenden Tage erfolgte heftige Windstösse das Eis gebrochen und auseinander geworfen wäre; hiedurch gelang es ihnen bis an die Mündung der Chotanga zu gelangen, welche aber schon ganz zugefroren war, so dass sie genöthigt waren weiter zu gehen, in der Hoffnung vielleicht in den Olenek einlaufen zu können. Wirklich gelangten sie auch am 28. bis vor die Mündung dieses Flusses, wurden aber durch widrige Winde und Treibeis ganzer sechs Tage im Angesichte der Bucht umherge-

---

an der Westseite des nordöstlichen Kaps, welches Prontschischtschew nicht umfahren hat.

trieben. Die durch Nässe, Kälte und unaufhörliche Anstrengung ganz erschöpfte Mannschaft war kaum mehr im Stande das gefrorene Tau-werk zu handhaben, und der mit aller Macht eintretende Winter machte mit jedem Tage ihre Lage verzweifelter. Der Lieutenant Prontschischt-schew selbst, der schon seit einiger Zeit so krank war, dass er die Kajütte nicht verlassen konnte, nahm sich die schreckliche Lage seines Schiffes und seiner Gefährten so zu Herzen, dass er, zum allgemeinen Leidwesen seiner Untergebenen, die ihn liebten und schätzten, am 30. August verschied. — Das Kommando der Expedition übernahm nach ihm der Steuermann Tschemokssin, dem es endlich am 3. Sep-tember gelang in den Olenek einzulaufen, wo sie ihren entschlafenen Anführer mit aller Feierlichkeit, die die Umstände erlaubten, zur Erde bestatteten. Wenige Tage darauf folgte Prontschischtschew's junge Gattin, die ihn auf dieser gefahrvollen Reise begleitet hatte, ihm nach; ein gemeinschaftliches Grab vereinte die im Leben wie im Tode Un-zertrennlichen.

Am 28. September blieb das Eis im Olenek stehen. Tsche-mokssin und seine Gefährten verbrachten einen schrecklichen Winter in halbunterirdischen Hütten, die sie sich am Ufer errichteten, und eilten im Juli des folgenden Jahres (1737), sobald nur das Eis sich ge-löst hatte, wieder in See zu gehen. Aber, durch die furchtbare Er-fahrung des vorigen Jahres, von der Unmöglichkeit überzeugt, die Nordspitze der Tajmurmündung zu umgehen und östlich den Jenissej zu erreichen, beschlossen sie, da auch ihr Fahrzeug sehr gelitten hatte, nach der Lena zurückzukehren. — Diese Fahrt ging ziemlich glücklich von Statten; als sie aber in Jakuzk anlangten, war der Ko-modore Behring nicht mehr dort, sondern hatte sich nach Ochotsk begeben. Tschemokssin berichtete ihm schriftlich seine Ankunft, und reis'te dann nach Petersburg ab, um dem Admiralitäts-Kollegium persönlich über Prontschischtschew's Expedition Bericht abzustatten.

Nach genauer Prüfung der Journale und Karten, so wie der mündlichen Erläuterungen, die Tschemokssin hinzufügte, fand das Ad-miralitäts-Kollegium die Gründe, auf welche er die Unmöglichkeit des Weiterschiffens bis an den Ausfluss des Jenissej stützte, nicht haltbar und unzureichend. Demnach ward beschlossen im nächsten Sommer noch einen Versuch zu machen die Nordspitze der Tajmurschen Bucht zu umschiffen, und wenn sich dann bestimmt die Unmöglichkeit dazu auswiese, so sollte die Aufnahme dieses Kaps und der Küste zu Lande unternommen werden. — Mit diesen Vorschriften kehrte Tsche-mokssin nach Jakuzk zurück, und übergab dieselben dem Lieutenant Chariton Laptew, welcher zum Anführer der Expedition ernannt worden ist.

Der Lieutenant Laptew ging am 9. Juli 1739 wie gewöhnlich in Begleitung einiger kleineren Fahrzeuge, welche ihm Proviant auf zwei Jahre nachführten, von Jakuzk ab, und erreichten am 20. Juli den in das Meer fallenden Arm der Lena, Krestowskoj genannt. Nachdem er hier auf einem vorspringenden Punkt der Meeresküste aus Treibholz einen sieben Faden hohen Signalthurm, zum Wahrzei-chen für die Seefahrenden errichtet hatte, entliess er die Proviant-fahrzeuge, die ihn bis hieher begleitet hatten, bis auf eines, welches er nach dem Olenek abfertigte, mit dem Befehle, seine Ladung dort in ein Magazin niederzulegen. — Er selbst ging dann in westlicher Richtung längs der Küste, an der Mündung des Olenek und an einer ziemlich grossen Bucht vorbei, der er den Namen Nordwich bei-legte. In dieser Bucht, welche ganz mit stehendem Eise bedeckt war, sah' man eine grosse Menge Steinfüchse und auch einen weissen Bären.

Am 6. August erreichten sie endlich die Bucht Chotanaj, wo Laptew Willens war, einen Theil seiner Vorräthe abzulegen, um sein Schiff zu erleichtern und Raum in demselben für die Mannschaft zu gewinnen. Allein plötzlich ward durch einen heftigen Nordwind eine ungeheure Menge grosser Eisschollen herangetrieben, welche das Fahrzeug von allen Seiten einschlossen und demselben jeden Augen-blick den Untergang drohten. In dieser gefahrvollen Lage verblieben die Seefahrer bis zum 16., wo sich der Wind änderte und das Eis wieder in die offene See trieb, so dass sie ihre Fahrt nach Norden fortsetzen konnten. — Auf den sie umgebenden Eisschollen sahen sie eine Menge Wallrosse. — Am 20. August passirten sie das Vor-gebirge des heiligen Faddej, wo ihnen wieder sehr viel Treibeis entgegen kam; endlich aber stiessen sie auf stehende Eisfelder, die ihnen den Weg gänzlich versperrten.

Am 21. ging Laptew bei dem obbenannten Vorgebirge in der berechneten Breite von 76° 47′ vor Anker, und sandte den Geodeten Tschekin zu Lande aus, um zu untersuchen, wie weit nach Westen hin die Küste des festen Landes gehe. Ebenso schickte er den Steuermann Tschemokssin mit zwei Leuten ab, welche in südlicher Richtung gehen, und den Ausfluss der Tajmura aufsuchen sollten. Zugleich wurden sechs Mann beordert, oben auf der Spitze des Vorgebirges einen Signalthurm zu erbauen; bei dieser Arbeit fanden sie einen Mammutszahn von ansehnlicher Grösse.

Das Vorgebirge des heiligen Faddej, sagt Laptew, bestéht aus einem steilen Felsen, der sich nach Süden und Westen in den Meerbusen hinein erstreckt. Die Oberfläche desselben ist grösstentheils mit kleinen weisslichen Steintrümmern bedeckt, die wie Gips aussehen. Dazwischen findet sich zäher Lehm, auf welchem nur kümmerlich ein grobes Moos wächst, das nicht ein Mal zum Futter für die Rennthiere taugt.

Nach NW. zeigte sich Land mit hohen Bergen, auf welchen hin und wieder Schnee lag, und die sich in der Richtung von N. nach S. auf dreissig Werste weit erstrecken. Laptew hält dies für dasselbe Land, welches Prontschischtschew im Jahr 1736 erreichte und von wo er seine Rückfahrt antrat. Desgleichen sah er nach N + W. in der Entfernung von zehn Meilen eine Insel, welche, seiner Meinung nach, die letzte der in der vorigjährigen nördlichen Expedition aufgenommenen Inseln war, und der er den Namen des heiligen Lawrenty beilegte.

Der Geodet Tschekin kehrte völlig unverrichteter Sache zurück, weil der dichte Nebel, mit dem das ganze Ufer bedeckt war, ihm nicht erlaubte, irgend einen Gegenstand zu unterscheiden. — Tschemokssin berichtete, dass er nichts einer Flussmündung ähnliches gefunden und dass die ganze Bucht so wie auch das Meer, so weit das Auge reiche, mit festem Eise bedeckt und nirgend eine Durchfahrt möglich sey. — Dies und die immer stärker werdenden Fröste, bewogen den Lieutenant Laptew, nach Berathung mit seinen Untergebenen,

zurückzugehen, um einen zum Ueberwintern tauglichen Ort zu erreichen. — Nach vielen überstandenen Gefahren und Mühseligkeiten in
dem Treibeise, erreichten sie am **27.** August den Fluss Chotanga,
in welchen sie einliefen. Hier fanden sie an der Mündung des kleinen Flüsschens Bludnaja einen Stamm angesiedelter Tungusen, bei
denen Laptew beschloss den Winter zu verbringen. Diese nennen
sich sidätschie (sitzende), weil sie nicht wie die übrigen nomadisiren,
sondern an einer Stelle in Hütten wohnen; sie haben keine Rennthiere, sondern bedienen sich zu ihren Fahrten der Hunde, welche sie
ebenso anspannen wie die angesiedelten Tungusen in der Gegend von
Ochozk.

Es wurden sogleich Anstalten zum Erbauen einiger Hütten für
die Schiffsmannschaft getroffen; da sich aber hier nicht genug Treibholz dazu vorfand, so musste solches von ziemlich weit her zusammen-
gesucht werden. Noch viel mehr Mühe kostete es die grosse Menge
Brennholz anzuschaffen, welche erforderlich war, um während des langen, furchtbaren Winters die schlecht verwahrten Hütten zu erwärmen.
Während ihres ganzen Aufenthaltes hier war die Mannschaft damit
beschäftigt, dieses unentbehrliche Bedürfniss auf viele Werste weit
herbei zu bringen; dieser unaufhörlichen Bewegung in freier Luft ist
es wohl hauptsächlich zuzuschreiben, dass die Reisenden von dem hier
so bösartigen Skorbut frei blieben.

Am **23.** März **1740** schickte Laptew den Geodeten Tschekin
auf Narten an die Tajmura ab, um die Seeküste von der Mündung
dieses Flusses bis an die nördlich gelegene Pässina aufzunehmen.
Die Karawane ward ziemlich ansehnlich, denn ausser den sieben Narten, welche die hiesigen Tungusen dazu lieferten, gesellten sich zu
ihnen noch einige mit einer kleinen Heerde von **18** Rennthieren nomadisirende Tungusen, welche aber am **9.** April wieder zurückkamen,
weil ihnen alle ihre Rennthiere, wegen gänzlichen Mangel an Futter,
gefallen waren. Tschekin kehrte am **17.** Mai von seiner Expedition
zurück; er war bis an die Tajmura gelangt, und längs derselben zur
Meeresküste gegangen, welche er nach Westen, eine Strecke von
100 Wersten, verfolgte, wo sie ihre Richtung gerade nach Süden
nimmt. Da es ihm an Proviant und an Futter für die Hunde fehlte,

so konnte er seine Aufnahme nicht weiter fortsetzen, sondern war genöthigt umzukehren.

Der Lieutenant Laptew war durch mehrfache Erfahrung überzeugt, dass es wegen des undurchdringlichen festen Eises unmöglich sey, die nördliche Spitze der Tajmura-Mündung zu umschiffen, und beschloss daher gleich nach dem Ausflusse der Lena zu gehen. — Nach zweimaligen vergeblichen Versuchen früher als gewöhnlich auszulaufen, gelang es ihm endlich am 30. Juli mit vieler Mühe und Gefahr durch das stark treibende Eis bis an das Meer zu gelangen und seinen Weg nach Osten zu nehmen. Aber am 13. August ward das Fahrzeug von grossen Eismassen umgeben und gequetscht; sie verloren den Vordersteven und, was noch übler war, im untern Raum entstand ein sehr grosses Leck. Während ganzer drei Tage wurde unaufhörlich gepumpt, allein das Wasser nahm gar nicht ab, so dass man genöthigt war, um das Schiff zu erleichtern, die Kanonen über Bord zu werfen und die Vorräthe auf das Eis zu schaffen. Dadurch ward das Fahrzeug, wenigstens für den Augenblick, vom Untergange gerettet, aber die Lage der Seefahrer war nichts destoweniger schrecklich; fern von der Küste, umgeben von ungeheuern Eismassen, zwischen und mit welchen sie durch Wind und Strömungen hin und her getrieben wurden, und die dem schon beschädigten Schiffe jeden Augenblick gänzliche Zerstörung drohten. — In dieser furchtbaren Lage blieben sie sechs Tage und erwarteten ihren unvermeidlichen Untergang.

Am 19. trat Windstille und ein starker Frost ein, welcher die offenen Stellen zwischen den Eisschollen mit dünnem Eise bedeckte. Einige kühne Wagehälse erboten sich, zu Fuss die Küste aufzusuchen, die ihrer Meinung nach ungefähr 20 Werste weit von da nach Süden hin liegen musste. Sie traten die gefährliche Reise an, trafen aber noch viele offene Stellen, wo sie sich auf kleineren Eisschollen übersetzen mussten, und erreichten endlich nach unzähligen überwundenen Gefahren glücklich die Küste. Unterdessen wuchs der Frost immer, und nach Verlauf von drei Tagen war das Meer auf der ganzen Strecke völlig zugefroren. Laptew und seine Gefährten eilten, diesen Umstand zu benutzen; sie beluden sich mit so vielem Proviant als sie nur forttragen konnten und machten sich auf den Weg nach der Küste, die

sie auch glücklich erreichten; als aber die erste Freude über ihre Er-
rettung vorüber war und sie sich etwas umgesehen hatten, fanden sie,
dass auch hier ihre Lage eben nicht sehr erfreulich war, da mehrere
Ströme, in denen das Eis noch stark ging, es ihnen unmöglich machten, ihr Winterlager an der Chotanga zu beziehen. Sie mussten sich
daher entschliessen, für's Erste in dieser öden Wildniss zu verweilen,
wo sie nicht einmal etwas Holz oder auch nur Reisig finden konnten,
um ein Feuer anzumachen, welches ihnen bei der immer steigenden
Kälte um so nothwendiger war, als sie durchaus keine Art von Obdach gegen Sturm und Frost hatten. Um sich doch einigermassen dagegen zu schützen, gruben sie Löcher in den gefrorenen Boden und
legten sich abwechselnd Einer über den Andern in dieselben. — Täglich ward eine Partie über das Eis nach dem Schiffe abgeschickt, um
noch so viel möglich von den dort hinterlassenen Lebensmitteln ans
Ufer zu schaffen. — Dies dauerte jedoch nur bis zum 30. August,
wo ein heftiger Sturm das Eis aufbrach und das Schiff mit allem, was
es noch enthielt, weit hinein in das Meer schleuderte. Die unglücklichen Reisenden verloren dadurch den grössten Theil der Vorräthe,
auf welchen ihre ganze Hoffnung beruhte, und blieben nun auf diesem
wüsten Ufer, entblösst von den ersten, unentbehrlichsten Bedürfnissen,
der Kälte und dem Hunger preisgegeben, welche einen grossen Theil
der Mannschaft wegrafften. Doch schlug dies den Muth der Uebrig-
bleibenden nicht nieder; mit bewundernswürdiger Festigkeit und Geduld
ertrugen sie alles, und fügten sich willig in die Anordnungen ihres
Anführers, der ihnen mit seinem Beispiele vorging.

So verfloss ein schrecklicher Monat. — Endlich, am 21. September, waren die Ströme so weit zugefroren, dass Laptew sich mit
seinen Gefährten auf den Weg zu ihrer vorjährigen Winterwohnung
machen konnte. — Die Hindernisse und Beschwerden, die sie auf diesem Zuge auszustehen und zu überwinden hatten, waren unzählbar.
Einen Theil ihrer aufgesparten Vorräthe luden sie auf Narten, die mit
halbverhungerten Hunden bespannt wurden, den Rest trug die ermat-
tete Mannschaft selbst. So zogen sie in den völlig unbekannten Wild-
nissen, wo sie sich durch Schnee und Eis ihren Weg zu bahnen genöthigt waren, fünfundzwanzig Tage umher, während welcher noch zwölf

Mann vor Kälte und Ermattung starben. Völlig erschöpft erreichten sie endlich das Ziel ihrer Reise, die Winterwohnung an der Chotanga, wo sie, nach beinahe drei Monaten, zum ersten Mal wieder in einer geheizten Hütte sich erwärmen und ausruhen, wieder einmal gekochte, warme Nahrung zu sich nehmen konnten. Laptew beschloss, hier bis zum Frühling zu bleiben und dann, sobald es nur die Witterung erlaubte, mit dem Rest seiner Mannschaft nach der Jenissej-Mündung zu gehen, wo er hoffte, in den dort angelegten Magazinen Lebensmittel und Munition zu finden, an der es ihnen sehr mangelte.

Unterdessen blieb der rastlos thätige Laptew nicht müssig. Während des Winters war er bemüht, so viel möglich, Vorräthe, Hunde, Narten u. s. w. anzuschaffen, und schon im April 1741 schickte er den Steuermann Tschemokssin mit einigen Narten ab, um die Küste und das Kap zwischen der Chotanga und der Tajmura zu untersuchen und aufzunehmen. Er sollte zu dem Ende bis an den Fluss Pässina gehen, von den in dieser Gegend lebenden Tungusen Proviant und Hundefutter einkaufen, und dann nach Nordost längs der Meeresküste, bis an die Tajmura gehen; Laptew selbst aber behielt sich vor, das Tajmursche Kap von der im vorigen Sommer nicht aufgenommenen Ostseite zu umfahren und so dem Steuermann Tschemokssin entgegenzukommen. — Desgleichen fertigte er den Geodeten Tschekin mit drei Narten ab, um die Küste westlich von der Tajmura aufzunehmen. Die übrige Mannschaft des Schiffes ging am 10. April auf Rennthierschlitten nach der Jenissej-Mündung ab.

Am 24. brach er endlich selbst auf und ging in nordwestlicher Richtung über die Tundra oder Steppe, nach dem 192 Werst entfernten Tajmur-See, wo er am 30. anlangte, nachdem er mehrere Seen und Flüsschen passirt war. Der Tajmur-Fluss, welcher aus dem See gleiches Namens entspringt, hat eine Breite von 2 bis 2½ Wersten. Die nördlichen Ufer des einen sowohl als des anderen bestehen aus hohen Bergen oder Felsen von gelblicher Farbe. In einem derselben fand er eine Höhle, die 5 Faden in die Tiefe und 3 Faden in die Breite hatte; die Wände derselben bestanden aus schwarzem Schiefer, der Boden aber war ein weisses gipsähnliches Gestein. Am 6. Mai langte er bei der Mündung des in vielen Krümmungen sich fortschlän-

gelnden Stromes an, die nach seinen Beobachtungen in 75° 36′ liegt;
die Abweichung der Magnetnadel war hier 2 Rumb östlich.
Am 10. Mai setzte Laptew seine Fahrt östlich über die Tundra
fort, um an die Seeküste zu gelangen, die er untersuchen und aufnehmen wollte; aber ein heftiges Augenübel, welches immer ärger ward,
zwang ihn, die Aufnahme aufzugeben und umzukehren. Am 17. Mai
langte er in seine Winterwohnung am Ausflusse der Tajmura an, und
nachdem er sich hier durch eine kurze Ruhe etwas erholt hatte, machte
er sich wieder auf den Weg längs der Küste, um dem Steuermann
Tschemokssin entgegenzukommen, welcher, wie gesagt, mit Aufnahme
der Küste östlich von der Pässina beschäftigt war. — Am 20. beobachtete er um Mittag die Breite von 75° 33′, und am folgenden Tage
befand er sich bei einem felsigen Vorgebirge unter 75° 49′; die Abweichung der Magnetnadel war dieselbe wie oben. — Er setzte, grösstentheils in nordöstlicher Richtung, die Aufnahme der Küste auf dem
Eise fort, welches, wie ihm schien, im Sommer hier schmilzt. Das
Ufer bestand fast durchgehends aus Felsmassen, welche nur zuweilen
durch Niedrigungen und Flächen unterbrochen waren. Auf dem Meere
sah man frische Torossy, woraus Laptew schliesst, dass das Eis im
Sommer hier bricht und das Meer offen ist. — Am 24. beobachtete
er die Breite von 76° 38′. Von diesem Punkte ging er noch drei
Werste nach SW., und als er sich überzeugt hatte, dass die Küste
eine ziemlich bestimmte südliche Richtung nehme, liess er auf einer
hinlänglich in die Augen fallenden Landspitze ein hohes Wahrzeichen
errichten; darauf setzte er seine Fahrt weiter fort und traf 17 Werste
von da ein ähnliches Gebäude, welches der Geodet Tschekin im Jahre
1740 aufgeführt hatte.

Am 27. befand sich Laptew unter 76° 23′; hier sah er eine
grosse Menge angeschwemmten Treibholzes, welches er an der bisher
aufgenommenen östlichen Küste fast gar nicht angetroffen hatte. —
Am 29. beobachtete er die Breite von 75° 37′ und am 1. Juni 75°
21′. Die Küste war zwar immer noch hoch, aber die dieselbe bildenden Berge waren weniger steil.

Am 2. Juli traf er den Steuermann Tschemokssin, mit welchem
er gemeinschaftlich die weitere Aufnahme bis an die Mündung der Päs-

sina fortsetzte, wo sie eine Tungusen-Niederlassung fanden, die nach
ihren Beobachtungen in 73° 39′ liegt *). Die Abweichung der Magnetnadel fand sich 21,00′ östlich. Unterweges trafen sie das von dem
Steuermann Minin errichtete Wahrzeichen, wo sie in dem leeren Raume
unter demselben einigen Proviant für den Geodeten Tschekin und Futter für seine Hunde hinterliessen.

Am 11. kamen sie an eine zweite Tungusen-Niederlassung, von
wo Laptew den Steuermann Tschemokssin mit ein paar Narten nach
dem Jenissej abfertigte; er selbst aber entschloss sich, da zu bleiben,
um seine Hunde durch Ruhe und Futter zu stärken, und dann seine
Fahrt weiter fortzusetzen.

Tschemokssin langte am 29. Juli bei der Mündung des Jenissej
an, fuhr denselben hinauf und begegnete am 4. August dem Lieutenant Laptew, welcher von der Pässina aus den geraden Weg über die
Tundra genommen hatte. — Am 11. trafen sie die übrige Mannschaft
am Ausflusse der Dudina an, die sich hier unter 69° 40′ in den Jenissej ergiesst. — Bald darauf langte auch ganz unerwartet, und zum
nicht geringen Verdruss des Lieutenants Laptew, der Geodet Tschekin
bei ihnen an. Durch allerlei ihm unüberwindlich scheinende Hindernisse von der Ausrichtung des ihm ertheilten Auftrages abgehalten,
hatte er sich entschlossen, nach Chotanga zurückzukehren, von wo er
auf dem geraden Wege hierher gekommen war. — Am 29. August
langte die ganze Karawane in dem Städtchen Mangasejsk an, wo sie
den Winter zuzubringen beschlossen.

Um die Aufnahme der noch nicht völlig untersuchten Küste westlich von dem Vorgebirge des heiligen Faddej zu beendigen, fertigte
Laptew am 4. Dezember den Steuermann Tschemokssin mit Narten
voraus dorthin ab und folgte ihm vier Tage später. — Am 16. Juli
1734 kehrte er nach Mangasejsk zurück, ohne jedoch etwas Wesent-
liches zu der früheren Aufnahme hinzugefügt zu haben. — Eben so
wenig bedeutenden Erfolg hatte auch Tschemokssin's Expedition; er
erreichte zwar am 1. Mai das Vorgebirge des heiligen Faddej und über-

---

*) Nach der Karte des Steuermanns Minin liegt die Mündung der
Pässina in 73° 38′ nördlicher Breite.

zeugte sich, dass es nicht die nördlichste Spitze Asiens sey, auch
befuhr er den früher nicht aufgenommenen Theil der Seeküste; da er
aber keine Beobachtungen und Breitenbestimmungen machte, so beschränkt sich das ganze Resultat seiner letzten Reise blos auf die
Ueberzeugung, dass dieser Theil der Küste überall vom Ozean begränzt
ist und nirgend mit einem noch unbekannten Polarlande zusammenhängt.
Tschemokssin traf am 20. Juli 1734 in Mangasejsk ein.

Nachdem solchergestalt die ganze von dieser Expedition übrig ge-
bliebene Mannschaft in Mangasejsk versammelt war, machte sich Laptew mit derselben auf den Rückweg nach Jenissejsk, wo er am 29. August anlangte und bald darauf nach Petersburg abreiste, um persönlich
dem Admiralitäts - Collegium Bericht über seine Expedition abzustatten.

Im Jahre 1735 (9. August) trennte sich der Lieutenant Lassinius an der Lenamündung von dem Lieutenant Prontschischtschew
und ging mit seinem Fahrzeuge nach Osten. Am 13. August stiess
er auf grosse Eisschollen, zwischen welchen er unter vieler Gefahr fünf
Tage zubrachte und sich zuletzt durch die Unmöglichkeit, weiter zu
kommen, genöthigt sah, in den Fluss Chariuleg, welcher 120 Werste
von dem östlichsten Mündungsarme der Lena (Bykòwskoj protòk) her-
auskommt, einzulaufen, um dort zu überwintern. — Sie fanden hier
einen so grossen Vorrath an Treibholz, dass sie sich daraus ein Haus
mit mehreren Abtheilungen erbauten, in welchem die ganze Mannschaft
einquartirt ward. Obgleich sie also von dieser Seite gut versorgt waren, so scheint es doch, dass im Uebrigen nicht die gehörigen Vor-
sichtsmassregeln für die Gesundheit der Bewohner genommen wurden,
denn im Laufe des Winters brach der Skorbut unter ihnen aus und
nahm so furchtbar überhand, dass von den 52 Mann, die die Equipage ausmachten, nur der Priester, ein Untersteuermann und sieben
Matrosen am Leben blieben. Der Lieutenant Lassinius selbst ward
nach langwierigem Leiden endlich auch ein Opfer dieser Krankheit.

Auf die Nachricht davon fertigte der Kommodore Behring sogleich
aus Jakuzk den Steuermann Schtscherbinin mit 14 Matrosen dorthin ab, welche am 4. Juni 1736 in der Winterniederlassung am Chariuleg anlangten, wo sie die wenigen noch am Leben gebliebenen so
elend danniederliegend antrafen, dass sie nach Jakuzk geführt werden

mussten, und noch unterweges starben einige derselben. — Zum Befehlshaber des Schiffes und der Expedition ward der Lieutenant Dmitrij Laptew ernannt; dieser ging mit der nöthigen Anzahl von Leuten auf flachen Fahrzeugen, welche mit Proviant und anderen Bedürfnissen beladen waren, die Lena hinunter. Er fand das Meer so angefüllt mit Treibeis, dass er sich durchaus nicht mit seinen Fahrzeugen hineinwagen durfte, sondern dieselben in dem Bykowschen Ausflusse liegen liess und mit einem Theil seiner Mannschaft in kleinen Böten versuchte, längs der Küste bis an den Chariuleg zu gelangen, wo sein Schiff lag. Am 18. Juli kam er glücklich dort an, setzte das Schiff gehörig in Stand und ging am 30. Juli in See. Nachdem er die am Ausflusse der Lena hinterlassenen Vorräthe eingenommen hatte, setzte er seine Reise am 11. August in östlicher Richtung längs der Küste fort. Das Meer war fast ganz mit Treibeis bedeckt; während zwei Tagen arbeiteten sie sich langsam durch dasselbe vorwärts, am dritten aber ward das Schiff gänzlich zwischen den Eisschollen eingeklemmt, so dass durchaus keine Möglichkeit war, es zu regieren. So wurden sie mehrere Tage, unter der augenscheinlichsten Gefahr, mit den Eisfeldern herumgetrieben, bis sie endlich weiter ins offene Meer kamen, wo es ihnen gelang, ihr Schiff aus dem Eise zu befreien. Darüber war aber die Jahreszeit so weit vorgerückt, dass an Weitergehen nicht mehr zu denken war, und man sich genöthigt sah, nach der Lena zurückzukehren.

Am 22. August erreichten sie die Bykowsche Mündung, doch auch hier war die Fahrt, wegen der vielen Untiefen in dem ihnen völlig unbekannten Fahrwasser, noch ziemlich gefährlich. — Am 27. liefen sie in den eigentlichen Strom ein, wo sie anfänglich 20, 15 und 10 Faden, weiter hinauf aber nur 5, 3 und 2 Faden Tiefe fanden. An diesem Tage beobachtete man nach dem Polarstern die Abweichung der Magnetnadel, die 3° 00' östlich betrug. — Am 6. September zogen sie ihr Schiff in den Fluss Chomutowka, um daselbst zu überwintern, und am 8. ward die ganze Lena mit Eise bedeckt. — Im Laufe des Winters zeigten sich wiederholentlich Spuren des Skorbuts unter der Mannschaft; allein durch fleissige Bewegung in freier Luft und durch den Gebrauch eines aus der Rinde und den Zapfen der sibirischen Ceder gekochten Trankes ward der Krankheit vollkommen Einhalt gethan.

In dem Berichte, den der Lieutenant D. Laptew von hier aus an den Kommodore Behring nach Jakuzk abschickte, sagt er unter andern: „Die Umschiffung der beiden nördlichsten, zwischen der Lena und Indigirka liegenden Vorgebirge B o r g o und S w ä t o j halte er für unmöglich, weil, nach der einstimmigen Versicherung mehrerer dort lebenden Jakuten, die sie umgebenden ungeheuren Eismassen nie schmelzen, oder sich auch nur von den Ufern ablösen. Da demnach jeder weitere Versuch dazu zwecklos seyn würde, so erbäte er sich die Erlaubniss, mit seinem Schiffe wieder nach Jakuzk zurückzukehren." Diese ward ihm ertheilt und am 29. Mai 1737 trat er seine Rückreise die Lena hinauf an. Er nahm sowohl den Strom selbst, in welchem er immer von 4 bis 3 Faden Tiefe fand, als auch die Ufer desselben möglichst genau auf und langte am 2. Juli in Jakuzk an, von wo ihn der Kommodore Behring nach Petersburg abfertigte, um persönlich Bericht über seine Expedition abzustatten, und die Gründe auseinanderzusetzen, weshalb er es für unmöglich halte, auf dem Eismeere aus der Lena in die Kolyma zu gelangen. — Er übergab dem Admiralitäts-Kollegium seine Karten und Journale nebst den nöthigen Erläuterungen; das Kollegium legte dieselben dem Senat vor, welcher nach genauerer Untersuchung dahin entschied: es solle noch ein Versuch gemacht werden, das Eismeer im Osten von der Lena zu beschiffen, und wenn es sich dann als völlig unmöglich ausweise, so solle die Aufnahme der Küsten zu Lande vorgenommen werden.

In Folge dieser Vorschrift kehrte Laptew nach Jakuzk zurück, wo er sich sogleich mit den nöthigen Vorkehrungen zu einer neuen Expedition beschäftigte und am 7. Juni 1739 schon seine Reise, die Lena hinab, antrat. Am 21. erreichte er die Bykowsche Mündung, wo er den Matrosen B o d k i n antraf, der im Frühling mit Rennthieren aus Jakuzk abgesandt war, um die Meeresküste von der Lena bis an den Swätoj Noss aufzunehmen.

Bis zum 23. Juli mussten sie, wegen des vielen Treibeises, unter dem Schutze des Bykowschen Vorgebirges stehen bleiben, welches nach der Schiffsrechnung in 71° 42′ nördlicher Breite liegt. Während dieser Zeit nahm der Steuermann S c h t s c h e r b i n i n die Küste bis an das Kap Borgo auf, und entdeckte dabei unter andern eine bis dahin noch nicht auf den Karten angedeutete Untiefe, die sich von dem Kap nach N. und NNO. erstreckt und die durch das unbeweglich darauf stehende Eis bemerkbar wird.

Am 24. ging Laptew in See, konnte aber nur mit vieler Mühe und Gefahr durch die Eismassen durchdringen, mit welchen das Fahrwasser bis an die Insel Bykow fast ganz bedeckt war. Er vollbrachte die Aufnahme der Bai Borgo, und gelangte am 8. August an das Vorgebirge dieses Namens, welches nach seiner Beobachtung in 71° 55′ liegt. Die Tiefe fand er hier 12 Faden. An demselben Tage umgingen sie die oberwähnte Untiefe und befanden sich am 11. August vor der Mündung der Jana, wo sie sich vor Anker legten. Ein plötzlich eingetretener heftiger Nordwind trieb Anfangs eine grosse Menge Eis auf das Schiff, welches unfehlbar dadurch beschädigt worden wäre, wenn sich nicht glücklicher Weise auf der Sandbank eine Art von Damm aus grossen Eisschollen gebildet hätte, der den Andrang des Treibeises auf das Schiff abhielt und es sicherte. Doch trieben mehrere grosse Eisfelder so nahe bei dem Fahrzeuge vorbei, dass die Mannschaft einige der darauf befindlichen weissen Bären erlegte. — Das zum Sondiren ausgesandte Boot fand in der Janamündung nicht mehr als 6 bis 7 Fuss Wasser, weiterhin aber, stromaufwärts, nahm die Tiefe von 3 bis 10 Faden zu.

Am 13. setzte Laptew bei günstigem Winde und abwechselnder Tiefe von 2 bis 10 Faden seine Reise fort und umging am 15. das Kap Swätoj Noss, welches nach seiner Rechnung in 72° 50′ liegt. Nach Osten hin fand er 18, 17 und 13 Faden Tiefe, in der Entfernung ¼ Meile von der Küste aber fanden sich nicht über 2 Faden. Als sie 27 italiänische Meilen von diesem Kap in östlicher Richtung gemacht hatten, erblickten sie in NO. die Insel M e r k u r j e w, und 16 italiänische Meilen weiter zeigte sich nach NNW ¼ W. die Insel D i o m i d *) in einer Entfernung von 3 ½ deutschen Meilen.

---

*) Auf Laptew's Karte ist nur eine dieser Inseln, und zwar die letztere, nach der Angabe des Journals verzeichnet; die Insel Merkurjew

Am **16.** nöthigte ein sehr starker, dichter Nebel sie, bis zum folgenden Tage still zu liegen. Am **18.** hatten sie ungefähr **105** Meilen von dem Swätoj Noss längs der Küste gemacht, als sie in ONO. eine Insel erblickten, der sie sich aber wegen des wieder eingetretenen dichten Nebels nicht zu nähern wagten. Am folgenden Morgen ergab es sich, dass die vermeintliche Insel nichts mehr als eine der grossen hohen Eismassen sey, die in allen Richtungen im Meere umhertrieben. — Am **19.** fiel ein dichter Schnee, begleitet von SO.-Wind, gegen welchen man genöthigt war, zu lawiren. Am **21.** trafen sie auf eine starke Strömung, die ihnen das Lawiren sehr erschwerte, und am folgenden Tage fanden sie sich in süssem Wasser. Da hieraus zu schliessen war, dass man sich in der Mündung irgend eines bedeutenden Stromes befinde, so ward das grosse Boot beordert, genauere Kunde darüber einzuziehen. Während der Abwesenheit desselben stellte sich am **24.** ein heftiger Sturm aus SO. ein; zugleich zeigte sich auch eine starke Strömung aus derselben Gegend, so dass das Schiff nur mit vieler Mühe an dem Anker erhalten werden konnte. Am **26.** liess der Sturm nach und das Wasser ward sogleich wieder salzig; da das ausgesandte Boot nicht zurückkam, so näherte man sich der Küste und feuerte von Zeit zu Zeit Signalschüsse ab, aber vergebens. — Unterdessen kamen von SO. grosse Massen Treibeis, wodurch das Schiff genöthigt war, seinen Stand öfters zu wechseln, welches bei der immer zunehmenden Kälte und dem häufigen Schnee äusserst viel Beschwerde machte. Trotz aller angewandten Vorsicht wurden dennoch der Vordersteven, und sogar der Bord das Schiffes, durch die hohen Eisschollen sehr beschädigt. — Am **31.** befanden sie sich wieder in süssem Wasser und Laptew schickte den Steuermann mit dem zweiten Boote an die Küste, um Nachrichten über das erste Boot einzuziehen und wo möglich einen zum Ueberwintern passenden Ort aufzusuchen. Wegen des vielen Eises konnte das Boot nur mit grosser Mühe die Küste erreichen.

Am **1.** September bedeckte sich, bei dem schon seit einigen Ta-

---

aber ist nicht da. — Wir werden weiter unten sehen, dass jetzt keine von beiden existirt.

gen fortdauernden Winde, die ganze Oberfläche des Meeres mit Eis; die beiden Böte kehrten trotz aller Signalschüsse nicht wieder zurück, und am **4.** trat ein heftiger WSW.-Wind ein; das Wasser stieg bedeutend, das Eis brach auf und das Schiff wurde mit einer Schnelligkeit von **2** $\frac{1}{2}$ Werst in der Stunde nach NO. hingetrieben; die Tiefe nahm von **10** Fuss bis auf **5** Faden zu. Umgeben von ungeheuren Eismassen, wäre die Lage der Seefahrer äusserst gefährlich geworden, wenn nicht am **5.** der Wind nach NW. übergegangen wäre und das Schiff der Küste zugetrieben hätte. — Am **7.** trat völlige Windstille ein und am **9.** fror das Schiff, bei einer Tiefe von **12** Fuss, ganz ein. In einer Entfernung von **2** $\frac{1}{2}$ Werst nach Süden bildete sich ein hoher Eiswall.

Die Seefahrer wussten weder, wie weit von der Küste, noch auch gegen welchen Punkt derselben sie sich befänden; an Vorrücken war nicht zu denken, weil alles weit und breit Eine zusammenhängende Eismasse ausmachte, die aber noch nicht stark genug war, um auf derselben zur Küste zu gelangen. In dieser höchst unangenehmen Lage blieben sie bis zum **20.** September, wo endlich der am **31.** August mit dem zweiten Boot ausgesandte Steuermann zu Fuss über das Eis zum Schiffe kam, und berichtete, der Strom, gegenüber welchem sie sich befänden, sey die Indigirka, der nächste Mündungsarm läge ungefähr **50** Werste von dem Schiffe und an demselben befände sich, nach der Aussage einiger von dort mitgekommenen Jakuten, eine russische Winterwohnung. Diese gute Nachricht verbreitete allgemeine Freude; einige Leute von der Equipage machten sich gleich auf den Weg, um dort die nöthigen Vorkehrungen zu treffen, und am **24.** September zog die ganze Mannschaft nach der Winterwohnung ab. Der nöthige Proviant u. s. w. wurde durch die Jakuten auf Narten hinübergebracht.

Der Lieutenant Laptew benutzte seinen Winteraufenthalt zu verschiedenen Lokaluntersuchungen; er schickte den Geodeten Kindäkow mit einigen Narten ab, um die Küste bis an die Kolyma aufzunehmen, und befuhr selbst auf ähnliche Art die Küste bis an den Fluss Chroma, den er so seicht fand, dass höchstens nur Böte in denselben einlaufen können. Im Allgemeinen bemerkte er, dass östlich von dem Swätoj Noss, längs der ganzen Küste, sich die Untiefen so weit in das Meer hinein erstrecken, dass das sehr flache Ufer nur an wenigen Punkten von dem Meere her sichtbar ist. Noch erwähnt er des sonderbaren Umstandes, dass sich an der Indigirka, in einer Entfernung von 30 und mehr Wersten oberhalb der Mündung, Treibholz in grosser Menge findet, während dergleichen am Strande gar nicht zu sehen ist. — Am 15. Juni beobachtete man die Mittagshöhe der Sonne und bestimmte danach die Breite der Indigirka-Mündung auf 70° 58'. — Die Abweichung der Magnetnadel ward 7° 00' östlich gefunden.

Im Frühling des folgenden Jahres (1740) unternahm Laptew, sein eingefrorenes Schiff an einen sichern und bequemen Ort zu bringen, wo es völlig wieder in Stand gesetzt und zu der bevorstehenden Reise ausgerüstet werden könnte. Dazu musste ein langer Kanal durch das Eis gehauen werden, welcher, trotz aller Anstrengungen der gesammten Mannschaft, doch erst zu Ende Juni so weit kam, dass das Schiff an die Küste gezogen werden konnte, wo man sogleich an's Werk schritt. In einem Monat war alles beendigt und am 31. Juli ging Laptew wieder in See, indem er seinen Kurs östlich längs der Küste nahm. — Am 2. August passirten sie die Mündung des Flusses Alasej, welche nach der Schiffsrechnung in 70° 58' nördlicher Breite liegt.

Am 3. August entdeckte man eine Insel (die erste der jetzt sogenannten Bäreninseln), welcher Laptew den Namen des heiligen Antonius beilegte. Nach der Schiffsrechnung liegt die Mitte derselben unter 71° 00' der Breite. Dicht an dem Ufer derselben fand man eine Tiefe von 3½ Faden. — Um den günstigen Zeitpunkt zu benutzen, wo das Meer noch so ziemlich frei von Eise war, hielt sich Laptew gar nicht bei dieser Insel auf, sondern setzte seinen Kurs östlich fort und gelangte am 4. vor die Mündung der mittleren Kolyma, wo er das Boot aussandte, um das Fahrwasser des Stromes zu untersuchen und den Bewohnern einer nahegelegenen Dorfschaft Nachricht von dem Fortgange seiner Reise zu geben. — Am 8. stiessen sie auf eine grosse Menge Treibeis, zwischen welchem sie sich nur mit vieler Mühe und Gefahr durcharbeiteten, und am 9. den kleinen Baranow-Felsen erreichten. — Am 10., 11. und 12. hatten sie heftigen Westwind und eine nach OSO. gehende Strömung von zwei Knoten in der Stunde; beide trieben ungeheure Eismassen auf das Schiff, welches dadurch sehr gefährdet war, um so mehr, da sie an der gerade fortlaufenden Küste keine Bucht oder sonstige Zuflucht fanden. — Am 14., als sie sich bei dem grossen Baranow - Felsen befanden, versperrte ihnen ein unübersehbares, mit dem Ufer zusammenhängendes Eisfeld völlig den Weg und nöthigte sie, nach der Kolyma zurückzukehren. Sie bemerkten an diesem Tage eine starke Strömung von Norden her. Am 15. liefen sie glücklich in die Mündung der Kolyma ein, wo sie zuerst nur 9 bis 14 Fuss Tiefe fanden; als sie aber den auf der Insel Werchojansk liegenden Hügel Kamennoj passirt hatten, wuchs die Tiefe von 2 bis 7 Faden. — Am 24. kamen sie bei der Stadt Nis'hne - Kolymsk an, welche damals nur aus einem Ostrog und ungefähr zehn Hütten bestand, und wo Laptew zu überwintern beschloss. Von zwei Beobachtungen gab die eine, am 28. August, die Breite des Ostrog auf 68° 31′, und die andere, am 31. August, auf 68° 34′ an *). — Die Abweichung der Magnetnadel war 8° 30′ östlich.

Während des Winters erbaute Laptew zwei grosse Böte, welche er hoffte auf seiner weiteren Reise im bevorstehenden Sommer mit Nutzen brauchen zu können.

Am 8. Juli 1741 war die Kolyma von Eise befreit und Laptew ging in See; er nahm seinen Kurs östlich und liess die beiden neuerbauten Böte vorausgehen, um zu sondiren und zugleich durch Signale anzudeuten, wo sich offene Stellen zwischen dem Eise fänden, damit das Schiff möglichst sicher und ungehindert vorrücken könne. Bis zum 5. August ging die Fahrt bei grösstentheils widrigem Winde zwar langsam, doch ohne grosse Beschwerde vorwärts; da aber trafen sie auf eine ungeheure, 15 Faden über dem Wasser herausragende Masse Treibeises, die dem Fahrzeuge den Untergang drohte. Mit vieler Anstren-

---

*) Die Genauigkeit und Richtigkeit der Beobachtungen des Lieutenants Laptew verdient wahrlich einer besonderen Erwähnung; um sich davon zu überzeugen, braucht man nur seine Breitenbestimmungen der Hauptpunkte mit denen zu vergleichen, die neuerlich mit den auserlesensten astronomischen Instrumenten gemacht worden sind, als:

	Nach Laptew.	Nach den Beobacht. im J. 1823.
das Kap Bergo	71° 55′	71° 56′
das Kap Swätoj Noss	72° 50′	72° 54′
Nis'hne-Kolymsk	68° 33½′	68° 32′

gung gelang es, die Gefahr abzuwenden, allein bald darauf versperrten ihnen feste stehende Eisfelder völlig den Weg, und nöthigten sie, am 7. August nach Nis'hne - Kolymsk zurückzukehren, wo sie drei Tage später glücklich anlangten.

So endigte die vierte Seefahrt des Lieutenants Laptew; auch in diesem Jahre gelang es ihm eben so wenig als in dem verflossenen, den grossen Baranow-Felsen zu umschiffen, der demnach der äusserste östliche Punkt ist, bis an welchen sich die von der Lena aus, auf einer Strecke von 34^0, durch diesen eifrigen und verständigen Seemann gemachte Aufnahme der Küsten des Eismeeres erstreckt.

Von der völligen Unmöglichkeit überzeugt, die ihm übertragene Aufnahme des Anadyr von der Meerseite zu Stande zu bringen, entschloss sich Laptew zu dem eben so schwierigen als gefahrvollen Unternehmen, mit seiner ganzen Mannschaft zu Lande über die Gebirge und durch das Gebiet der rauhen und gegen die Russen feindselig gesinnten Tschuktschen zu ziehen, um von dort aus die oben erwähnte Aufnahme zu vollbringen.

Am 27. Oktober 1741 verliess Laptew Nis'hne - Kolymsk auf 45 mit Hunden bespannten Narten, und machte sich auf den Weg nach dem Anadyr. Am 4. November langte er bei Lobasnoje am grossen Aniuj an; da dieser Fluss die Gränze des von den nomadisirenden Tschuktschen bewohnten Landes ausmacht, so fand Laptew es nöthig, bei seinem Durchzuge durch letzteres seine Mannschaft völlig einer militairischen Disciplin zu unterwerfen und die strengste Mannszucht und Vorsicht zu beobachten. — Sie gingen den grossen Aniuj bis an das in den Anadyr fallende Flüsschen Jablon' hinauf, überstiegen den bei demselben befindlichen Bergrücken (Jablonnoj Chrebèt) und erreichten, ohne auch nur Einen Tschuktschen gesehen zu haben, am 17. November glücklich den Anadyrschen Ostrog *), wo sie den Rest des

---

*) Am 13. März 1742 bestimmte Laptew, nach Beobachtungen, die Breite dieses Orts auf $64^0 54'$; die Abweichung der Magnetnadel fand er $20^0 00'$ östlich.

Winters mit allerlei nothwendigen Arbeiten und Vorbereitungen zu ihrer bevorstehenden Reise verbrachten.

In dem Journal des Lieutenants Laptew vom Februar 1742 ist unter andern gesagt: „Vom 26. bis zum 28. sahen wir Nachts am Himmel einen ungewöhnlichen Stern oder Kometen, welcher ungefähr um Mitternacht erschien; der Stern hatte einen langen, spitzen Schweif, der nach Süden gerichtet war und dessen äusserstes Ende sich zuweilen in zwei Spitzen theilte. Dieser Schweif leuchtete eben so hell als der Stern selbst; gegen Morgen änderte er seine Richtung und wendete sich nach Westen; dann ward er allmälig dunkler, zuletzt verschwand er ganz und man sah dann nur den Stern allein."

Am 9. Juni ging Laptew in zwei während des Winters erbauten Böten den Anadyr hinab; da aber der Strom sich weit ins Land hinein ergossen hatte, so konnte er die Ufer desselben nicht aufnehmen, sondern musste sich mit Aufnahme der Mündung desselben begnügen, die er am 11. Juli erreichte. Zu Anfange des Herbstes kehrte er nach dem Ostrog zurück, von wo er über Nis'hne-Kolymsk nach Jakuzk zurückreiste und daselbst nach einer siebenjährigen Abwesenheit am 8. März 1743 eintraf. Hier erhielt er Befehl, nach Petersburg zu gehen, um daselbst persönlich Bericht über seine Expedition zu erstatten.

Diese gedrängte Uebersicht der seit dem Jahre **1600** bis **1743** in jenen allem Leben feindseligen Regionen durch die Russen unternommenen Expeditionen giebt nur einen ungefähren Begriff von den zahllosen Gefahren, Mühseligkeiten und den unüberwindlichen Naturhindernissen, mit denen unsere Seefahrer unaufhörlich zu kämpfen hatten, und denen sie Ausdauer, Gegenwart des Geistes, Festigkeit und rastlosen Eifer in Erfüllung ihrer Pflichten entgegenstellten. Diese charakteristischen Eigenschaften der Seeleute aller Zeiten und Völker finden sich in einem so hohen Grade bei den unsrigen, z. B. bei Prontschischtschew, Lassinius, vornehmlich aber bei dem Lieutenant Dmitrij Laptew, dass man nicht umhin kann, ihnen den Tribut der Bewunderung und Achtung zu zollen, der ihnen gebührt, wenn auch die Resultate ihrer Bemühungen in wissenschaftlicher Hinsicht nicht ge-

nugthuend sind. Was aber den Mangel an Genauigkeit und Zuverlässigkeit in ihren Aufnahmen betrifft, so ist dieser hauptsächlich dem
Umstande zuzuschreiben, dass es ihnen gänzlich an guten Instrumenten fehlte, deren Verfertigung und Gebrauch erst in späteren Jahren
allgemeiner ward.

Ueber die eigentlich hydrographischen Arbeiten ist im Allgemeinen Folgendes zu bemerken: Die Aufnahme der östlich vom Weissen
Meere belegenen Küsten des festen Landes von Sibirien ist mit Fahrzeugen gemacht, die nicht immer nahe genug an dieselben herankommen konnten, um genau zu beobachten, daher ward die Aufnahme oft
nur oberflächlich, oft sogar unrichtig gemacht. — Die Seefahrer waren
genöthigt, während der kurzen Zeit im Jahre, wo das Eismeer beschiff-
bar ist, durchaus immer jeden günstigen Wind oder sonstigen Umstand
zu benutzen, um ihren nach Osten gerichteten Kurs möglichst zu för-
dern, sie durften sich daher auch nicht lange bei Untersuchung derjenigen Punkte an der Küste und im Meere selbst aufhalten, deren genauere Kenntniss zu einer gründlichen Aufnahme und zur Sicherheit
der Seefahrer nothwendig ist. Dessenungeachtet aber finden sich unter jenen Beobachtungen mehrere gute Breitenbestimmungen, so wie
auch sehr gute Sondenmessungen, sowohl längs den Seeküsten, als auch
in den vornehmsten Flüssen Sibiriens. Desgleichen geben die Karten
und Journale Owzyns, Minins, Tschemokssins, Prontschischtschews und
der beiden Laptews viele interessante hydrographische Beiträge zur Kenntniss der Küsten und Inseln von der Ob'schen Bucht bis an den Baranow - Felsen. — Leider gründen sich die meisten dieser Aufnahmen
auf die Schiffsrechnung, welche durch den Einfluss der Strömungen und
bei den unaufhörlichen Wendungen des Schiffes zwischen dem Eise
nicht zuverlässig ist; die wirklich astronomischen Beobachtungen aber
zu Bestimmung der Breite konnten nicht immer mit der gehörigen Genauigkeit gemacht werden. — Von der Tajmurmündung bis an das
Kap des heiligen Faddej konnte die Küste nicht beschifft werden, und
die Aufnahme, die der Steuermann Tschemokssin auf dem Eise in Narten vornahm, ist so oberflächlich und unbestimmt, dass die eigentliche
Lage des nordöstlichen oder Tajmur - Kaps, welches die nördlichste
Spitze Asiens ausmacht, noch gar nicht ausgemittelt ist. — Von Län-

genbestimmungen endlich ist durchaus gar nicht die Rede. — Demnach sind alle jene Arbeiten eigentlich nur als Vorarbeiten und Hülfsmittel zu künftigen Aufnahmen dieser Gegenden zu betrachten.

Es scheint, als hätten der wenig befriedigende Erfolg der verschiedenen im Eismeere unternommenen Expeditionen und die unendlichen Gefahren und Mühseligkeiten, mit denen dieselben verknüpft waren, von ferneren Unternehmungen der Art abgeschreckt; wenigstens findet sich während einer Reihe von zwanzig Jahren kein neuer Versuch, bis endlich im Jahre 1760 der Jakuzkische Kaufmann S c h a l a u r o w an der Lena auf seine eigene Kosten ein Fahrzeug erbaute, mit welchem er sich vornahm, die nordöstliche Küste Asiens zu umschiffen und auf diesem Wege in den grossen Ozean oder bis nach Kamtschatka zu gelangen.

Der Herr von Berg (chronologische Geschichte der Seefahrten Th. 1 S. 144) behauptet, dass Schalaurow diese Expedition in der Absicht unternommen habe, auf der früher durch den Jakuten Jalewikan entdeckten Insel Mammutsknochen aufzusuchen, und dass er dazu besonders durch das dem Kaufmann Lächow dafür ertheilte ausschliessliche Privilegium bewogen worden sey. Das Journal S i b i r s k o j W e s t n i k 1822 bestätigt diese Meinung mit dem Zusatze, Schalaurow habe noch ausserdem die Absicht gehabt, das Land aufzusuchen, welches gegenüber der Kolymamündung liegen sollte. — Diese beiden Behauptungen scheinen wohl ungegründet; Schalaurow hatte, wie die Folge ausweist, weder den Zweck, Mammutsknochen zu suchen, noch auch die Absicht, so hoch nach Norden hinaufzugehen; sein Hauptzweck war, den noch unbekannten Weg um das Schelagsche Vorgebirge zu beschiffen und um dieses Kap herum nach Osten vorzudringen. Des'hnew wollte sich bereichern, Schalaurow hingegen strebte nur nach dem Ruhme, diese für unmöglich gehaltene Seefahrt zu vollbringen; er setzte sein ganzes Vermögen, seine Existenz, sein Leben an die Ausführung dieses Planes; lassen wir ihm den wohlverdienten Ruhm der Uneigennützigkeit und des Strebens nach einem edleren, gemeinnützigen Zwecke.

Schalaurow's Expedition und Schicksale sind so interessant und vielleicht auch so wenig bekannt, dass eine kurze Uebersicht derselben hier nicht überflüssig seyn wird. In Ermangelung anderer sicherer und vollständiger Quellen*) habe ich sie grösstentheils aus der von Koxe und Sauer herausgegebenen Reisebeschreibung des Kapitain Billings genommen.

Im Juli des Jahres 1761 ging Schalaurow aus der Jana in See. Um das stärkere Treibeis zu vermeiden, hielt er immer so nahe als möglich längs der Küste. Am 6. September umging er den Swätoj Noss und entdeckte in geringer Entfernung, nördlich von demselben, ein bergiges Land. — Er setzte seinen Kurs östlich fort, wurde aber durch widrige Winde und Treibeis aufgehalten, so dass er nicht eher als am 16. die Durchfahrt zwischen dem festen Lande Sibiriens und der Insel Diomid erreichte. Hier traf er einen günstigen SW-Wind, und da das Meer weiter hin ziemlich rein vom Eise war, so passirte er am folgenden Tage die Mündung der Indigirka und am 18. die des Alasej. Doch bald darauf, zwischen dem festen Lande und den Bären-Inseln, ward das Fahrzeug plötzlich mit Treibeis umgeben und am Weitergehen behindert. Da es auch schon spät im Jahre war, so beschloss Schalaurow für den Winter in die Kolyma einzulaufen, wo die Schiffsmannschaft eine geräumige Winterwohnung erbaute, und dieselbe mit einem festgestampften hohen Schneewall umzog, auf welchem die Kanonen von dem Schiffe aufgestellt wurden. Die Gegend wimmelte von Heerden wilder Rennthiere, die sich furchtlos dem Walle näherten, und von denen eine grosse Menge erlegt wurde; desgleichen gingen auch vor dem gänzlichen Zufrieren des Stromes grosse Züge verschiedener Fische denselben hinauf, so dass die Reisenden einen hinlänglichen Vorrath von frischen Nahrungsmitteln hatten. Dieses bewahrte sie vor dem in diesen Gegenden so furchtbaren Skorbut; nur einer, Schalaurow's Gehülfe, starb gegen Ende des Winters.

Die Kolyma ging im Jahre 1762 nicht vor dem 21. Juli auf; Schalaurow benutzte die erste Möglichkeit um wieder in See zu ge-

---

*) In dem hydrographischen Depot des Marine-Generalstabes wird eine Original-Karte Schalaurow's mit vielen erläuternden Notizen aufbewahrt, die ich benutzt habe, um jene Beschreibung zu berichtigen und zu ergänzen.

hen, und steuerte eine Woche lang ohne grosse Hindernisse in einer
NO. und NO ¼ O. Richtung vorwärts. Am **28.** beobachtete er am
Ufer die Abweichung der Magnetnadel und fand dieselbe **11° 15′** östlich. — Eingetretene widrige Winde, die mit völliger Windstille ab-
wechselten, nöthigten ihn bis zum **16.** August vor Anker zu liegen;
dann erhob sich ein günstiger Wind, mit dem er wieder weiter ging.
Trotz aller Bemühungen, nicht nördlicher als NO + O. zu gehen, wurde
er durch ungeheure Eismassen und eine starke westliche Strömung viel
weiter nach Norden hinauf getrieben.

Am **18.** befanden sich die Seefahrer ganz unverhofft in der Nähe
der Küste, bei einer aus grauem Sande bestehenden hohen Landspitze,
die daher den Namen **Sandkap**, peschtschanyi Myss, erhielt. —
Vor ihnen trieben im Meere eine Menge grosser Eisfelder, welche am
19. das Schiff ganz umlegten und festsetzten. In dieser gefahrvollen
Lage, die durch den sie umgebenden dichten Nebel, welcher ihnen die
Lage der Küste ganz verdeckte, noch schrecklicher ward, befanden sie
sich bis zum **23.**, wo es ihnen endlich gelang, sich aus dem Eise
heraus zu arbeiten, und eine ziemlich freie Strecke im Meere zu erreichen. Sie lawirten nun zwischen den Eisfeldern nach NO. zu, um
wo möglich das Kap Schelagskoj zu erreichen und zu umgehen; dies
gelang aber nicht, sondern sie wurden durch widrige Winde und Treibeis so lange aufgehalten, bis die schon weit vorgerückte Jahreszeit
Schalaurow nöthigte, sich nach einem sichern Orte zum Ueberwintern
umzusehen. Diesen hoffte er in einer an der Westseite jenes Kaps
belegenen offenen Bucht, der von ihm zuerst besuchten und aufgenommenen **Tschaun-Baj** zu finden, und steuerte, um sie zu erreichen,
nach S + O. Am **25.** ging er zwischen dem festen Lande und der
Insel **Arautan** durch, gerieth aber am **26.** auf eine Sandbank, welche
sich bei einer niedrigen Landspitze, gegenüber der Mündung des Flusses **Pochtjä** befindet. Nachdem sie mit vieler Mühe das Schiff wieder flott gemacht hatten, ging Schalaurow an's Ufer, um einen bequemen Platz zur Winterwohnung aufzusuchen; da er aber weder Wald
noch Treibholz dort antraf, so sah er sich genöthigt weiter zu segeln,
um einen mit diesem unentbehrlichen Bedürfnisse versehenen Ort zu
finden, und richtete seinen Kurs längs dem südlichen Ufer der Bucht

bis an die Insel **Sabadej**, welche auf seiner Karte **Sawadej** genannt ist.

Am **5.** September, als sie sich gerade vor einer schmalen Durchfahrt zwischen dieser Insel und der Küste befanden, erblickten sie einige Tschuktschen-Wohnungen, deren Besitzer aber die Flucht nahmen, als Schalaurow sich ihnen näherte. — Am **8.** waren sie bei der SO.-Spitze der Insel Sabadej, am **10.** aber, als sie sich in der Entfernung von **10° Meilen** nach NW. von dem Sandkap anfanden, trat völlige Windstille ein, und sie wurden durch eine starke Strömung **5** Werst weit nach WSW. fortgetrieben. Da erblickten sie in weiter Ferne, nach NO + N. einen Berg *). Endlich erreichten sie am **12.** die Kolyma, in welche sie einliefen, und ihre vorjährige Winterwohnung bezogen.

Mit Antritt des Frühlings wollte Schalaurow abermals in See gehen, und seinen Hauptzweck, die Umschiffung des Kap Schelagskoj, verfolgen; aber seine Mannschaft, der vielen Beschwerden und Entsagungen müde, verweigerte ihm den Gehorsam und ging auseinander, wodurch er genöthigt ward, nach der Lena zurückzukehren. Er ging darauf nach Moskau, und nachdem er dort einige Geldunterstützung von der Regierung erhalten hatte, unternahm er im Jahre **1764** eine

---

*) **Koxe** sagt, Schalaurow habe am 8. September die Insel Sabadej umschifft und dort eine Strömung von fünf Werst in einer Stunde gefunden. Dies ist ein Irrthum; ich habe mich genau an die mit einer Menge Notizen versehene Original-Karte gehalten, aus welcher Schalaurow's Kurs, so wie er oben angezeigt ist, ganz deutlich hervorgeht. — Eben so erzählt auch Koxe, dass Schalaurow in der Gegend, wo das Ufer sich nach NO. zu der Durchfahrt zwischen der Insel Sabadej und der Küste des festen Landes hinzieht, zwei grosse Klippen entdeckt habe, deren eine er **Sajatschej Kämen** (Hasenfels) und die andere **Baranij Kämen** (Widderfels) nennt. Ersterer soll einem gekrümmten Horne gleichen, letzterer aber die Form einer mit der Spitze nach unten gekehrten Birne haben, und 29 Yard über dem Wasser heraus ragen. — Keine von diesen beiden Benennungen findet sich auf Schalaurow's Karte, und es ist daher schwer zu entscheiden, was eigentlich damit gemeint sey. Der jetzt unter dem Namen **Baranow Kämen** bekannte Fels hat nicht die mindeste Aehnlichkeit mit einer Birne, und längs der ganzen Küste des Eismeeres, bis an das Kap Schelagskoj, habe ich keine einzige Klippe gesehen, die mit einem gekrümmten Horne verglichen werden konnte.

zweite Seereise nach dem Kap Schelagskoj, von welcher er aber nicht wieder zurückkehrte.

Ueber das Schicksal und das Ende dieses merkwürdigen Mannes gingen lange Zeit blos unverbürgte Gerüchte. Im Jahre 1823 bin ich endlich so glücklich gewesen, ungefähr 70 Meilen von dem Kap Schelagskoj, den Ort aufzufinden, wo Schalaurow sich mit seinen Gefährten auf das Ufer rettete, als er sein Fahrzeug im Eise zertrümmert sah *). Hier, in einer öden Wildniss, mit Mangel und Elend kämpfend, endete Schalaurow sein thätiges Leben, und erst die spätere Nachwelt zollt seinem Andenken den wohlverdienten Tribut der Anerkennung seiner seltenen Uneigennützigkeit und des kühnen Unternehmungsgeistes, von dem er beseelt war.

Auf Schalaurow's Karte ist die Küste des Eismeeres von der Jana bis an das Kap Schelagskoj mit einer Genauigkeit verzeichnet, die dem Verfertiger die grösste Ehre macht. Schalaurow ist der erste Seefahrer, der die Tschaun-Baj untersucht hat, und nach ihm ist keine weitere Aufnahme derselben, mit Andeutung der Sonden, gemacht worden. Seine Breitenbestimmungen sind ungefähr $1\frac{1}{3}$ Grad zu gross, und wahrscheinlich nicht auf Beobachtungen gegründet. Hievon machen jedoch die Breitenangaben zwischen der Kolyma und Lena eine Ausnahme, welche, wie es scheint, nach der Aufnahme des Lieutenants Dmitrij Laptew verzeichnet sind. Die Inseln Arautan in der Tschaun-Baj sind auf Schalaurow's Karte ganz richtig angegeben, auch sind ihrer, der Wahrheit gemäss, nur zwei angedeutet und nicht drei, wie auf der Koxe'schen Karte, von welcher dieser Irrthum hernach auf mehrere Karten übergegangen ist. — Was den von Schalaurow in NO + N. gesehenen Berg anlangt, so muss ich bemerken, dass wir uns im Jahre 1822 auf derselben Parallele, nur 22 Meilen von dem Punkte befanden, wo Schalaurow jenen Berg zu sehen glaubte, dass wir aber bei völlig heiterem Horizonte durchaus nichts dem ähnliches entdecken konnten; es ist demnach wahrscheinlich, dass er durch irgend einen Eisberg getäuscht ward.

Die von Schalaurow bemerkte Strömung im Eismeere bestätigen

---

*) Siehe die genauere Angabe davon in meiner Reise.

die Beobachtungen mehrerer Seefahrer, dass die Gewässer in jenen Meeren während des Sommers immer von Osten nach Westen strömen. — In den Angaben über die Abweichung der Magnetnadel nähert er sich unsern Beobachtungen; namentlich war dieselbe bei dem Baranow-Felsen:

nach Schalaurow . . . . 11° 15′ O.

nach Billing's im Jahre 1787 . . . . 17° 12′

nach unsern Beobachtungen 1822 . . 12° 35′.

Schalaurow's oben erwähnter Kurs beweist, dass er im Jahre 1761 die Insel Diomid, eben so wie Dmitrij Laptew im Jahre 1739, ungefähr 47 italienische Meilen nordöstlich von dem Swätoj Noss und 18 Meilen von der nächsten Küste sah. Aber weder Hedenström (1810), noch der Lieutenant Anjou (1823) haben in der Folge diese Insel bei ihren Untersuchungsreisen gefunden; desgleichen erinnern sich auch die ältesten Promyschlenniki, die diese Gegenden doch häufig befahren, nicht, etwas von dem Daseyn einer solchen Insel gehört zu haben; es ist daher wohl mit Gewissheit anzunehmen, dass sie, wenigstens jetzt, nicht existirt. Eine Vereinigung derselben mit dem festen Lande (wie der Verfasser der chronologischen Geschichte der Reisen, Bd. I S. 141 meint) ist nicht gut denkbar, und man muss daher annehmen, dass entweder jene beiden Seefahrer durch irgend eine grosse, stehende Eismasse getäuscht wurden, oder dass vielleicht die damals wirklich existirende Insel Diomid durch das heftige und beständige Andrängen des Treibeises weggeschwemmt ist. Auf diese Art liesse sich dann auch erklären, wie die vor 70 Jahren auf ihren Karten stark ausgezackte Küste im Osten von dem Kap Swätoj Noss, jetzt nach den neueren zuverlässigen Aufnahmen ziemlich gerade fortlaufend befunden worden ist. — Was endlich das gebirgige Land anlangt, welches Schalaurow im Norden vom Swätoj Noss gesehen, so ist dieses unstreitig kein anderes, als die erste der Lächow'schen Inseln, auf der sich mehrere Berge befinden.

Die gegenüber der stark besuchten Mündungen der Jana und Kolyma liegenden Inseln konnten unmöglich lange einer Ungewissheit in Rücksicht auf ihre Lage · und nähere Beschaffenheit unterworfen bleiben. Die reiche Ausbeute an Mammutsknochen, welche um das

Jahr 1750 der Kaufmann Lächow im Schoosse der Erde auf der Tundra zwischen den Flüssen Chotanga und Anadyr machte*), reizte mehrere Privatleute zu ähnlichen Nachsuchungen in den noch unbekannten Polarländern. — Unter den Küstenbewohnern ging eine alte Sage von der Existenz einer Insel gegenüber dem Swätoj Noss. — Schalaurow hatte in der Gegend Berge gesehen; das war hinlänglich, um Gewinnlustige zu Unternehmungen dorthin aufzumuntern.

In den Jahren 1759 oder 1760**) entschloss sich der Jakut Emerikam aus Ustjansk zu einer Expedition, deren Resultat die Entdeckung einer gegenüber dem Kap Swätoj Noss liegenden Insel war, die auch jetzt noch den Namen des ersten Entdeckers führt; sie ist die erste in der Inselgruppe, welche auf Befehl der Kaiserin Katharina II., nach dem Kaufmann Lächow benannt wurde, der diese Gruppe zuerst besuchte, wie wir weiter unten sehen werden.

Von den Bären-Inseln gab es damals nur unvollständige, auf mündliche Erzählungen gegründete Nachrichten; desgleichen verdiente die oft wiederholte Behauptung, als erstrecke sich Amerika an der Parallele der Kolyma-Mündung vorbei bis zu den Küsten Sibiriens, eine genauere Untersuchung. Diese wurde im Jahre 1762 dem Sergeanten Andrejew***) übertragen, welchen der damalige Gouverneur von Sibirien, Tschitscherin, in dieser Absicht nach der Kolyma abschickte.

Andrejew reiste am 4. März 1763 auf Narten aus Nis'hne-Kolymsk ab, ging zuerst bis an den Fluss Krestowoj und von dort an die Indigirka, von wo ihn ein der Gegend kundiger Kosak Namens Schkulew begleiten sollte. Sie kehrten zusammen nach dem Krestowoj zurück, und nachdem sie dort ihre Hunde gehörig ausgefüttert hatten, traten sie am 4. April ihren Weg über das Eis an. Nach einer Fahrt von ungefähr 90 Werst gelangten sie an die erste sichtbare Insel, die sich ungefähr parallel mit dem festen Lande von Osten nach Westen hinzog. Sie schätzten ihre Länge auf 50 Werst,

---

*) Berg's chronologische Geschichte der Reisen, Bd. II S. 144.

**) Hedenström's Reise, in dem Journal Sibirskoj Westnik.

***) Pallas neue nordische Beiträge, Bd. VII S. 134 — 142.

die Breite auf **40** Werst und den Umkreis auf ungefähr **100** Werst. — Sie besuchten weiter auch die übrigen Inseln dieser Gruppe, und fanden überall Spuren ehemaliger Bewohner, d. h. zerfallene Hütten, oder in die Erde gegrabene Jurten. Unter den letzteren war besonders eine merkwürdig, die sie am Fusse eines Felsens auf der dritten Insel fanden, welche nach Andrejew's Angabe **60** Werst in die Länge und **120** Werst Umkreis haben sollte. Er beschreibt diese Ruine einer ehemaligen Niederlassung folgendermassen: „Von der Nordseite der Insel geht, in einer Entfernung von **11** Faden vom Ufer, eine Sandbank in's Meer, welche bei der Fluth grösstentheils mit Wasser bedeckt ist, jetzt aber trocken war. Auf dieser Sandbank steht ein weicher Sandstein-Felsen, welcher in einer Höhe von drei Faden einen Absatz bildet, auf welchem eine Art von Festung erbaut ist. Um die schmale Fläche des Absatzes breiter zu machen, sind zehn starke Lärchenbaum-Stämme, mit dem Wurzel-Ende nach oben gewandt, davor gestellt, und darauf ist ein Balkengebäude von der gewöhnlichen Form der **L o b a s y** (eine Art Speicher) gleich einem Vogelneste erbaut. Der Fussboden darin besteht aus dicken Lärchenbaum-Stämmen, welche mit einer vier Werschok dichten Schicht Erde beschüttet sind. Inwendig ist, in einiger Entfernung von der äusseren Balkenwand eine zweite, nur ungefähr $1\frac{1}{2}$ Arschin hohe Wand aus gespaltenen Baumstämmen oder rohen Brettern errichtet, und der Zwischenraum mit Erde gefüllt; desgleichen sind auch die Wände von aussen mit Erde und Moosrasen beschüttet. Das Dach besteht aus unregelmässig übereinandergeworfenen dünnen Fichten- und Lärchenstämmen, welche auch wohl früher mit Erde oder Rasen beschüttet gewesen seyn mögen; jetzt ist aber diese obere Decke grösstentheils eingestürzt. Um das Gebäude zusammenzuhalten, sind Querbalken in den obern Kranz eingelassen und mit Riemen angebunden. Die Balken sowohl als die Bretter scheinen nicht mit einem eisernen, sondern mit einem steinernen oder harten hölzernen Beile behauen zu seyn; sie sehen aus, als wären sie von Zähnen benagt. Das Gebäude hat jetzt $4\frac{1}{2}$ Faden Länge und **4** Faden Breite, es mag aber wohl ursprünglich **6** Faden in's Gevierte gehabt haben. Nach dem Ufer geht aus dieser Jurte ein Weg, ein anderer führt oben auf den Felsen;

beide sind aber sehr zerstört. Diese Festung ist mit vieler Sorgfalt erbaut, und hat wegen der Höhe des Absatzes und des engen Raumes auf demselben nicht wenig Arbeit erfordert. Nach allem zu schliessen ist sie nicht von Russen, sondern von anderen Leuten erbaut; wer aber diese waren, lässt sich nicht bestimmen."

Nachdem Andrejew die vier ersten Inseln dieser Gruppe umfahren hatte, besuchte er auch die fünfte, welche nach seiner Angabe 140 Werst im Umkreise und 50 Werst Durchmesser hat. Sie liegt ungefähr 100 Werst von der vierten, nach der Seite der Tschaun-Baj, „oder eigentlich nach dem Kap Tschukotskoj hin." — Auch auf dieser Insel fand er ein Paar zerfallene Jurten, und bemerkte zwei an der Westseite, ungefähr auf der halben Höhe des Uferberges hervorragende Felsen, die einige Aehnlichkeit mit der Figur eines Menschen haben. Endlich sagt Andrejew: „Wir bestiegen hier einen Berg und sahen uns nach allen Seiten um; nach Süden erblickten wir einen abgesonderten Fels, welcher unserer Meinung nach der Chowynskische Felsen gewesen seyn muss; links nach Osten hin war alles undeutlich blau oder vielmehr schwärzlich; ob das aber Land oder offenes Meer gewesen, vermag ich nicht bestimmt zu entscheiden."

Andrejew erreichte glücklich den Fluss Krestowoj, wo er sein Journal mit den Worten schliesst: „Der Kosak Fedor Tatarinow und seine Kameraden haben zwar die Entfernung von dem Flusse Krestowoj bis an die erste Insel, und von dieser sogar bis an die fünfte aufgenommen, so wie auch die Grösse derselben, allein ihre Aufnahmen sind offenbar falsch und viel zu gross; was aber die meinigen betrifft, so sind sie richtig, und es kann darin nur vielleicht ein unbedeutender Fehler von einigen Wersten stattfinden."

Ungeachtet dieser bescheidenen Versicherung hat Andrejew sich doch bei seiner Aufnahme um 440 Werste geirrt, indem er diese fünf Inseln auf 550 Werste nach Osten von dem Krestowoj-Flusse liegend angiebt. Eben so unrichtig ist auch seine Bestimmung der Lage und der Entfernung dieser Inseln von einander. Was die befestigte Jurte und den Felsenberg auf der dritten Insel anlangt, so müssen beide wohl später durch das Eis zertrümmert und fortgeschwemmt seyn; denn die im Jahre 1820 dorthin geschickte Expedition fand nichts dem ähnliches. — Dergleichen zerfallene Wohnungen haben auch wir auf mehreren der übrigen Inseln angetroffen; sie sind gewiss nichts anderes, als von Reisenden errichtete Hütten, und können eben so wenig zum Beweise dienen, dass diese Inseln jemals bewohnt gewesen, als die diesen ganz ähnlichen zerstörten Jurten, die wir häufig an der völlig menschenleeren Küste östlich vom Schelagskoj Noss gefunden haben*).

In Bezug auf die blaue Ferne, die Andrejew von der fünften Insel will gesehen haben, muss ich bemerken: als er jene blaue „oder schwärzliche Ferne” sah, stand er, seiner Aussage zufolge, mit dem Gesichte nach dem Kolymskischen Felsen, d. h. nach Süden hinge-wandt, und erblickte die in Rede stehende Ferne links, d. h. nach Osten hin; diese ganze Gegend aber haben wir in den Jahren 1821 und 1822 auf einer Strecke von 250 Wersten in verschiedenen Rich-tungen genau untersucht und durchaus gar kein Land gefunden, woher es denn wohl klar ist, dass Andrejew, durch irgend einen in den Po-largegenden sehr gewöhnlichen optischen Betrug getäuscht worden, da er Land zu sehen glaubte, wo kein solches existirt.

Im folgenden Jahre besuchte, wie es scheint, Andrejew wieder diese Inseln, denn in der dem Kapitain Billings ertheilten Instruction**) ist unter anderem gesagt: „Im Jahre 1764 hat der Sergeant Andrejew von der letzten der Bären-Inseln in weiter Ferne ein grosses Land gesehen; er hielt es für eine Insel von bedeutendem Umfange, und

---

*) Der Herr von Berg sagt in seiner chronologischen Geschichte der Reisen, Bd. I S. 118; „Diese von ihren ehemaligen Bewohnern ver-lassenen Gebäude, geben uns einen Begriff von den ungeheuren Verän-derungen, welchen unser Erdball in den Jahrhunderten seiner Umwälzung unterlag.” Es bedarf nur eines flüchtigen Blickes auf diese halbunterir-dischen, hölzernen Jurten, um sich zu überzeugen, dass es durchaus keine Ueberreste einer längst vergangenen Vorzeit, sondern bloss die jetzt noch überall bei den Bewohnern dieser eisigen Regionen (unter dem 76° nördlicher Breite) gewöhnliche Hütten sind, die sowohl nach dem Material als auch durch ihre leichte Bauart, nicht Jahrhunderte hin-durch als Denk- und Merkmale dastehen könnte.

**) Reise des Kapitain Billings, herausgegeben durch den Vice-Ad-miral Sarytschew. S. 190.

führ auf Narten dahin ab. Allein ungefähr **20 Werste ehe er dasselbe** erreichte, stiess er auf frische Spuren einer zahlreichen Völkerschaft, die wie es schien mit Rennthieren dorthin gefahren war, und da er nur wenige Begleiter hatte, so wagte er es nicht weiter zu gehen, sondern kehrte nach der Kolyma zurück. Ausser diesen giebt es keine Nachrichten über das von dem Kosaken Andrejew gesehene grosse Land."

Wie unzuverlässig Andrejew's Angaben überhaupt sind, ergiebt sich sowohl aus seiner sogenannten Aufnahme der Bären-Inseln, als auch aus seiner Behauptung, östlich von der fünften derselben ein grosses Land gesehen zu haben, deren Ungrund wohl hinlänglich erwiesen ist. Wenn er aber wirklich in der von ihm angegebenen Richtung, nämlich nach Osten fahrend, ein Land und Rennthierspuren gesehen hat, so kann das kein andres gewesen seyn, als das feste Land von Asien, welchem er sich, ohne es auf der grossen Schneefläche selbst zu merken, genähert haben mag. Wenn man dies n i c h t annimmt, so ist Andrejew's ganze Angabe eine blosse Fabel, welche in der Folge mit allerlei eben so ungegründeten oder missverstandenen Zusätzen vermehrt, in verschiedene Beschreibungen jener Gegenden aufgenommen worden. Unter anderen sagt das Journal Sibirskoj Westnik 1823, in der Anmerkung zu dem Reiseberichte Andrejew's: „Andere Nachrichten beweisen, dass dieses Land bewohnt ist und von den Eingebornen Tikegen genannt wird. Sie selbst nennen sich Chrachaj, und bestehen aus zwei Hauptstämmen. Einige unter ihnen haben Bärte, und gleichen den Russen; die Uebrigen scheinen zum Stamme der Tschuktschen zu gehören. — Der Kosaken-Sotnik Kobeléw und der Dollmetscher Daurkin, welche den Kapitain Billings begleiteten, bestätigen nicht nur Andrejew's Anzeige, sondern geben auch sogar einen, wie es heisst durch einen amerikanischen Häuptling verfertigten Abriss des Landes, welches Andrejew gesehen hat."

Hier ist wahrscheinlich die Rede von der nordwestlichen Küste von Amerika, deren vornehmste Landspitze und Buchten dem amerikanischen Häuptling wohl bekannt seyn konnten. Was aber den Völkerstamm der sogenannten Chrachaj anlangt, so gründet sich diese Sage, wie ich in meinem Reise-Journal bewiesen habe, wohl bloss

6 *

auf einige falsch verstandene mündliche Erzählungen der um das nördliche Kap herumwohnenden Tschuktschen.

Andrejew's Erzählung von dem grossen nach Norden gelegenen Lande, veranlasste die Abfertigung einer geheimen Expedition aus Tobolsk, welche uns wahrscheinlich unbekannt geblieben wäre, wenn nicht der Herr von Berg das in dem Archiv zu Tobolsk aufgefundene Journal derselben mitgetheilt hätte, aus welchem folgende Nachricht darüber gezogen ist.

Im Juni des Jahres 1767 gingen die zu dieser Expedition bestimmten Geodeten Leontjew, Lyssow und Puschkarew von Jakuzk nach Ochozk, und von da nach Nis'hne-Kolymsk, wo sie am 28. Februar 1768 eintrafen und im folgenden Jahre ihre Reise in's Eismeer unternahmen.

Sie fuhren am 1. März 1769 auf Narten von Nis'hne-Kolymsk ab, und erreichten am 17. die Mündung des Flusses Krestowoj, Von hier gingen sie nach den Bären-Inseln, welche sie sämmtlich mit vieler Genauigkeit aufnahmen, so dass wir, bei unserer Anwesenheit daselbst im Jahre 1821 nur sehr unbedeutende Berichtigungen in ihrer Aufnahme zu machen fanden. Sie sahen auch noch einige Ueberreste der befestigten Jurte, von welcher Andrejew spricht.

Am 23. März befanden sie sich auf der östlichen Insel in einer Bucht an dem nördlichen Ufer derselben, wo Leontjew nach Beobachtungen die Breite von 71° 58′ fand. Nach meinen im Jahre 1821 angestellten Beobachtungen habe ich die Breite dieses Punktes auf 70° 37′ bestimmt. Sie setzten ihre Reise über die See nach NO. 18° fort, und als sie in dieser Richtung 37 Werst zwischen Torossen und über grosse, mit ausgetretenem Seesalz bedeckte Stellen zurückgelegt hatten, machten sie zur Nacht Halt; allein ein plötzlich eingetretener Westwind, der das Eis aufbrach, zwang sie eiligst zurück zu gehen, und einen sichern Ort zu suchen. Heftiger Wind und ein dichtes Schneegestöber erlaubten ihnen nicht eher als am 26. wieder aufzubrechen; als sie aber ungefähr 3 Werste nach NW. 5° gefahren waren, fanden sie das Eis so dünne, dass sie es nicht wagen durften, weiter zu gehen; „denn", heisst es in dem Journale, „die Entfernung des grossen amerikanischen Landes ist unbekannt." Da es

ihnen auch an Proviant und Futter für die Hunde fehlte, welche kaum
nur noch im Stande waren, die Narten fortzuschleppen, so entschlossen sie sich umzukehren, und langten auf demselben Wege am 7. April
in Nis'hne-Kolymsk an, nachdem sie, ihrer Rechnung zufolge, auf der
Hin- und Herfahrt überhaupt **839** Werst und **200** Faden Weges ge
macht hatten.

Im folgenden Jahre (**1770**) verliessen sie am **28.** Februar wieder Nis'hne-Kolymsk, und gingen am **7.** März von der Mündung des
Tschukozkischen Baches gerade nach der östlichsten der Bären-Inseln,
wo sie nach einer dreitägigen Fahrt anlangten, und dort des Unwetters
wegen bis zum **16.** März verweilen mussten. Dann nahmen sie ihren
Weg NO. **5°**, ,,nach dem grossen amerikanischen Lande zu", und
machten am ersten Tage **28** Werst. Weiter fuhren sie zwischen den
immer dichter werdenden Torossen:

am 17.	nach NO.	8°	25	Werst	300	Faden.
- 18.	- -	5°	18	-	25	-
- 19.	- -	5°	25	-	—	-
- 26.	- -	5°	22	-	—	-
- 21.	- -	5°	18	-	—	-
- 22.	- -	10°	18	-	—	-
- 23. und 24.	- -	15°	40	-	400	-

167 Werst 225 Faden.

Am **25.** waren die Narten durch die Fahrt zwischen den Torossen und auf dem ausgetretenen Seesalz so zerfahren, dass sie stille
halten, und diesen so wie den folgenden Tag dazu anwenden mussten,
um sie wieder etwas in Stand zu setzen. Am **27.** ward beschlossen,
da die Fahrt immer beschwerlicher wurde, dass Lyssow und Puschkarew nebst **10** Begleitern, auf einigen mit auserlesenen Hunden bespannten Narten und Proviant auf drei Tage, weiter gehen sollten:
,,um zu erforschen, ob sich nicht irgend ein Land fände. Nachdem
sie **5** Werst gefahren, kamen sie an frische, sieben Faden hohe
Torossen, zwischen und über welche sie ungefähr **30** Werst machten.
Sie erklimmten einige der höchsten darunter, und da sie selbst mit
Fernröhren, nach allen Seiten herumblickend, durchaus nichts entdecken

konnten, als immer dichter werdende Torossen, so traten sie endlich am **28.** ihren Rückweg an." Auf dieser Rückfahrt mussten sie über fünf neuentstandene, eine Arschin breite Spalten im Eise setzen, und so langten sie am **1.** April bei der fünften Insel an, wo sie sich drei Tage aufhielten, um ihre ganz durchnässten Kleider zu trocknen. — Während dieser Zeit erlegten sie vier weisse Bären.

Am **5.** April machte sich die ganze Karawane wieder auf den Rückweg, nud langte am **9.** zu Nis'hne-Kolymsk an. Ihrer Rechnung nach hatten sie auf dieser Reise überhaupt **950** Werst und **150** Faden gemacht.

Wenn man die Abweichung der Magnetnadel **15°** östlich annimmt, so ergiebt sich, dass der Ort, wo sie wegen der gar zu dicht stehenden Torossen genöthigt waren umzukehren, unter **72° 00'** der Breite lag.

Im Jahre **1771** unternahmen dieselben Geodeten eine dritte Eisfahrt aus der Kolyma-Mündung nach der letzten Bären-Insel, welche sie am **9.** März erreichten. Nachdem sie sich daselbst, wegen ungünstiger Witterung sechs Tage aufgehalten hatten, machten sie sich auf den Weg nach der Tschaun-Baj. Drei Tage lang fuhren sie beinah in gerader Richtung nach Osten, und als sie **48** Werst gemacht hatten, ohne irgend etwas Bemerkenswerthes zu begegnen, bogen sie nach SW. **70°** zum grossen Baranow-Felsen, der **50** Werst von ihnen lag, und den sie am **18.** erreichten, — Nachdem sie hier ausgeruht und einen weissen Bären in seiner Höhle erlegt hatten, zogen sie weiter, und gingen bis zum **24.** beständig in östlicher Richtung längs dem Ufer fort. Am **25.** war Rasttag, dann setzten sie ihre Fahrt „nach der Schelagschen Bucht" fort, sahen sich aber am **28.** durch Mangel an Vorräthen genöthigt umzukehren. Am **6.** April trafen sie, nach einer Fahrt von beinahe **433** Werst, wieder in Nis'hne-Kolymsk ein.

Auf der Karte des Geodeten Leontjew ist die Küste von der Kolyma-Mündung bis an die Tschaun-Baj sehr nachlässig verzeichnet, so dass man glauben kann, er und seine Gefährten hätten nicht nur keine eigentliche Aufnahme daselbst vorgenommen, sondern nicht ein Mal die ältere. Schalaurow'sche Karte benutzt, auf welcher dieser

Theil der Küste ziemlich genau angedeutet ist. Eine solche Nachlässigkeit ist um so auffallender, da sie die Entfernungen bei der Aufnahme und Beschreibung der Bären-Inseln und ihre Tagereisen sogar bis auf einzelne Faden angeben, und also wenigstens an dem ebenen Stellen, die Messkette gebraucht haben müssen*).

Mit dieser dritten Fahrt endigte die Expedition; sie kehrten nach Tobolsk zurück, von wo einer der drei Geodeten, Leontjew, mit sämmtlichen Karten und Berichten nach Petersburg abgeschickt ward.

Obgleich diese Expedition, die fünf Jahre währte und drei Eisfahrten unternahm, nicht eigentlich den Hauptzweck ihrer Sendung erreicht hat, so ist sie dennoch in mancherlei Hinsicht von Nutzen gewesen. Die Bären-Inseln sind geometrisch mit grosser Genauigkeit aufgenommen; das Eismeer nördlich und östlich von demselben ist untersucht so weit es die Umstände erlaubten, und dadurch sowohl als durch die übrigen Arbeiten erwiesen, dass Andrejew's Angaben von der grossen Ausdehnung jener Inseln falsch, so wie seine Erzählung von einem nördlich gelegenen, grossen, von Rennthier-Völkerstämmen bewohnten Lande ein Mährchen sey.

Die Lächow'schen Inseln, welche mehr oder weniger auch Anlass zu den verschiedenen Erzählungen von einem grossen Lande im Norden gegeben haben, sind durch einen Kaufmann Lächow entdeckt, der sich, Geschäfte halber, im März 1770 auf dem Kap Swätoj Noss befand, und zufällig eine grosse Heerde wilder Rennthiere sah, die über das Eis von Norden her kamen. Er hatte wahrscheinlich von der oben erwähnten Entdeckung des Jakuten Emerikan gehört, und dies bewog ihn zu dem Entschlusse zu untersuchen, wo diese Thiere herkämen. Er fuhr zu Anfang April mit einigen Narten ab, und folgte der Rennthierspur in gerader nördlicher Richtung. Als er ungefähr 70 Werste zurückgelegt hatte, kam er an eine Insel, auf der er übernachtete. Am andern Tage setzte er seine Fahrt weiter fort, und gelangte an eine 20 Werst von der ersteren gelegene Insel. Da die Spur der Rennthiere immer noch weiter ging; so

---

*) Einige Alte in Nis'hne-Kolymsk erinnern sich wirklich noch, dass bei der Aufnahme eine Kette auf dem Eise gebraucht worden ist.

wollte er ihr folgen; allein er gerieth zwischen ganz unwegsame Torossen, so dass er nicht weiter konnte, sondern genöthigt war umzukehren.

Bei seiner Rückkehr stattete er Bericht von seiner Entdeckung
ab, und bewirkte sich von der Regierung das Privilegium auf den
von ihm entdeckten und etwa in Zukunft noch zu entdeckenden Inseln,
nach Mammutsknochen zu graben, Steinfüchse daselbst zu jagen
u. s. w. — Auch ward befohlen diese Inseln nach seinem Namen zu
nennen.

Im Sommer des Jahres 1773 ging Lächow mit dem Kaufmann
Protodiakonow in einem fünfrudrigen grossen Bote vom Swätoj Noss
nach der ersten und dann nach der zweiten Insel. Da er von hier
in einer nicht grossen Entfernung gegen Norden noch ein Land erblickte, so machte er sich dorthin auf, und fand, dass es eine dritte
Insel sey, die ihm von weit grösserm Umfange als die beiden ersten
schien. Das Land war bergig und die ganze Küste mit Treibholz
bedeckt. — Lächow kehrte nach der ersten Insel zurück, erbaute dort
eine gute Winterwohnung, in welcher er den Winter zubrachte und
von wo er im Frühling mit einer reichen Ausbeute an Mammutsknochen
und Pelzwerk nach Ustjansk zurückkehrte.

Ueber die natürliche Beschaffenheit dieser Inseln theilte Protodiakonow dem Herrn Sauer, als er mit Kapitain Billings in Jakuzk war,
einiges mit. Er erzählte unter anderen, der Boden der ersten Insel
sey blosser Sand und Eis; in demselben aber lägen so viele Mammutsknochen, dass es schien, als bestünde die ganze Insel daraus.
Unter diesen Knochen finden sich auch Schädel und Hörner eines
Thieres, welches Aehnlichkeit von dem Büffelochsen hat. Die dritte
Insel ist von mehreren Bächen durchschnitten, in welche eine Menge
Fische aus dem Meere hinaufziehen; unter denselben fiel den Reisen-
den eine kleine Lachsgattung besonders auf, die in der Kolyma und
Indigirka nie vorkommt und eigentlich nur bei Ochozk und um Kammt-
schatka herum zu Hause ist. — Im Meere sah man Wallfische und
Hausen[*]), und auf dem Lande weisse Bären, Wölfe und Rennthiere.

_____

[*]) Siehe die Bemerkung, im Betreff der Benennung Hausen, S. 40.

Lächow's und seiner Gefährten Erzählungen von dem grossen Umfange und dem Reichthume der neuentdeckten Inseln bewogen im Jahre 1775 die Regierung, aus Jakuzk den Landmesser Chwojnow dahin zu schicken, um sie förmlich aufzunehmen. — Er langte am 16. Mai bei der ersten Insel an, deren Ausdehnung in die Länge er auf 150 Werst schätzt; ihr grösster Durchmesser soll 80, und der kleinste 20 Werst betragen. Ihren Umfang schlägt er auf 367 Werst an. — Im Innern dieser Insel fand er einen See von beträchtlicher Grösse, der aber trotz seiner steilen Ufer doch sehr seicht war. — Auf der Karte, die er nach seiner Aufnahme von der ersten Insel gemacht hat, sind die Hauptdimensionen grösstentheils unrichtig; in den einzelnen Theilen aber finden sich mehrere recht gute Angaben. — Die sehr ungünstige Witterung und Mangel an Futter für die Hunde erlaubten ihm nicht, die Aufnahme der übrigen Inseln vorzunehmen; er verbrachte den Winter in der Lächow'schen Niederlassung und kehrte im Frühling nach Ustjansk zurück. — In den beiden folgenden Jahren machte Chwojnow noch zwei Fahrten dorthin, um die Aufnahme der beiden anderen Inseln zu vollenden, konnte aber wegen widriger Witterung und Mangel an Vorräthen nichts ausrichten, und begnügte sich damit, nach den Anzeigen der Promyschlenniki die zweite Insel auf seiner Karte zu verzeichnen. — In Chwojnow's Journal findet sich, dass er in einer Entfernung von 10 Werst von der ersten Insel ein aus dem Eise hervorragendes Riff im Meere gesehen habe; auf seiner Karte ist es nicht angedeutet. — Da sich bei der neuesten genauen Aufnahme dieser Inseln durch den Lieutenant Anjou kein solches Riff daselbst gefunden hat, so ist jene Anzeige entweder irrig, oder das Riff ist seitdem durch das Treibeis zerstört.

Im August des Jahres 1778 erschien Kook in der Behringsstrasse mit dem Vorhaben, längs den Nordküsten von Amerika oder Asien eine Durchfahrt in den Atlantischen Ozean aufzusuchen. Die ungeheuren Eisfelder, mit denen das Eiskap umlegt war, erlaubten ihm nicht, nach Osten vorzudringen, und die schon zu weit vorgerückte Jahreszeit nöthigte ihn, bei dem von ihm so benannten Nordkap umzukehren, dessen Lage er in 68° 56′ der Breite und 179° 11′ der Länge westlich von Greenwich bestimmt hat. Die Abweichung der Magnetnadel fand er hier 26° östlich. — Es schien dem Kapitain Kook, als nehme die Küste von diesem Kap an eine beinahe westliche Richtung; auch glaubte er, hinter demselben einen Landsee oder eine tiefe Bucht zu sehen. Die im Jahre 1823 gemachte Aufnahme dieser Küste hat ausgewiesen, dass diese Vermuthung nicht gegründet war. Seine Bestimmung der Lage des Nordkap aber trifft ganz mit meinen beinahe auf dem Kap selbst gemachten Beobachtungen zusammen, nach welchen es in 68° 55′ 6″ der Breite und 179° 54′ W. der Länge liegt. Ich fand die Abweichung der Magnetnadel 21° 40′ östlich.

Die Küsten Asiens, von dem Nordkap an, konnte Kook nur sehr oberflächlich untersuchen; auf seiner Rückkehr sah er eine Insel, „welche 4 bis 5 Meilen im Umkreise hatte; sie war von mittelmässiger Höhe, hatte senkrechte, felsige Ufer und lag 3 Leagues vom festen Lande entfernt." Auf seiner Karte liegt diese Insel, die er Burney's Island nennt, unter 67° 45′ der Breite und 185° 5′ O. der Länge.

Da sich in dieser Gegend keine andere als die Insel Koliut-schin findet, so ist es höchst wahrscheinlich, dass diese die Kook'sche Burney's-Insel seyn muss, bis zu welcher ich im Jahre 1823 gelangte. Die Beschreibung ihrer äusseren Beschaffenheit berechtigt zu dieser Meinung, obgleich sich in der geographischen Lage derselben eine Ver-schiedenheit findet, indem nämlich nach meinen auf der Südspitze der Insel Koliutschin angestellten Beobachtungen diese Insel unter 67° 24′ 46″ der Breite, und nach Berechnung unter 184° 28′ O. der Länge belegen ist.

Weiterhin nach Osten, unter 67° 3′ der Breite und 188° 11′ O. Länge, sah Kook ein bedeutend hohes, senkrecht in das Meer hinein-stehendes Kap: „nach Osten von demselben ist die Küste hoch und steil, nach Westen aber niedrig und flach; die Richtung derselben bis an das Eiskap ist NNW. und NW.+W. Die Tiefe ist, bei gleicher Entfernung, sowohl an der asiatischen, als auch an der gegenüberlie-genden Küste Amerika's, immer dieselbe; wir haben nirgend über 23 Faden gefunden, und daher kann zur Nachtzeit oder bei starkem Ne-bel das Loth immer zur Richtschnur dienen."

Unsere Aufnahme der Küste, von dem Kap Schelagskoj östlich bis an das Nordkap, und von da bis zu der Insel Kaliutschin, hat ausgewiesen, dass dieser Theil der Küste weder hoch und steil, noch auch eigentlich flach genannt werden kann. Die Beschaffenheit der Ufer ist sehr abwechselnd; doch findet man in der Gegend des Kaps On-mann (westlich von der Insel Kaliutschin) und des Kaps Kyber und Kosmin, einige ziemlich hohe, allmälig hinauf gehende Berge und auch etliche senkrechte Felsen.

Kook sowohl als auch der Astronom Bailey glaubten auf ihrer Fahrt zwischen Asien und Amerika, nördlich von der Behringsstrasse, verschiedene Merkmale zu finden, aus welchen sie auf die Nähe eines nach Norden hin liegenden Landes schlossen. Die beinahe unmerkliche Zunahme der Meerestiefe bei Entfernung von der einen oder anderen Küste; die Schwärme von wilden Gänsen und Enten, die jetzt, im August, zu der gewöhnlichen Epoche, von Norden nach Süden zogen; die Konformation der Eisschollen und mehrere andere Umstände dienten, nach Burney's Meinung, zum Beweise, dass sich im Norden dieser Durchfahrt ein noch unentdecktes Land befinden müsse. Strömungen wurden zwar nicht bemerkt, aber das Eis trieb sichtbar nach Süden.

Die wissenschaftlichen Forschungen der Engländer in diesen noch wenig bekannten Regionen bewogen endlich die russische Regierung, auch ihrerseits Schritte zu thun, um die wahre Lage und Beschaffenheit dieses Theiles ihrer Besitzungen kennen zu lernen; zu diesem Zwecke ward die der gelehrten Welt bekannte Expedition ausgerüstet, die in den Jahren 1785 bis 1794 unter den Befehlen des Kapitain Billings beauftragt war, hydrographische und geographische Untersuchungen an den nordöstlichen Küsten Asiens und den gegenüber liegenden Küsten Amerikas anzustellen. — Diese Expedition ist in russischer Sprache durch einen der thätigsten Gefährten Billing's, den damaligen Kapitain (jetzt verstorbenen Vice-Admiral) Sarytschew beschrieben, und 1805 auch in einer deutschen Uebersetzung von Busse erschienen. — Desgleichen hat auch der Sekretair der Expedition Sauer eine Beschreibung derselben in englischer Sprache herausgegeben *).

*) An account of a geographical and astronomical Expedition to the northern parts of Russia.

Unter mehreren anderen Zwecken dieser Expedition war auch der, die Möglichkeit einer Durchfahrt aus dem Eismeere in den östlichen Ocean durch die Behringsstrasse zu untersuchen. In dieser Absicht wurden auf dem Flusse Jassaschna, unweit Nis'hne-Kolymsk, zwei eigens auf eine solche Unternehmung berechnete Seefahrzeuge, Pallas und Jassaschna, erbaut *). Auf ersterem befand sich der Chef der Expedition, auf dem anderen der Kapitain Sarytschew.

Am 25. Mai 1787 gingen beide Fahrzeuge aus der Jassaschna die Kolyma hinunter und trafen am 18. Juni bei Nis'hne-Kolymsk ein, dessen Lage auf 68° 17' 14" nördlicher Breite und 163° 17' 30" östlicher Länge bestimmt ward. Die Abweichung der Magnetnadel fand sich 14° 14' östlich. — Am 22. befanden sie sich in der östlichsten Mündung der Kolyma, unweit der ehemaligen Schalaurowschen Winterwohnung und des Laptewschen Signalthurmes. Kapitain Sarytschew sagt: „die durch Laptew am rechten Ufer erbauten Winterwohnungen, wo auch sein Schiff aufs Ufer gezogen war, lassen glauben, dass früher das Fahrwasser an dieser Seite ging. Jetzt kann kein grösseres Fahrzeug hier gehen, und sogar eine Schaluppe kann sich nur mit Mühe und bei hohem Wasserstande dem Ufer nähern; zur Zeit des niedrigen Wassers erstreckt sich die Untiefe auf drei Werst hinaus."

Am 27. lichteten sie die Anker, und nachdem sie sechs Meilen zurückgelegt hatten, befanden sie sich im Eismeere. „Das Fahrwasser hat in dieser Strommündung 200 Faden Breite und 3 bis 5 Faden Tiefe; der Grund ist loser Sand. Das Ufer besteht aus schroffen Felsen von 8 Faden Höhe, an deren Fusse eine grosse Menge Treibholzes lag."

Das häufig längs der Küste treibende Eis nöthigte die Seefahrer, mehrmals in Buchten hinter den Landspitzen einzubiegen und daselbst abzuwarten, bis es wieder möglich wäre, weiterzugehen. So befanden sie sich am 28. Juli in einer kleinen Baj am Ausflusse eines Baches, zwischen dem grossen und kleinen Baranow-Felsen, wo Kapitain Billings sein Observatorium auf dem Ufer errichtete und die Breite dieses Ortes auf 69° 27' 30" bestimmte; der Chronometer gab die Länge

---

*) Ersteres hatte 45, letzteres 28 Fuss Länge im Kiel.

von **167° 50′ 30″**. — In der Reisebeschreibung des Kapitains Sarytschew ist die beobachtete Breite dieses Punktes auf **69° 29′** angegeben; er fügt hinzu: hieraus ist zu ersehen, dass alle bisherigen Karten des Eismeeres beinahe um zwei Grade zu weit nach Norden hinaussetzen." — Die Abweichung der Magnetnadel ward hier **16° 00′** östlich gefunden.

Am 1. Juli machten beide Fahrzeuge einen Versuch, nach Norden vorzudringen, wo damals weniger Treibeis zu seyn schien; aber ein plötzlich eingetretener Nebel, der so dicht war, dass man kaum auf 2 Faden weit vor sich sehen konnte, nöthigte sie wiederholentlich, vor Anker zu gehen und still zu liegen. Sie konnten nicht mehr als 20 Meilen nach NO. vorrücken und waren genöthigt, zurückzukehren, „weil das ganze Meer, so weit man sehen konnte, mit ungeheuren Eisschollen bedeckt war, an welchen sich die Wellen tobend und schäumend brachen." Am 2. legten sie sich in einer Bucht, westlich von der oberwähnten, vor Anker. — Sie machten noch an den folgenden Tagen mehrmalige Versuche, nach Osten zu gehen, aber das dichte Treibeis und die häufigen Nebel erschwerten ihnen das Vorrücken so sehr, dass sie nicht eher als am 19. Juli an dem grossen Baranow-Felsen vorbeikamen; endlich stiessen sie in einer Entfernung von 11 Meilen von demselben auf schwimmende Eisberge, deren viele in einer Tiefe von 16 Faden unter dem Wasser auf dem Grunde festsassen. Nicht ohne grosse Mühe und Gefahr gelang es ihnen, einen Ausweg aus diesen Eismassen zu finden und in einer Bucht vor Anker zu gehen. — Hier hielt der Kapitain Billings einen Rath mit sämmtlichen Offizieren, in welchem beschlossen ward, wegen erwiesener Unmöglichkeit des Weitergehens, und in R ü c k s i c h t d e r s p ä t e n H e r b s t - z e i t, nach der Kolyma zurückzugehen. In Folge dessen zogen sie sich am Schlepptau westwärts und erreichten am **26.** Juli die Kolyma-Mündung, wo sie die Strömung so schwach fanden, dass sie nicht mehr als 5 Tage bedurften, um nach Nis'hne-Kolymsk zu gelangen; „So endigte diese eben so mühvolle als gefährliche Fahrt auf dem Eismeere."

In Nis'hne-Kolymsk versammelte Billings wieder sämmtliche Offiziere, um darüber zu berathschlagen: „auf welche Art, zu Wasser oder

zu Lande, es am füglichsten wäre, die Kaps Schelagskoj und Tschukotskoj zu umfahren?" — Die Erfahrung hatte gelehrt, dass dies auf
dem Wasserwege beinahe unmöglich sey; es blieb demnach kein anderes Mittel übrig, als diese Expedition zu Lande mit Narten zu unternehmen. Doch auch dieses ward bei der ferneren Berathung als
unausführbar verworfen, weil man es für unmöglich hielt, die zu einer
Reise von mehr als 200 Werst erforderliche Quantität Hundefutter
mitzuführen." Endlich ward beschlossen, doch noch einen Versuch
zur Umschiffung dieser Vorgebirge zu machen, und zwar von der Ostseite, durch die Behringsstrasse, auf Fahrzeugen, die zu dem Ende in
Ochozk ausgerüstet werden sollten. Unterdessen ward der Sotnik Ko-
belew mit dem Dolmetscher Daurkin beordert, aus Tassiginsk mit der
jährlich dort eintreffenden Tschuktschen-Karawane nach dem Tschukotskoj Noss zu gehen, um dort die Ankunft der russischen Schiffe zu
erwarten und wo möglich einige Vorkehrungen zu ihrem Empfange zu
treffen.

In Nis'hne-Kolymsk liess Billings seine beiden Fahrzeuge völlig
abtakeln und übergab sie einem dortigen Beamten in Obhut; er selbst
aber trat mit dem grössten Theile der Equipage in zwei Abtheilungen
den Rückweg nach Irkuzk an, von wo er sich dann nach Ochozk begab, um die Anstalten zu seiner bevorstehenden Seereise zu machen.

Im Jahre 1771 ging der Kapitain Billings aus der Bucht Awat-
scha auf dem Fahrzeuge Slawa Rossii nach der Behringsstrasse und
lief unterweges in die Baj des heiligen Lawrentij ein, wo ihm die
Tschuktschen einen Besuch abstatteten. Sie erzählten ihm unter andern, das Meer sey fast immer mit einer so ungeheuren Menge Treibeises bedeckt, dass man es nicht nur nicht mit grösseren Fahrzeugen,
sondern auch nicht einmal in Bajdaren beschiffen könne. — Auffallend
ist es, dass Billings diesen Erzählungen mehr traute, als seiner eigenen früheren Erfahrung *), und dass er seinen Plan der Umschiffung
des Schelagschen Vorgebirges blos auf die Versicherung einer theils

---

*) Es ist bekannt, dass Billings sich auf der dritten Reise des Kapi-
tain Kook befand und mit demselben bis an das Nordkap gelangte, ohne
eben vieles Eis anzutreffen.

übelwollenden, theils unwissenden Völkerschaft aufgab. Statt dessen entschloss er sich zu der weit beschwerlicheren und dabei weniger wichtige Resultate darbietenden Reise quer durch das Tschuktschen-Land bis nach Nis'hne-Kolymsk. Vergebens stellten ihm seine Reisegefährten und Untergebenen die Gefahren vor, denen er sich selbst und die Expedition aussetze, indem er sich mitten unter ein feindselig gesinntes, wildes Volk wage; er blieb fest bei seinem Entschlusse und ging am 13. August mit 14 Bajdaren ab, welche ihn bis an die Bucht Metschigmen brachten, von wo er seine Landreise auf Rennthierschlitten mit einer Tschuktschen-Karawane antrat. Zugleich fertigte er den Geodeten Gilew auf einer Tschuktschen-Bajdare mit dem Auftrage ab, den östlichen Tschukotskoj Noss bis gegen die Insel Koliutschin aufzunehmen und von dort ihm entgegenzukommen.

Gilew folgte der Küste in seinem Boote bis an das östliche Vorgebirge; hier stieg er ans Land, ging zu Fusse über die schmale Landzunge bis an die Küste des Eismeeres, welcher er in nordwestlicher Richtung theils zu Fusse, theils auf seiner Bajdare folgte, die immer nachgeschleppt wurde. Endlich aber, als ihm nur noch ungefähr 90 Meilen bis an die Insel Koliutschin zu machen übrig blieben, erklärten seine bisherigen Begleiter, die angesiedelten Tschuktschen, sie wollten nicht weiter mit ihm gehen. Er gerieth dadurch in nicht geringe Verlegenheit; doch glücklicherweise traf er hier gerade einen Stamm nomadisirender Rennthier-Tschuktschen, die es übernahmen, ihn auf ihren Schlitten über die Berge weiterzubringen. So gelangte er glücklich zu dem Kapitain Billings, welcher sich eben damals in der Obergegend des Flusses Jugnej befand, der sich in die Koliutschin Baj ergiesst.

Der zu dem Gefolge des Kapitains Billings gehörige Steuermann Botakow fand hier in der Entfernung einer Werst von dem See Jugnej einige heisse Quellen, von denen er Folgendes sagt: „Diese Quellen befinden sich auf einer felsigen Erhöhung und bilden vier abgesonderte, länglich runde Bassins von 6 bis 8 Faden im Umkreise, deren Rand ungefähr 1½ Fuss über die Oberfläche des Bodens hervorsteht und nach auswärts übergebogen ist. Diese Ränder sind so dünn, aber dabei so regelmässig geformt, dass man glauben möchte,

es seyen hier durch Menschenhände verfertigte Kessel in die Erde gesenkt. Die Behälter sind bis an den Rand mit einem warmen weiss-
lich-trüben Wasser angefüllt, und so tief, dass wir mit einer Stange
den Boden nicht erreichen konnten. In der Mitte derselben sprudeln
von unten herauf mehrere Quellen, so dass es ganz so aussieht, als
kochte das Wasser. Die Wände der Behälter bestehen aus einer zähen, dichten Kalkerde, aus welcher sich wahrscheinlich die oberen Ränder nach und nach gebildet haben. Zwei dieser Behälter liegen nahe
bei einander, die beiden anderen aber befinden sich ungefähr 50 Faden
davon." Batakow glaubt nach verschiedenen äusseren Anzeigen, dass
der flache Hügel, auf dem sich diese heissen Quellen finden, vormals
ein feuerspeiender Berg gewesen seyn müsse.

Billings fuhr mit dem Geodeten Gilew bis an die Mündung der
Baj Koliutschin, von welcher er sagt: „Diese Baj liegt 120 Meilen
nordwestlich von der Behringsstrasse und erstreckt sich auf 60 Meilen
weit südlich in das Tschuktschen-Land; ihre Breite beträgt nicht mehr
als 7 Meilen. In diese Bucht fallen, ausser verschiedenen kleineren
Bächen, die beiden Flüsse Jugnej und Kilju; ersterer kömmt aus
dem See gleiches Namens, letzterer aber entspringt aus einem oberhalb
gelegenen Bergrücken. Die vordere Oeffnung der Baj ist 4 Meilen
breit; in der Mitte derselben liegt eine Insel, Peschone, welche 3
Meilen im Umfange hat. Die Tschuktschen sagten uns, dass die westliche Durchfahrt sehr seicht, die an der östlichen Seite der Insel belegene aber so tief sey, dass zuweilen sogar Wallfische in die Baj
hineinkämen. Die Insel Koliutschin liegt ungefähr 10 Meilen weit von
der Mündung der Baj nach Norden." Nach Billings Karte liegt die
Mitte der Insel Koliutschin in 67° 30′ der Breite und 185° 26′ Länge
von Greenwich.

Am 17. Februar erreichte Billings endlich die erste russische
Niederlassung am grossen Aniuj, bei der Mündung der Angarka. Seine
Reise war nicht nur höchst langwierig und beschwerlich, sondern auch
in jeder andern Rücksicht äusserst unangenehm, denn die ihn geleiten-
den Tschuktschen, welche immer längs den Thälern, in einer Entfernung von 50 Wersten von der Meeresküste, langsam mit ihren Rennthierheerden fortzogen, behandelten Billings und seine Gefährten wie

Gefangene, und erlaubten sich mancherlei Beleidigungen und Uebermuth gegen sie. — Trotz aller der Expedition in den Weg gelegten Schwierigkeiten, gelang es dennoch dem Steuermann Botakow, immer die Richtung des Weges, den sie nahmen, zu beobachten, und in seinem Journale sowohl die durchzogenen Entfernungen, als auch die Lage der Berge, und was er sonst noch durch Nachfragen über die Beschaffenheit des Landes von den Tschuktschen erfahren konnte, zu verzeichnen, um danach in der Folge eine Karte anzufertigen.

Von dem Tschuktschen-Lande überhaupt sagt Billings in seinen Notizen: „Das ganze Land besteht aus unfruchtbaren Thälern und nackten Bergen, auf denen fast gar keine andere Vegetation zu finden ist, als ein kümmerlich zwischen den Steinen spriessendes graues Moos, welches den Rennthieren zur Nahrung dient. Nur in einigen wenigen Thälern habe ich hier und da halb verdorrte krüppelige Sandweiden bemerkt. Das Klima ist das traurigste, das man sich denken kann; vor dem 20. Juli ist noch kein Anzeichen des Sommers bemerkbar, und um den 20. August tritt der Winter schon wieder ein. Das Land hat, wie gesagt, viele Berge, von denen mehrere eine bedeutende Höhe haben; nicht nur auf den Gipfeln derselben, sondern auch in den Schluchten und Thälern sieht man Schneemassen, die nie schmelzen. In den nach Norden gerichteten Niederungen findet man eine Menge kleinerer und grösserer Flüsse, deren Bett durchgehends steinig ist. Die Thäler selbst sind grösstentheils sumpfig und mit einer Menge kleiner Seen besäet. — Hier wachsen zwischen dem Moose spärlich Blaubeeren, Preisselbeeren und die schwarze Rausch- oder Trinkelbeere (empetrum nigrum). An der östlichen, nordöstlichen, und zum Theil auch an der südlichen Küste werden Seelöwen, Wallrosse und Seehunde gefangen. Von vierfüssigen Thieren giebt es hier, ausser dem Rennthiere, nur das wilde Schaf, den weisslichen Wolf, den Bären, den gewöhnlichen und den Steinfuchs. — Während des kurzen Sommers zeigen sich Adler, Falken, Rebhühner und einige Arten Wasservögel; im Winter aber sieht man nur Krähen, welche den nomadisirenden Eingeborenen überall in Schwärmen nachziehen und sich von dem Abfall nähren."

Leider giebt Kapitain Billings, ausser der Beschreibung einiger

wenigen religiösen Gebräuche, uns fast gar keine ethnographischen Nachrichten über die bis dahin noch wenig bekannten Bewohner des öden
Tschuktschen-Landes, was doch unstreitig das interessanteste Resultat
einer Reise gewesen wäre, die mit so grossen Mühseligkeiten und Gefahren, durch ihr ganzes Land und während mehrerer Monate ununterbrochen mitten unter ihnen lebend, vollbracht wurde.

Zum Schlusse dieser allgemeinen Uebersicht der verschiedenen
russischen Expeditionen im Eismeere und dem nordöstlichen Sibirien
folge hier nun noch eine kurze Beschreibung der Reise des Herrn
Hedenström, welche die letzte vor den in den Jahren 1820 bis 1823
durch den Lieutenant Anjou und mich unternommenen beiden wissenschaftlichen Expeditionen war, und die eine Menge merkwürdiger Bemerkungen enthält.

Nach dem Tode des Kaufmanns Lächow war der Kaufmann Sirowatskoj, durch eine Cession, in das dem ersteren zugestandene
Privilegium auf die ausschliessliche Benutzung der Lächowschen Inseln
getreten, und hatte dorthin als seinen Bevollmächtigten den Bürger
Sannikow abgeschickt. Dieser fand bald nach seiner Ankunft westlich von der zweiten Lächowschen eine früher unbekannte Insel, welcher er ihrem äusseren Ansehen nach den Namen Stolbowoj Ostrow,
Säuleninsel, gab. — Desgleichen entdeckte er auch, nach Sirowatskoj's Tode, im Jahre 1805 östlich von der dritten Lächowschen
oder sogenannten Kesselinsel, Kotel'noj Ostrow, noch eine Insel,
welche er Fadejew benannte. — Im Jahre 1806 endlich entdeckte
der Bürger Sirowatskoj, ein Sohn des obengenannten Kaufmanns, unweit der Insel Fadejew ein neues grosses Land, welches in der Folge
den Namen Neusibirien erhielt.

Um dieselbe Zeit wandte sich der Kaufmann Protodiakonow,
der bisher ohne Erfolg mehrmals von der Lenamündung ausgegangen
war, um auch irgend eine neue Entdeckung zu machen, mit der Bitte
an die Regierung, ihm und seinem Handelsgefährten Belkow *) zu

---

*) Dieser Belkow entdeckte, nach Absendung jenes Gesuches, im
Jahre 1808 noch eine zu der Gruppe der Lächowschen gehörige Insel,
welche nur durch eine schmale Durchfahrt von dem westlichen Ufer der

erlauben, auf der Insel Kotel'noj eine eigene Jagd- und Handelsniederlassung zu begründen, und somit wenigstens einen Theil des von Lächow auf Sirowatskoj übergetragenen ausschliesslichen Privilegiums aufzuheben.

Dieses Gesuch veranlasste den für alles vaterländische Gemeinnützige so rastlos thätigen Reichskanzler Grafen Nikolaj Rumänzow, auf seine Kosten eine vollständige wissenschaftliche Untersuchung und Aufnahme der Lächowschen Inselgruppe zu veranstalten, und dieses Geschäft einem in Irkuzk lebenden Beamten Namens Hedenström zu übertragen.

Im August des Jahres 1808 reiste Hedenström, in Begleitung des ihm als Gehülfen beigegebenen Landmessers Koshewin und des Bürgers Sannikow, nach Jakuzk, wo er durch mancherlei zu seiner bevorstehenden Reise erforderliche Vorbereitungen bis zum 18. November aufgehalten wurde, und demnach erst am 5. Februar 1809 in Ustjansk eintreffen konnte. Nach dem ursprünglichen Plane sollte die Insel Kotel'noj zu einer Hauptniederlage von Vorräthen aller Art für die Expedition dienen, und von dort aus sollten die Fahrten zur Aufnahme der verschiedenen Küsten im Osten angestellt werden. Es fand sich aber bald, dass dieser Plan nicht anwendbar sey, und Hedenström war genöthigt, andere Maassregeln zu ergreifen; dessenungeachtet aber, und trotz aller sich ihm entgegenstellenden Hindernisse und des Mangels an den nothwendigsten Hülfsmitteln, gelang es ihm doch, seine Arbeiten mit Eintritte des Frühlings 1809 zu beginnen.

Nach seiner eigenen Anzeige beschränkten sich die sämmtlichen Mess- und Aufnahme-Instrumente, die er auftreiben konnte, auf einen Oktanten, ein altes Astrolabium, „welches zu Breitenbestimmungen nicht zu brauchen war", und auf einen gewöhnlichen Schiffskompass. — Um Zeit zu gewinnen, vertheilte Hedenström die vorzunehmenden Arbeiten; dem Landmesser Koshewin übertrug er, die östlich von Kotel'noj belegene Insel Fadejew, so wie auf dem Rückwege die erste und zweite der Lächowschen Inseln zu umfahren und aufzunehmen. — Seinem

---

Insel Kotel'noj getrennt ist, und die noch jetzt, nach ihrem ersten Entdecker, Belkowskoj Ostrow genannt wird.

anderen Begleiter Sonnikow übertrug er die genaue Untersuchung und Ausmessung der Durchfahrt zwischen den Inseln Kotel'noj und Fadejew. — Er selbst aber behielt sich vor, das jetzt unter dem Namen Neu- sibirien bekannte Land aufzusuchen, welches nach Sirowatskoj's An- zeige in einer Entfernung von **300** Werst östlich von der Fadejew- Insel liegen sollte.

Am 7. März ging die Expedition auf Narten von Ustjansk ab und langte glücklich auf der ersten Lächowschen Insel an *), wo sie wegen heftigen Windes und Schneegestöbers genöthigt war, sechs Tage lang still zu liegen; dann ging sie bis an die Fadejew-Insel, wo sie sich trennte, und jeder seinen Weg, nach der oben erwähnten Vertheilung, einschlug.

Kos'hewin vollbrachte die ihm übertragene Aufnahme der westli- chen, südlichen und östlichen Küsten der Insel Fadejew und umfuhr und untersuchte die erste und zweite Lächowsche Insel. Sonnikow nahm die Meerenge zwischen den obigen beiden Inseln auf, und fand, dass die Breite derselben von **7** bis **30** Werst betrage.

Hedenström, der, wie gesagt, die Untersuchung Neusibiriens über- nommen hatte, fand, dass die von Sirowatskoj auf **300** Werst ange- schlagene Entfernung dieses Landes von der Fadejew-Insel nicht mehr als **65** Werst beträgt; er nahm das ganze südliche Ufer in einer Strecke von **220** Werst auf und kehrte dann nach Ustjansk zurück, wo seine beiden Begleiter drei Tage vor ihm eingetroffen waren. Da er die Absicht hatte, den Sommer des folgenden Jahres auf Neusibi- rien zuzubringen, und zu seinen Fahrten daselbst Rennthiere und Pferde mitzunehmen, so schickte er den Sonnikow mit einigen Promyschlenniki (Pelzjägern) auf Narten dorthin, um eine Wohnung und Magazine da- selbst zu erbauen und sich zu versichern, ob man hoffen dürfe, dort den nöthigen Unterhalt für Menschen und Vieh zu finden. Hedenström selbst musste eine Reise nach Werchojansk unternehmen, um verschie- dene zum guten Erfolg der Expedition nöthige Vorkehrungen zu treffen.

Im Herbste **1809** kehrte Hedenström nach Ustjansk zurück, wo

---

*) Das Reise-Journal giebt nicht an, wie viel Zeit sie zu der Ueber- fahrt brauchten und wann sie dort ankamen.

er den mit seinen Gefährten aus Neusibirien angelangten Sonnikow vor
sich fand, welche daselbst während ihres Aufenthalts zwei sogenannte
Winterwohnungen und drei Magazine erbaut hatten. Der Sommer war
dort so kalt gewesen, dass an vielen Orten der Schnee gar nicht
schmolz und auch gar kein Gras zu sehen war. Von Fischen hatten
sie in den Flüssen keine andere als Stichlinge (gasterotus aculea-
tus) *) von vier Werschok Länge gefunden; dieser Mangel an anderen
Fischgattungen rührte, ihrer Meinung nach, daher, weil während des
Sommers das Eis der Flüsse nicht aufging und demnach die Seefische
nicht in dieselben hinaufzogen. — Auf der Insel Fadejew fand Sonnikow einen Jukahiren-Schlitten und ein zum Abschaben der Rennthierfelle gebräuchliches Messer, dessen Klinge aber nicht von Eisen, sondern aus einem harten, scharfen Schiefer gemacht war; desgleichen
fand man in Neusibirien eine aus Mammutsknochen verfertigte Axt.
„Alles das beweist", sagt Hedenström in seinem Reise-Journal, „dass
auf diesen Inseln Jukahiren gelebt haben, die aber schon vor sehr langer Zeit dahin gekommen seyn müssen, denn jetzt besitzen die in Sibirien lebenden Jukahiren schon so viel von den Russen eingetausch-
tes Eisen, dass sie längst den Gebrauch der Knochen und Steine zu
ihren Werkzeugen aufgegeben haben."

Diesen Winter verbrachte Hedenström mit seinen Begleitern in
dem sogenannten Possàdskoje Simòwje, einer Winterniederlassung an
der Küste, ungefähr 100 Werst östlich von dem Swätoj Noss und
180 Werst von der nächsten bewohnten Ansiedelung an der Indigirka,
wohin er schon früher die nöthigen Vorräthe hatte schaffen lassen.
Unter andern beschäftigte er sich auch mit Aufnahme der Küste bis
an jenen Fluss. — „Die Zeit verstrich uns hier, sagt er, schneller,
als sie Manchem mitten unter den rauschenden Vergnügungen der grossen
Welt in belebten Städten verstreicht. Leider nur wurden wir von dem
Skorbute heimgesucht, der sich in diesen Gegenden gewöhnlich, und
vornehmlich während der zweimonatlichen Nachtperiode, einzustellen

---

*) Der angegebenen Länge von 4 Werschok nach könnte es eher der
Gasterotus Spinochia seyn, oder vielleicht eine dortige neue, noch unbestimmte Art.

pflegt, wo die Luft recht merkbar dick, schwer und ungesund ist. Freilich hat die alles ausgleichende Natur auch hier dafür gesorgt, durch die während dieser Zeit herrschenden heftigen Winde die Atmosphäre in Bewegung zu setzen und zu reinigen; dennoch aber ist es durchaus nothwendig, so viel immer möglich frische Nahrungsmittel zu geniessen, und regelmässig starke Leibesbewegung in freier Luft zu machen. Durch Beobachtung dieser Vorsichtsmaassregeln war ich so glücklich, dem Einreissen dieser hier im hohen Norden furchtbaren Krankheit so weit vorzubeugen, dass nur ich und ein Kosak davon befallen wurden. Doch auch uns gelang es durch den Gebrauch des Salpeters und eines Absudes von Cedern, nebst vieler Bewegung in freier Luft, dem Uebel bald Einhalt zu thun."

Am 29. Januar 1810 verliess Hedenström sein Winterlager und ging nach Ustjansk, um die nöthigen Anstalten zu einer zweiten Reise nach Neusibirien zu machen. — Den durch Sonnikow eingezogenen Nachrichten über die kärgliche Vegetation daselbst zufolge, beschloss Hedenström, keine Pferde, und auch sogar nur in dem Falle Rennthiere dorthin zu bringen, wenn es sich würde ausgewiesen haben, dass Neusibirien nicht blos eine abgesonderte Insel, sondern ein bedeutender Kontinent sey.

Am 2. März war er endlich mit seinen Zurüstungen fertig und fuhr mit 29 Narten aus der Mündung der Indigirka auf das Meer, indem er seinen Lauf nach einem Signalkreuze richtete, welches er im vorigen Jahre auf dem Vorgebirge Peszöwoj Noss (das Kap der Steinfüchse) aufgestellt hatte. Am 13. März erreichten sie die Küste Neusibiriens, ungefähr 10 Werst westlich von dem Kreuze. „Dass wir nur so wenig in unserer Richtung geirrt hatten, sagt Hedenström, verdanken wir den hölzernen Bergen *), die wir schon in einer Ent-

---

*) Von diesen sagt Hedenström an einem anderen Orte: „Auf dem südlichen Ufer Neusibiriens finden sich die merkwürdigen hölzernen Berge. Sie bestehen, in einer Höhe von 30 Faden, aus lauter horizontalen Lagen von Sandstein, die mit eben solchen Lagen bitumineuser Balken oder Stämme abwechseln. Beim Besteigen dieser Berge trifft man überall versteinerte Holzkohle, dem Anscheine nach mit Flugasche bedeckt; bei genauerer Prüfung aber zeigt sich, dass diese Bedeckung auch Stein ist,

fernung von **120** Werst erblickten." — Die Fahrt war im Ganzen äusserst beschwerlich, theils wegen der spitzigen Torossen, über die der Weg ging, theils auch weil die Hunde sowohl als ihre Leiter aus der Gegend der Indigirka zusammengebracht waren und noch wenig Uebung im Fahren hatten. — Von der oben erwähnten Kreuzspitze schickte Hedenström **22** Narten, die grösstentheils Vorräthe geführt hatten, nach der Indigirka zurück, und behielt nur **7** der auserlesen sten bei sich, mit denen er die Aufnahme der Küste nach Osten hin fortsetzte. Bei dem Peszòwoj Noss beobachtete er die Abweichung der Magnetnadel und fand dieselbe 15⁰ östlich; die Breite dieses Kaps bestimmte er auf 74⁰ 45′, welches nur um 5′ weniger ist, als der Lieutenant Anjou nach seinen Beobachtungen fand.

Sannikow ging mit einer Narte gerade über den Landrücken nach der nördlichen Küste, um diese zu untersuchen.

Am **16.** März befand sich Hedenström bei dem Kamennoj Myss (Felsenkap), von welchem die Küste sich nach Westen hinneigt; „von dem Gipfel dieses Kaps zeigte sich nach NO. in blauer Ferne etwas, das ganz einem weit entlegenen Lande glich."

Am folgenden Tage Morgens traf Sannikow wieder ein. Er war **70** Werst in gerade nördlicher Richtung über Land gefahren, wo er wieder an das Meer kam; von dort bog er nach Osten ab und näch-

---

und kaum mit dem Messer abgeschabt werden kann. Auf dem Gipfel des Berges findet sich eine neue Sonderbarkeit: eine lange Reihe dicht neben einander senkrecht in dem Sandfelsen steckender Balken von derselben Eigenschaft als die obigen; ihre ungefähr 4 bis 6 Werschok hervorragenden Enden sind grösstentheils zersplittert. — Das Ganze gleicht einem verschütteten Damme." — Der Lieutenant Anjou, der diese hölzernen Berge gleichfalls untersucht hat, sagt: „Sie sind nichts weiter als ein 20 Faden hoher, steiler Uferabhang, der sich ungefähr auf 5 Werst in die Länge, an der Meeresküste hin, erstreckt. In diesem durch das Wasser stark ausgespülten Ufer liegen, in fast horizontaler Richtung, aber übrigens ziemlich unregelmässig, Balken oder gerade Baumstämme, in Haufen von etwa 50 und mehr zusammen, von denen der dickste sechs Werschok im Durchmesser hält. Das Holz ist bröckelig, nicht sehr hart, von schwarzer Farbe und hat einen schwachen Glanz. Auf Kohlen gelegt, brennt es nicht leicht, sondern glimmt nur und giebt alsdann einen harzigen Geruch von sich."

tigte ungefähr 5 Werst weit von der Stelle, wo er Hedenström antraf. Auch er hatte von den Höhen in nordöstlicher Richtung eine blaue Ferne gesehen, welche er für Land hielt.

Nachdem solchergestalt die geringe Ausdehnung Neusibiriens nach Osten hin erwiesen war, gab Hedenström seinen früheren Plan, einen Sommer hier zu verbringen, auf, und schickte Sonnikow nach Ustjansk zurück; er selbst aber ging in nordöstlicher Richtung weiter, um wo möglich etwas Bestimmtes über das in der Ferne gesehene Land zu erforschen.

„Der Weg, den wir machten, war äusserst beschwerlich und mühevoll, aber alle Beschwerden und Gefahren waren vergessen, als wir ganz deutlich durch mein Fernrohr das früher in weiter Ferne nur geahnte Land entdeckten, das sich jetzt unsern Blicken als ein weissliches Felsenufer darstellte, welches von einer Menge Bäche durchschnitten zu seyn schien. Bald unterschieden wir nun auch, dass dieses vor uns liegende Ufer sich in einem weiten Halbzirkel ausdehnte und sich hinterwärts mit Neusibirien zu vereinigen schien. Unsere Freude über die Entdeckung war gross, aber — am folgenden Morgen schwand sie dahin! — Das vermeintliche Land war nichts weiter als eine Reihe ungeheurer Eismassen von 15 und mehr Faden Höhe, die in einer Entfernung von 2 bis 3 Werst von einander standen."

Ohne durch diese getäuschte Hoffnung muthlos zu werden, kehrte Hedenström nach Neusibirien zurück, um einen Holzvorrath auf 14 Tage mitzunehmen und trat am 24. März seine weitere Reise nach Osten wieder an. Bald traf er aber auf ungeheuer grosse und dichte Torossen, die ihm das Weiterkommen sehr erschwerten, so dass er in vier Tagen nicht mehr als 70 Werst zurücklegen konnte. „Hier erblickten wir zu unserm Erstaunen plötzlich, in der Entfernung von 5 Werst, völlig offenes Wasser, auf welchem Eisschollen umhertrieben. Ich habe mich in der Folge überzeugt, dass dies eine ungeheure Polynja (offene Stelle im Eise) war, welche sich von Neusibirien bis an die Bäreninseln erstreckt und also eine Ausdehnung von 500 Werst hat."

Hedenström hatte die Absicht, gerade auf den durch Laptew an der Mündung der Kolyma errichteten Signalthurm loszufahren; er suchte daher an mehreren Stellen der Polynja eine Ueberfahrt; endlich aber, als er sich von der Unmöglichkeit überzeugt hatte, bog er nach Süden, gelangte so wieder an das feste Land von Asien bei der Mündung des Flusses Kurds'hägina, und erreichte am **13.** April den obigen Signalthurm, nachdem er **43** Tage unterweges gewesen war. Da er bei seiner Abfahrt von der Indigirka sich nur auf eine Abwesenheit von ungefähr **28** Tagen vorbereitet hatte, so kann man sich leicht vorstellen, in welche Verlegenheit er durch Mangel an Vorräthen gekommen wäre, wenn sie nicht in der Zeit das Glück gehabt hätten, eilf weisse Bären zu erlegen, die ihnen wenigstens hinlänglich Futter für die Hunde lieferten.

Am **18.** April reiste Hedenström mit **5** frischen Narten und Provision auf **20** Tage von Nis'hne-Kolymsk ab, nachdem er zuvor den Landmesser Pschenizyn (welcher ihm an Stelle des erkrankten Kos'hewin zugeschickt war) zur Aufnahme der Insel Kotel'noj abgefertigt hatte. — Bei dem Baranow-Felsen war Hedenström genöthigt, wegen eines heftigen Sturmes aus Osten, eine Woche still zu liegen; dann setzte er seine Reise weiter fort. Nachdem sie **150** Werst in der Richtung NO. 20° zurückgelegt hatten, bemerkten sie hin und wieder auf und zwischen dem Eise Erdschollen. „Am **1.** Mai sahen wir einen Zug Gänse, welche nach NNW. hinflogen, und einen weissen Uhu *); im Norden zeigten sich Wolken; die Tiefe des Meeres nahm ab; alles deutete auf die Nähe eines Landes. — Wir setzten **245** Werste vom Baranow-Felsen über eine Eisspalte von einer Arschin Breite; aber **5** Werste von da stiessen wir auf eine zweite, welche **15** Faden breit war. Ich bemerkte hier eine heftige Strömung nach OSO. und schloss daraus, dass die Spalte durch den oben erwähnten Sturm aus Osten entstanden seyn müsse. Auf diesen letzten **5** Werst nahm die Tiefe von $11\frac{1}{2}$ Faden bis auf **11** Faden ab."

Es sey mir vergönnt, diese Angaben und meine **10** Jahre später an demselben Orte gemachten Beobachtungen hier zusammenzustellen. Die Richtung, in welcher Hedenström fuhr, war NO. 20°; wenn man

---

*) Dies ist wohl die weisse oder Schnee-Eule, Stryx Nyctea; der eigentliche Uhu verlässt die Waldregion nicht.

diese nach der von ihm angegebenen Abweichung der Magnetnadel (nämlich 15° östlich) korrigirt, so ergiebt sich, dass wir in den Jahren 1821 und 1822 genau dieselbe Gegend in der obigen Richtung befahren haben. In dieser Richtung fand Hedenström, 150 Werst von dem Baranow-Felsen, Erdschollen auf dem Eise; das war genau der Punkt, von welchem wir im Jahre 1821 auf unserer Fahrt gegen SO. umkehrten, und die Spalten im Eise, die er 245 Werst von da antraf, müssen sich demnach gerade da befunden haben, wo wir im Jahre 1822 theils offene Polynji, theils aber auch Torossen fanden, in welchen letzteren wir unser zweites Vorrathsdepot anlegten. — Wir fanden hier 14 ½ Faden Tiefe und schlammigen Boden; 30 Werst weiter nach Norden fanden wir dieselbe Tiefe, aber den Boden Kies und Stein. Bei fleissigem und sehr sorgfältigem Sondiren haben wir immer gefunden, dass die Tiefe nach Westen ab- und nach Osten zunahm, nach Norden aber gleich blieb. Da Hedenström's Angaben der Tiefe selbst sowohl, als auch der Richtung ihrer Zunahme, so bedeutend von unseren Sonden abweichen, so glaube ich behaupten zu können, dass irgend ein Irrthum in seinen Ausmessungen Statt findet. Dieses ist um so wahrscheinlicher, da er kein eigentliches auf Fussmaass eingerichtetes Senkblei mit sich hatte und also leicht irren konnte. Eben so verhält es sich auch wohl mit manchen Entfernungen, die Hedenström, blos nach dem Laufe der Hunde geschätzt, angiebt, ohne sie durch Beobachtung der Breiten zu berichtigen. Dass seine auf solche Art geschätzte Entfernungen unzuverlässig und immer zu gross sind, beweist sich aus der Vergleichung seiner Aufnahme Neusibiriens mit der späteren des Lieutenant Anjou.

Die Erscheinung der Gänse und des Uhu in einer grossen Entfernung vom bekannten festen Lande kann auch nicht als Beweis für die Nähe eines anderen, unbekannten Kontinents im Norden dienen. Man weiss hier, dass die Gänse, wenn sie auf ihrem Zuge von Süden her an der Meeresküste nicht gleich offenes Wasser finden, gewöhnlich weiter über das Meer nach Norden ziehen, bis sie an offene Stellen gelangen, bei denen sie sich niederlassen und bleiben, bis das Aufthauen der Ströme sie wieder südwärts zurücklockt. Eben so wenig beweist auch die Erscheinung des Uhu, der als ein fleischfressender Raubvogel gern den weissen Bären nachzieht, um sich von den Ueberresten ihres Raubes zu nähren. — Ganz etwas anderes wäre es, wenn man zu Ende des Sommers Züge wilder Gänse von Norden nach Süden über das Meer fliegen sähe; dies könnte mit ziemlicher Wahrscheinlichkeit als Beweis dienen, dass sie auf irgend einem nördlichen Kontinente genistet hätten und nun wieder nach südlicher gelegenen Gegenden zurückkehrten.

Nach dieser kleinen Abschweifung kehre ich wieder zu Hedenström's Reisebegebenheiten zurück.

Ueberzeugt von der Unmöglichkeit weiter nach Norden vordringen zu können, machte Hedenström einen Versuch, das Kap Schelagskoj zu erreichen, aber er fand das Eis schon so dünne, dass er auch dieses Vorhaben aufgeben musste. Nur mit vieler Mühe gelang es ihm die Spur seines alten Weges wiederzufinden, auf welcher er am 8. Mai den Baranow Felsen erreichte und von dort nach der Kolyma zurück ging, wo er den Sommer zubrachte. — Am 18. September ging er von dort auf Narten ab, um die Aufnahme der Küste bis an die Indigirka zu vollenden. Dort traf er den Geodeten Pschenizyn, der keine Mittel gefunden hatte, nach der Insel Kotel'noj hinüberzukommen, und daher den Sommer an der Jana und Indigirka verbracht hatte.

In der Hälfte des Oktober reiste Hedenström gerade über die Tundra (die sibirischen Moossteppen) nach Ustjansk. „Auf dieser Fahrt, sagt er, hatte ich Gelegenheit ein merkwürdiges Naturphänomen an dem See Chostag zu beobachten. Dieser See, der 14 Werst lang und 6 Werst breit ist, wirft in jedem Herbste eine grosse Menge bituminöser Holzstücke oder Späne aus, mit welchen an manchen Stellen seine Ufer in der Dicke einer Arschin und mehr bedeckt sind. Zwischen den grössern und kleinern Holzstücken finden sich Stückchen einer harzigen, durchsichtigen, verhärteten Substanz, welche viele Aehnlichkeit mit Gummi hat und gleich dem Bernsteine brennt, ohne jedoch den angenehmen Geruch desselben zu haben; vielmehr riecht es beim Brennen stark nach Harz, und ist auch wohl wahrscheinlich nichts anderes als verhärtetes Lärchenbaumharz. — Der See Chostag liegt 115 Werst vom Meere, und 80 Werst von dem nächsten Walde."

Auf eben dieser Reise fand Hedenström noch eine zweite nicht weniger bemerkenswerthe Naturerscheinung; er sagt: „Auf der Tundra findet man eben so entfernt von den jetzigen Waldungen, in den steilen Sandufern der Seen und Flüsse grosse vollkommene Birkenbäume mit Rinde, Aesten und Wurzeln. Dem äussern Ansehen nach scheinen sie in der Erde wohl erhalten; wenn man sie aber ausgräbt, findet man, dass sie ganz verwest sind; angezündet glimmen sie wohl, geben aber keine Flamme; die Bewohner der Umgegend bedienen sich ihrer demungeachtet im Nothfalle zur Feuerung, und bezeichnen diese unterirdischen Bäume mit dem Namen Adàmowschtschina, adamitisch. — Die erste grünende Birke findet man jetzt nicht näher als auf 3° südlich von hier, und auch da sieht man nur noch strauchartige Bäumchen."

In Ustjansk war auch Sannikow eingetroffen, welcher Hedenström's Bericht über seinen Sommeraufenthalt auf der Insel Kotel'noj abstattete. Das Wesentlichste dieses Berichtes besteht in folgendem:

Mit Sannikow befand sich auf der Insel auch der Bürger Belkow, ein Handelsgefährte des Kaufmanns Protodiakonow, welcher mit einigen Promyschlenniki den Sommer des Jahres 1810 dort zubrachte, um Mammutsknochen zu graben und Steinfüchse zu fangen. Sie hatten sich auf der früher noch von Niemand besuchten Westküste niedergelassen, wo sie auf eine reichere Ausbeute hofften. Von diesem Sommerlager ging Sonnikow längs dem westlichen Ufer der Insel, bis ungefähr 150 Werst von der Gegend, die schon früher von andern Promyschlenniki besucht worden war, und wo die Küste sich nach Osten wendet. Von hier nach Nordost sah er hohe Felsen in der ungefähr geschätzten Entfernung von 70 Werst.

Auf seinem Zuge fand er unter andern ein am Ufer belegenes Grab, welches von weissen Bären aufgewühlt war, die den Leichnam fortgeschleppt hatten. Neben dem Grabe stand eine lange, schmale, hohe Narte von ungewöhnlicher Gestalt und Zusammensetzung. Dem Anscheine nach waren nicht etwa Thiere, sondern Menschen zum Fortschaffen derselben gebraucht worden, wie man aus einigen noch daran hängenden Zugriemen (lämki) schliessen konnte. — An dem Ende des Grabes fand sich ein hölzernes, mit Blei belegtes Kreuz, mit einer gewöhnlichen russischen Kirchen - Inschrift *). In der Nähe des Grabes fand man einen kupfernen Kessel, einen eisernen einschneidigen Speer (botàss), 17 eiserne Pfeile, eine Axt, eine Kugelform, ein Paar Bauernschuhe, einen knöchernen Kamm, einige Bastschnüre u. s. w. Aus diesen Sachen ist zu vermuthen, dass der hier Begrabene vielleicht ein Archangelscher Promyschlennik gewesen sey, der auf einer Fahrt nach Spitzbergen durch Sturm hieher verschlagen worden. — Die auch nicht fern von da gefundenen Ueberreste eines beinahe vermoderten Fahrzeuges bestätigten diese Vermuthung. Die Gruft schien mit Hülfe des Feuers gemacht zu seyn; die inneren Erdwände waren sichtbar verbrannt, und in und um der Grube fand man mehrere verkohlte Holzstücke. Unweit des Grabes stand ein aus Balken regelmässig gezimmertes Winterhäuschen, in welchem man noch einige mit einem Beile grob bearbeitete Geräthschaften aus Rennthiergeweihen fand. — An mehreren Stellen längs den Küsten, wo Gänse genistet hatten, fand man Feuerstätten und bei denselben Knochen dieser Vögel, so wie längs der Meeresküste eine Menge Wallfischribben und Gräten. Endlich bemerkte Sannikow noch, dass die hiesigen Rennthiere weit scheuer und vorsichtiger sind, als die auf dem festen Lande Sibiriens, welches er gleichfalls für einen Beweis hält, dass es hier Menschen gegeben habe.

Sannikow's Bemerkung wegen der im Nordwesten von der Insel Kotel'noj gesehenen hohen Felsen, bewog Hedenström dazu im folgenden Frühlinge selbst jene Gegend zu befahren, um sie genauer zu untersuchen. — Die Beendigung der Aufnahme Neusibiriens übertrug er dem Geodeten Pschenizyn; dem Kosaken Tatarinow aber, dem er die nöthige Anleitung zum Gebrauch des Kompasses ertheilt hatte, befahl er zu versuchen, ob es nicht möglich sey, die grosse Polynja zu

---

*) So heisst es in dem Original. Wahrscheinlich ist die Inschrift unleserlich gewesen, denn sonst wäre doch wohl wie gewöhnlich der Name des Todten und sein Sterbejahr zu finden gewesen.

umfahren, die sich, wie wir oben gesehen haben, von Neusibirien bis an die Kolyma erstreckt.

Verschiedene Geschäfte nöthigten Hedenström in diesem Winter nach Werchojansk zu gehen, wo er einen Befehl des Gouverneurs von Jakuzk vorfand, sich unverzüglich dorthin zu begeben, um persönlich Bericht über seine bisherigen Operationen abzustatten. — Er machte sich unverzüglich auf den Weg und langte am 4. Januar 1811 in Jakuzk an, wo ihm der Gouverneur andeutete, die Herbeischaffung der mancherlei Erfordernisse für diese Expedition sey zu beschwerlich und drückend für die geringe und arme Bevölkerung an den Küsten des Eismeeres, und er habe sich demnach bewogen gefunden, über die Aufhebung dieser Unternehmnng an die Oberhörde vorzustellen, von welcher er die Entscheidung erwarte. — Nachdem Hedenström ausführliche Rechenschaft über seine bisherigen Arbeiten abgestattet hatte, ward beschlossen, die Aufnahme der Inseln Kotel'noj, Fadejew und Neusibirien durch den dortgebliebenen Geodeten Pschenizyn beendigen zu lassen, und ihm als Gehülfen den Bürger Sannikow, den Kosaken Tatarinow und den Unteroffizier Reschetnikow beizugesellen, welche bisher Hedenström's immerwährende Begleiter gewesen, und daher der Sache kundig waren.

Ueber Pschenizyn's Aufnahme findet sich, als Beilage zu dem Hedenströmschen Reise-Journal, ein Bericht desselben, der im wesentlichen folgendes enthält:

Pschenizyn ging zu Anfange des März 1811 auf Narten aus der sogenannten russischen Mündung der Jana nach Neusibirien, und beendigte die Aufnahme dieser Insel, deren Umkreis er auf 470 Werst angiebt. — Die Nordküste derselben besteht fast durchgehends aus hohen, steilen, beinah unersteiglichen Sandfelsen; Treibholz fand sich an dieser Seite nur weniges, dahingegen aber trifft man dasselbe in zwei Buchten an der Südseite im Ueberflusse.

Der Kosak Tatarinow ging, dem ihm ertheilten Auftrage zufolge, von dem Kap Kammennoj in der Richtung nach der grossen Polynja zu, fand aber nach den ersten 25 Werst das Eis so dünne, dass er es gar nicht wagen durfte weiter zu gehen. Gleich hinter dieser dünnen Eisschicht sah er das offene Meer ganz frei vom Eise.

Sannikow fuhr gleichzeitig mit Pschenizyn auf drei Narten von Ustjansk nach der Insel Fadejew, und begann am **27.** März die Aufnahme derselben. Er fand dabei, dass das, was man bisher an der Westseite der Insel für eine Durchfahrt gehalten hatte, nur eine ziemlich tiefe Bucht sey. Von dem obern Ende dieser Bucht nämlich bildet das Ufer eine flache Sandbank, durch welche die Insel Fadejew und Kotel'noj zusammenhängen. — Die NW-Spitze der ersteren ist ein hohes, schmales, weit in das Meer hineinlaufendes Felsenriff, hinter welchem die Küste plötzlich nach O. und SO. abbiegt, und dadurch eine Bai bildet. In dieser Richtung geht die Küste bis an das Kap Blagoweschtschenskoj, welche die östlichste Spitze der Insel ausmacht. Von hier war Hedenström im Jahre **1809** abgefahren, um nach Neusibirien zu gehen.

Von der Nordküste sah Sannikow nach Norden hin ein Land mit hohen Bergen, und machte sich zur näheren Untersuchung desselben auf den Weg; er hatte aber nur erst **25** Werst zurückgelegt, als er auf eine grosse, offene Potynja stiess, die sich nach allen Seiten hin erstreckte. Das obige Land sah er jetzt ganz deutlich und schätzt die Entfernung desselben von hier auf **24,** folglich von der Insel ungefähr auf **45** Werst. Er machte zwar noch einen Versuch von dem Kap Blogoweschtschenskoj gerade nach Norden vorzudringen, ward aber auch hier durch offenes Wasser aufgehalten.

Am 12. April kehrte Sannikow nach Ustjansk zurück, um von dort Rennthiere und allerlei Vorräthe nach der Insel Kotel'noj abzufertigen, wo er den Sommer zubringen wollte. Diese Karawane, aus **23** Rennthieren bestehend, ging am 2. Mai ab, und langte wegen der vielen im Eise schon entstandenen Spalten und des austretenden Salzwassers mit vieler Mühe und Beschwerde zu Ende des Maimonats auf der Insel an. Eine andere ähnliche Karawane aber, die nach der Insel Fadejew für Pschenizyn bestimmt war, konnte nicht mehr dahin gelangen, wodurch sich dieser letztere auf der durchaus wüsten und unfruchtbaren Insel in die übelste Lage versetzt sah.

Obgleich Sannikow's Rennthiere durch den langen und beschwerlichen Weg sehr angegriffen waren, so erholten sie sich doch bald und am 25. Juni machte er sich auf, um den noch nicht bekannten

Theil der Insel zu untersuchen. Da man längs der Küste nur selten Weide für die Rennthiere findet, und da übrigens auch schon früher die Ost- und Westküste der Insel befahren war, so beschloss Sannikow landeinwärts zu gehen, so weit es thunlich wäre, und dann mit einem Umkreise zu dem zuletzt untersuchten Theile der Küste zurückzukehren. — Sie fuhren längs dem Zarenflusse, Zàrewa Rekà, hinauf, bogen dann rechts nach der Ostseite der Insel und gingen bis an den Sannikow-Fluss, der sie wieder zurück an die Küste brachte, längs welcher sie, so nahe es nur die Beschaffenheit der Weideplätze erlaubte, den ganzen übrigen Theil der Insel umfuhren. — Zu dieser Reise brauchten sie 54 Tage, und trafen am 17. August wieder bei ihrer Niederlassung an. Während dieser ganzen Zeit näherten sie sich von Gänsen und von wilden Rennthieren, die einer ihrer Reisegefährten, ein Jukahir, mit Hülfe seines dazu abgerichteten Rennthieres erlegte *).

Auf den Anhöhen im Inneren der Insel fand Sannikow Schädel, Köpfe und Knochen von Pferden, Büffeln, Ochsen und Schaafen in so grosser Menge, dass dieselben in ganzen Heerden hier gelebt haben müssen. Da sie aber in dieser eisigen Wüste durchaus weder ihre Nahrung finden, noch auch überhaupt das Klima hätten ertragen können, so folgert Sannikow daraus, dass hier einst ein milderes Klima stattgefunden habe, und dass diese Thiere vielleicht Zeitgenossen der Mammute waren, deren Knochen sich auf dieser Insel überall finden. Noch einen Beweis für diese Aenderung des Klimas liefern ihm auch die grossen, zum Theil versteinerten Bäume, die sich hier, noch häufiger aber auf Neusibirien, finden.

Eine Menge überall auf der Insel verstreuter Ueberbleibsel ehemaliger Jukahiren-Wohnungen, scheinen die zu Ustjansk und an der Indigirka allgemein verbreitete Volkssage zu bestätigen, dass vor ungefähr 150 Jahren eine grosse Auswanderung jenes Völkerstammes stattgefunden habe, der sich vor den damals hier schrecklich wüthenden Kinderblattern, von dem festen Lande hieher flüchtete, und sich

---

*) Diese Art der Rennthierjagd findet sich weiter unten ausführlich beschrieben.

später vielleicht nach anderen Inseln, oder nach einem sonstigen noch unentdeckten Lande im Eismeere hingezogen haben soll. Von Versteinerungen fanden sie ausser fossilem und bituminösem Holze, an der Ostseite der Insel, längs dem sandigen Ufer des Sannikow-Flusses, einige sehr schöne, gleich Perlmutter glänzende Ammoniten, in grossen Kugeln verhärteten Lehmes. Auch fanden sie an der Westseite mehrere Wallfischribben, welche an der Nordküste Sibiriens nie, oder doch nur äusserst selten gesehen werden *). Am 4. Oktober machte sich Sannikow auf, um die oben erwähnte niedrige Sandbank an der Ostseite zu untersuchen, und von dort nach der Insel Fadejew zu gehen, und Nachricht über Pschenizyn's Schicksal einzuziehen, welcher zu Ende April aus Ustjansk mit dem Kosaken Tatarinow und einigen Leuten auf Narten dorthin gegangen war. In Erwartung der Rennthiere, die ihm nachgeschickt werden sollten, verweilte er einige Zeit in der auf Fadejew erbauten Winterwohnung; da aber die Thiere, wie oben gesagt, nicht ankamen, so entschloss er sich endlich die Reise längs der Küste zu Fusse anzutreten. Mit der ungeheuersten Anstrengung konnte er jedoch nur ungefähr 50 Werst machen; da sah er sich genöthigt umzukehren, und den Winter abzuwarten, um dann entweder das feste Land oder wenigstens die Insel Kotel'noj zu erreichen. — In der Hoffnung, dass seine Hunde, wie es hier gewöhnlich ist, sich den Sommer über von den Erdmäusen, die sie selbst einfangen, nähren würden, hatte er auch gerade nur so viel anderes Futter mitgenommen, als für die Rückreise nöthig war. Unglücklicherweise für ihn waren aber gerade in diesem Sommer die Mäuse fortgewandert **), wodurch denn die grössere Hälfte der Hunde starb, und die nachbleibenden so entkräftet waren, dass sie durchaus nicht zur Rückfahrt dienen konnten. — Auch Pschenizyn selbst litt mit seinen Gefährten grossen Mangel an Lebensmitteln.

---

*) Nach der Beschreibung der Reisen im 18. Jahrhunderte sollen damals nicht selten Wallfische in diesem Theile des Eismeeres erschienen seyn.

**) Die Mäuse machen hier oft grosse Wanderungen von einer Insel nach der andern, und zuweilen sogar bis auf das feste Land.

In dieser trostlosen Lage traf sie Sannikow bei seiner Ankunft am 6. Oktober. Er theilte mit den Unglücklichen seine eben auch nicht sehr reichlichen Vorräthe, und nach einer dreitägigen Ruhe machten sich alle zusammen auf den Weg nach Kotel'noj, wo sie am 13. anlangten. Hier setzte Pschenizyn, nach Sannikow's schriftlichen Notizen und mündlichen Erzählungen, ein Journal über die ganze Expedition auf, und verfertigte eine Karte der Insel.

Am 27. Oktober traten sie ihre Rückreise an. Diese war wegen des noch sehr dünnen Eises und der vielen offenen Stellen, mit grosser Gefahr verbunden; allein durch Sannikow's mehrjährige Erfahrung und seine Gegenwart des Geistes, gelang es ihnen alle Hindernisse glücklich zu überwinden, und am 12. November mit ihren Rennthieren Ustjansk zu erreichen. Sannikow ging mit seinem Berichte nach Jakuzk, wohin ihm später auch Pschenizyn folgte, nachdem er in Ustjansk die Berechnungen und Zahlungen mit den Einwohnern für die der Expedition gemachten Lieferungen berichtigt hatte.

Hiemit endigte die in so mancher Hinsicht merkwürdige Expedition Hedenström's, dem unstreitig das Zeugniss gebührt, dass er das ihm übertragene schwierige und gefährliche Geschäft mit grossem Eifer ausgeführt hat. — Aus seinen in naturhistorischer Hinsicht über jene eisigen Regionen gemachten Bemerkungen hebe ich zum Schluss noch folgendes heraus.

Die Küsten des Eismeeres zwischen der Lena und der Behringsstrasse sind grösstentheils niedrig und flach; sie erheben sich, besonders im Winter, so wenig über die Eisfläche des Meeres, dass man sie fast gar nicht davon unterscheiden kann. In der Entfernung von einigen Werst landeinwärts aber zieht parallel mit dem jetzigen Seestrande eine Erhöhung hin, die sich an die hohen Stellen desselben anschliesst, und die wahrscheinlich einst ein Mal die Gränze des Meeres, die eigentliche Küste, ausmachte. Dies bestätigt sich durch die grosse Menge verwitterten Treibholzes, welches man auf diesen Höhen findet, so wie auch durch die von der jetzigen Küste in das Meer weit hineinlaufenden Untiefen, welche ohne Zweifel dereinst, bei einem fernen Zurücktreten des Meeres, gleichfalls trockenes Land oder Küste bilden werden. — Auf diesen Untiefen setzen sich im Winter hohe

Torossen oder Eisklippen fest, die eine Art von Damm vor dem niedrigen Ufer ausmachen, und sehr oft auch während des ganzen sogenannten Sommers stehen bleiben, ohne zu schmelzen. — Dahingegen sind die Ufer der Flüsse und Landseen im Innern grösstentheils hoch und steil, und bieten durch die regelmässig abwechselnden Eis- und Erdschichten, aus denen sie bestehen, so wie durch die sie hin und wieder durchschneidenden Eisadern eine interessante geologische Merkwürdigkeit dar.

Je mehr man sich den Ufern des Eismeeres nähert, je seltener und zwergartiger werden die Bäume. Bis Werchojansk sieht man noch Massen grade aufgeschossener Lärchenbäume, welche dem Auge des Reisenden den Anblick der übrigens absterbenden Natur noch etwas verdecken; nördlicher von dort aber werden sie immer seltener und kleiner, und die Bäume krüppliger. Ihre dünnen, krummen Stämme sind mit einer dicken Pelzdecke von grauem Moose überzogen, als hätte die Natur sie dadurch vor dem furchtbaren Einflusse des Nordwindes schützen wollen; bald sieht man nur noch hin und wieder eine einzelne jämmerliche Zwergbirke, ein dünnes Weidenbüschchen, die gleichsam gegen das zerstörende Klima kämpfend, aufsprossen und — erfrieren. Ueber den 70 Grad hinaus giebt es eigentlich keinen Baum, keinen Strauch mehr, die ganze weite Strecke von da bis an das Eismeer ist eine unabsehbare, mit kleinen Landseen besäete morastige Fläche, hier Tundra genannt, deren vielleicht seit Jahrtausenden nicht aufgethauter Boden nichts hervorzubringen fähig ist, als das einzige Gewächs, welches selbst in diesen erstarrten Regionen, bei der alles tödtenden ewigen Kälte, doch noch fort vegetirt. Eine halbe Moosdecke ist über die ganze öde Fläche ausgebreitet, und wechselt nur hier und da mit Massen nicht geschmolzenen Schnees ab. Ein einzelnes kümmerliches Gräschen, das sich etwa an einem nach Süden geneigten flachen Abhang hin verirrte, ist eine Seltenheit, die die Aufmerksamkeit des Wanderers auf sich zieht.

Flüsse und Bäche giebt es in den eigentlichen Tundry sehr wenige; dahingegen aber, wie gesagt, eine zahllose Menge fischreicher tiefer Seen von bedeutendem Umfange. Ausserdem findet man hier noch eine Art flacher Pfützen (lajdy), die oft mehrere Werst im Umfange, höchstens aber nur 1 ½ Arschin Tiefe haben; diese frieren natürlich im Winter bis auf den Grund zu, und enthalten daher auch keine Fische.

Man kann sich kaum einen Begriff von der furchtbaren Todtenstille dieser Einöden machen, wo man im Winter nur dann und wann einem einsamen Steinfuchse begegnet, oder in der Ferne eine kleine Heerde wilder Rennthiere erblickt. Diese sind während des ganzen Winters äusserst scheu und vorsichtig; sie wittern die Annäherung eines Menschen oder eines Hundes schon aus weiter Entfernung, so dass es um diese Zeit äusserst schwer ist, sich ihnen auf Schussweite zu nähern. Im März und April aber scheint diese feine Witterung sie ganz zu verlassen; sie weichen dann nicht nur den Reisenden und Jägern nicht aus, sondern kommen ihnen ganz nah und entfernen sich gemeiniglich nicht eher, als bis sie die Narte einige Mal umkreist haben, gleichsam als trauten sie ihren Augen nicht, die ihnen einen Gegenstand darstellen, den sonst ihre scharfe Witterung ihnen schon aus der Ferne anzeigt.

Im Frühling belebt sich die Einöde etwas durch die zahllosen Heerden wilder Enten, Gänse, Schwäne und anderer Zugvögel, die von weitem hergeflogen kommen, um hier zu mausern und zu nisten. Unter den Gänsen sind besonders bemerkenswerth: die weisse Gans (anser niveus), und eine Art kleiner schwarzer Gänse, die hier Nemök, die stummen, genannt werden, weil sie bei ihrem Zuge gar kein Geschrei von sich geben. — Von den beiden Gattungen wilder Schwäne, einer grössern und einer kleinern, nistet erstere immer an der äussersten Gränze der Wälder und geht nie auf die Fläche; letztere hingegen bauen ihre Nester nicht anders als auf der nackten Tundra, längs den Ufern der Seen. Zu den Zugvögeln gehören noch eine kleine Gattung Wasserhühner (tringa labata) und die Schmarotzer-Möwe (larus parasiticus), welche. beide sich in dem übrigen Sibirien nicht sehen lassen. — Die eigentlich hier einheimischen Vögel sind: das weisse Feldhuhn und der weisse Uhu.

Während des Sommers ziehen unübersehbare Heerden wilder Rennthiere herum, die sich aus den Wäldern vor den sie verfolgenden Mücken hieher flüchten. — Das majestätische, grosse, amerikanische

Elennthier aber, hier Sochätyi genannt, verlässt das Dickicht des Waldes nie; das einjährige Kalb desselben hat gewöhnlich schon die Grösse eines kleinen Pferdes. — Oestlich von der Kolyma, auf dem Baranow-Felsen, giebt es Argali, capra ammon.

Unter den Fischen nimmt hier den vornehmsten Platz der Hering, ein, welcher zwar nur sehr selten in die Lena, dahingegen aber regelmässig jedes Jahr in die Jana, Indigirka und Kolyma hinaufzieht. Da man immer findet, dass sie in der Jana kleiner als in der Indigirka, in der Kolyma aber am grössten sind, so ist mit Wahrscheinlichkeit zu schliessen, dass die hiesigen Heeringszüge von NW. herkommen, und auf ihrem Zuge nach Osten allmälig wachsen und grösser werden. Nächst dem Hering finden sich in diesen Flüssen der Muksun, eine Stintgattung, und der Omul (Salmo omul, Pall.) eine Art Lachsforelle *). Ausserdem fängt man noch in den Flüssen eine kleine Lachsgattung, hier Nel'ma genannt.

Ueber das Sibirien, und vornehmlich den hoch nördlich gelegenen Inseln eigenthümliche Produkt, die Mammutsknochen, giebt Hedenström einige beachtungswerthe Nachrichten. Seinen Beobachtungen zufolge, nahmen diese Knochen oder Zähne an Grösse und Gewicht ab, je weiter man nach Norden kommt, so dass man auf jenen Inseln selten einen Zahn findet, der über drei Pud an Gewicht hielte, da sie doch auf dem festen Lande, südlicher, oft bis 12 Pud wiegen sollen. Dahingegen aber nimmt, in derselben Richtung, die Menge dieser Knochen ganz ungemein zu, und wie auch Sannikow sich ausdrückt, der ganze Boden der ersten Lächowschen Insel, scheint daraus zu bestehen. Seit ungefähr 80 Jahren holen die Promyschlenniki jährlich grosse Ladungen Mammutsknochen von dieser Insel, und noch ist daselbst keine Verminderung bemerkbar. Auch sind die Zähne, die auf diesen Inseln gefunden werden, viel weisser und frischer als die auf dem festen Lande. Die reichste Ausbeute lieferte eine Sandbank an

---

*) In dem Bajkal giebt es einen Fisch, der dort auch Omol genannt wird, der aber gar keine Aenlichkeit mit diesem hat, sondern mehr zu dem Heringsgeschlechte gehört. Pallas nennt ihn Salmo autumnalis, Gmelin aber Corregonus artaedi.

der Westseite, und die Promyschlenniki behaupten, dass sich, wenn
nach einem anhaltenden starken Ostwinde das Wasser zurücktritt, auf
dieser Bank immer eine Menge neuangeschwemmter Mammutsknochen
findet, die also aus einem im Grunde des Meeres befindlichen grossen
Vorrathe kommen müssen.

Ausser dem Mammut findet man noch an den Küsten des Eismeeres die Ueberbleibsel zweier unbekannten Thiere, unter denen der
Kopf des einen Aehnlichkeit mit einem Rennthierschädel hat, sich aber
durch seine Grösse und besonders die ganz eigenthümliche Form seiner grossen, herabwärts geschweiften und an der untern Spitze aufge-
bogenen Hörner unterscheidet. Die Köpfe der anderen Thiergattung
haben gewöhnlich 18 Werschok Länge und oben 7 Werschok Breite;
das hinabwärts gebogene Nasenbein ist mit mehreren Reihen knochen-
artiger Auswüchse besetzt. Gemeiniglich findet man bei diesen letztern Schädeln einen andern Theil des Körpers, der einer riesenhaften
Vogelklaue gleicht. Diese Klauen haben nicht selten eine Länge von
20 Werschok (ohngefähr 3 Fuss englisch); sie sind an der obern
Fläche platt, unten aber zugeschärft, so dass sie im Abschnitte ein
Dreieck bilden. In ihrer ganzen Länge scheinen sie in Glieder mit Ge-
lenken getheilt, wie die Klauen der Vögel, und haben auch gleich diesen am untern Ende eine gekrümmte Spitze. Die Jukahiren, die sich
dieser hornartigen Klauen zu Unterlagen unter ihre Bogen bedienen,
um ihnen mehr Schnellkraft zu geben, behaupten, jene Köpfe sowohl
als diese Klauen kämen von einem verschwundenen Riesenvogel her,
von dem sie eine Menge Wundermährchen erzählen *).

Hedenström's astronomische Beobachtungen und geographische Bestimmungen sind, wahrscheinlich durch den Mangel an guten Instrumenten und Gehülfen, grösstentheils unzuverlässig; so z. B. nimmt er
die Breite des Kap Swätoj Noss um einen Grad weniger an als Laptew
und der Lieutenant Anjou sie fanden. An mehreren anderen Punkten

---

*) Der Doktor Kyber hatte mehrmals Gelegenheit, dergleichen ver-
meintliche Vogelköpfe und Klauen zu untersuchen, und hält sie nach allen Kennzeichen für Ueberbleibsel des Rhinozeros. Siehe weiter unten
den Bericht des Herrn von Matiuschkin über seine Reise nach den
beiden Aniujen, im VIII. Abschnitte.

ist das Ufer über ½ Grad südlicher angegeben, als sich nach den zuverlässigsten neueren Beobachtungen erwiesen hat. — Die nördlichen Inseln sind der Länge nach viel zu sehr ausgedehnt; z. B. von der westlichsten Spitze der Insel Kotel'noj bis an das östliche Kap Neusibiriens giebt Hedenström's Karte eine Entfernung von 285 Meilen an, da doch durch die Aufnahme des Herrn von Anjou erwiesen ist, dass diese Entfernung nicht mehr als 205 Meilen beträgt.

Ueberhaupt ergiebt sich aus dieser Uebersicht der zu verschiedenen Epochen vorgenommenen Aufnahmen der Nordküste Sibiriens und der nördlich von denselben befindlichen Inseln, dass, ausser den Expeditionen der Kapitains Kook und Billings, keine von allen übrigen Untersuchungsreisen in diesen Gegenden ein für die Geographie und Hydrographie befriedigendes Resultat zu Wege gebracht hat, indem sämmtliche Aufnahmen und Karten selbst in mehreren der wesentlichsten Ortsbestimmungen um 1 ½ und mehr Grade von einander abweichen *). Hauptsächlich aber blieb die ganze Küste von dem Kap Schelagskoj bis an das Nordkap immer noch völlig unbekannt, und die Nachrichten über die Fahrt des Kosaken Des'hnew aus der Kolyma nach der Behringsstrasse waren so unbestimmt und dunkel, dass der englische Hydrograph Burney sogar auf dieselben seine bekannte Hypothese von dem Daseyn einer Landenge begründete, welche sich in der Gegend des Kap Schelagskoj befinden, und eine Verbindung zwischen Asien und Amerika ausmachen sollte. — Endlich fanden auch des Kosaken Andrejew Sagen, besonders aber Sannikow's Behauptung über ein gegen die Mündung der Kolyma im Norden der Insel Kotel'noj und Neusibiriens liegendes grosses Land, deren Ungrund wenigstens nicht erwiesen war, in neuerer Zeit wieder Anhänger, und so blieb die Geographie dieses Theiles des russischen Reiches in völliger Dunkelheit und Unbestimmtheit, während von der andern Seite, durch die merkwürdigen Untersuchungen der Kapitaine Ross, Parry und

---

*) Unter andern:
Das Kap Swätoj Noss, nach Sarytschew's Karte 70° 53'. Nach Hedenström 71° 50'. Nach Laptew 72° 50'.
Der nördlichste Punkt zwischen dem Alasej und der Kolyma, nach Sarytschew 70° 07'. Nach Hedenström 70° 27'. Nach Laptew 71° 05'.

Franklin die nördlichen Ufer des neuen Kontinents auf das genaueste erkannt und beschrieben wurden.

Um diese wichtige Lücke in unserer vaterländischen Geographie sowohl, als auch in der Wissenschaft überhaupt auszufüllen, verordnete endlich der Kaiser Alexander I. die Ausrüstung zweier Expeditionen, welche unter der Leitung von Flott-Offizieren eine genaue Aufnahme der Nordwestküste Sibiriens, zwischen der Jana und Kolyma und bis an den Schelagskoj Noss machen, so wie auch die auf dieser Strecke nördlich im Eismeere befindlichen Inseln genau untersuchen sollen.

In Folge dieses Allerhöchsten Befehles rüstete das Marine-Departement im Jahre 1820 zwei Expeditionen aus, welche zu Lande nach der Nordküste Sibiriens gehen, und diese Aufnahmen und Untersuchungen anstellen sollten. Jede derselben ward einem Flotte-Lieutenant übertragen, welchem als Begleiter zwei Offiziere, ein Arzt, der zugleich Naturforscher war, und zwei Matrosen mitgegeben wurden. Die eine dieser Expeditionen, unter dem Lieutenant Anjou, sollte von der Jana ausgehen; die andere, welche mir anvertraut ward, sollte ihre Untersuchungen von der Kolyma aus beginnen. Zu meinen Begleitern wurden ernannt: der Mitschman Matjuschkin *), der Steuermann Kosmin, der Doktor Kyber, und zwei Matrosen, deren einer ein Schlosser, der andere ein Zimmermann war.

Ueber den Zweck dieser Expedition und über die Hauptmittel zu Erreichung und Ausführung desselben, heisst es in der uns von dem Admiralitäts-Departement ertheilten Instruction: „Aus den Journalen und Berichten aller bis jetzt auf dem Eismeere unternommenen Expeditionen ergiebt sich, dass es, selbst im Sommer, wegen der grossen Menge Treibeises unmöglich ist, das Meer zu beschiffen und so Beobachtungen und Aufnahmen zu machen; dahingegen aber haben sowohl der Sergeant Andrejew im Jahre 1763, als auch der Titulairrath Hedenström und der Geodet Pschenizyn in den Jahren 1809, 1810 und 1811 im Frühlinge das Meer auf dem Eise in Narten befahren, und auf diese Weise, ersterer die Bären-Inseln, letzterer die Lächowschen und Neusibirien, aufgenommen. Da demnach diese Art die beste und

*) Jetzt Kapitain-Lieutenant.

vielleicht einzig mögliche ist, um den Allerhöchsten Willen Seiner Kaiserlichen Majestät in Ausführung zu bringen, so hat das Admiralitäts-Departement beschlossen, die jetzt in das Eismeer bestimmte Untersuchungsreise auf diese Art zu unternehmen. Demnach wird hiemit die erste Abtheilung der zu diesem Behuf angeordneten Expedition beauftragt, mit Narten die Aufnahme der Küsten, von der Mündung der Kolyma östlich, bis an das Kap Schelagskoj Noss zu bewerkstelligen, und von demselben nach Norden hin Untersuchungen über das Daseyn eines, nach der Behauptung der Tschuktschen nicht weit von ihnen gelegenen bewohnten Landes anzustellen u. s. w."

Unstreitig war es das einzige Mittel zu Erreichung des vorliegenden Zweckes, die Expedition auf Narten mit Hunden bespannt zu unternehmen; aber die Herbeischaffung sowohl dieses wesentlichen, ersten Requisites, als auch aller übrigen für die Expedition erforderlichen, unentbehrlichsten Bedürfnisse war, in den unwirthbaren, menschenleeren Wüsten des nordöstlichsten Sibiriens mit so unendlichen Schwierigkeiten und Hindernissen verknüpft, dass es ohne die thätigste Mitwirkung der dortigen Oberbehörden und Beamten unmöglich gewesen wäre, dieselben zu überwinden. — Höchst glücklich war es daher für uns, dass die örtliche Anordnung aller auf diese Expedition Bezug habenden Veranstaltungen, dem damaligen General-Gouverneur von Sibirien, wirklichem Geheimen-Rath von Speranski übertragen ward, welcher sich derselben auf das thätigste und gütigste annahm und durch dessen weise Maassregeln, so wie durch seine sich bis auf jeden einzelnen Gegenstand erstreckende, zuvorkommende Sorgfalt, die Expedition in Stand gesetzt ward, das ihr vorliegende Ziel glücklich zu erreichen.

Die nachstehende Beschreibung der Reise der mir anvertrauten Abtheilung dieser Expedition, ist blos eine einfache Zusammenstellung der Beobachtungen und Notizen, die wir, von allen Lebensbequemlichkeiten entblösst, in menschenleeren Wüsten herumziehend, sammelten und unter einem kleinen Zelte, zwischen ungeheuren Massen ewigen Eises, halb erstarrt vor Kälte, aufzeichneten. Bei Bekanntmachung derselben habe ich keinen andern Zweck als den, die Geographie jener Gegenden einigermaassen zu bereichern, die in derselben obwaltenden

Irrthümer zu berichtigen und durch die schlichte Darstellung dessen, was wir thaten, unsern Nachfolgern in ähnlichen Unternehmungen nützlich zu werden. Von dieser Ansicht ausgehend, habe ich es mir erlaubt bei Beschreibung der speziellen Umstände und Ereignisse auf meiner Reise, die unmittelbar mit jenem Zwecke in Verbindung stehen, ziemlich ausführlich zu seyn; was die eigentlichtliche Naturgeschichte und die physikalische Beschaffenheit des Landes betrifft, so habe ich mich dabei grösstentheils an die Beobachtungen des mich als Naturforscher begleitenden Doktors Kyber gehalten.

Reise

des kaiserlich-russischen Flotten-Lieutenants *)
Ferdinand von Wrangel,
längs der Nordküste von Sibirien und auf dem Eismeere.

— ⚜ —

Erster Abschnitt.
Abreise der Expedition aus St. Petersburg und Ankunft in Jakuzk.

Beide Abtheilungen unserer Expedition verliessen am 23. März 1820 St. Petersburg. In Moskau trennte ich mich von dem Befehlshaber der zweiten Abtheilung, Lieutenant Anjou, welcher mit allen unseren Instrumenten dort blieb, um zu dem Transport derselben bessere Wege abzuwarten. Die spezielle Sorge für die meiner Abtheilung gehörigen Instrumente übertrug ich dem Steuermann Kosmin, welcher deshalb auch bei dem Herrn von Anjou zurückblieb, während ich mit dem Mitschmanne Matiuschkin nach Irkuzk eilte, um unverzüglich die zu unserer weiteren Reise und dem Erfolg unseres Vorhabens nöthigen Vorbereitungen zu treffen. Um schneller fortzukommen, nahmen wir nur ein Paar kleine Felleisen mit den nothwendigsten Kleidungsstücken und Wäsche mit, und bedienten uns der gewöhnlichen leichten Post-

*) Jetzt Contre-Admiral.

wagen (telégi), die auf jeder Station gewechselt werden und, wie es gerade der Weg erfordert, bald kleiner, bald grösser, immer aber, selbst auf guten Wegen, ziemlich unbequem sind.

Das Austreten mehrerer Flüsse diesseits und jenseits des Uralschen Gebirges war unserem schnellen Weiterkommen sehr hinderlich, doch wurden wir durch die Mannigfaltigkeit der daraus entstehenden Ansichten entschädigt. Alle Thäler waren in grosse Wasserflächen und Seen verwandelt, aus deren Tiefe die Gipfel der schon grünenden Bäume hervorragten und das sonderbare Phänomen schwimmender Gärten bildeten, zwischen denen wir auf den Anhöhen und Bergrücken, über gute und schlechte Wege dahin fliegend, das unermessliche Sibirien erreichten.

Auf der Strecke zwischen Moskau und Irkuzk, welche 5317 Werst beträgt, aber doch nur ungefähr $\frac{1}{3}$ der ganzen Ausdehnung Russlands von Westen nach Osten ausmacht, trafen wir mehrmals den Frühling, mehrmals den Winter an; mit einer nach sibirischem Maasstabe geringen Abschweifung rechts oder links hätten wir eben so gut auch völligen Sommer finden können. Im Kasanschen grünten die Bäume, und die Wiesen waren mit den schönsten Blumen geschmückt, in dem Ural aber deckte tiefer Schnee die Gipfel der Berge und die Thalschluchten. Um Tobolsk herum zeigte sich kaum nur noch aufspriessendes, hellgrünes Gras auf den Wiesenabhängen, während das romantische Krasnojarsk im üppigsten Frühlingsschmucke uns anlachte und die Gärten zu Irkuzk in voller Blüthe standen. Leider konnten wir zu unserer Bestimmung eilenden nur im Fluge die unaufhörlich wechselnden Naturschönheiten und die grellen Kontraste aller Art bewundern, die durch die Schnelligkeit unserer Reise noch greller wurden, da wir in wenigen Tagen, ohne die allmälige Abstufung bemerken zu können, aus den Prachtgebäuden der Residenz und des goldgekrönten Moskau in die Jurte des nomadisirenden Tungusen, aus den unabsehbaren Eichen- und Lindenwäldern Kasans in die nackten Schnee- und Eiswüsten an den Ufern des Alasej und der Kolyma versetzt wurden. Welch ein Abstand in Klima, Produkten, Kultur und Physiognomie des Landes, welch ein Abstand von der hohen Stufe geistiger Ausbildung des Bewohners der Hauptstadt bis zu der Stumpfheit

des Jukahiren, der kaum das thierische Bedürfniss der kümmerlichen
Selbsterhaltung zu befriedigen vermag! —

Sobald man das Uralgebirge, oder, wie es hier wohl genannt
wird, den steinernen Gürtel (Kamennoj pòjass) überschritten hat,
und also das eigentliche Sibirien betritt, wird man auf eine höchst unerwartete Weise durch die ganz eigenthümliche Gutmüthigkeit und Freund-
lichkeit der Bewohner dieses Landes überrascht, welches so viele, besonders Ausländer, sich immer noch als das russische Botany-Baj, als
eine ungeheure, mit Missethätern und Verbrechern angefüllte kalte Wü
ste denken. Statt dessen trifft der Reisende hier, nämlich in dem
südlichen Theile Sibiriens, eine üppige Vegetation, gut bearbeitete
Felder, vortreffliche Landstrassen, grosse, gut bebaute Dörfer und eine
allgemeine, öffentliche Sicherheit, wie man sie kaum in den civilisirte-
sten Ländern Europa's zu finden gewöhnt ist. Ueberall wurden wir
mit der herzlichsten Gastfreundschaft und Uneigennützigkeit empfangen
und schnell, ohne den mindesten Aufenthalt, weiter befördert; bei Tage
wie bei Nacht konnten unsere Sachen während des Umspannens unbe-
wacht auf der öffentlichen Landstrasse stehen, und mehrmals, wenn wir
einige Besorgniss darüber äusserten, hörten wir die treuherzige Antwort: „Neboss' (fürchte nicht), hier wird nicht gestohlen."

Am 18. Mai langten wir in Irkuzk an und stiegen in dem Hause
des Befehlshabers der hiesigen Admiralität, Lieutenant M. J. Kotygin
ab, wo ich während eines ganzen Monats, den ich hier verbrachte, die
gastfreundlichste Aufnahme genoss. — Gleich darauf meldete ich mich
bei dem hier residirenden General-Gouverneur von Sibirien, wirklichen
Geheimen Rath von Speranski, welcher mich überaus gütig empfing und
mir mit zuvorkommender Bereitwilligkeit alle nur mögliche Unterstützung
bei den Zurüstungen und Vorbereitungen zu unserer Reise gewährte,
so dass ich in kurzer Zeit mit allem, was sich hier und von hier aus
besorgen liess, zu Stande kam. Er hatte unter andern die Güte, mir
seinen ganzen, mit den Ortsbehörden der Provinzen und Landstriche,
welche wir durchziehen sollten, wegen unserer Expedition geführten
Schriftwechsel, so wie die Berichte des Herrn Hedenström *) mitzu-

---

*) Der im Jahre 1811 die Küsten und Inseln des Eismeeres besuchte. —
Siehe die Einleitung.

theilen, und forderte mich auf, ihm meine Bemerkungen über alles das zu machen, was mir etwa noch nöthig und zum besseren Fortgange unseres Vorhabens zweckmässig schiene. — Diese schriftlichen Notizen und die persönliche Bekanntschaft des Herrn Hedenström, der auf Verfügung des Herrn General-Gouverneurs nach Irkuzk berufen ward, waren mir von der grössten Wichtigkeit, indem sie mich hier schon zum Voraus mit dem bekannt machten, was mich in Nis'hne-Kolymsk und an den Küsten des Eismeeres erwartete. — Das Bild jener unter dem ewigen Leichentuche von Schnee und Eis begrabenen Regionen, wo ausser der furchtbaren Rauhheit des Klimas und dem Mangel an Lebensbedürfnissen jeder Art sich uns noch eine Menge unüberwindlich scheinender Hindernisse darstellte, war — ich gestehe es — wenigstens nicht einladend; aber das hatte weiter keinen Einfluss auf den frohen Muth, mit dem wir an das uns aufgegebene Geschäft gingen und die dazu nöthigen Vorkehrungen trafen.

In den ersten Tagen des Juni langte auch der Lieutenant Anjou mit den übrigen zu der Expedition gehörigen Personen und den Instrumenten in Irkuzk an, und bald darauf (25. Juni) verliessen wir diese Hauptstadt Sibiriens, erfüllt von Erkenntlichkeit und Dankgefühl für alle Güte, Freundschaft und Theilnahme, die wir dort genossen, und die uns um desto theurer waren, da wir hier gewissermassen von der gebildeten Welt Abschied nahmen und auf ungefähr vier Jahre in eisige Einöden zogen, wo wir auf alle Freuden und Genüsse des geselligen Lebens verzichten mussten, die uns in dem gastfreien Irkuzk und vornehmlich in dem freundlichen Familienzirkel des dortigen Gouverneurs Herrn von Zeidler in so reichem Maasse zu Theil wurden.

Am 27. Juni langten wir alle in dem Flecken Kotschuga an, welcher 236 Werst von Irkuzk am linken Ufer der Lena liegt, die von hier ab schiffbar wird. Wir fanden ein für uns bestimmtes grosses flaches Fahrzeug mit einem Verdeck, hier Páwosok genannt, in Bereitschaft, und nachdem wir es mit den auf Veranlassung der Irkuzkischen Admiralität hier für uns angeschafften Vorräthen befrachtet hatten, traten wir am 28. Juni Abends unsere Fahrt, die majestätische Lena hinab, an.

Der Flecken Kotschuga ist eine Art von Stapelplatz, von wel-

chem aus alle Kaufmannsgüter, so wie auch die der Krone gehörigen
Ladungen nach den verschiedenen an der Lena belegenen Städten und
Ortschaften zu Wasser abgefertigt werden. Dazu braucht man hauptsächlich zwei Gattungen von Fahrzeugen, nämlich die Pàwoski und die
Angàrki. Erstere sind grosse, breite Barken, die mit schweren Ladungen bis nach Jakuzk gehen, aber ihrer Grösse halber nicht wieder
stromaufwärts zurückkehren können, sondern, wie die Barken zu Petersburg, nach ihrer Ankunft in Jakuzk auseinandergebrochen und als
Bau- und Brennholz verbraucht werden. Die Angarki hingegen, welche viel kleiner sind und nicht über 80 Pud laden, gehen mit Hülfe
der Ruder und des Zugseiles wieder zurück. Ausserdem giebt es noch
eine Gattung ziemlich grosser verdeckter Böte mit Segeln, die zum
Hin- und Hertransport von allerlei Waaren gebraucht werden. — Reisende mit wenigem Gepäcke bedienen sich kleiner leichter Böte, mit
denen sie sich, der Sicherheit halber, immer an der Windseite, dicht
längs dem Ufer, halten. Diese haben das Recht, auf den hier in gewissen Entfernungen eingerichteten Poststationen so viel Ruderer zu
fordern, als ihnen nach ihrem Reisepass (podoròshnaja) Pferde bestimmt sind; die Fahrt geht demnach ununterbrochen fort, und besonders stromabwärts recht rasch.

Dies ist aber auch bis jetzt die einzige Maassregel zur Beförderung des inneren Verkehrs auf dem Wasserwege, der doch in einem
menschenleeren Lande, wie der grösste Theil Sibiriens, wo die Niederlassungen oft mehrere Hunderte von Wersten auseinander liegen,
höchst wichtig und beachtungswerth ist, besonders da die nördlicheren
derselben durchaus nicht bestehen können, wenn ihnen nicht die zu
ihrer Erhaltung unentbehrlichen Vorräthe aus den südlicheren, angebau-
ten Provinzen zugeführt werden. Sibirien ist mit einem Flussnetze
ausgestattet, wie wenige Länder in der Welt; majestätische Riesen-
ströme durchschneiden es von Süden nach Norden und scheinen von
der Natur selbst dazu bestimmt, den Ueberfluss der südlicheren Gegenden den an Allem Mangel leidenden Bewohnern des hohen Nordens
zuzuführen; diese Ströme sind durch unzählige grössere oder kleinere,
aber doch fast durchgehends schiffbare Flüsse unter einander verbunden, so dass es fast keinen einzigen wichtigen Punt giebt, zu wel-

chem man nicht zu Wasser gelangen könnte. Diese Wohlthat der Natur wird zwar benutzt, indem die wenigen unentbehrlichen Lebens - und Luxusbedürfnisse des höchsten Nordens: Mehl, Salz, Thee, Zucker, Branntwein, Tabak, und etwas weniges an Zeugen, von dem Jakuzkischen Jahrmarkte *) in grösseren und kleineren Fahrzeugen nach S'higansk und in die übrigen unterhalb an der Lena belegenen Ortschaften versandt werden; aber bei der Unvollkommenheit der Fahrzeuge und dem Mangel an Menschen, um sie fortzuschaffen, ist die Fahrt nicht nur sehr unsicher, sondern sie dauert auch gewöhnlich so lange, dass der Winter oft schon eintritt, ehe noch die Transporte den Ort ihrer Bestimmung erreichen; dann sind sie genöthigt, irgendwo liegen zu bleiben und den nächsten Frühling abzuwarten. Es wird dann wohl zuweilen ein Theil der allernothwendigsten Gegenstände zu Lande transportirt, aber dieser Transport ist so beschwerlich und kostbar, dass nur sehr Weniges auf diese Art hinkömmt, und auch das Wenige wird dadurch so ungeheuer hoch im Preise, dass die Mehrzahl der Bedürftigen sich nichts davon anschaffen kann. Die Bewohner jener Gegen·· den sind daher immer in der peinlichsten Ungewissheit über die Ankunft dieser für sie so wichtigen Transporte, deren Ausbleiben nicht nur Entbehrung eines oder des anderen Lebensgenusses, sondern auch die nachtheiligsten Folgen für die Gesundheit im Allgemeinen nach sich zieht. Endlich ist auch das Aufbewahren der überwinternden Ladungen, wobei immer noch ein Theil der Waare verdirbt, eine grosse Last für die Uferbewohner, welche verpflichtet sind, die nöthige Anzahl Wächter für die Kronkarawanen zu stellen.

Allen diesen bedeutenden Uebelständen könnte meines Erachtens durch Erbauung eines einzigen Dampfschiffes abgeholfen werden, mit dessen Hülfe die Fahrzeuge von dem Pristan' Kotschuga in einem Monate bis an die entferntesten Plätze der unteren Lena gelangen würden. Diese Fahrt kann ganz füglich zwei Mal in einem Sommer ge-

---

*) Die meisten Versendungen geschehen, nach Beendigung des Jahrmarktes zu Jakuzk, im Ausgange des August; da aber die untere, nördliche Lena gewöhnlich schon im September zufriert, so geschieht es sehr oft, dass die grösseren Kronkarawanen nicht einmal S'higansk zu Wasser erreichen.

macht, und mithin der Norden von Sibirien hinlänglich mit allem Nöthigen versorgt werden. Durch eine solche Beschleunigung der Schifffahrt auf der Lena würde die ganze Strecke von ungefähr 4000 Werst
zwischen Irkuzk und den Küsten des Eismeeres ein neues Leben erhalten, die Industrie in diesen Gegenden würde wachsen, die Bewohner derselben würden die ihnen unentbehrlichen Bedürfnisse immer
sicher und zu billigeren Preisen erhalten, und der bis jetzt zu kurze
sibirische Sommer würde durch zweckmässige Zeitbenutzung verlängert
scheinen. Bei dem unermesslichen Vorrathe an Holz auf beiden Ufern
der oberen Lena würde das Anschaffen der Kohlen zum Behuf des
Dampfbootes (oder auch nur zugerichteten Brennholzes, wie an den
Ufern des Mississipi) wenig Schwierigkeit haben, mit geringen Kosten
verknüpft seyn und den Eingebornen einen neuen Erwerbszweig darbieten.

Doch ich kehre zu unserer Flussfahrt zurück. Unser Fahrzeug
gleitete zwischen hohen romantischen Ufern auf dem majestätischen
Strome dahin; theils ward es von ihm getrieben, theils auch, wenn
gerade der Wind günstig war, durch ein aufgespanntes Segel, oder in
Ermangelung dessen durch Ruder.

Die Lena ist bekanntlich einer der grössten Ströme in der Welt.
Von dem Pristan' Kotschuga bis nach dem Flecken Rigi (eine
Strecke von 400 Werst) ist die Gegend gebirgig und mit undurchdringlichen Wäldern bedeckt. Die Ufer des Stromes sind, besonders
in der oberen, südlicheren Hälfte, malerisch und bieten eine unendliche
Abwechselung in den Ansichten dar. Auf den Abhängen der Berge
sieht man bearbeitete Felder, Wiesen und Gemüsegärten, zwischen welchen die Hütten der Bauern stehen, die sich hier theils einzeln, theils
in kleinen Dorfschaften niedergelassen haben *); in dem Bette des

---

*) Die Bewohner dieser Gegenden leiden viel von dem Austreten der
Flüsse, welche nicht selten durch heftige Regengüsse oder plötzlich geschmolzene Schneemassen in den Bergschluchten anschwellen, sich ergiessen, und ihre Felder, Wiesen und Gärten überschwemmen und mit
einem zähen, todten Schlamm bedecken. Dies raubt ihnen dann die Frucht
ihrer, des kurzen Sommers wegen, angestrengten Arbeit und die wenigen
Mittel, sich selbst und ihren kleinen Viehstand zu ernähren; dann müs-

Flusses selbst liegen eine Menge niedriger durchgehends mit Holz be-
wachsener Inseln. Allmälig werden die Berge höher und schroffer;
bei dem Flecken Rigi aber, wo der Strom plötzlich eine scharfe Wendung nach Osten macht, scheint es auf den ersten Anblick, als hemmten die sich unterhalb vereinigenden beiden steilen Bergufer den Lauf
des Stromes. — Von hier ziehen sich mehrere Bergketten nach Süden
hin, und der Strom, von den ihn bisher einengenden Bergen und Felswänden befreit, fliesst in seiner ganzen Grösse und Pracht zwischen
flachen Ufern dahin.

Unter den vielen auf obiger Strecke sich in die Lena ergiessenden Flüssen will ich nur der Orlenga erwähnen, welche von der
rechten Seite in dieselbe fällt und wegen des in ihrem bergigen Ufer
befindlichen feinkörnigen Sandsteines bemerkenswerth ist, den die Bewohner der Umgegend zu Schleifsteinen benutzen. Auch wir erman-
gelten nicht, uns mit einem Vorrath derselben zu versehen, der uns
in der Folge sehr nützlich war.

Zwischen Rigi und der Station Ust'Kutsk trifft man hin und wieder einige Untiefen, die bei niedrigem Wasser die Fahrt erschweren;
weiterhin aber können die hier gebräuchlichen flachen Fahrzeuge überall
ungehindert gehen. — An der Mündung der Kuta, eines Flusses, der
sich von der linken Seite in die Lena ergiesst, ward im Jahre 1631
die erste stehende Winterwohnung der Russen an den Ufern der Lena
erbaut, welche letztere im Jahre 1607 zuerst durch die Mangasejski-
schen oder Turuchanschen, hernach aber (1628) durch die Jenissejskischen Kosaken entdeckt worden war. Diese kamen von oberwärts
durch den Fluss Idirem in die Kuta; erstere aber gingen den Fluss
Nis'hnäja Tunguska hinauf, aus welcher sie im Jahre 1630, bei
Verfolgung der noch nicht unterjochten Stämme der Jakuten, über einen

---

sen sie ihre Zuflucht zu den an verschiedenen Punkten längs der Lena
angelegten Kron-Vorrathsmagazinen nehmen, welche alljährlich immer
von den fruchtbaren Kornfeldern um Irkuzk und Krasnojarsk reichlich
angefüllt werden. Diese Magazine, aus denen Korn und Mehl zu billigen
Preisen an die hülfsbedürftigen Bewohner dieser Gegenden verkauft werden, sind eine grosse Wohlthat und für die Existenz derselben unentbehrlich.

schmalen Landstrich, der jenen Fluss von der Wiljuga trennt, in diesen letzteren, und so in die Lena selbst gelangten.

Von der Station Saborje bis zu dem in gerader Richtung eigentlich nur **35** Werst entfernten Städtchen Kirensk macht die Lena sehr viele Krümmungen, so dass man zu Wasser **105** Werst zu machen hat; daher heisst auch diese Stelle Kriwye luki, die starken oder krummen Buchten. Der Fluss hat hier eine Tiefe von sieben Faden, aber fast gar keine Strömung. Bei der Station Rigi fangen die Berge abwechselnd an der linken und rechten Seite wieder an. Bei Kirensk besteht der ganze linke Uferabhang aus schwarzem Schieferfelsen mit Lagen von Marienglas. Einige Werst weiter unterwärts an derselben Seite finden sich in rother Thonerde Schichten grünen Schiefers. Noch weiter hinunter, in einer Entfernung von ungefähr **100** Werst, besteht das rechte Ufer aus gewöhnlichem Lehm und unvollkommenem Schiefer. — Bei Schtscheki, **250** Werst unterhalb Kirensk, am linken Ufer findet man Kalksteinfelsen, mit Adern von Feuerstein und Kalkspathkristallen untermengt. Erstere zeigen sich immer häufiger, bis auf eine Strecke von **350** Werst oberhalb der Stadt Olekma, wo die Ufer wieder flach und niedrig werden. Hier finden sich in Menge Bruchstücke von Grundstein - Porphir, gemeinem Quarze mit Glimmerblicken und sehr viel Glimmerschiefer. — Ungefähr **150** Werst vor Olekma besteht das hohe linke Ufer aus Schichten verschiedenfarbigen Schiefers; die hellgrünen Lagen sind dick, die hellgrauen dazwischen aber sehr dünn. Desgleichen findet sich auch Grünsteinschiefer, ein zäher, schwer brechender Sandstein und hin und wieder zwischen den Schieferlagen geringe Gypsadern. Bei Olekma endlich besteht das linke Ufer ganz aus Lehm, zwischen welchem sich ziemlich dicke Lagen grauen Schiefers hinziehen; auch zeigt sich hier häufig ein schöner, blendend weisser Gyps.

Ungefähr **180** Werst oberhalb Jakuzk bei der Station Batamoj, wird das rechte Ufer der Lena durch senkrecht aufstehende Felsen gebildet, die, ihrer Gestaltung nach, die Säulen, Stolby, genannt werden. Es sollen sich hier verschiedene Gattungen von Marmor finden. — Weiterhin, ungefähr **60** Werst unterhalb Stolby, sieht man in dem hohen senkrechten, aus reinem Kalkfelsen bestehenden Ufer verschiedene

9 *

Aushöhlungen, unterirdische Gänge u. dergl. Diese sind wahrscheinlich Ueberreste der vor vielen Jahren hier angestellten Nachsuchungen
nach Silbererz, welches man, gewissen Anzeichen folgend, hier zu finden hoffte; da sich aber auswies, dass hier höchstens etwas Blei und
durchaus gar kein Silber vorhanden sey, so wurden die Arbeiten bald
wieder eingestellt. Der Doktor Kyber sah eine auffallende Naturerscheinung in einer dieser Höhlen, 120 Werst vor Jakuzk, einen mitten in derselben, mehrere Faden in der Tiefe, auf felsigem Grunde
wachsenden Lärchenbaum, der trotz des ewigen Dunkels, in dem er
steht, doch recht gut zu gedeihen schien. Zum Beschlusse dieser kurzen, unvollständigen Bemerkungen über die Beschaffenheit der Ufer
der Lena erwähne ich nur noch zweier merkwürdigen Quellen, die sich
ungefähr 150 Werst unterhalb Stolby einander gerade gegenüber befinden; die eine, welche an dem linken Ufer aus einem steilen Kalkfelsen entspringt, ist dem Geruch nach schwefelhaltig und hat einen
hohen Grad von Hitze, die andere, auf dem gegenüber liegenden niedrigen Ufer, ist kalt, sehr klar und von stark salzigem Geschmack.

Die Stadt Kirensk ist nichts mehr als ein ziemlich elendes
Dorf und verdient blos daher einer Erwähnung, weil die Einwohner
sich ganz vorzüglich auf Gartenbau verlegen und unter andern Jakuzk
mit dem herrlichsten Kohl, mit Kartoffeln, Rüben und anderem Gemüse,
ja sogar auch mit Gurken versehen, die aber freilich in manchen Jahren bei früh eintretenden Frösten misslingen. Die Gärten sind immer
so angelegt, dass sie gegen N. und O. durch Berge, Felsen oder Wald
gedeckt werden.

Unweit der Station Tschàstye Ostrowà, die dichten Inseln, ungefähr 250 Werst von Kirensk, drängt sich die Lena mit grosser Gewalt bei einer Tiefe von 12 Faden zwischen den zu beiden Seiten
senkrecht stehenden 80 Faden hohen Felswänden hindurch. Diese
Stelle, welche Schtschèki heisst, ist wegen eines ungewöhnlich starken
und lange dauernden Echos berühmt, welches einen Flinten- oder Pi-
stolenschuss wohl hundert Mal wiederholt und dabei den Schall so sehr
verstärkt, dass man ein wohlunterhaltenes Lauffeuer, ja wohl gar die
Kanonade eines Artillerie-Parks zu hören glaubt. Man erzählte uns,
dass sich an dieser Stelle vor einigen Jahren folgender traurige Vor-

fall begeben habe: Ein Tunguse, der auf seinen Schneeschuhen (lyski) ein Elennthier verfolgte, bemerkte in der Waidmannshitze eben so wenig als das geängstete Thier, dass er sich an dem Rande der senkrechten Felswand befand, und beide stürzten den 80 Faden tiefen Abgrund hinab auf das feste, unebene Eis des Stromes, wo man sie zerschmettert liegen fand.

Unweit Schtscheki steht in dem Flussbette ein ziemlich hoher, schroffer Felsen, welcher den Namen Pjanoj Bytschòk (das trunkne Oechselein) führt. Diese Benennung haben ihm vor einigen Jahren die dankbaren Uferbewohner gegeben, weil zu ihrer nicht geringen Freude eine mit Branntwein geladene Barke durch die Unvorsichtigkeit des Schiffers an diesem Felsen scheiterte, wo ihnen dann ein Theil der köstlichen Ladung zufiel. — Wir umgingen dieses Denkmal eines so interessanten Schiffbruches glücklich, und fuhren, bei merklich verminderter Schnelle des Stromes, an der Mündung des Flusses Witima vorbei, welcher wegen des häufig in seinen Ufern sich findenden Marienglases, besonders aber wegen der hiesigen ganz vorzüglich schönen Zobel berühmt ist, die nächst den Olekmaschen für die schönsten in ganz Sibirien gehalten werden. Ueberhaupt sind die Wälder auf dem rechten Ufer der Lena sehr reich an Pelzthieren aller Art und von ausserordentlicher Güte, dahingegen ist das linke Ufer daran weit ärmer, und auch die Felle sind von viel geringerem Werthe. Dies rührt natürlich daher, dass das rechte Ufer, wie gesagt, mit ungeheuren Wäldern bedeckt ist, die in unmittelbarer Verbindung mit den Wäldern des Jablonnoj Stanowoj Chrebèt *) stehen, wohin selbst die verwegensten Pelzjäger noch nicht vorgedrungen sind, während das linke Ufer lichter, mehr bewohnt und also den Nachstellungen der Jäger mehr ausgesetzt ist.

Am 9. Juli befanden wir uns gegenüber der Stadt Olekma **); hier trat bei starkem Regen ein so heftiger Wind von unterwärts ein,

---

*) So heisst die Bergkette, welche östlich und längs der Lena nach Süden hinaufzieht und sich dort mit den Bajkalschen Gebirgen vereinigt.

**) Die Olekmaschen Zobel sind die besten in Sibirien, und mancher vorzüglich schöne Balg wird hier mit 50 und 100 Rubel, ja auch wohl

dass die Strömung völlig dadurch gehemmt ward und unser Fahrzeug still stand. Dieser Umstand bewog uns, ein in solchen Fällen hier übliches Mittel zum Weiterkommen zu versuchen, welches auch bei uns den gewünschten Erfolg hatte. Dieses Mittel bestand in Folgendem: Wir senkten vier mit Stricken in einer Reihe aneinandergebundene Lärchenbäume mit den Gipfelenden, vermittelst daran gehängter Steine etwas über einen Faden unter die Wasserfläche in den Fluss und befestigten, gleichfalls mit Stricken, die Wurzelenden der Bäume an die Nase unsers Schiffes. Da nun in jener Tiefe der Wind nicht mehr auf das Wasser wirkt, so trieb uns die untere Strömung des Flusses, vermöge dieses Wassersegels, recht ordentlich vorwärts, ohne dass der Wind und die ziemlich starken Wellen uns hinderlich gewesen wären, noch auch unser Fahrzeug, wie bisher, in die Queere über den Strom getrieben hätten.

Trotz des anhaltenden Regens sahen wir auf unserer Fahrt mehrmals grosse Strecken brennender Wälder längs den Ufern. Das kleine Gesträuch und das trockene Unterholz waren meistentheils schon weggebrannt und die riesenhaften Fichten und Lärchenbäume, ganz in Flammen gehüllt, standen gleich gigantischen Feuersäulen in dichten Reihen da, die sich von den Gipfeln der Berge bis an das Ufer hinabzogen und, besonders Nachts, durch den rothen Widerschein auf den Wellen des Stromes und durch das furchtbare Knistern des brennenden kienigen Nadelholzes ein prächtiges, grossartiges Schauspiel gewährten. — Dergleichen Waldbrände, die oft Hunderte von Wersten verheeren, sind hier etwas sehr gewöhnliches; sie entstehen fast immer durch die Fahrlässigkeit der Jäger und Reisenden, die es unterlassen, das Feuer auszulöschen, welches sie anmachten, um sich ihr Essen zu bereiten, oder

noch theurer bezahlt; die etwas ins Bläuliche spielenden werden am höchsten geschätzt. Auch die hiesigen Grauwerke, die sich durch ihr sehr dichtes, langes und dunkelgraues Haar auszeichnen, werden vorzüglich gesucht und theuer bezahlt. — Olekma ist daher auch ein wichtiger Platz für den Pelzhandel. — Ausserdem macht es auch noch gewissermaassen die Gränzscheide des Getreidebaues in Sibirien; nördlich hinauf trifft man keines mehr, und auch hier schon gedeiht es nicht immer. Oft vernichten früh eintretende Fröste die Hoffnung des Landmannes. — Man baut fast ausschliesslich Winterroggen.

um sich durch den Rauch Nachts der Mücken zu erwehren, die hier in dicken Wolken die Luft verfinstern und eine ganz unerträgliche Plage sind. Ausser der Waldverheerung an und für sich haben diese Waldbrände auch noch den sehr wichtigen Nachtheil, dass sie das Wild und die Pelzthiere aller Art verscheuchen und nach entfernteren Gegenden hin vertreiben. Aber sogar dieser unmittelbar auf die Jäger selbst fallende Schaden ist nicht im Stande, sie von ihrer unverzeihlichen Sorglosigkeit zu heilen.

Je höher wir nach Norden vorrückten, je öder wurden in jeder Rücksicht die Ufer der Lena. Bei Olekma sieht man noch die letzten Spuren von Gartenzucht und Ackerbau, weiterhin aber hören diese ganz auf und die Eingebornen nähren sich blos von Viehzucht, Jagd und Fischerei. Ausser den Poststationen findet man nur noch äusserst selten kleine Ansiedelungen, und diese, so wie auch ihre Bewohner sind in dem traurigsten Zustande. Die von den Stationen zu uns kommenden Arbeiter waren alle in Lumpen gehüllt, elend und niedergebeugt durch Mangel und Siechthum. Besonders ist dies der Fall bei den russischen hier lebenden Bauern, die man noch bis an die Station Ulachana, ungefähr 50 Werst von Jakuzk, antrifft; von da aber weiter nach Norden besteht die ganze Bevölkerung blos aus Jakuten, die, als ursprüngliche Landeskinder, vertrauter mit der Rauhheit des Klimas, mit dem daraus entspringenden Mangel, so wie mit den Mitteln sind, denselben zu widerstehen, als die fremden Ansiedler, und daher weniger leiden, als diese.

Nachdem wir eine ganze Nacht auf einer Sandbank festgesessen hatten, langten wir endlich am 25. Juli in Jakuzk an und hatten demnach 27 Tage gebraucht, um die Reise von Kotschuga bis hieher (eine Strecke von ungefähr 2500 Werst) zu vollbringen. Im Frühling, wo der Strom viel reissender ist, und wo man in der Regel nicht durch widrige Winde aufgehalten wird, macht man gewöhnlich 190 bis 200 Werst täglich und braucht demnach zu dieser Fahrt nicht mehr als 13 bis 14 Tage.

Gleich nach unserer Ankunft in Jakuzk meldete ich mich bei dem dortigen Oberbefehlshaber, Staatsrath M. J. Minizkoj, dessen Name durch seine früheren ausgezeichneten Dienste auf der Flotte bekannt ist. Er empfing uns äusserst gütig und freundlich, und während der ganzen Zeit, die wir mit unserer Expedition in dem seiner Oberverwaltung anvertrauten Bezirk zubrachten, ist er immer mit der zuvorkommendsten Gefälligkeit beflissen gewesen, uns in allen unseren Bedürfnissen Unterstützung und Hülfe zu gewähren, was in diesen von Allem entblössten Einöden gewiss von dem wesentlichsten Einflusse auf den guten Erfolg unseres Unternehmens war. Er bot uns beiden, dem Herrn von Anjou und mir, eine Wohnung in seinem eigenen Hause an, wo wir während unseres hiesigen Aufenthalts vielfältige Gelegenheit fanden, in der Unterhaltung mit ihm die wichtigsten Belehrungen und praktischen Rathschläge in Bezug auf unsere Reise in einem Lande zu erhalten, welches er durch seinen langjährigen Aufenthalt und durch öftere Reisen in einem grossen Theile Sibiriens studirt und genau kennen gelernt hatte.

Jakuzk trägt ganz den Stempel des kalten, düstern Nordens. Die Stadt liegt auf einer nackten Fläche am linken Ufer der Lena. In den breiten Gassen sieht man nur unansehnliche Häuser und Hütten, von hohen, hölzernen Zäunen umgeben; aber umsonst sucht das Auge zwischen den grauen, todten Balken und Brettern einen Baum, oder auch nur einen grünen Strauch; nichts verkündigt hier die Anwesenheit des kurzen Sommers, nichts, als — etwa die Abwesenheit des Schnees, der vielleicht noch durch sein blendendes Weiss die traurige, graue Einförmigkeit etwas beleben mag.

Die Stadt Jakuzk zählt überhaupt 4000 Einwohner; sie besteht aus ungefähr 500 Häuser, 5 Kirchen (von denen 3 steinerne und 2 hölzerne) und einem Kloster; jetzt wird ein steinerner Kaufhof gebaut. Die einzige Merkwürdigkeit des Orts ist eine noch im Jahre 1647 durch die Eroberer Sibiriens, die Kosaken, hier erbaute alte hölzerne Festung oder Ostrog, mit ihren den Einsturz drohenden, eckigen Thürmchen. So baufällig dieses Denkmal der ersten Begründung Jakuzks auch ist, so steht es doch bei den Einwohnern in hohen Ehren, und sie erzählten gerne von den Heldenthaten ihrer Vorfahren und von dem Entstehen und Gedeihen ihrer guten Stadt, die — glücklicher Weise — die meisten unter ihnen recht schön finden und lieben. —
Uebrigens hat sich wirklich in den letzten dreissig Jahren die Stadt

bedeutend ausgebildet; die jakutischen Jurten, die der Kapitain Billings noch im Jahre 1793 hier überall zwischen den Bürgerhäusern stehen sah, sind alle verschwunden; die damaligen Eisfenster *) und sogar die Scheiben von Marienglas sind, bei den Wohlhabenderen wenigstens, durch Glasscheiben ersetzt, und in manchen Häusern zeigt sich schon eine Morgenröthe von Zimmerluxus, als: grössere Fenster, höhere Stuben, Doppelthüren u. dergl. Dies ist unstreitig eine Folge des wachsenden Wohlstandes der Einwohner und der unermüdeten Sorgfalt des würdigen Befehlshabers der Provinz, für alles was zu ihrem Besten gereichen kann.

Jakuzk ist bekanntlich der Mittelpunkt des innern Handels von Sibirien. Vom Anabor bis an die Behringsstrasse, von den Küsten des Eismeeres bis an die Gebirge bei Olekma, von dem Aldan und von Udsk, ja sogar aus Ochozk und Kamtschatka, auf viele Tausende von Werst im Umkreise strömen hieher die köstlichsten wie die gemeinen Pelzwaaren aller Art, und Wallrosszähne und die räthselhaften Ueberrsste der Vorwelt, die Mammutsknochen, welche hier während der zehn Wochen, die der sogenannte Sommer währt, verkauft und vertauscht werden. — Man kann sich schwerlich einen Begriff von den bergartigen Massen von Pelzwerk aller Art machen, die hier aufgethürmt sind. Der Umsatz beläuft sich auf $2\frac{1}{2}$ Millionen Rubel und drüber **). — Sobald die Lena vom Eise befreit ist, machen sich

*) In dem ganzen hohen Norden von Sibirien vertritt eine in die Fensteröffnung gesetzte reine Eisplatte, herum mit Schnee und Wasser verstrichen, die Stelle der Glasscheiben, welche bei gar zu starkem Froste platzen. Selbst das Marienglas, aus welchem man hier die Fenster zusammen näht, widersteht der grimmigen Kälte nicht, und muss bei Eintritt des Winters herausgenommen und durch Eisplatten ersetzt werden.

**) Das Sortiren der Zobel ist ein äusserst schwieriges und sehr grosse Uebung und Erfahrung erforderndes Geschäft; die Felle werden nach der Dichtheit und Länge des Haares, nach der Farbe desselben, nicht nur an den Spitzen sondern auch an der Wurzel, endlich nach der Dicke der Haut, ausgelesen, und nur wenn alle diese Eigenschaften vollkommen zusammentreffen, giebt er ein gutes Assortiment. Um eine gute Palatine zusammenzufinden, müssen oft tausend und mehr Felle durchgewühlt werden. — Die Schwänze, Pfoten, Bäuche u. s. w. der Pelzthiere werden abgeschnitten und als Säcke zusammengenäht besonders verkauft; oft be-

die Kaufleute aus Jrkuzk hieher auf, und bringen als Tauschwaaren
ungefähr alles mit, was zum Leben in dieser an allem armen Gegend
nöthig ist. Ausser dem scharfen tscherkessischen Blättertabak, der die
Hauptrolle spielt, sind die vornehmsten Artikel: Getraide und Mehl,
Thee und Zucker, Branntweine verschiedener Art, besonders Rum,
chinesische, baumwollene und seidene Zeuge, Hanfgarn, Tuch von geringer Gattung, Kupfer und Eisenwaare, Glas u. s. w. — Die Bewohner von Jakuzk dürfen nicht unterlassen während der Marktzeit sich
mit allen diesen Bedürfnissen zu versorgen, denn sobald diese Periode
vorbei ist, steigen die Waaren bei den Krämern ganz ungeheuer im
Preise; und manche derselben sind gar nicht ein Mal zu haben.

Man kann dieser Hauptverkaufs-Epoche nicht eigentlich den Namen Jahrmarkt beilegen, wenigstens nicht in der Bedeutung, die er
durchgehend im übrigen Russlande hat, denn man sieht hier durchaus
nicht, wie auf allen unsern übrigen Jahrmärkten, irgendwo besonders
ausgestellte Waaren, oder dem Markte zu Ehren Statt habende Volks-
belustigungen, ja nicht ein Mal eine vermehrte Thätigkeit und Geschäftigkeit auf den Gassen. Die Kaufleute haben alle ihre Waaren
in den Häusern und Höfen gleichsam versteckt; dort thun sie ihre
Geschäfte ganz in der Stille ab, und suchen so viel möglich ihre
Preise und die Namen der Leute, mit denen sie Geschäfte machen,
einer vor dem andern geheim zu halten; fast nie findet hier ein Han-
delsgeschäft zwischen zwei angereisten Kaufleuten Statt, sondern immer
nur zwischen einem solchen und einem hiesigen Einwohner. Diese
letztern sind theils Bürger und Kaufleute, theils Kosaken, und haben
durchaus gar kein anderes Gewerbe als den Pelzhandel mit den Jakuten der Umgegend; selbst die ärmsten unter ihnen benutzen ihr Kapital, so gering es auch immer seyn mag, um im Laufe des Winters
nach und nach einen Vorrath von Fellen einzuhandeln, die sie dann
hernach mit gutem Gewinne an die Jrkuzkischen Grosshändler verkaufen, oder gegen allerlei Bedürfnisse vertauschen. — Wie gesagt,

---

steht ein solcher Sack aus etlichen tausend kleiner Stückchen, die mit
bewundernswürdiger Geduld und Geschicklichkeit zusammengenäht, ein
in seiner Art recht schönes Fell ausmachen.

giebt es jetzt unter den hiesigen Russen gar keine Handwerker mehr; dagegen aber haben sich die hier wohnenden Jakuten, die ehemals nichts als Jagd und Viehzucht trieben, auf allerlei Handwerke verlegt; sie versorgen ihre ehemaligen Lehrmeister, die Russen, mit allem Nöthigen und stehen sich dabei sehr gut. Man findet unter ihnen ganz vortreffliche Zimmerleute, Tischler, Holzschnitzer, ja sogar Maler *); die sich alle sowohl durch Geschicklichkeit als auch durch Arbeitsamkeit und Ordnung auszeichnen.

Die Bewohner von Jakuzk stehen noch auf einer sehr niedrigen Stufe geistiger Kultur; man findet bei ihnen nicht leicht ein anderes Buch zur Lektüre als den Heiligenkalender (Swätzy), und höchstens etwa den allezeit fertigen Briefsteller von Kurganow, oder (was übrigens auch selten ist) einen Petersburger Kalender, welche denn nun eben nicht vielen Stoff zum Nachdenken oder zur Unterhaltung darbieten. — An Kinder-Erziehung wird hier nicht viel gedacht; gewöhnlich werden die Kinder, bald nach ihrer Geburt, irgend einer Jakutin übergeben, welche sie, so gut sie es vermag, auffüttert und sie dann, nach zwei bis drei Jahren, freilich etwas jakutisirt, den Eltern wiederbringt. Da wachsen sie dann auf, lernen von dem Priester oder einem der Kirchendiener etwas lesen und schreiben, und werden nach und nach in die Geheimnisse des sibirischen Pelzhandels eingeweiht, oder bei irgend einer der kleinen Gerichtsbehörden als Schreiber angestellt, um mit der Zeit ein Mal einen Rang zu erhalten, nach welchem auch hier stark gehascht wird. — Aus jener ersten Grundlage der hiesigen Jugendbildung erklärt sich das Anfangs sonderbare Phänomen, dass selbst in den etwas höheren gesellschaftlichen Zirkeln, die jakutische Sprache eine beinah eben so wesentliche Rolle spielt, als etwa die französische in unsern beiden Residenzen. Mir ist dies ganz besonders bei einem glänzenden Mahle aufgefallen, welches einer der reichsten hiesigen Pelzhändler, dem Schutzheiligen seiner Frau zu Ehren, gab; obgleich die Gesellschaft aus dem Gouverneur, den angesehensten

---

*) Alle Heiligenbilder in der neuen Hauptkirche zu Jakuzk so wie die Tischler- und Bildhauerarbeit an dem Ikonostass, sind durchgehends von Jakuten verfertigt und recht sauber und gut gemacht.

Geistlichen und Beamten und einigen Kaufleuten bestand, so war doch
ein grosser Theil der Unterhaltung so mit jakutischen Brocken durch-
spickt, dass ich, dieser Sprache unkundig, nur wenig Antheil daran
nehmen konnte.

Die Gastfreundschaft (chlebosöl'stwo) der Einwohner von Jakuzk
ist weit und breit berühmt, und beinahe sprichwörtlich geworden; da
es aber hier gewöhnlich der Fremden und Reisenden, an denen sie
diese Tugend üben könnten, gar wenige giebt, so sind sie fast immer
auf sich selbst beschränkt und verbringen ihre, reichlich zugemessene
müssige Zeit unter einander in ziemlich lärmenden Versammlungen, wo
Essen und Trinken natürlich die Hauptrolle spielen. Nach dem immer sehr stark besetzten Mittagsmahle, bei dem die Naliwki (eine Art
Liqueur aus Branntwein, Beeren und Zucker) nicht gespart werden,
verbringen die ältern Herren den Nachmittag bei dem Punschgläschen
und dem Spieltische, die Damen aber bei der dampfenden Theemaschine und einigen Tellern mit gedörrten Cedernüssen, die unaufhörlich geknackt werden, während die Jugend wohl nach dem einzigen
hier bekannten Instrumente der Gussli (einer Art liegender Harfe mit
Metallsaiten) ein Tänzchen macht. So geht ein Tag wie der andere
dahin, und keine Abwechselung tritt dazwischen, es sey denn, dass
irgend ein neuer, in der übrigen Welt schon vergessener Damenstaat
hieher verschlagen wird, der dann allgemeine Aufmerksamkeit, Neid
und Nacheiferung erregt; denn trotz der Abgeschiedenheit, in der man
hier lebt, ist der Putz immer ein wesentlicher Bestandtheil der Existenz und des Lebensgenusses der Damen. — Wie es früher hier
beschaffen gewesen seyn mag, weiss ich nicht, habe aber mehrere Alte
sich ernstlich darüber beklagen gehört, dass die jetzige Generation
sehr von der guten Zucht und Einfachheit der vorigen abweiche, und
dass die Sucht des Kartenspiels, des Putzes und der Verschwendung
überhaupt ganz ungeheuer um sich greife, und schon manche Familie
zu Grunde gerichtet habe. — Bei dem kurzen Aufenthalte, den ich in
Jakuzk gemacht habe, vermag ich nicht zu entscheiden, in wie weit
diese Beschwerden gegründet sind, und ob nicht ein Theil davon auf
Rechnung des Alters zu schreiben ist, welches wahrscheinlich hier, wie
überall, seine Zeit für die beste hält und über die gegenwärtige schmält.

Nach dieser kleinen Abschweifung kehre ich wieder zu unserer Expedition surück. Durch die rastlosen Bemühungen des Herrn von Minizkoj wurden wir in Stand gesetzt, noch vor Ende des Sommers unsere Reise nach dem Eismeere anzutreten. — In den ersten Tagen des August ging der Lieutenant Anjou mit seiner Abtheilung die Lena hinunter. — Um dieselbe Zeit fertigte ich den Mitschmann Matiuschkin voraus nach Nis'hne-Kolymsk 'ab, um dort die nöthigen Anordnungen und Einrichtungen zum Empfange und Aufenthalte der Expedition zu treffen. — Bald darauf, als die Moräste und Flüsse zugefroren waren, übertrug ich dem Steuermann Kosmin sämmtliche von hier aus für die Expedition bestimmten Vorräthe gleichfalls nach Kolymsk zu begleiten, welches der Hauptpunkt war, von dem unsere Operationen ausgehen sollten. Ich selbst konnte nicht eher als am 12. September aufbrechen.

Zweiter Abschnitt.
Reise von Jakuzk bis nach Nis'hne-Kolymsk.

Mit Jakuzk hat das Fahren auf Telegen und Schlitten ein Ende;
von hier aus bis nach Kolymsk und durch die ganze ungeheure Eiswüste im Norden Sibiriens, giebt es keine gebahnte Strasse mehr,
sondern höchstens enge, holprige Fusssteige, die durch Moräste, grosse
Wälder, dicht verwachsenes Gebüsch, über Hügel und steile Berge
führen, so dass man durchaus nicht anders als zu Pferde bis an die
flachern Gegenden gelangen kann, wo zum Weiterkommen entweder
Rennthiere oder Hunde vor Schlitten gespannt werden. Im Sommer
werden fast alle Fahrten zu Wasser gemacht. — Auf der sogenannten
jakuzkischen Strasse, von dem rechten Ufer der Lena schräg nach dem
Aldan hin, sind in Entfernungen von 15 bis 40 Werst Poststationen
zum Pferdewechsel eingerichtet.

Am 12. September um Mittag trat ich bei schönem, heiterm Wetter meine Reise an, indem ich mit meinem Gepäcke in einem Boote
auf das entgegengesetzte Ufer hinüberfuhr, wo die für uns bestimmten
Pferde mich auf der Poststation erwarten sollten. — Der Strom ist

an dieser Stelle durch mehrere Inseln verengt, so dass die Haupt-
durchfahrt in der Mitte nicht über vier Werst breit ist. — Meine
Begleiter waren ein aus Petersburg mit mir gekommener Matrose und
ein verabschiedeter Unteroffizier aus Jakuzk, der früher schon mit
Herrn Hedenström eine Reise an die Küsten des Eismeeres gemacht
hatte. Er diente mir als Dollmetscher bei den Jakuten und anderen
Stämmen, und ward ausserdem in der Folge durch seine Erfahrung,
Gewandtheit und echt russische Anstelligkeit der Expedition äusserst
nützlich. Wir hatten überhaupt 13 Pferde bestellt, von denen drei
für mich und meine beiden Begleiter bestimmt waren; die übrigen
sollten den Reiseproviant, die Instrumente, Winterkleidungen und verschiedene andere unentbehrliche Reisebedürfnisse tragen.

Als ich mit meinem Boote bei der Poststation landete, war alles
öde und leer, weder Menschen noch Pferde zu sehen. Das war ein
schlimmer Anfang; mein Unteroffizier aber tröstete mich mit der Versicherung, dass das sehr oft der Fall sey, und dass wahrscheinlich die
Postjakuten mit ihren Pferden nach einem drei Werst weit entfernten
Thale gegangen wäre, wo es bessere Weide gäbe. — Es wurden sogleich ein Paar der Bootsleute ausgesandt, um sie aufzusuchen und
herbei zu holen; wir machten unterdessen am Ufer ein Feuer an, um
uns bei dem ziemlich rauhen Herbstwetter etwas zu wärmen, und uns
durch eine tüchtige heisse Kohlsuppe zu unserer bevorstehenden Reise
zu stärken. Die an sich schon öde, traurige Gegend trug überall
Spuren des bald herannahenden Winters.

Nach ungefähr drei Stunden kamen endlich unsere Führer mit
Pferden, und wir machten uns gleich an das Bepacken derselben.
Jedes Pferd trägt ungefähr 5½ Pud (220 Pfund), nämlich 2½ Pud
von jeder Seite und ein halbes Pud auf dem Rücken, zwischen den
beiden Seitenpäcken. Zum Zusammenbinden der Sachen und zum Befestigen derselben, bedient man sich starker, aus Pferdehaaren gefloch-
tener Stricke. — Jedes der so bepackten Pferde wird mit dem Zügel
an den Schweif eines anderen gebunden, und so gehen sie in einer
langen Reihe hintereinander her. — Wir hatten bei unserer Karawane
von zehn Pferden nur zwei Postknechte, deren einer auf dem vordern
Pferde sass und den Zug leitete; der andere, auf dem letzten Pferde

sitzend, beobachtete das Ganze und half nach, wo es nöthig war. Diese Führer haben ein sehr beschwerliches und ganz besondere Uebung und Geschicklichkeit erforderndes Amt, weil die Pferde in bergigen Gegenden oft straucheln, ihr Bürde abwerfen, sich losreissen, oder in den Morästen stecken bleiben. In allen solchen Fällen muss der Führer immer bei der Hand seyn, aushelfen und alles wieder in die gehörige Ordnung bringen, wobei denn natürlich der hintere Führer, der den ganzen Zug beständig im Auge behält, am meisten zu thun hat, und fast in unaufhörlicher Bewegung ist. Durch die vieljährige Gewohnheit haben sie es darin zu einem bewundernswürdigen Grad von Fertigkeit und Behendigkeit gebracht, so dass oft ein einziger erfahrener Jakut eine solche Reihe von 28 Pferden leitet und in vollkommener Ordnung erhält. Es versteht sich, dass er in diesem Falle den grössten Theil des Weges zu Fusse macht. — Die Karawanen gehen immer im Schritt, und machen gewöhnlich, nach Maassgabe des mehr oder weniger beschwerlichen Weges, 20 bis 50 Werst in 24 Stunden.

Das Ordnen und Zusammenpacken unserer Sachen nahm viele Zeit, und wir brachen ziemlich spät Nachmittags ,erst auf. — Ich verliess bald die im langsamen Schritte ziehende Karawane, und ritt nebst meinen beiden Begleitern voraus. Wir folgten einem schmalen Fussstege, der sich theils zwischen Weidengebüschen hinschlängelte, theils über Ebenen führte, welche mit kleinen Landseen besäet waren, auf und zwischen denen es von wilden Enten und Rebhühnern wimmelte. Nachdem wir uns in sehr kurzer Zeit eine Menge derselben zu unserm Abendessen geschossen hatten, kamen wir bei Sonnenuntergang zu einer dreizehn Werst von der vorigen belegenen, einzeln dastehenden Jakutenjurte, welche mir unter dem Titel einer Poststation präsentirt wurde, und wo wir Pferde wechseln sollten. Da es schon anfing finster zu werden, so beschloss ich hier zu übernachten; aber darau war in der engen, von Menschen und Vieh bewohnten Jurte, in welcher die furchtbarste Unsauberkeit herrschte, durchaus nicht zu denken. Ich flüchtete in das nahe dabei liegende Lärchenwäldchen, wo ich auf einer ausgebreiteten Bärenhaut, unter einer tüchtigen Pelzdecke und vor einem hellodernden Holzstosse, recht gut und angenehm die Nacht zubrachte. — Bei Sonnenaufgang erwachte ich von dem heftigen Knistern des Reisigs, den die mit den Packpferden angekommenen Jakuten in das verglimmende Nachtfeuer geworfen hatten, um es wieder anzufachen. Die Luft war rein und frisch; der Thermometer zeigte 2° unter dem Gefrierpunkte, welches mir beim Ankleiden ziemlich arg schien; mit Schaudern, im buchstäblichen Sinne, dachte ich mir den bevorstehenden sibirischen Winter, wo einige Grade Frost warmes Wetter heissen, und begriff nicht, wie man die immerwährende furchtbare Kälte ertragen könne. Aber der Mensch ist ein Geschöpf aller Klimate, aller Zonen; Nothwendigkeit, fester Wille und Gewohnheit lehren ihn bald alle, selbst die härtesten körperlichen Unannehmlichkeiten und Leiden überwinden, sie erträglich finden. Wenige Wochen später fand auch ich, wie die Bewohner von Kolymsk, dass 8 bis 10 Grade Frost gelindes, weiches Wetter seyen.

Bald kam alles in Bewegung; der Theekessel für mich und der Suppenkessel für mein Gefolge wurden an's Feuer gesetzt; während unseres Frühstücks waren frische Pferde von der benachbarten Weide herbeigeholt; sie wurden bepackt und wir zogen weiter. — Unser Weg führte uns auf eine mit Lärchen und Fichten bewachsene Anhöhe; neben dem Fussstege, dem wir folgten, standen einige alte Bäume, deren Aeste mit Pferdehaaren behängt waren, und um die Wurzeln derselben standen eine Menge Stangen und Stäbe in die Erde gesteckt, auf ähnliche Weise verziert. — Der Jakut, der die Karawane führte, hielt stille, stieg vom Pferde und rupfte demselben einige Haare aus der Mähne, welche er mit vieler Ehrfurcht an den Ast eines Baumes knüpfte, indem er uns erklärte, es sey das ein nach hiesiger Sitte dem Berggeiste dargebrachtes Opfer, wodurch man sich denselben geneigt mache, und auf seinen Schutz bei der bevorstehenden Reise rechnen könne. Die zu Fusse Reisenden weihen dem sibirischen Rübezahl in ähnlicher Absicht ein in die Erde gestecktes Stäbchen. — Dieses einfache Zeichen der Verehrung eines unsichtbaren Wesens, vertritt hier die Stelle der langen Gebete, welche in der Mongolei bei den fast auf jeder etwas bedeutenden Anhöhe befindlichen Obo's, oder Bethügeln, verrichtet werden. Der Zweck ist hier wie dort derselbe; wahrscheinlich stammt demnach dieser Gebrauch aus einer Quelle her; nur ist, wie es scheint, der Schamanen-Berg-

10

geist leichter zu befriedigen als der Lamaitische. Uebrigens halten
die Jakuten sehr streng auf diesen Gebrauch, und selbst diejenigen
die sich zur christlichen Religion bekennen, finden es nicht unter ihrer
Würde, dem abgedankten Berggeiste doch noch dies Merkmal der ehemaligen Verehrung zu weihen.

Meine Jakuten sangen fast unaufhörlich während des ganzen Weges. Die monotone, traurige Weise ihres Gesanges drückt den Nationalcharakter dieses in sich verschlossenen, finstern, abergläubischen
Volkes aus; der Text ihrer Lieder aber bietet mehr Abwechselung
und Poesie dar; sie besingen gemeinniglich die Schönheiten der Natur, den schlanken üppigen Wuchs der Bäume, das Rauschen des
Stromes, die Höhe der Berge u. s. w. Die Sänger sind grösstentheils Improvisatoren, die in der nackten Einöde eine liebliche Gegend,
in dem halbverbrannten Stamme der Fichte einen schönen kräftigen
Baum, und in der ersten besten schlammigen Pfütze einen kristall-
hellen See erblicken. Anfänglich schrieb ich diese Hyperbeln auf
Rechnung ihrer hochpoetischen Einbildungskraft, erfuhr aber bald von
meinem Cicerone, den Unteroffizier, dass dies bloss geschehe um den
Berggeist durch ein solches prunkhaftes Lobpreisen seines Gebietes bei
guter Laune und sich gewogen zu erhalten.

Nachdem wir am 13. August 63 Werst zurückgelegt und auf
dem halben Wege Pferde gewechselt hatten, kamen wir Abends bei
einer Postjurte an, die man mir während des ganzen Weges als sehr
geräumig, ganz vorzüglich aber wegen ihrer grossen Reinlichkeit, em-
pfohlen hatte, und ich freute mich auf ein warmes, gutes Nachtlager.
Leider fand ich in dieser wie in allen Jurten, dass man durchaus ein
geborner Jakute seyn muss, um die darin herrschende Atmosphäre und
alles was dieselbe begleitet, auch nur erträglich zu finden; nur der
dichte, kalte Regen zwang mich dazu, hier ein Obdach zu suchen;
aber die dicke Luft, das zahllose Ungeziefer, das Schreien der Kinder
und des Viehes, welches der Wärme wegen auch zu der Familie gezogen wird, vertrieben mir allen Schlaf, und ich war froh als der an-
brechende Morgen uns erlaubte weiter zu ziehen.

Der anhaltende Regen hatte die ohnehin schon elenden Wege
noch verschlimmert, und an manchen Stellen fast grundlos gemacht;

unsere heutige Tagereise war daher äusserst beschwerlich. Dahingegen aber bot uns die Strecke Landes, die wir durchzogen, eine grosse
Mannigfaltigkeit in den Ansichten dar. — Die Menge kleiner Landseen, mit denen die ganze Fläche auch hier dicht besäet ist, und die
uns zu einem Umweg von mehr als zwanzig Werst nöthigte, trägt
sehr viel dazu dabei, die Gegend recht freundlich zu machen. Diese
kleinen Seen, alle von regelmässiger, ovaler Form, haben etwas ganz
eigenthümlich liebliches in ihrer Gestaltung; ihre hohen Ufer sind mit
Lärchenbäumen bewachsen, und die dadurch völlig vor Winden geschützte Oberfläche des Wassers liegt gleich einem grossen ebenen
Spiegel da. Die hier herrschende ewig leblose Stille wird höchstens
zuweilen durch einen aufgescheuchten Vogel, oder durch ein längs den
Baumstämmen hinschlüpfendes Eichhörnchen unterbrochen.

Wir hatten ungefähr **40** Werst von unserm Nachtlager zurückgelegt, als wir an das Thal Miörö gelangten, welches mir in mehrerer
Rücksicht einer der bemerkenswerthesten Punkte auf unserm Wege gewesen ist. — Dieses Thal, von länglich runder, ziemlich regelmässiger
Form, hat 8 Werst im Durchmesser; es ist in seinem ganzen Umkreise mit einer an manchen Stellen bis 10 Faden hohen Art von
Wall umgeben, welcher unstreitig einst das Ufer eines ehemals bedeutenden Landsees bildete, der jetzt völlig ausgetrocknet ist; auch sieht
man noch in dem Thalgrunde mehrere unter einander zusammenhängende kleine, aber tiefe und sehr fischreiche Seen. Dies sowohl als
auch die geschützte Lage des Thales und der kräftige Graswuchs in
demselben, bewogen in früherer Zeit einen der reichsten Tungusen-
Häuptlinge Namens Miörö, dessen Namen es jetzt noch führt, sich
mit seinem Stamme hier anzusiedeln; aber die von Süden immer weiter vorrückenden Jakuten verdrängten ihn von dort nach den nördlich
gelegenen Tundry, und liessen sich in diesem Thale nieder, wo sie
eine der ansehnlichsten und volkreichsten Niederlassungen auf dem ganzen Wege bis an den Aldan bildeten. Eine Menge grösserer und kleinerer Jurten, von denen einige sogar sich schon etwas den russischen
Bauerhäusern in ihren Dimensionen nähern, zwei ganz ordentliche
Kirchen mit ihren Thürmen, das Getümmel der zahlreichen Bewohner,
die grossen Viehherden und Pferdetabunen, alles das zusammen in dem

sehr freundlichen Thale, macht einen höchst auffallenden Kontrast mit
der Einöde, die dasselbe umgiebt, und in welcher es wie eine Oase
liegt. — Diese merkwürdige Ansiedelung verdankt hauptsächlich ihren
Flor einem jakutischen Golowà, Oberhaupte, der auch auf seine Kosten
die beiden Kirchen erbaut und ausgesteuert hat. Man behauptet hier
allgemein, dass er ein Vermögen von einer halben Million Rubel besitze; dessenungeachtet aber hat er in seiner ursprünglichen nationalen
Lebensweise durchaus gar nichts geändert, sondern wohnt in seiner
Jurte, wärmt sich an dem echt jakutischen Tschuwal, einer Art offenen Kamins oder Feuerherdes, trinkt seinen Kumys *), isst Pferde-
fleisch und hält, die christliche Religion ausgenommen, fest an den
Sitten seiner Väter. — Die Hauptindustrie-Zweige dieser merkwürdigen Niederlassung bestehen in Viehzucht, Jagd, Pelzhandel und in
Fuhrwesen, weshalb man denn auch hier eine grosse Menge Pferde
antrifft.

Ueber den Ursprung, die Sitten und Lebensweise der Jakuten im
Allgemeinen ist schon so viel und ausführlich geschrieben worden, dass
es beinahe überflüssig scheinen könnte, wenn ich zu jenen Nachrichten noch meine nur im Fluge auf einer schnellen Durchreise gemachten Bemerkungen hinzufügte. Ich werde daher nur einige wenige
ethnographische Hauptzüge anführen, die zur Verständlichkeit meines
Berichtes nöthig sind, um dem Leser die Mühe des Nachsuchens in
andern vollständigern Beschreibungen zu ersparen.

Die Gesichtsform und die Sprache der Jakuten bestätigen vollkommen das, was die Tradition über ihre Abkunft von den Tataren
sagt **). — Die Jakuten sind eigentlich ein Hirtenvolk, dessen vor-

---

*) Das bekannte Getränk aus Stutenmilch; es wird hier eben wie
bei den Tataren bereitet, nur verstehen die Jakuten glücklicherweise
noch nicht wie jene es branntweinartig oder berauschend zu machen.
Es ist ein angenehmes und sehr nahrhaftes Getränk, so dass die weit von
ihrer Wohnung aufs Heumähen ausgehenden Jakuten oft keinen anderen
Proviant mitnehmen, als ein Paar grosse Schläuche voll Kumyss, und
sich etliche Tage lang recht gut davon nähren.

**) Dieser Sage nach soll einst ein Tatar Namens Sachalar, aus
seinem Lande jenseits der Gebirge nach Kirenga an der Lena gekommen

nehmster Reichthum in der Menge von Pferden und Hornvieh besteht, die sie halten, und von denen sie fast allein ihren Unterhalt beziehen. Durch den Ueberfluss an Pelzthieren in ihren endlosen Wäldern und durch den grossen Gewinn, den ihnen der Verkauf derselben an die Russen darbot, wurden sie Jäger, und treiben die Jagd mit Leidenschaft, unermüdlichem Eifer und bewundernswürdiger Geschicklicheit. Von früher Jugend her an Entsagungen aller Art gewöhnt und abgehärtet, ertragen sie mit einer unendlichen Ausdauer alle Beschwerden des Lebens, die von dem traurigen Klima ihres Landes unzertrennlich sind. Unter andern scheinen sie ganz unempfindlich gegen die Kälte, und Hunger können sie bis auf einen fast unglaublichen Grad ertragen.

Ihre Nahrung besteht aus gesäuerter Kuh- und Stutenmilch und aus Pferde- und Rindfleisch, welches immer nur gekocht wird; vom Braten oder Backen desselben, so wie auch vom Brod haben sie keinen Begriff. Fett ist ihr grösster Leckerbissen, und der unmässigste Genuss desselben macht ihre höchste Glückseligkeit aus. Sie geniessen es in allen möglichen Gestalten, roh und geschmolzen, frisch und verdorben, denn es kommt bei ihnen nur auf die Menge, keineswegs aber auf die Beschaffenheit der Nahrungsmittel an, die sie immer mit einer beinah thierischen Gier verschlingen. Sowohl um die Masse zu vermehren, als auch des Wohlgeschmackes halber, bedienen sie sich der inneren Rinde des Lärchenbaumes, zuweilen auch wohl der Fichte die sie schaben, zerstampfen und mit Fischen, etwas Mehl und Milch, besonders aber Fett, zu einem Brei kochen und in ungeheurer Menge verzehren. Aus der Kuhmilch bereiten sie die sogenannte jakutische Butter, eigentlich eine Art Käse oder Quarg, der einen säuerlichen Geschmack hat, nicht sehr fett ist und, selbst ohne Brod gegessen, eine recht gute Speise abgiebt.

Männer und Weiber sind leidenschaftliche Liebhaber des Tabakrauchens; sie bedienen sich dazu des schärfsten Tabaks, dessen sie nur habhaft werden können, vorzüglich aber des tscherkessischen. — Der

seyn, wo er sich ansiedelte, eine Tungusin heirathete und der Stammvater der Jakuten ward. Daher nennen sich diese auch jetzt noch Sachalàry.

Der Rauch dieses Tabaks, den sie immer verschlucken, versetzt sie in eine Art von Betäubung, die der Trunkenheit sehr nahe ist, und die zuweilen, wenn sie in Zorn gerathen, sehr gefährliche Folgen hat. Da sie, wie gesagt, noch nicht die Kunst verstehen den Kumys berauschend zu bereiten, und also eine ungeheure Portion dieses Getränkes erforderlich ist, um den gewünschten Effekt hervorzubringen, so ziehen sie den Branntwein vor, obgleich derselbe, wegen des weiten Transportes, sehr theuer zu stehen kommt. Die russischen Pelzhändler benutzen diese Liebhabereien, und in dem Handel mit den Jakuten spielen Tabak und Branntwein eine sehr wichtige Rolle.

Ihre Wohnungen sind zweierlei Art; für den Sommer haben sie Urossy; dies sind leichte kegelförmige Zelte, aus Stangen zusammengestellt und mit Birkenrinde bedeckt *), mit denen sie auf den grasreichsten Wiesen umherziehen, wo ihre Heerden weiden, während sie selbst unaufhörlich damit beschäftigt sind, die für den langen Winter erforderlichen Heuvorräthe zu bereiten. Beim Eintritte des Winters beziehen sie ihre warmen Jurten. Dies sind aus dünnen Balken in Form einer abgestumpften Pyramide über der Erde erbaute und mit Rasen, Lehm und Gras von aussen dick belegte Hütten, deren Umfang sich nach dem Bedürfniss der Bewohner richtet. Ein Paar eben nicht grosse, viereckige Oeffnungen, vor welche im Winter Eisplatten im Sommer aber Fischblase, oder zuweilen auch wohl mit Fett getränktes Papier gesetzt wird, dienen statt Fenster und erhellen die Wohnung nur spärlich. Der Fussboden ist in der Regel auf zwei bis drei Fuss gesenkt und fest aus Lehm gestampft; bei den Reichen aber erhöht und mit Brettern gedielt. — Längs den Wänden sind breite Sitze aus liegenden Stangen erbaut, die Nachts auch als Schlafstellen dienen, und daher gewöhnlich, nach der Anzahl der Bewohner oder doch wenigstens der Ehepaare, durch leichte Abtheilungen von einander geschieden sind. Im Mittelpunkte der Jurte, etwas näher

---

*) Zu diesen Urossy wird die in grossen Stücken abgeschälte Birkenrinde durch Kochen weich gemacht und zusammengenäht: da sie von aussen weiss und von innen gelb ist, so haben die Urossy ein sehr zierliches Ansehen, und gleichen von fern kolossalen leinenen Zelten.

nach der Thüre hin, befindet sich der Tschuwàl, eine Art von Heerd oder offenem Kamin, mit einem Schornstein zum Dache hinaus, auf welchem ein unaufhörliches Feuer unterhalten wird, sowohl um die Jurte zu erwärmen, als auch um das Essen darauf zu kochen. An den Wänden herum hängen Kleidungsstücke, Waffen, und einiger weniger Hausrath, in dem Ganzen aber herrscht die vollkommenste Unordnung und Unsauberkeit. — Ausserhalb um die Jurte herum stehen gewöhnlich einige auf ähnliche Art erbaute Schoppen für die Kühe, welche den Vorzug geniessen im Winter hier unter Dache zu stehen, und mit Heu gefüttert zu werden; zuweilen werden sie auch wohl bei gar zu strenger Kälte in die Jurte gebracht, wo sie dann den vordern dunkeln Raum zu beiden Seiten der Thür einnehmen. Die Pferde hingegen bleiben unter freiem Himmel und müssen sich zur kümmerlichen Nahrung das abgestorbene Herbstgras unter dem Schnee hervorscharren. Nur dann, wenn es an eine etwas entfernte Reise geht, werden sie einige Tage zuvor mit Heu gefüttert um Kräfte zu sammeln.

So unvollkommen auch die Bauart und Ordnung dieser Wohnungen seyn mag, so sind sie doch dem hiesigen Klima, der Lokalität und dem Bedürfniss ihrer Bewohner vollkommen angemessen, und sogar in mancher Rücksicht den hier schon hin und wieder erscheinenden russischen Bauerhäusern vorzuziehen, vornehmlich weil zum Bau der Jurten keine eigentliche Balken, sondern blos dünne Baumstämme erforderlich sind. Desgleichen hat auch der Tschuwal mit seinem ewigen Feuer den Vorzug vor dem nur zeitweise geheizten Ofen, dass er durch den immerwährenden Luftzug doch einigermaassen, die mit Ausdünstungen aller Art geschwängerte Atmosphäre in der Jurte reinigt. — Wie dem nun auch sey, die Jurte befriedigt alle Forderungen des Jakuten in Rücksicht auf Bequemlichkeit und Wohnlichkeit, und er verlebt darin sehr zufrieden seinen langen, furchtbaren Winter, ohne von der Kälte zu leiden. Am Tage gehen die Männer der Jagd nach, die Weiber sitzen um den Heerd, bereiten die Thierfelle, nähen Kleidungsstücke, drehen Stricke, klöppeln u. s. w. — Abends, wo die ganze Hausgenossenschaft beisammen ist, wird Tabak geraucht, Kumys getrunken und eine ungeheure Portion mit frischem oder ranzigem Fett wohl durchkochten Fichtenbreies verzehrt. Da geschieht es denn wohl, dass der Knäsez, oder das Haupt der Stammabtheilung, kleine Streitigkeiten unter den Seinigen schlichtet; etwas wichtigere gehen an das Oberhaupt, Golowà, des ganzen Stammes oder Ulùss *) Oft beschliesst den Tag ein Schaman, der um die Mitternachtsstunde bei dem noch glimmenden Kohlenfeuer des Tschuwals aufgefordert wird, seine Beschwörungen zu machen, um ein verlaufenes Stück Vieh wiederzufinden, eine Krankheit zu heilen, oder den Beistand der Geister zu einer bevorstehenden Reise oder andern Unternehmung zu erbitten; zuweilen auch wohl um eine langwierige Streitigkeit zu schlichten, welche auf dem gewöhnlichen Wege nicht zu Ende kam.

Die Jakuten sind zwar alle getauft, auch sind die zehn Gebote, ein Theil des neuen Testaments und die vornehmsten Kirchengebote in ihre Sprache übertragen; aber nur sehr wenige unter ihnen, die lange zwischen Russen lebten, haben einige Begriffe von den Lehren und Grundsätzen der christlichen Religion; daher halten sie auch immer noch viel auf die Schamane und auf eine Menge abergläubische Gebräuche aus dem Heidenthume.

Hauptzüge in dem Charakter der Jakuten sind: Rachgier, Prozesssucht, Ungeselligseit und Verschlossenheit. — Eine erlittene Beleidigung vergisst der Jakute nie, und wenn er selbst nicht dazu gelangt sich zu rächen, so überträgt er dies unfehlbar seinem Sohne oder nächsten Verwandten. — Ihre Sucht nach Prozessen ist gränzenlos; wo sie nur glauben, etwas einer Klage ähnliches anzetteln zu können, da sind sie bereit es zu thun, und nicht zufrieden jeden Reisenden, dem sie einigen Einfluss zutrauen, mit Klagen und Beschwerden zu überschütten, unternehmen sie oft beschwerliche und kostspielige Reisen um eine solche anhängig zu machen, die vielleicht nur einen halben Rubel betrifft **). Die Ungeselligkeit und Verschlossenheit des

---

*) Der Ulùss ist ein ganzer Jakutenstamm, der unter einem gemeinschaftlichen Oberhaupte, Golowà, steht, und der in mehrere Naslèji getheilt ist. Jeder dieser letztern hat einen eigenen Häuptling oder Vorgesetzten, Knäsèz (wörtlich: Fürstlein), aus denen der Golowà des ganzen Uluss gewählt wird. An der Kolyma giebt es einen Uluss, der aus zehn Nasslegi besteht. — Die zu einem Uluss gehörigen Jakuten nennen sich Rodniki, wahrscheinlich von Rod, das Geschlecht, der Stamm.

**) Besonders zeichnen sich darin diejenigen Jakuten aus, die in der

Jakuten, die ihn dazu bewegt, sich immer lieber sporadisch, als in Gemeinschaft mit den Seinigen anzusiedeln, kontrastirt übrigens sehr sonderbar mit der Gastfreundschaft und dem gutmüthigen Entgegenkommen, das der Reisende bei ihnen antrifft. Gemeinschaftliche Ansiedelungen sind in der Regel unter den Jakuten selten; nur auf der Strecke zwischen Jakuzk und dem Aldan, wo die Bevölkerung stärker ist, trifft man hin und wieder Nasslegi von mehreren Jurten an; dahingegen aber liegen jenseits des Werchojanskischen Bergrückens die einzelnen Jurten oft einige hundert Werst weit auseinander, so dass die nächsten Nachbarn sich zuweilen in Jahren nicht sehen. Eine solche beträchtliche Entfernung ist viel mehr, als etwa das Weidebedürfniss erfordern könnte; es liegt aber einmal in dem Charakter des Jakuten, die Einsamkeit und Abgeschiedenheit zu suchen, und deshalb entfernt er sich, so viel möglich, von aller gesellschaftlichen Verbindung mit Andern. Nichtsdestoweniger aber findet der Reisende, der diese Einöden durchzieht, in den weit auseinander verstreuten, einzelnen Wohnungen überall gastfreundliche Aufnahme, und überall theilt man gern mit ihm, was immer die Wirthschaft darbietet.

Der Golowà des hiesigen Uluss mit einem Knäsez und zwei Schreibern stellte sich bald nach meiner Ankunft in Miörö bei mir ein, um mich zu bewillkommnen und mir Glück zu der bevorstehenden Reise zu wünschen. Ich bewirthete sie mit Thee, Branntwein und Tabak, und musste dagegen eine endlose Litanei von Klagen über allerlei vermeintliche Bedrückungen anhören, die sie von den jakuzkischen Kosaken zu erleiden hätten, welche, wie sie behaupteten, ohne allen Grund beständig aus Jakuzk her diesen Nassleg passirten und dabei die Bewohner desselben auf allerlei Art beleidigten. Ich suchte sie durch die Versicherung zu beruhigen, dass alles dies wahrscheinlich jetzt ein Ende haben würde, da die sibirischen Kosaken eine neue Organisation erhalten hätten, und ihnen Ländereien angewiesen wären, deren Anbau sie beschäftige und reichlich ernähre, und also der Ver-

---

Nähe von Städten wohnen, wo nun freilich wohl die Unterbeamten der kleinen Behörden das Ihrige dazu beitragen mögen, um diese Neigung zu Prozessen zu nähren, bei denen es immer allerlei Sportel für sie absetzt.

suchung überhöbe, nach unerlaubten Erwerbsmitteln zu greifen. Das half aber nicht viel; wie wohlthätig und weise auch jene Organisation und überhaupt die ganze neue Verfassung Sibiriens für den Wohlstand und die Sicherstellung der Gerechtsame aller Stände, so wie auch der verschiedenen Völkerschaften daselbst ist, so wird sie doch nie die Jakuten vom Klagen und Prozessführen abhalten.

Nachdem wir uns in Miörö etwas ausgeruht und mit einigen Lebensmitteln versehen hatten, setzten wir am 15. September unsere Reise weiter fort. Obgleich wir sehr üble Wege fanden und mehrmals in Moräste geriethen, wo die Pferde bis an den Hals versanken, so gelang es uns doch durch die ausserordentliche Gewandtheit und Aufmerksamkeit unserer Karawanenführer, nicht nur ohne einen besonderen Unfall die gefährlichsten Stellen zu passiren, sondern an diesem Tage 90 Werst zu machen. Wir erreichten zur Nacht die Station Aldanskaja oder Schelesninskaja, welche etwa eine halbe Werst von dem Aldan liegt, der 90 Werst von hier in die Lena fällt. — Mit dieser Station haben die gemeinschaftlichen jakutischen Niederlassungen völlig ein Ende, und man findet dergleichen nicht eher wieder, als jenseits des Werchojanskischen Bergrückens, bei Baralas, 400 Werst von hier. — Diese ganze Strecke ist eine Wüste, die aus Bergen und dazwischen liegenden Morästen besteht, daher denn die Reise durch dieselbe mit vielen Beschwerlichkeiten verknüpft ist. Auch ermangeln deshalb die Karawanen nicht, bei dieser letzten bewohnten Station Halt zu machen, um die nöthigen Vorkehrungen zu dem bevorstehenden mühevollen Zuge zu treffen. Man sucht die stärksten, zuverlässigsten Pferde aus, nimmt deren mehrere unbepackt mit, um nöthigenfalls die ermüdenden zu ersetzen, versieht sich mit Lebensmitteln u. s. w.; oft sind die Karawanen genöthigt, hier einige Zeit zu liegen und trockenes Wetter oder Frost abzuwarten, um über die Moräste gehen zu können. Uns begünstigte die Witterung; die schon seit einiger Zeit eingetretenen Fröste hatten die Moräste befestigt, und so konnten wir, nachdem wir nur einen Tag zu obigen Vorbereitungen angewandt hatten, unsere Reise gleich weiter fortsetzen.

Der Landstrich zwischen der Lena und dem Aldan bildet einen

seiner eigenthümlichen Konformation wegen merkwürdigen Hügelbezirk, dessen Erhöhungen sich in wellenförmigen Reihen von Osten nach Westen hinziehen und sich dann in den morastigen Flächen und Niederungen längs den Ufern des Aldans und der Lena verlieren. Zwischen den Hügeln findet man eine zahllose Menge kleinerer und grösserer kesselartiger Tiefen, welche an dem nördlichen Abhange des Bergrükkens mehr oder weniger zusammenhängende, morastige Thäler bilden; an der Südseite aber sind diese Tiefen von einander abgesondert und mit Wasser angefüllt, woraus dann eine Menge kleinerer und grösserer Landseen entsteht. Ungefähr in der Mitte dieses ganzen Hügelbezirkes liegt ein grosses rundes Thal von ungefähr 8 Werst im Durchmesser, welches mit lauter solchen kleinen Landseen besäet ist, die aber hier alle unter einander Verbindung haben. Der ganze Bergrükken besteht aus einem lehmigen mit Sand gemischten Boden und ist grösstentheils mit Lärchenbäumen bewachsen; sein Abhang nach Norden schien mir viel steiler zu seyn als der südliche.

Der Aldan hat hier eine Breite von 1½ Werst; er fliesst in westlicher Richtung zwischen nicht felsigen Ufern mit grosser Geschwindigkeit dahin. Jenseits des Stromes, nach Norden hin, sieht man in der Ferne eine Reihe spitzer Berge, deren Gipfel mit Schnee bedeckt sind, und die, wie mir schien, eine allgemeine Richtung nach WNW. haben.

Am 17. September setzten wir mit unseren Pferden und Sachen in einem flachen Fahrzeuge über den Strom. Ungefähr auf der Hälfte der Ueberfahrt entstand in unserer Barke ein bedeutendes Leck; alle unsere vereinten Anstrengungen, mit Schaufeln, Töpfen, Mützen u. dergl. das eindringende Wasser auszuschöpfen, waren vergeblich; das Fahrzeug sank immer tiefer und wäre ohne Zweifel untergegangen, wenn wir uns nicht glücklicherweise in der Nähe einer kleinen, mitten in dem Strome liegenden Insel befunden hätten, wo wir unser Fahrzeug auf den Strand setzten und es durch Verstopfen mit trockenem Grase und Moos bald wieder in so guten Stand brachten, dass wir damit ganz wohlbehalten das gegenüberliegende Ufer erreichen konnten. Hier schlugen wir am Abhange unter den weit überhängenden Aesten einer grossen Birke unsern Polög *) oder Reisezelt auf, besorgten unsere Küche und überliessen den Pferden, sich an dem schon welkenden Grase gütlich zu thun.

Mit Tagesanbruch (am 18.) zogen wir weiter. Ein schmaler, kaum bemerkbarer Weg führte uns durch die öde, morastige Gegend, wo kein Baum wächst und wo nur dann und wann ein erhöhter Fleck etwas sparsames Gras hervorbringt. Meine Begleiter sagten mir, dass weiter hin auch diese ganz aufhörten, und es ward daher beschlossen, auf der ersten etwas grösseren Wiese dieser Art Halt zu machen, damit unsere Pferde sich erholen und auf der herbstlichen, aber doch noch ziemlich guten Weide zu den ihnen bevorstehenden Strapazen und Fasten Kräfte sammeln könnten. — Bisher war uns die Witterung immer günstig gewesen, hier aber änderte sie sich; den Himmel bezogen finstere, graue Wolken, die uns dichten Schnee, mit Hagel gemengt, brachten, und um Mittag zeigte das Thermometer 2^0 Frost. Unsere Pferde scharrten emsig den frischen Schnee von der Wiese und holten sich die spärlichen Reste des Sommergrases darunter hervor; wir flüchteten uns unter den Polog um ein kleines Feuer, auf welchem unser vornehmstes Labsal, der Theekessel, kochte. Aus der Ferne her hörten wir das dumpfe Brausen und Tosen des Tukulan, der mit einer ungeheuren Gewalt sich einen Weg durch die engen Thäler des werchojanskischen Gebirges bahnt und in den Aldan fällt.

Am folgenden Tage hatten wir einen äusserst beschwerlichen Weg zu machen. Nachdem wir uns mit vieler Mühe durch den uns überall umgebenden Morast gearbeitet hatten, gelangten wir an einen dichten Wald von Lärchenbäumen, Espen und Weiden, wo wir uns zwischen den eng verwachsenen Aesten und umgestürzten Baumstämmen durchwinden mussten, um zu der einzigen Stelle zu gelangen, an der eine

---

*) Der Polög ist ein aus weich gegerbtem Rennthierleder zusammengenähtes viereckiges Zelt, welches vermittelst einiger aufrecht in die Erde gesteckter Stäbe ausgebreitet wird. Gewöhnlich hat ein solcher blos für Reisende berechneter Polog nicht mehr als 7 Fuss Länge, 4 Fuss Breite und 5 Fuss Höhe. Die Pologi der hiesigen Völkerschaften, vornehmlich der Tschuktschen, sind aus rauhem Rennthierfell, viel länger und breiter, und diejenigen, die nicht blos als eigentliche Reisezelte gebraucht werden, mit einem derberen und besser verbundenen Gerippe versehen.

Ueberfahrt über den Strom möglich ist. Gegen Abend erst erreichten wir endlich das öde Ufer des Tukulan und schlugen unser Nachtlager auf einer Wiese auf; vor uns, nach Norden hin, lag die oben erwähnte lange Kette von Schneegebirgen, hinter uns der dichte, endlose Wald; rund umher herrschte Todtenstille, die nur durch das ungeheure Rauschen des Stromes unterbrochen wurde.

Früh Morgens am **20.** zogen wir über den Strom. Das Wasser ging den Pferden bis an die Sättel und die Strömung war furchtbar; aber der Boden der Furth war eben und fest und wir erreichten, obgleich ziemlich durchnässt, aber doch ohne Unfall, das jenseitige Ufer. — Ausser diesem mussten wir noch über mehrere nicht so breite, aber eben so reissende Ströme setzen, unter denen der **Toro Tukulan** (Queer Tukulan) und der **Anti Merdöch** (eiserne Pforte) die bedeutendsten sind. Dieser letztere schwillt nach starken Regengüssen und bei plötzlichem Schmelzen des Schnees so gewaltig an, dass er alles, was sich ihm in den Weg stellt, mit sich fortreisst. Auch ist die ganze Thalgegend dieser Flüsse mit grossen entwurzelten Bäumen und Steinmassen besäet, die bei diesen Ueberschwemmungen im Frühling aus den höheren Gegenden losgerissen und hieher geschwemmt wurden. Dies erschwerte unser Weiterkommen und ermüdete unsere Pferde so sehr, dass wir genöthigt waren, hier viel früher als gewöhnlich Halt zu machen.

Der Winter schien jetzt sich völlig einzustellen; das Thermometer zeigte 5 ° Frost, und ein dichter Schnee, der nicht wegthaute, überdeckte die ganze Umgegend. Obgleich eben nicht von der freundlichsten Art, war uns doch diese Abwechselung in dem traurigen Einerlei unseres Zuges recht willkommen, und wir freuten uns über diesen Vorgeschmack des hiesigen Winter-Nomadenlebens. — Nachdem wir ein freies ebenes Plätzchen zwischen hohen Bäumen, die uns einigen Schutz gegen den Wind und das Schneegestöber darboten, ausgesucht und von Schnee etwas gereinigt hatten, ward ein grosser dürrer Baumstamm herbeigeschleppt, welcher, als Grundlage eines tüchtigen Feuers, den Mittelpunkt unsers Lagers ausmachte und die Gegend umher beleuchtete. Auf die feuchte Erde breiteten unsere Führer in der grössten Geschwindigkeit eine ziemlich dicke Unterlage kurz gehackten, dürren

Reisigs aus, den sie darauf mit einer Schicht grüner Zweige von den
hier in Menge wachsenden Zwergzedern bedeckten. Auf diesem wohl-
riechenden Teppich wurden um das Feuer herum unsere drei Pologi
so aufgestellt, dass sie drei Seiten eines Vierecks bildeten; unsere Führer nahmen die vierte ein, begnügten sich aber, weil es ihrer Meinung
nach noch recht warm war, damit, ihre Pferdedecken auf den beschnei-
ten Boden hinzuwerfen und sich die Sättel statt Kopfkissen zurecht-
zulegen. Während wir noch mit dem Aufrichten unserer Zelte beschäftigt waren, hatten sie schon Zeit gehabt, die Pferde abzuladen,
mit dürrem Grase etwas abzureiben und an die umstehenden Bäume
kurz anzubinden, damit sie nicht kaltes feuchtes Gras oder Schnee be-
kämen, ehe sie gehörig abgekühlt wären.

Sobald unsere kleine Niederlassung etwas in Ordnung war, eilten
wir, die Kessel mit Flusswasser oder frischgefallenem Schnee zu füllen
und über das Feuer aufzuhängen. In Erwartung des labenden Thees
und der nahrhaften Suppe setzten wir uns um das Feuer, zündeten
unsere Gansy, jakutische kurze Tabakspfeifen, an, und ein jeder
schürte bestens das Feuer, um das nach den Beschwerden des Tages
sehnlich erwartete Abendessen zu beschleunigen. Die einfache Kost
war bald bereitet und verzehrt, und nun begannen unsere Führer nach
hiesiger Sitte, ihre und ihrer guten Freunde Abenteuer auf der Jagd
und auf fernen Reisen mit unglaublicher Suade zu erzählen. Dies ist
eine allgemeine Liebhaberei, ich möchte beinahe sagen Leidenschaft der
Jakuten und der hiesigen Russen; sie sind in solchen Erzählungen un-
erschöpflich und überbieten einander durch unzählige wahre oder er-
sonnene Begebenheiten, um die Aufmerksamkeit der Zuhörer zu fesseln.
So ward uns am heutigen Abende die ganz tolle Beschreibung einer
Bärenjagd zum Besten gegeben, wo ein einzelner Kosak, von drei dieser Thiere angefallen, alle drei fast zu gleicher Zeit überwunden haben
sollte, indem er den einen mit seinem Messer, den andern mit dem
Beile und den dritten mit einem Knittel erlegte. — Ein anderer Erzähler unterhielt uns mit eben so unglaublichen Beispielen von der ungeheuren Stärke des sibirischen Elennthieres, welches seiner Versicherung nach im Stande seyn sollte, im vollen Laufe mit seinem Geweih
grosse Bäume zu entwurzeln und niederzuwerfen. Unter solchen er-

baulichen Gesprächen verging der Abend sehr schnell; wir krochen in unsere Pologi, wo wir auf ausgebreiteten Bärenfellen und unter tüchtigen Pelzdecken die Nacht recht gut und warm verbrachten. — Unsere Führer, nachdem sie ihre Pferde auf der dickbeschneiten Weide sich selbst überlassen hatten *), streckten sich auf ihre Decken hin und schliefen nach der Ermüdung des Tages gewiss nicht schlechter unter freiem Himmel, als wir in unseren Zelten.

Nicht immer aber geniessen die Reisenden hier einer so ungestörten Ruhe als wir; im Frühling und Sommer geschieht es, wie gesagt, oft, dass durch plötzliches Schmelzen des Schnees oder heftige Regengüsse die aus den Bergschluchten kommenden Bäche und kleinen Flüsse eine Masse Wassers herunterbringen, die in einer halben Nacht das Thal völlig überschwemmt. Daher pflegt auch der erfahrene vorsichtige Sibirier immer sein Nachtlager unter ein Paar grossen nahe bei einander stehenden Bäumen aufzuschlagen, auf deren Gipfeln er sich in einem solchen Nothfalle flüchten kann. Dann wird in der grössten Geschwindigkeit von dem einen Baume zum andern aus den Zweigen eine Art Brücke geflochten, auf welcher man, mit seiner ganzen Habe in der Luft schwebend, ruhig abwartet, bis das Wasser wieder

---

*) Diese Pferde scheinen hier im Norden ganz ihre Natur geändert zu haben; sie sind von mittlerer Grösse, haben einen kurzen, dicken Hals und nach Verhältniss ihres Wuchses sehr starke Knochen. Die meisten sind von weissgrauer Farbe und haben sehr langes, zottiges Haar, welches sie, wie die übrigen vierfüssigen Thiere in diesen Gegenden, mitten im Sommer wechseln. Sie machen die beschwerlichsten, oft drei Monate dauernden Reisen, und obgleich sie während dieser ganzen Zeit durchaus keine andere Nahrung haben, als das verdorrte, halb vermoderte Gras, welches sie mühsam mit ihren Hufen unter dem Schnee und Eise hervorscharren müssen, so sind sie nichtsdestoweniger immer wohlgenährt, stark und von unglaublicher Ausdauer. — Merkwürdig ist es, dass die jakutischen Pferde ihre Zähne bis ins hohe Alter unversehrt erhalten, da sie sich doch bekanntlich bei den unsrigen mit den Jahren abnutzen. Es ist wohl möglich, dass letzteres von dem harten Kornfutter herrührt, welches unsere Pferde haben, während die hiesigen, wie gesagt, nie Hafer, sondern immer nur weiches Gras fressen. — Ueberhaupt erhalten die hiesigen Pferde sich viel länger jung als die unsrigen; das Mittelalter ist hier 20 Jahre; im Durchschnitt dient ein solches Thier gewöhnlich 30 Jahre.

abläuft, welches jedoch nicht zu lange dauern darf, da die luftige Wohnung weder Schutz vor Unwetter gewährt, noch auch ein Feuer anzumachen gestattet.

Je mehr man sich dem Ursprunge des Tukulan nähert, desto en-
ger wird das Thal, durch welches er seinen Lauf nimmt; die schroffen
Felsen zu beiden Seiten nähern sich, die Waldungen, welche die Ufer
des Stromes zierten, werden immer dünner und verschwinden endlich
ganz. Am häufigsten trifft man hier eine Gattung Pappeln von ungeheurer Höhe und Dicke an; nächst diesen finden sich auch Weiden.
Weiter ab vom Ufer, wo der Boden trockener und steinig ist, wachsen Birken und Fichten, vornehmlich aber die Zwergzeder (hier Slanez
genannt), welche an den Bergabhängen und in den Schluchten, den
Boden bedeckend, hinkriecht und mit ihren kleinen, aber wohlschmecken-
den Nüssen den unbehülflichen, finsteren Bären, so wie das muntere
Eichhörnchen anlocken. In den dichteren Fichten- und Lärchenwäldern
nisten Auer- und Rebhühner in grosser Menge.

Am 22. September nächtigten wir auf einer waldlosen Fläche am
Fusse des Gebirges unter dem Schutze eines weit überhängenden Fel-
senbogens. Der eintretende Winter ward immer fühlbarer; bei Tagesanbruch zeigte das Thermometer 16° unter Null, und in der Nacht
hatte ich mich, trotz der tüchtigen Pelzbedeckung, nicht erwärmen können. — Wir hatten jetzt den werchojanskischen Bergrücken erreicht
und schickten uns an, denselben zu übersteigen. Dies ist unstreitig
der schwierigste und gefährlichste Theil des ganzen Weges von Jakuzk
bis an die Kolyma. Wir mussten steile Felsenabhänge heranklimmen,
wo wir wegen Mangel an Schnee jeden Augenblick Gefahr liefen, in
Abgründe zu stürzen; dann geriethen wir wieder in schmale, ganz verschneite Bergschluchten, in welchen wir genöthigt waren, uns mit Schaufeln einen Weg zu bahnen. Mit allen diesen Hindernissen und Gefahren kämpfend, brauchten wir volle drei Stunden, um nur den höchsten
Uebergangspunkt zu erreichen; von hier erheben sich die Gipfel der
Berge noch über 800 Fuss, der Weg aber schlängelt sich zwischen
denselben fort. — Im Sommer ist dieser Uebergang weniger beschwerlich und nur wegen der häufigen und schweren Gewitter furchtbar, im
Winter aber häufen sich die Gefahren aller Art. Unter andern schiessen

oft plötzlich aus Bergschluchten und Felsritzen Windstösse hervor, die
so heftig sind, dass sie Pferde und Reiter umwerfen, und nicht selten
werden so ganze Karawanen in die Abgründe gestürzt, an deren schma-
lem, steilem Rande der Weg hinläuft. Uns begünstigte bei diesem gefährlichen Uebergange die Witterung ganz besonders. Der Himmel war
heiter und wolkenleer; in den Strahlen der Mittagssonne funkelten die
bereiften Felsenwände um uns her mit Millionen der schönsten Brillanten; unter uns, nach Norden, öffnete sich das Thal der Jana, welche von hier in das Eismeer fliesst; nach Süden schlossen schroffe
Felsen die Aussicht. Ein in seiner Art grosses, aber düsteres, rau-
hes Naturbild!

Der Werchojanskische Bergrücken, welcher den Theilungspunkt
der Gewässer ausmacht, die einerseits in die Lena, andererseits in die
Jana fallen, besteht fast durchgehends aus reinem, schwarzem Schiefer
und ist an der Nordseite weit weniger steil als nach Süden. Dieses
Gebirge liegt nach unseren Beobachtungen unter 64° 20′ nördlicher
Breite, und macht einen merkwürdigen Abschnitt in der Vegetation;
hier hören nämlich die Fichten und Tannen, so wie auch die noch
hin und wieder wachsenden Eberäschen plötzlich auf und man findet
deren gar keine mehr nach Norden hinauf, während der Lärchenbaum
überall, und Pappeln, Birken und Weiden bis zum 68° hinauf wachsen. Letztere finden sich noch an den Ufern des Omolon und der beiden Anjou, in Niederungen, wo sie gegen die kalten Winde Schutz
finden; doch wachsen sie hier grösstentheils nur strauchartig. — Einige
Tungusen, die wir weiterhin antrafen, erzählten uns, dass sich an einer
sehr hohen Stelle des Gebirges die Ueberreste eines ehemaligen ziemlich grossen Seefahrzeuges befänden; sie wussten uns aber keine näheren Umstände davon anzugeben, und es schien wohl, dass sie nur
nach Hörensagen erzählten. Dieselben versicherten uns auch, dass in
einem See, aus welchem die Jana ihren Ursprung nimmt, sich der hier
unter dem Namen Charjus bekannte Fisch, Salmo thymallus, die Aesche,
in Menge finden soll.

Die ganze Strecke von dem Aldan bis an das Werchojanskische
Gebirge wird der Tukulansche Weg genannt. In ganz Sibirien
giebt es wohl, die gefährlichen Bergübergänge ausgenommen, keinen

11

schlechteren Weg, als diese **140 Werst**, auf welchen sich Moräste, dicht verwachsene Wälder, reissende Ströme, Berge und Felsen gleichsam vereinigt haben, um das Weiterkommen zu verhindern. Dazu kömmt noch, dass der unglückliche Reisende hier weder Jurten, noch sonst irgend eine Art Obdach oder Schutz gegen Kälte und Unwetter findet, sondern genöthigt ist, immer unter freiem Himmel zu übernachten. Diese Tukulansche Einöde gehört unmittelbar zu dem Gebiete des jakuzkischen Landgerichts, welches aber gar nicht auf irgend eine Art von Bequemlichkeit für die Reisenden bedacht ist. Desto merkwürdiger ist hingegen die Sorgfalt, mit welcher der Werchojanskische Kreiskommissair T a r a b u k i n an der Nordseite des Gebirges für diesen Gegenstand gesorgt hat. Gleich bei seinem Eintritte in das Amt hat er alle ihm zu Gebote stehenden Mittel angewandt, um in seinem Gebiete die Gebirgswege durch Aushauen und Erweitern derselben an den Abhängen, durch zweckmässigere Leitung des Weges über die weniger morastigen Stellen u. s. w. gefahrloser und bequemer zu machen, welches besonders für die alljährlich von der Regierung aus Jakuzk nach den Niederlassungen an der Jana und Indigirka gehenden Salz- und Provianttransporte von dem wesentlichsten Nutzen ist. Noch eine höchst wichtige und wohlthätige Einrichtung, die man ihm unter andern hier verdankt, sind die sogenannten Powarni (Kochhäuser); dies sind in gewissen Entfernungen erbaute hölzerne Hütten, ohne Ofen, blos mit horizontal liegenden Baumstämmen gedeckt. In der Mitte ist eine Art von Heerd zum Feueranmachen befindlich; eine Oeffnung in der Decke dient als Rauchfang, und an den Wänden herum sind breite Bänke befestigt. So roh und unvollkommen auch die Bauart dieser Herbergen ist, so sind sie doch eine wahre Wohlthat für den Reisenden, indem sie ihm ein Obdach gegen Sturm und Schneegestöber darbieten, und sogar mit Hülfe eines tüchtigen Feuers auch mehr oder weniger gegen die Kälte schützen *).

---

*) Seit dem Jahre 1821 hat das jakuzkische Landgericht angefangen, diesem guten Beispiele zu folgen; es sind allerlei Vorkehrungen zu Verbesserung des Weges getroffen, und jetzt findet man auch hier schon hin und wieder solche Powarni oder Herbergen.

Das Tukulansche Thal, durch welches wir von den Ufern des Aldan gezogen waren, hat anfänglich eine Richtung nach ONO., wendet sich dann aber nach NNO.; letztere Richtung fängt bei ein paar beträchtlichen Bergen an, die es von beiden Seiten sehr einengen. Diese Berge, deren ziemlich kompakte Seiten steil hinan gehen und sich in einen platten, tafelförmigen Gipfel endigen, schliessen sich an eine Kette von zackigen Bergen an, die, aus der Ferne gesehen, einen Halbkreis zu bilden scheinen, dessen westliche Hälfte nach NNO., die östliche aber nach NNW. hin liegt. — Bis an jene zwei Berge hat das Thal eine bedeutende Breite, und hohe, steile Ufer. Der Boden des Thales ist eben, morastig und durchgehends mit Bruchstücken verwitterten Thonschiefers bedeckt. — Das jetzige, eigentliche Bett des Flusses geht längs dem linken Thalrande, aus welchem mehrere wasserreiche Bäche hervorquellen und sich in den Strom ergiessen. — Je mehr man sich dem Mittelpunkte der bogenförmigen Bergkette nähert, desto mehr verengt sich auch der sichtbare Horizont, und zuletzt befindet man sich in einer Art von Schlucht, die ringsum von hohen, steilen Bergen eingeschlossen ist und eine NO.-Richtung hat. — Die westliche Hälfte der Bergkette besteht aus reinem, schwarzem Thonschiefer, dessen Schichten nach N. z. W. streichen und unter einem Winkel von 70^0 nach W. z. S. mit dem Horizont schiessen.

Nachdem man ungefähr 30 Werst in diesem Thale zurückgelegt hat, gelangt man an einen hohen, steilen und zugespitzten Berg; hier geht der Weg durch eine in demselben befindliche Spalte oder Schlucht, deren Boden, nach den barometrischen Messungen des Herrn von Anjou, 2100 Fuss über dem Niveau des 30 Werst von hier befindlichen Tukulan erhaben, aber noch ungefähr 800 bis 1000 Fuss niedriger als der eigentliche Gipfel des Berges liegt. Diese Bergschlucht ist der oben erwähnte höchste Punkt des Ueberganges über das Gebirge, sie besteht gleichfalls aus nacktem, schwarzem Thonschiefer, welcher nach N. z. O. streicht und gegen den Horizont in einem Winkel von 50^0 schiesst.

Am Fusse des nördlichen Abhanges, längs dem rechten, höheren Thalrande, fliesst die Jana, welche aus einem kleinen Landsee entspringt und sich in das Eismeer ergiesst. In diesem See, der ungefähr auf der Hälfte des Weges hinabwärts auf einem Absatze des Berges liegt, trifft man in ziemlicher Menge den oben erwähnten Fisch Chàrjus, welcher wahrscheinlich den Strom hinauf geht. Das Thalbett der Jana hat eine nördliche Richtung und ist gegen Osten und Westen durch eine wellenförmig hinlaufende Kette von zugespitzten Bergen begränzt, die sich nach der Südseite an das Werchojanskische Gebirge anschliesst, nach Norden hin aber sich in einzelne auf einer morastigen Ebene zerstreute, niedrige Berge und Hügel verliert. Die westliche Hälfte dieser Bergkette ist kürzer als die östliche, welche sich bis auf 150 Werst abwärts von dem Gebirge erstreckt und dort gleichfalls in Morästen mit Hügeln endigt, die aus Sandstein und zerbröckeltem Schiefer bestehen.

Von dem rechten Thalrande, längs welchem die Jana fliesst, zieht sich von dem Werchojanskischen Gebirge in WNW.-Richtung ein zweiter bedeutender Bergrücken bis an das Eismeer hin, der das Thalbett der Lena von dem der Jana trennt, und der Orulganskische heisst; er besteht, wie alle mir hier zu Gesicht gekommenen Höhen, aus Thonschiefer, dessen Schichten in NNW. streichen, und abwechselnd sich bald nach Westén, bald nach Osten hinneigen.

Wir zogen längs dem linken Ufer der Jana weiter, wo wir immer in gewissen Entfernungen von einander die oben beschriebenen Powarni antrafen. In der Nähe einer derselben stiessen wir am 25. September auf eine einzeln dastehende kleine Hütte von Baumästen und Blättern, die wir anfangs durchaus für unbewohnt und unbewohnbar hielten. Zu unserem grossen Erstaunen aber fanden wir, dass es die förmliche Wohnung eines Tungusen war, der sich mit seiner Tochter und ein paar Hunden in dieser eisigen Einöde niedergelassen hatte, um ungestört der Rennthierjagd nachzugehen. Man muss die Gegend, man muss die halbdurchsichtige Hütte gesehen haben, um sich einen Begriff von der schrecklichen Lage dieser beiden Anachoreten zu machen. Besonders zu bedauern ist das unglückliche Mädchen; während der Vater auf seinen langen Schneeschuhen oft mehrere Tage hindurch ein Rennthier verfolgt, ehe es ihm gelingt, es zu erlegen, bleibt die Tochter in einer jämmerlichen Hütte, die kaum im Sommer ein hinlängliches Obdach gegen Wind und Regen darbieten kann, allein, hülflos, ohne gehörige warme Bekleidung, der furchtbarsten Kälte, sehr oft auch dem Hunger preis gegeben, in völliger Unthätigkeit zurück; man kann sich einen solchen Zustand kaum denken! — Dieser Tunguse war einer von denen, die durch irgend einen unglücklichen Zufall ihren einzigen Reichthum, die zahmen Hausrennthiere, verloren, und dadurch in die traurige Nothwendigkeit versetzt sind, sich von ihren Stammkameraden zu trennen, und in diesen eisigen Wüsten ihren kümmerlichen Lebensunterhalt unter dem ewigen Kampfe gegen Mangel, Kälte und zahllose Gefahren zu suchen, welchen viele von ihnen unterliegen. Merkwürdig genug ist es, dass solche Unglückliche in der Landessprache mit einem Ausdrucke bezeichnet werden, welcher ungefähr so viel als Glücksjäger, d. h. einen Menschen bedeutet, der ausgezogen ist, um sein verlornes Glück aufzusuchen. Der wahrhaft bejammernswerthe Zustand dieser Glücksjäger, die man häufig in den Wäldern antrifft, ist der Aufmerksamkeit der Regierung nicht entgangen. Durch die neue Organisation des östlichen Sibiriens ist verordnet, alle diese herumstreifenden Tungusen längs den Ufern der grossen, fischreichen Flüsse anzusiedeln, und sie mit den zur Fischerei erforderlichen Geräthschaften zu versehen, damit sie sich auf diese Art ihren Unterhalt erwerben können.

Am 26. September erreichten wir die erste Poststation, Baralas genannt, welche 157 Werst vom Werchojanskischen Gebirge, nach unseren Beobachtungen unter 65° 51′ nördlicher Breite liegt. Wir fanden hier eine geräumige Jurte für Reisende, die uns nach so langer Entbehrung jeder Art von Bequemlichkeit auf das angenehmste überraschte. Der hiesige Jessaul *), ein Jakut, hält seine Station in musterhafter Ordnung; gleich am Eingange stand auf einer reinlichen Unterlage von frischem Schnee eine Reihe klarer Eisstücke zum Füllen der Speise- und Theekessel; die Jurte selbst war sauber ausgekehrt und die Bänke längs den Wänden herum mit duftendem Heu belegt; auf dem Tschuwal oder Heerde brannte klein gespaltenes, trocke-

*) Auf jeder Poststation befindet sich ein Aufseher, der für Ordnung zu sorgen hat, und den man hier mit dem Titel Jéssaul beehrt, der eigentlich aber nur den unteren Kosaken-Offizieren gebührt.

nes Holz; vor die Fenster waren helle, glatte Eisscheiben gesetzt und sorgfältig mit hiesigem Polarfensterkitt, aus Schnee und Wasser bestehend, verschmiert, kurz alles verkündigte Ordnung, Sorgfalt und Reinlichkeit. Uns, die wir, ohne uns auskleiden zu können, neun ganzer Tage unter freiem Himmel in Schnee und Kälte zugebracht hatten, schien die Baralaskische Poststation ein prachtvoller Palast; wir eilten, uns der steifgefrorenen, schweren Pelzlast zu entledigen, Wäsche zu wechseln und uns Gesicht und Hände zu waschen, welches alles wir bisher nicht wagen durften, ohne uns Nasen und Ohren zu verfrieren. Nach beendigter Toilette fühlten wir uns wie neugeboren und statteten mit wahrem Jubel dem wackeren Jessaul unseren herzlichen Dank für diesen Genuss ab, von dem er sich übrigens, wie es schien, aus Mangel an eigener Erfahrung keinen recht deutlichen Begriff machen konnte. Er stellte uns nun einen mit dem Beile verfertigten Tisch hin, der mit allen nur möglichen hiesigen Leckerbissen besetzt war, als: in kleine Würfel zerhackte gefrorene jakutische Butter ohne Salz, sogenannte Struganina, d. h. gefrorener, in ganz dünne Scheiben geschnittener Fisch, und zum Nachtisch das hiesige Prachtessen, ganz frisches, rohes Rennthiermark. So wenig reizend diese Glaces au beurre et au poisson und die Compotte aux Rennes auch waren, so langten wir doch herzhaft zu und fanden, aus Erkenntlichkeit für die uns erwiesene Gastfreundschaft, alles vortrefflich. In der Folge gewöhnten wir uns an den Speisezettel, und ich gestehe, dass ich auch ohne allen Höflichkeitszwang einige Scheiben frischer Struganina, ehe sie nämlich aufthaut, mit Salz und Pfeffer gewürzt, dem gekochten Fische vorgezogen habe.

Mit Baralas beginnt wieder eine regelmässige Posteinrichtung; man findet mehr oder weniger gute Jurten, gewöhnlich zwei, deren eine für die Reisenden, die andere für die Postknechte bestimmt ist, welche in einer gewissen Folgereihe mit ihren Pferden aus den zunächstliegenden Nasslegi hieher kommen und den Postdienst verrichten. Die Jakuten berechnen die Entfernungen nach Kiössy; so nennen sie nämlich eine Strecke Weges, zu der sie so viel Zeit brauchen, als zum Garkochen eines Stückes Fleisch erforderlich ist. Da bei dieser mehr gastronomischen als mathematisch genauen Maassbestimmung alles auf die Beschaffenheit des Weges ankömmt, so ist im Durchschnitt als Norm angenommen, dass bei schlechtem, morastigem oder bergigem Wege ein Kioss ungefähr 5 Werst, auf ebenem Wege aber 7 Werst beträgt.

So wohl es uns auch in dem gastfreundlichen Baralas ging, so verweilten wir doch nur einen Tag dort und machten uns am 27. September wieder auf den Weg nach der nächsten Station, Tabalog, welche 300 Werst von hier liegt. Da wir nicht mit der eigentlichen Post, sondern mit besonders für unsere Expedition ausgestellten Pferden reisten, so nahmen wir statt des gewöhnlichen Postweges über Werchojansk einen anderen, den die Kaufmannskarawanen gewöhnlich zu nehmen pflegen, und der beinahe um hundert Werst kürzer seyn soll. — Ungefähr 20 Werst von Baralas mussten wir über die Jana ziehen, welche hier nur 70 Faden breit ist; das Eis war aber so spiegelglatt, dass unsere (wie hier immer) unbeschlagenen Pferde auf jedem Schritte hinstürzten. Es half nichts, dass wir ihnen ihre ganze Ladung abnahmen und sie frei gehen liessen; nach vielen vergeblichen Versuchen und Anstrengungen mussten sich endlich unsere Führer entschliessen, nach Baralas zurückzureiten, um von dort einige Säcke voll Asche und groben Sandes zu holen. Mit diesem ward der Weg auf dem Eise ziemlich dick bestreut, und so gelangten wir endlich glücklich und ohne weitere Beschwerde hinüber.

Die Ufer der Jana sind hier flach und grösstentheils mit Lärchenbäumen von mittlerer Grösse bewachsen. Der Landstrich zwischen den Stationen Baralas und Tabalog bietet nur wenig Abwechselung dar. Anfangs findet man eine Hügelreihe, die sich in nördlicher Richtung hinzieht und sich zuletzt in Morästen verliert. Unter dem Schutze dieser Erhöhung wächst niedriges Lärchen- und Birkengesträuch, und der gefrorene, morastige Boden liefert den Pferden nur sehr kümmerliche Nahrung. Die Ebene ist mit einer Menge Landseen besäet, die durch verschiedene kleinere und grössere Bäche und Flüsse zusammenhängen. Unter andern setzten wir über den Adytsch, der in einer NNO.-Richtung der Jana zuläuft und mehrere geringere Flüsse, wie den Tabalog, den Tastog u. a. aufnimmt. Hier erreichten wir am 3. Oktober die Station Tabalog, welche, umgeben von fischreichen

Seen und guten Weideplätzen, hinlänglich Nahrung für Menschen und Vieh darbietet; sie wird von Werchojanskischen Jakuten recht ordentlich unterhalten. Die geräumige und reinliche Jurte, die wir hier fanden, war uns um so angenehmer, da wir auf unserem ganzen Wege hieher, bei einer Kälte von 10 bis 19°, kein anderes Obdach zur Nacht gefunden hatten, als die hin und her verstreuten, unbewohnten und halbverfallenen Jakutenjurten, die uns nur wenig Schutz gegen Kälte und Unwetter gewährten.

Ich traf hier zu meiner grossen Freude den Kreisarzt Herrn Tomaschewski an, der nach einem dreijährigen Dienstaufenthalt in Kolymsk jetzt, froh über seine Erlösung, von da wieder zurückkehrte und mir mancherlei sehr nützliche Fingerzeige und Nachrichten über jene Gegenden mittheilte. — Unter andern erzählte er mir auch, dass die Kolyma sich im Juni bei Sredne-Kolymsk so ungeheuer ergossen habe, dass die Bewohner des Orts genöthigt gewesen wären, sich auf die Dächer ihrer Häuser und auf den Kirchthurm zu flüchten.

Oestlich von der Station sieht man einen beinahe in der Richtung des Meridians laufenden, starkgezackten Bergrücken, welcher besonders merkwürdig wegen der kleinen kegelförmigen Spitzen ist, die gleichsam wie angeklebt oder wie Auswüchse an den Seiten der Berge hervorstehen. — Wir verliessen Tabalog am 5. Oktober und zogen durch morastige Ebenen und über flache, wellenförmige Erdrücken, die mit niedrigem, zum Theil verbranntem Lärchengesträuche bewachsen waren. Nachdem wir 85 Werst zurückgelegt hatten, gelangten wir an den Fuss des oben erwähnten Bergrückens, welcher jedoch viel niedriger ist, als der Werchojanskische; er macht die Scheidung zwischen den beiden Flusssystemen der Jana und der Indigirka. Ungefähr in der Mitte des flachen Bogens, den diese Bergkette umschreibt, bildet sie ein enges Thal, durch welches unser Weg in einer östlichen Richtung hinführte. Es war mir nicht möglich, die Bestandtheile dieses Gebirges zu untersuchen, aber nach einer grossen Menge am Fusse der linken Seite desselben (längs welcher wir zogen) herumliegenden Bruchstücke von Granit, der aus weissem Feldspath in grösseren und kleineren Krystallen, dunklem, feinem Glimmer und Quarz bestand, lässt sich mit Wahrscheinlichkeit schliessen, dass dieses Gebirge wohl eben solcher Natur ist. Wir folgten dem obigen engen Thale und kamen an das zu dem Janasysteme gehörige Flüsschen D o g d o, dessen Laufe folgend wir an ein ziemlich breites, kesselförmiges Thal gelangten, welches in der früheren Geschichte Sibiriens eine Rolle spielt. Die Tradition sagt nämlich, dass zur Zeit der Eroberung dieses Landes durch die Kosaken eine zahlreiche Horde Rennthiertungusen sich hierher flüchtete, in der Hoffnung, hier vor ihren Verfolgern sicher zu seyn; dass aber diese sie entdeckten und dass nach einem hartnäckigen Kampfe die ganze Horde ihr Grab in diesem Thale fand, welches daher auch jetzt noch Ubiènnoje Pole, das Todesthal, heisst. Es fehlte nicht viel daran, dass auch ich die Anzahl der hier begrabenen Urbewohner des Landes vermehrt hätte. Ich hatte mich von der Karawane getrennt, um mich etwas in der Gegend umzusehen und wollte sie auf einem Seitenwege, der mir viel gerader und kürzer schien, wieder einholen. Dieser Weg führte über ein völlig zugefrorenes Flüsschen; als ich aber ungefähr ein Drittheil der Breite desselben erreicht hatte, brach das noch nicht sehr dicke Eis, mein Pferd verschwand unter demselben, und blos durch einen glücklichen Zufall gelang es mir in dem nämlichen Augenblicke, trotz der schweren, unbehülflichen Reisekleidung vom Pferde herab auf das feste Eis zu springen und das Ufer zu erreichen. Ich glaubte mein Pferd in den Fluthen verloren, aber unsere jakutischen Führer, die meinen Unfall von fern gesehen hatten, eilten lachend herbei und versicherten, sie würden das Pferd schon ganz lebend und trocken wiederschaffen. Sie gingen auch gleich ans Werk, indem sie mit Stangen das Eis noch weiter zerbrachen und wirklich mein Pferd wohlbehalten herausbrachten. Es war nämlich, wie hier oft geschehen soll, nach dem Gefrieren der Oberfläche das Wasser unter dem Eise fast ganz abgelaufen, so dass zwischen der Eisdecke und dem Boden des Flusses ein leerer Raum von sechs bis sieben Fuss Tiefe entstand, in welchem das Pferd, ohne sich eben sehr zu beschädigen, hinabgestürzt war. — Leider verlor ich bei dieser Begebenheit meinen Vorrath an Thee, Zucker und Rum, welche in eine Art von Mantelsack gepackt waren, der bei dem Sturze riss und auseinander ging. Ein unersetzlicher, für den in diesen Eiswüsten Herumziehenden höchst empfidlicher Verlust!

In der Gegend des oben erwähnten Todtenthales verliessen wir den Dogdo, welcher nach Osten fortläuft und bogen nördlich in ein engeres Thal, welches von mehreren kleinen Bächen durchschnitten und fast ganz von schroffen Felsen umgeben ist. Ueberall wo die Felsenwände nicht mit Schnee bedeckt waren, zeigte sich immer der hier grösstentheils vorwaltende schwarze Schiefer; die an ein paar Punkten genauer beobachteten Schichten desselben streichen von W. z. N. nach O. z. S., und machen von N. z. O. nach S. z. W. mit dem Horizont einen Winkel von 30°. Auf der Ebene liegen grosse Bruchstücke von Konglomerat, welches grösstentheils aus Schiefer und Granit besteht.

In einer Entfernung von ungefähr 50 Werst von der Station entspringt aus den Bergen ein Bach, Rùsskaja Rassòcha (der russische Bach) der in östlicher Richtung fortgeht. Er zeichnet sich besonders durch die malerische Ansicht der Schlucht aus, durch welche er fliesst und deren von beiden Seiten aufrecht stehende dunkelgraue Felsenwände, die mit ihren sonderbaren Durchbrüchen und Zacken von fern einem alten Ritterschlosse mit Schiessscharten und Säulen gleichen. Wir folgten diesem Bache, längs dem wir, nach zurückgelegten 75 Werst endlich aus dem Gebirge heraus auf eine Ebene gelangten, welche aber nach NO. hin wieder durch eine mit der hinter uns gelassenen parallel laufende Hügelkette begränzt ist, die aus stark gebauchten, oben meistentheils sattelförmigen Bergen besteht. Ein sich durch dieselbe durchschlängelnder Bach, die Gulängina, führte uns bis an die Indigirka. Wir sahen da eine Menge wilder Schaafe, hier Argaly genannt (capra ammon), die sich auch in dem Werchojanskischen Gebirge finden. Diese Bergkette besteht gleichfalls grösstentheils aus schwarzem Schiefer, dessen Schichten mir wegen ihrer unregelmässigen und verschiedenartigen Richtung auffiel. Einige derselben lagen nämlich in förmlichen fast konzentrischen Bogen über einander, andere hingegen schossen wieder in divergirende, schräg aufwärts gehende Richtung. Dies habe ich jedoch nur am Abhange und Fusse der Berge beobachten können, da mir die Gipfel derselben unerreichbar waren.

Am 10. Oktober um Mitternacht erreichten wir das Städtchen Saschiwersk, am rechten Ufer der Indigirka, 415 Werst vom Tabalog. Während unserer Reise hatten wir nie weniger als 16^0, oft aber $24\frac{1}{2}^0$ Kälte gehabt. Die Nächte brachten wir in den hin und wieder stehenden, zerfallenen, leeren Jakutenhütten und in den Powarni zu, in denen wir nach einem gewöhnlich zwölfstündigen Ritte, trotz der Kälte, dem überall durchziehenden Winde und dem Rauche die die Haupteigenschaften dieser sogenannten Herbergen sind, doch recht sanft und gut schliefen. An Schnee fehlte es überall noch auf der Fläche, besonders weil die hier immer herrschenden Winde ihn verwehten.

Saschiwersk, früher ein Dörfchen aus einigen wenigen Jurten bestehend, ward im Jahre 1786, kurz vor der Expedition des Kapitain Billings, auf Befehl der Kaiserin Katharina II. zum Range einer Kreisstadt erhoben. Die Anwesenheit des Kreiskommissairs und der untern Kreisbehörden brachte bald den Ort in eine Art von Aufnahme, und man zählte über dreissig Wohnhäuser in demselben. — Jetzt ist der Saschiwerskische Kreis zu dem Werchojanskischen Bezirk gezogen, der Kommissair und die paar Behörden haben sich fortbegeben und Saschiwerk ist in sein voriges Nichts zurückgesunken. Der ganze Ort besteht aus einer gut erhaltenen Kirche, und vier oder fünf Hütten, in welchen der Priester und sein Bruder, der jakutische Aufseher der Poststation und zwei russische Familien wohnen.

So jämmerlich der Ort ist, so bietet er doch eine höchst merkwürdige Frscheinung in der Person des weit und breit unter dem Namen Vater Michail bekannten 87jährigen Priesters dar, welcher nun schon seit ungefähr 60 Jahren als Diakon und Priester sein Amt verwaltet, und in dieser Zeit 15000 Jakuten, Tungusen und Jukahiren nicht blos der äussern Form nach getauft, sondern wirklich mit den vornehmsten Wahrheiten der christlichen Religion bekannt gemacht, und sowohl dadurch, als durch seine guten Lehren und Rathschläge, so wie durch sein Beispiel wesentlich auf ihre Bildung und moralische Besserung gewirkt hat. Der Eifer dieses ehrwürdigen Greises für die

Ausbreitung der Lehre des Evangeliums unter den Bewohnern dieser Schneesteppen ist so gross, dass er jetzt noch, trotz seinem hohen Alter, sich weder durch Kälte noch durch die übrigen zahllosen Beschwerlichkeiten abhalten lässt, jedes Jahr Reisen von **2000** Werst und darüber zu Pferde zu machen, um die neugeborenen Kinder seiner verstreuten Gemeinde zu taufen, seine übrigen Amtsverrichtungen zu versehen, und als Rathgeber, Lehrer, oft auch als Arzt, wo er nur immer kann, zu nutzen. Dabei hat er aber noch Zeit und auch Kraft genug, auf die Jagd der in den benachbarten Gebirgen lebenden Argali auszugehen, die er mit einer Kugelbüchse schiesst, und Rebhühner und anderes Federwild mit Schlingen zu fangen. — Während des kurzen Sommers bearbeitet er ämsig seinen kleinen Garten, und hat es durch Mühe und Aufmerksamkeit so weit gebracht, dass er darin Kohl, Rüben und Rettig zieht, welche hier, wegen des rauhen Klima's, vornehmlich aber weil Niemand sich mit dergleichen beschäftigt, zu den grössten Seltenheiten gehören. Auch ermangelte der ehrwürdige Alte nicht, uns einen Topf kräftiger Schtschi (gesäuerter Kohlsuppe) aus selbst gezogenem Kohl, nebst frisch gebackenem Roggenbrode vorzusetzen, und seine herzliche Freude uns mit diesem, schon so entbehrten herrlichen Nationalgerichte bewirthen zu können, war wenigstens eben so gross, als der Genuss, den es uns gewährte. — Unter andern Leckerbissen, die er uns auftischte, erschien auch ein Kuchen aus Fischmehl von seiner eigenen Erfindung. Der völlig getrocknete Fisch wird nämlich zu einem feinen Pulver zerrieben, welches, wenn es nur vor Feuchtigkeit geschützt ist, sich lange aufbewahren lässt, und mit etwas Brodmehl gemischt, ein recht wohlschmeckendes Backwerk giebt.

Die Gegend um Saschiwersk und hinabwärts längs der Indigirka hat sehr grasreiche Wiesen, und enthält eine Menge kleiner Landseen die sehr reich an Fischen, vornehmlich Sigi, Schnäpel (Salmo Cavaretus) und Tschiri, einer derselben ähnlichen Fischgattung sind. Die ganze hiesige Bevölkerung besteht grösstentheils aus Jakuten, welche im Sommer ihre zahlreichen Pferdetabunen und geringen Viehherden, auf den grossen Wiesen weiden, und ihren Vorrath an Heu für den Winter machen. Bei Eintritt des Herbstes ziehen sie sich an die

Ufer des Stromes und beschäftigen sich fast ausschliesslich mit Fischerei; die Jagd macht nur eine unbedeutende Nebenbeschäftigung aus.
Die ärmern unter ihnen, nämlich diejenigen, die kein Vieh, besonders
aber keine Pferde besitzen, haben sich ganz an den Ufern der Ströme
und Flüsse angesiedelt, und heissen daher auch retschnye, Fluss- oder
Uferbewohner. Diese halten statt anderes Zugvieh eine grosse Menge
Hunde, deren sie sich bedienen, um die eingefangenen Fische auf leichten Schlitten von dem Ufer nach ihren Wohnungen zu bringen, Holz
anzufahren u. s. w. Da die Hunde sich bloss von dem Abfall und
den Gräten der Fische nähren, so kostet ihr Unterhalt gar nichts; sie
sind aber ihren Herren von dem wesentlichsten Nutzen. — Die Ufer-
jakuten leben fast ausschliesslich von Fischen; sie haben keine andere
Beschäftigung als Fischerei und Jagd, letztere vornehmlich auf Pelzthiere.

An dem Saschiwersk gegenüber liegenden linken Ufer der Indigirka erhebt sich ein 150 Faden hoher Schieferfelsen, dessen regelmässige, schwarze Schichten mit dergleichen dickern, grauen, abwechseln, die mit Selenit durchschossen sind. Zwischen diesen horizontalen Lagen laufen, in der ganzen Höhe des Felsens, Adern von
einem weissen Selenit hin. Die Schichten streichen von W. z. N. nach
O. z. S.; sie machen, nach S. z. W. schiessend, einen Winkel von 60°
mit dem Horizont.

Kurz vor meiner Ankunft in Saschiwersk war hier ein grosser
Transport von Salz und Mehl durchgegangen, den die Regierung nach
Kolymsk schickte. Da zu demselben hundert Pferde erforderlich gewesen waren, so sah ich mich genöthigt, zwei Tage hier zu verweilen, bis aus den umliegenden Jakuten-Niederlassungen, die zu unserer
weitern Reise erforderlichen frischen Pferde herbeigetrieben wurden.

Erst am 13. Oktober konnten wir Saschiwersk verlassen; beim
Abschiede gab uns der ehrwürdige Altvater Michail noch einige kleine
Reisevorräthe, und seinen wohlgemeinten Segen mit auf den Weg.
Obgleich ich nur ein paar Tage hier gewesen war, so gehört doch
der kurze Aufenthalt in seiner gastfreien Hütte und die herzliche Aufnahme, die ich hier genossen habe, zu den wenigen freundlichen Er-
innerungspunkten auf meiner übrigens ziemlich düstern Reise.

Wir zogen über Wiesen und Moräste, mit niedrigem Gesträuch und verkrüppelten Bäumen bewachsen, und mit einer Menge kleiner Landseen besäet. Auf unserm Wege, der in einer Entfernung von ungefähr 40 Werst parallel mit der Indigirka fortlief, waren wir so glücklich immer zum Nachtlager bewohnte Jakutenjurten anzutreffen, bis wir an den 315 Werst von Saschiwersk belegenen grossen See Orinkino gelangten, der die Gränze des saschiwerskischen Bezirkes ausmacht, und wo die jakutischen Niederlassungen ganz aufhören. In dem hier beginnenden Kolymskischen Kreise mussten wir bis an den Fluss Alasej eine völlig unbewohnte Wüste von 250 Werst durchziehen, welche grösstentheils aus Morästen besteht, die im Sommer, besonders nach anhaltendem Regen, völlig unwegsam sind. Die Seen werden immer seltener, Wiesen und Heuschläge giebt es fast gar nicht, so dass bei dem gänzlichen Mangel an Nahrung für Menschen und Vieh, durchaus gar keine Art von Niederlassung Statt finden kann. — Diese, westlich von der Alasejschen Bergkette liegenden ungeheuren Moräste, die hier Badaràny genannt werden, trocknen eigentlich nie ganz aus. Bei lang anhaltender Dürre und wärmerer Witterung bildet sich bloss auf der Oberfläche derselben eine Art von Rinde, die gleich dem Herbsteise unbedeutende Lasten trägt, unter etwas schwererem aber durchbricht. Dies geschieht auch oft mit den Pferden der Reisenden, die genöthigt sind im Sommer dieses Weges zu ziehen, und nur der in einer gewissen Tiefe ewig gefrorene Boden des Morastes bewahrt sie vor dem gänzlichen Versinken· — Ueberhaupt kann man sich wohl nicht etwas traurigeres, öderes denken als diese Badaràny, mit halb verwestem Moose bedeckt, in welchem nur hin und wieder, auf den etwas erhöhtern Stellen ein Paar kümmerliche Lärchensträuche längs dem Boden hinkriechen, deren fast ganz entblösste Wurzeln kaum im Stande sind, sie lebend zu erhalten.

Der Winter ist demnach die einzige Jahreszeit, in welcher man sich in diese Moräste wagen darf; der Reisende läuft dann freilich nicht Gefahr zu versinken, dahingegen aber bedrohen ihn auf der unabsehbaren, nackten Eisfläche fürchterliche Stürme und Schneegestöber; gegen welche es gar keinen andern Schutz giebt, als einige baufällige

Powärni, in denen er Gefahr läuft von dem Rauche, den der durch die von allen Seiten eindringende Wind beständig herum wirbelt, erstickt zu werden.

Ungefähr 100 Werst von dem See Orinkino liegt der eben nicht sehr hohe, aber waldige Alasejsche Bergrücken, der das Flusssystem der Indigirka von dem des Alasej trennt. Wir bestiegen dieses kleine Gebirge von der Westseite, welche viel steiler ist, als der Abhang nach Osten. In den verschiedenen hier entspringenden Bächen und Zuflüssen des Alasej, findet man in Menge gediegenes Eisen von vorzüglicher Güte, welches die Jakuten zu Messern, Beilen u. dergl. verarbeiten. — Hier haben die gefährlichen Badaràny ein Ende; je näher man dem Flusse Alasej kömmt, der von hier bis an das Meer in erdigen Ufern fortläuft, desto häufiger zeigen sich auch wieder die fischreichen Landseen, deren manche bis 40 Werst im Umkeise haben, und zwischen denen gutes Wiesenland liegt. Auch trifft man hier schon wieder einzelne bewohnte Jurten und jakutische Niederlassungen an, welche immer häufiger werden, je näher man der Kolyma kommt.

Am 21. Oktober erblickten wir endlich zu unserer grössten Freude den röthlichen mit Funken gemischten Rauch, der sich, da eben kein Wind war, gleich einer Säule hoch über die Bäume erhob, und uns die Nähe der Sardachschen Poststation verkündigte, wo wir nach einer achttägigen, höchst beschwerlichen Reise, bei einer immerwährenden Kälte von 17° bis 24° hoffen durften, uns wieder ein Mal durchzuwärmen, und in einer geheizten, dichten Stube ausruhen zu können.

Wir fanden uns in unsern Erwartungen nicht nur nicht getäuscht, sondern dieselben vielmehr bei weitem übertroffen. Die 140 Werst von den Alasejchen Bergen belegene Station Sardach ist durch Sorgfalt des verabschiedeten Wachtmeister Atlassow, eines würdigen Urenkels des Eroberers von Kamtschatka, besser bebaut und unterhalten als irgend eine auf dem ganzen Wege von Jakuzk bis Kolymsk. In seinem recht gut gebauten Hause findet der Reisende ein abgesondertes, warmes und reinliches Zimmer, mit Bänken und Tisch versehen; um den Hof herum stehen eine geräumige Jurte für die Fuhrleute, eine Badestube, eine Vorrathskammer und ein langer Schoppen, um die von der Regierung aus Jakuzk nach Sredne - Kolymsk gehenden Salz-

und Mehltransporte bei schlechtem Wetter unterzubringen. In der Mitte steht ein drei Faden hohes Lusthäuschen mit einer Sonnenuhr. Seitwärts am Abhange des Berges befinden sich Vieh- und Pferdeställe, und das Ganze ist mit einem zierlichen Palissadenzaun umgeben, welcher bis an einen unten liegenden kleinen Landsee hinabgeht, dessen gegenüber stehendes Ufer mit einem dichten Lärchenwäldchen geschmückt ist. Der Anblick dieser freundlichen, die Anwesenheit eines gebildeten Menschen verkündigenden Ansiedelung, mitten in der unermesslichen öden Wüste, ist unbeschreiblich angenehm und wohlthuend.

Ich fand hier die ersten Nachrichten von dem Herrn von Matiuschkin, welcher mich in einem Briefe benachrichtigte, dass er das ihm übertragene Geschäft zu Nis'hne-Kolymsk mit gutem Erfolge begonnen habe.

Von Sardach bis Sredne-Kolymsk rechnet man 250 Werst; auf dieser Strecke befinden sich drei ordentliche Poststationen, wo man ein gutes Unterkommen findet. Auch der Weg selbst ist für diese Regionen ganz angenehm; mehrere grosse Seen, dichte Lärchenwäldchen, einzelne hohe Weidengebüsche und eine überhaupt lebendigere Vegetation, gewähren dem Auge angenehme Abwechselung und Erholung. Besonders auffallend wird diese Veränderung in der Physiognomie des Landes, sobald man den Polowinowskoj Chrebèt, eine kleine Hügelreihe, überstiegen hat, die zwischen den beiden Flüssen Alasej und Kolyma liegt. — Hier sah ich auch auf einem See, über den wir zogen, die erste Heerde wilder Rennthiere, die von zwei Wölfen verfolgt, ganz dicht vor meinem Pferde vorbeischossen. Die Wölfe umgingen den kleinen See von beiden Seiten, dessenungeachtet aber gelang es ihnen doch ihre Beute zu ereilen, und in dem benachbarten Walde sich eines der Rennthiere zu bemächtigen.

Am 25. Oktober Abends gelangten wir an das Ufer der Kolyma; es war schon so dunkel, dass man die Gegenstände nicht mehr unterscheiden konnte, aber die aufsteigenden Rauchsäulen, das Bellen und Heulen der Hunde, ein hier und da matt durch die Eisfenster schimmerndes Lämpchen, hauptsächlich aber die schon auf eine ziemliche Entfernung sichtbare Thurmspitze der Kirche verkündigte uns, dass wir das Städtchen Sredne-Kolymsk (Mittel-Kolymsk) glücklich erreicht hatten. — Es ist der gewöhnliche Aufenthaltsort des Beamten, unter welchem der ganze Kolymskische Kreis steht, und ist nach hiesigem Maasstabe ziemlich gut bebaut, denn ausser der neuen, recht gut gebauten Kirche zählt man hier 13 Häuser die von Kosaken, Bürgern und Bauern bewohnt sind. Im Sommer stehen die meisten dieser Häuser leer, weil ihre Besitzer der Jagd, Fischerei und ihrem sonstigen Gewerbe nachziehen; jetzt aber gab es gerade viel Leben im Orte, da die gesammte Einwohnerschaft damit beschäftigt war, eine Art von Pfahlwerk in dem Fluss zu errichten, an welches Reiser und Körbe befestigt werden, um die stromaufwärts ziehenden Fische darin zu fangen. Der Ertrag dieses Gewerbes war ehemals sehr ergiebig; seit einigen Jahren aber haben die Fische hier so stark abgenommen, dass die Bewohner von Sredne-Kolymsk sich genöthigt sahen, die Hunde, die sie sonst in grosser Menge zu ihren Winterfahrten hielten, wegen gänzlichen Mangels an Futter (die Fahrhunde nähren sich nämlich nur von Fischen) abzuschaffen, und sich auf die Pferde- und Viehzucht zu verlegen. Sie wenden darauf viele Sorgfalt, haben aber dabei, wegen des kurzen Sommers und des daraus entstehenden Futtermangels mit unendlichen Hindernissen und Beschwerlichkeiten zu kämpfen.

Die Kälte nahm mit jedem Tage zu; auf der letzten Hälfte unserer Reise von Sardach hieher, hatten wir bei klarem Himmel, und glücklicherweise ohne Wind von 18^0 bis 29^0 Frost gehabt. Dies nöthigte mich, einen ganzen Tag in Sredne-Kolymsk zu bleiben, um mich zur Weiterreise mit einer vollständigen hiesigen Wintergarderobe zu versehen. In etlichen Stunden war alles Nöthige angeschafft, und ich befand mich folgendermaassen ausstaffirt: über meine gewöhnliche Reiseuniform musste ich zuerst ein Kamisol mit Aermeln und einen Brustlatz, nagrùdnik, beides mit weissem Steinfuchs und weite Schariwari mit Hasenfell gefüttert anziehen. Auf die Füsse wurden doppelte Socken aus weichem, jungem Rennthierfelle gezogen, und über diese hoch hinaufgehende Stiefel, tòrbassy, von eben solchem Felle; ausserdem wurden noch, weil wir ritten, besondere Kniedecken, nakolènniki, angelegt. Ueber diesen Anzug kam nun die Kuchlänka, eine Art weiten Sackes mit Aermeln, aus weich gegerbtem doppeltem Rennthierfelle, in- und auswendig rauh, mit einer hinten daran befestigten

grossen Fellkappe. — Zur Bewahrung des Gesichtes vor der Kälte
kam noch eine grosse Menge kleiner Stücke, die nach ihrer speziellen
Bestimmung benannt werden, als: nanòssnik für die Nase; naboròd-
nik für das Kinn; naùschniki für die Ohren; nalòbnik für die Stirn
u. s. w., und über das alles ward nun noch eine ungeheure Fuchs-
mütze mit langen Ohren gestülpt. Ich war so beladen und so unbeholfen in dem mir ganz neuen Kostüme, dass ich nur mit Hülfe meiner Begleiter vermochte mich auf mein Pferd zu schwingen. Zum
Glück ist das Rennthierfell, bei seiner ausserordentlichen Dichtheit
und Wärme, dennoch sehr leicht; ohne diese Eigenschaft müsste man
unter der Last eines solchen Winteranzuges erliegen. Die Eingebornen finden es gar nicht beschwerlich und schlüpfen ganz gut durch
die engen Jurtenthüren hinein und hinaus, während wir Neulinge nicht
selten darin stecken bleiben.

Am 27. Oktober verliessen wir Srednne-Kolymsk und setzten
unsere Reise zu Pferde längs dem linken Ufer der Kolyma fort, wo
wir ziemlich häufig auf jakutische Niederlassungen traten. Nachdem
wir 320 Werst zurückgelegt hatten, gelangten wir an ein russisches
Dorf, welches nach dem Flusse Omolòn, an dem es liegt, Omolòns-
kaja heisst. Hier hatte endlich zu unserer grossen Freude, das, bei
der immer steigenden Kälte und in unserer abenteuerlichen Vermum-
mung höchst beschwerliche Reiten ein Ende; wir bestiegen jubelnd die
leichten, mit Hunden bespannten schmalen Schlitten, Nàrty genannt *),
welche auf ebenem Wege nicht nur ein sehr bequemes Fuhrwerk
sind, sondern auch den grossen Vortheil darbieten, dass man ungleich
rascher vorwärts kommt als reitend, und dabei weit weniger der Kälte
ausgesetzt ist. — Hier hört die eigentliche Baumvegetation auf; bisher trafen wir häufig Wälder von Lärchen und Pappeln, hier und da
auch wohl noch Birken auf schönen, grasreichen Wiesen; von hier aus
nördlich aber sieht man fast nichts mehr als Gesträuch, das immer
niedriger und ärmlicher wird, je weiter man vorrückt. — In zwei Tagen machten wir die uns noch übrigen 120 Werst bis Nis'hne-

---

*) Siehe die genaue Beschreibung der Narten und der Fahrt mit
Hunden weiter unten.

Kolymsk (Unter- oder Nieder-Kolymsk), wo wir am 2. November bei einer ganz ordentlichen Kälte von 32° anlangten.

So hatten wir denn, nach einer Reise von 224 Tagen, von St. Petersburg Eilftausend Werst zurückgelegt; das erste Ziel unserer Reise war erreicht — wir befanden uns in Nis'hne-Kolymsk, einem jämmerlichen Fischerdörfchen, welches auf ungefähr drei Jahre unsere Residenz seyn sollte.

Dritter Abschnitt.
Allgemeine Bemerkungen über die untere Gegend der Kolyma und ihre Bewohner.

Der Fluss Kolyma. — Klima. — Bewohner. — Dörfer oder Wohnorte. — Die hiesigen Russen. — Kleidung. — Lebensart. — Hungersnoth. — Fischerei. — Aufbewahrung der Fischvorräthe. — Rennthierjad. — Pelzthiere und Fang derselben. — Hunde, als unentbehrliches Zugvieh.

Ehe ich an die Beschreibung unserer Arbeiten und unseres Lebens in Nis'hne-Kolymsk gehe, halte ich es für zweckmässig, einige allgemeine Bemerkungen über die sogenannte untere Gegend der Kolyma und ihre Bewohner voraus zu schicken, um in der Folge meine Erzählung weniger durch dergleichen lokal- und ethnographische Beschreibungen zu unterbrechen.

Der Fluss Kolyma hat seinen Ursprung unter $61\frac{1}{2}^{\circ}$ nördlicher Breite und 146° östlicher Länge (von Greenwich) in dem Gebirge, welches unter dem Namen Stanowöj Chrebèt bekannt ist, und aus welchem auch der Fluss Omolon, oder die Indigirka, entspringt. Die Kolyma folgt auf einer Strecke von 1500 Werst der Richtung des östlichen Zweiges jenes Gebirges nach NNO., und ergiesst sich endlich unter 69° 40′ nördlicher Breite in das Eismeer. Auf den ersten 800 Werst von dem Ursprunge ab, ist der Strom ungeheuer reissend, dann aber wird er bei zunehmender Breite nach und nach immer gemässigter. Das rechte Ufer ist durchgehends steil, und besteht aus lauter schroffen Felsen, mit Ausnahme der Strecke zwischen den Mündungen der in die Kolyma fallenden Flüsse Omolon und **Aniuj**, wo nämlich durch die entgegenwirkenden Strömungen hin und wieder schmale Erdlagen oder Streifen an die Felsenwände angespült sind. Die Uferfelsen steigen fast durchgehends senkrecht aus dem Wasser hervor; oft hängen sie auch ziemlich weit über das Flussbette hinaus, und bestehen aus verschiedenen Schiefergattungen *). — In diesen Schieferfelsen zeigen sich zwischen den Lagen Adern von verhärtetem, rothem Thon und Grünstein-Schiefer, wie z. B. bei dem Kap Kresty; nächstdem finden sich auch grosse Strecken des reinsten, schwarzen Schiefers ohne alles Gemenge, wie um das Kap Aspidnoj (Schieferkap); endlich trifft man auch unter andern in der Gegend des Felsens Kandakow, welcher alle Eigenschaften der Lawa hat, Kalkgerölle und dazwischen mandelförmige Chalcedon- und Amethyst-Krystalle. Auch ragen grosse Bergkrystalle aus dem Felsen hervor. — Versteinerungen finden sich, wie es scheint, nicht an der Kolyma. — Trotz der felsigen Beschaffenheit dieses Ufers ist die Vegetation hier doch ziemlich reich; wir sahen hier das schöne Epilobium latifolium blühend. Auch wächst hier in Menge ein Kraut (eine Art sanguisorba), dessen Wurzel die Eingeborenen sammeln und zur Nahrung benutzen.

Das linke Ufer des Stromes ist mehr flach; in der Gegend von Srednc-Kolymsk sieht man noch ziemlich hoch liegende Wiesen, je mehr man sich aber dem Meere nähert, desto niedriger und flacher wird das Ufer und die Umgegend; zuletzt ist das ganze Land eine ungeheure Tundra oder Moosheide, die sich bis an den Alasej und bis zur Meeresküste erstreckt.

Ausser den beiden Flüssen Aniuj (dem grossen und dem kleinen) und dem Omolon, fallen in die Kolyma noch eine Menge geringerer Flüsschen und Bäche; diejenigen unter ihnen, welche aus den Bergen und Felsen längs den Ufern entspringen, heissen im Allgemeinen **kamennye protòki**, Felsenbäche, so wie die, welche ihren Ursprung aus Landseen haben, mit der Benennung **Wiski** bezeichnet werden. Die ansehnlichsten unter den letztern sind: **Karètowaja, Tschernoussowa,**

---

*) **Granit** fängt erst bei dem Baranow'-Felsen und in der Gegend des Kap Schelagskoj an; die ersten Spuren davon fand ich bei dem Medweshy Myss, Bärenkap.

Pochòdskaja und Màlaja Tschukòtschja; unter ersteren ver-
dienen Erwähnung: die Pantelèjewa und die Filippewa.

Einige Werst oberhalb der Mündung des Omolon bildet die Kolyma einen Arm, welcher in einer ONO-Richtung die westliche Tundra
durchschneidet, und indem er sich, 100 Werst weiter unterhalb, wieder mit dem Hauptstrome vereinigt, eine niedrige, ziemlich morastige
Insel bildet. Auf dem südlichen Ufer dieser Insel liegt der Ort Nis'hn-
Kolymsk, drei Werst westlich von einer Bucht der Kolyma, welche
wie gesagt, nachdem sie ungefähr 100 Werst in östlicher Richtung
fortgelaufen ist, hier eine plötzliche Wendung nach Norden macht. —
Vierzig Werst weiter hinab theilt sich der Strom wieder in zwei Arme,
die die Insel Merchojànow bildet. Diese Insel, deren grösste Breite
$9\frac{1}{2}°$ Werst beträgt, erstreckt sich nördlich bis an das Meer und ist,
besonders in der Nähe desselben, von einer Menge kleiner Bäche
durchschnitten. Der östliche dieser beiden Arme heisst die steinige
Kolyma, Kamennaja Kolymà, und hat hier eine Breite von 6 Werst,
der westliche Arm, der Pochodskaja, der auch Srèdnàja Kolymà,
mittlere Kolyma genannt wird, ist nicht über 4 Werst breit. Endlich geht noch, 24 Werst weiter gegen Norden, ein dritter, nicht sehr
breiter Arm, Tschukotskoj, nach Nordost. Diese drei Arme bilden
den Ausfluss der Kolyma in das Eismeer, welcher eine Breite von
ungefähr 100 Werst hat. Die mittlere und die steinige Kolyma haben
eine ansehnliche und für Fahrzeuge aller Art hinlängliche Tiefe; dessenungeachtet ist die Fahrt auf derselben beschwerlich und mit Gefahr verknüpft, weil sich durch die Heftigkeit des Stromes, besonders
bei dem Eingange, jährlich eine Menge Sandbänke bilden, die beständig ihre Lage verändern und das Fahrwasser unbestimmt und unsicher
machen.

Ausser den beiden oberwähnten, grössern Inseln, liegen auch noch
in dem Strome und seinen Armen eine Menge kleiner, niedriger Inselchen, welche gleich den Sandbänken, allmälig angeschwemmt sind,
und sich erhalten haben.

Die Rauhheit des hiesigen Klima's kann eben so sehr, und vielleicht noch mehr, der nachtheiligen physischen Lage dieser Gegend,
als der hohen Breite derselben zugeschrieben werden, nach Westen

liegt eine unabsehbare nackte Heide, Tundra, und nach Norden das
mit ewigem Eise bedeckte Meer, so dass die fast beständig hier herrschenden kalten Nordwest-Winde mit ihrer ganzen Gewalt, ungehindert
wirken können. Sie bringen nicht nur im Winter, sondern oft auch
mitten im Sommer, die heftigsten Schneegestöber herbei. — Diese
offene Lage wirkt so ungeheuer auf die Temperatur, dass im Laufe
des ganzen Jahres die Durchschnitt- oder Mitteltemperatur nicht über
8 Grad unter dem Gefrierpunkte nach Reaumur (14^0 Fahrenheit)
steigt.

Bei Nis'hne-Kolymsk friert der Strom schon in den ersten Tagen
des Septembers zu; näher nach der Mündung hin, und namentlich in
dem Tschukozkischen Arme, der weniger Strömung hat, gehen oft schon
um den 20. August beladene Pferde über das Eis, und nie löst sich
die Eisdecke vor dem Anfange des Juni. Im Laufe der drei Monate,
die man demnach hier mit dem Namen Sommer beehrt, geht zwar die
Sonne während 52 Tagen (in Nis'he-Kolymsk vom 15. Mai bis
6 Juli) nicht unter; das hilft aber wenig, denn sie steht so niedrig,
dass sie nur leuchtet, aber die Atmosphäre fast gar nicht erwärmt.
Bei dieser scheinbaren Erdnähe verlieren ihre Strahlen fast ganz ihr
Feuer, die Sonne selbst erscheint in elliptischer Gestalt, und man kann
sie in ihrem matten Glanze, ohne alle Unbequemlichkeit mit dem blossen Auge betrachten.

Obgleich, wie gesagt, während obiger ganzen Periode die Sonne
nicht untergeht, so ist dennoch die gewöhnliche Ordnung der Tages-
zeiten immer bemerkbar. Wenn die kalte Sonne sich an den Horizont
herabsenkt, so tritt der Abend und die Nacht ein, die Natur ruht; so
wie sie sich aber, nach ein paar Stunden, wieder etwas erhebt, so
erwacht alles; die wenigen kleinen Vögelchen die es hier giebt, be-
grüssen mit heiserem Gezwitscher den neuen Tag, das eingeschrumpfte
gelbe Blümchen wagt seinen Kelch zu öffnen, und alles eilt, wie es
scheint, um doch etwas von dem wohlthätigen Einflusse der matten
Sonnenstrahlen zu geniessen. Eben so ist es auch mit den Jahres-
zeiten; so wie es unter den Wendekreisen nur zwei derselben, Frühling und Sommer, giebt, so giebt es auch hier nur Sommer und Winter,
trotz der Meinung der hiesigen Bewohner, die ganz ernsthaft von einem

Frühling und einem Herbste reden. Erstern glauben sie um die Zeit zu finden, wenn die Sonnenstrahlen um Mittag anfangen bemerkbar zu werden, welches gewöhnlich nach dem halben März Statt findet; in diesem Lenze aber friert es oft Nachts noch 30°. Den Herbst rechnen sie von der Zeit an, wo die Flüsse zufrieren, nämlich von den ersten Tagen des Septembers, wo es gewöhnlich schon 35° Kälte giebt.

Der hiesige Sommer ist eigentlich nur ein Kampf zwischen Entstehen und Vernichtung. — In den letzten Tagen des Mai treibt das verkrüppelte Weidengebüsch kleine winzige Blätter, und die nach Süden belegenen Uferabhänge beziehen sich mit einem halben Grün. Im Juni giebt es um Mittag 18° Wärme, es zeigen sich Blümchen und die Beerenstauden machen Blüthen; da tritt aber zuweilen ein Seewind und mit ihm eine rauhe Eisluft ein, die das ärmliche Grün gelbt und die Blüthen zerstört. — Im Juli pflegt die Luft am heitersten und auch wohl ziemlich mild zu seyn; aber, gleich als wollte die Natur den Bewohnern dieser Gegend selbst das Schattenbild des Sommers verleiden, und sie zwingen den Winter wieder herbeizuwünschen — stellen sich mit den ersten Tagen dieses Monats Millionen von Mücken ein, die in dichten Wolken die Luft verfinstern, und es durchaus unmöglich machen, anders als in dem dicken, bittern Rauche der Dymokùry *) auszuhalten, der diese furchtbaren Plagegeister etwas verscheucht. Wie aber alles in der Natur einen wohlthätigen Zweck hat, und Nachtheil und Nutzen sich zuletzt ausgleichen, so erweisen auch diese Insekten den Bewohnern der Kolymagegenden einen höchst wesentlichen Dienst, indem sie die Rennthiere zwingen aus den Wäldern nach der offenen kalten Meeresfläche zu flüchten. Dies thun sie in grossen gemeinschaftlichen Zügen von vielen Hunderten, ja wohl Tausenden; dann lauern ihnen die Jäger, vornehmlich beim Uebersetzen

---

*) Diese Dymokùry (dym Rauch, kurit räuchern) sind grosse Haufen von abgefallenen Blättern, Moos und feuchtem Holze, welche durch den dicken Rauch, den sie von sich geben, die Mücken verscheuchen. Man stellt dergleichen nicht nur auf den Weideplätzen für das Vieh, sondern auch bei den Wohnungen auf, und lebt so während der Mückenzeit in einer immerwährenden, bittern Rauchwolke.

über Flüsse und Landseen, auf, und erlegrn mit geringer Mühe eine grosse Menge derselben. — Einen andern, auch nicht unwesentlichen, obgleich diesem gerade entgegengesetzten Nutzen gewähren diese Mük⊥ kenschwärme bei den ohne Hüter in Heerden weidenden Pferden, die sich auf der endlosen Fläche leicht verlaufen könnten, wenn nicht ihr natürlicher Instinkt sie lehrte, sich immer ganz in der Nähe der Dy-mokùry zu halten, wo sie vor den Bissen jener Feinde Schutz finden. Immer sieht man sie, unter dem Winde im dicken Rauche um den glimmenden Haufen herum grasen, wenn ein solcher Platz abgeweidet ist, so wird der Räucherhaufen weiter verlegt. Gewöhnlich pflegt man auch den Dymokur mit einigen Stangen zu umgeben, damit die Thiere dem Feuer nicht zu nahe kommen.

Es fehlt hier während des Sommers nicht an Gewittern, deren Rollen von den Bergen her wohl zu hören ist, die aber auf der gros-sen Schnee- und Eisfläche nur schwach und durchaus von gar keiner Wirkung sind.

Der eigentliche Winter dauert volle neun Monate; im Oktober wird die Kälte etwas durch dicke Nebel und durch die aus dem ge-frierenden Meere aufsteigenden Dünste gemildert; mit dem November aber treten die grossen Fröste ein, die im Januar bis auf 43° steigen. Dann wird das Athmen schwer, das wilde Rennthier, dieser Bürger der Polarregionen, zieht sich in das tiefste Dickicht der Wälder zu-rück und steht unbeweglich, wie leblos da — selbst der Schnee dampft! — Statt des beinahe zweimonatlichen Tages tritt mit dem 22. November eine achtunddreissigtägige Nacht ein, die aber durch die starke Refraktion und das Schneelicht, so wie durch die häufigen Nordlichte ziemlich erträglich wird. Am 28. Dezember erscheint wie-der tief unten am Horizonte eine blasse Morgenröthe, die aber noch selbst um Mittag nicht im Stande ist, die Sterne zu verdunkeln. Mit der Wiederkehr der Sonne wird die Kälte empfindlicher, und die im Februar und März hier bei Sonnenaufgang statthabenden Fröste zeich-nen sich durch ihre ganz besonders durchdringende Schärfe aus. Völ-lig heitere Tage sind hier im Winter äusserst selten, weil die immer vorherrschenden Seewinde fast beständig Dünste und Nebel mitbringen, die zuweilen so dicht sind, dass sie die an dem reinen, tiefblauen

Polarhimmel hellfunkelnben Sterne ganz verdecken. Dieser dichte Nebel heist Moròk. — Die meisen heitern Tage finden sich noch im September.

Eine merkwürdige Naturerscheinung ist der hier unter dem Namen tèplot Wèter, der warme Wind, bekannte OSO., oder richtiger SO + S-Wind, welcher zuweilen bei heiterem Himmel plötzlich eintritt und Mitten im strengsten Winter die Temperatur in kurzer Zeit von 35° Frost auf 1 $\frac{1}{2}$° Wärme bringt, so dass die Eisscheiben, die hier die Stelle des Glases in den Fenstern vertreten, aufthauen. In den Thälern am Aniuj findet sich der warme Wind häufig, dagegen aber hört westlich vom Vorgebirge Tschukotskoj seine bewundernswürdige Wirkung ganz auf. — Gewöhnlich hält dieser Wind nicht länger als 24 Stunden an.

Obgleich nach allem oben gesagten, das hiesige Klima eines der rauhesten und unfreundlichsten ist, so muss man doch eingestehen, dass es im Ganzen auf die Gesundheit nicht nachtheilig wirkt. Man findet hier weder Skorbut noch andere gefährliche ansteckende Krankheiten *); Katarrhalfieber und besonders Augenübel finden sich gewöhnlich nur im Oktober während der dichten Nebel und im Dezember, wenn die starken Fröste beginnen. Die dann stattfindenden Augenentzündungen sind zum Theil auch wohl Folge der Refraktion von den unabsehbaren Schneeflächen, die so ungeheuer ist, dass man sich die Augen verhängen muss, um nicht zu erblinden. Die sogenannte Powétrie, eine Art Seuche, die unter den Bewohnern der westltchen Ufergegenden oft zu herrschen pflegt, findet sich hier, an der nördlichen Kolyma weit seltener und weniger bösartig. Eine im Jahre 1821 in dem ganzen nördlichen Sibirien unter den Hunden ausgebrochene Seuche, zeigte sich in Kolymsk fast ein ganzes Jahr später als an den westlichen Flüssen und längs der Tschuktschen Küste. — Bemerkenswerth ist noch eine hier, wie überhaupt im nördlichen Sibirien vor-

---

*) Die Lustseuche, welche leider im nordöstlichen Sibirien und besonders längs den beiden Aniuj so furchtbare Verheerungen macht, ist freilich nicht Folge des Klima's, wird aber durch dasselbe und durch den gänzlichen Mangel an frischen Nahrungsmitteln in schrecklichem Grade erhöht und tödtlich.

kommende sonderbare Krankheit, Miräk genannt, welche nach dem allgemeinen Volksglauben daher rührt, dass der Geist einer zwar schon
längst gestorbenen, aber immer noch sehr gefürchteten Zauberin, A g r a -
f e n a   S h i g a n s k a j a, in die Kranke fährt und sie auf allerlei Art
quält. Wie mir scheint, ist der Miräk nichts weiter als ein sehr hoher
Grad von Hysterie; auch sind die meisten damit behafteten gewöhnlich
weiblichen Geschlechts *).

Die kümmerliche Vegetation entspricht hier natürlich dem traurigen Klima. Besonders ärmlich ist in dieser Hinsicht die Umgegend
von Nis'hne - Kolymsk, ein niedriger Sumpf, auf dessen Oberfläche eine
dünne Schicht aus etwas vermodertem Grase und Blättern entstandener
vegetabilischer Erde, mit nie ganz schmelzenden Eistheilchen gemischt,
kaum vermag, einige kleine verkrüppelte Lärchenbäumchen zu nähren,
deren Wurzeln, das ewige Eislager in der Tiefe scheuend, grösstentheils entblösst an der Oberfläche liegen und nur mit den unteren dünnen Wurzelfäserchen ihre kümmerliche Nahrung heraufsaugen. An den
Uferabhängen gegen Süden wächst etwas kleinblättriges Weidengesträuch,
und auf den Ebenen erhebt sich ein hartes Riedgras, welches in der
Nähe des Meeres dem Vieh eine etwas kräftigere Nahrung darbietet,
weil es dort durch die jährlich eintretenden Ueberschwemmungen mit
Seesalz gesättigt ist. — Je mehr man sich dem Meere nähert, desto
seltener werden die Zwergbäume und Gesträuche, die endlich am linken Ufer der Kolyma, ungefähr 35 Werst nördlich von Nis'hne - Kolymsk, ganz aufhören. An dem rechten Ufer erstrecken sie sich jedoch
etwas weiter nach Norden. Ueberhaupt ist dieses Ufer durch seinen
trockneren, lehmigen Boden der Vegetation günstiger; die Gewächse
stehen hier kräftiger und in grösserer Mannigfaltigkeit, als auf dem
todten, eisigen Moorgrunde jenseits. Hier trifft man auf den mit gutem Grase bewachsenen Flächen - Thymian und besonders Wermuth in
grosser Menge, die wilde Rose blüht; ein liebendes Paar — wenn

---

*) Der Doktor Kyber hat Gelegenheit gehabt, sowohl über den Miräk,
als auch über eine andere in Sibirien vorkommende fürchterliche Krankheit, die er für die Elephantiasis hält, merkwürdige praktische Erfahrungen zu machen, deren Resultate weiter unten.

Liebe hier gedeihen kann! — findet das sentimale Vergissmeinnicht an den Bachrändern. Kleine Johannisbeeren, Trunkel- oder Rauschbeeren, (golubiza), Preisselbeeren (brusnika), Moltebeeren (moröschka), die aromatische Mamura (Knäs'heniza), die schwarze Rauschbeere (schikscha), blühen hier und — tragen auch wohl in manchem günstigen Sommer Früchte. An irgend eine Art von Gemüse aber ist gar nicht zu denken; Niemand hat Muth oder Lust, sich an die Kultur derselben zu wagen, da sich wohl mit Bestimmtheit behaupten lässt, dass hier nichts der Art gedeihen kann. — In Sredne-Kolymsk, welches freilich 2° südlicher liegt, habe ich indessen doch Radieschen gesehen und auch Kohl, der aber keine Köpfe macht.

In den Aniuj-Thälern, die durch Berge gegen die vorherrschen den kalten Winde geschützt sind, wachsen Birken, Pappeln, Weiden und die niedrige, kriechende Ceder. Wenn man aus der gefrorenen, nackten Moostundra hieher kömmt, glaubt man sich nach Italien versetzt, Aber auch hier noch scheint der Schnee nur deshalb zu schmelzen, um unter der dünnen Erdschicht in den Niederungen neues Eis zu bilden *), welches die matten Strahlen der Sonne nicht fähig sind aufzulösen.

Mit der Armuth, ich möchte sagen Nichtigkeit der vegetabilischen Natur steht das Leben und der Reichthum der animalischen in einem merkwürdigen Kontraste. Rennthiere in zahllosen Heerden, Elennthiere (sochàtoj), schwarze Bären, Füchse, Zobel und Grauwerke füllen die höher liegenden Wälder; Steinfüchse und Wölfe ziehen in den Niederungen umher; ungeheure Züge von Schwänen, Gänsen und Enten kommen im Frühling herangeflogen und suchen einsame, vor Nachstel-

---

*) Es ist mir nicht möglich gewesen, mit Bestimmtheit auszumitteln, wie tief von der Oberfläche hinab die Erde gefroren, oder doch mit Eis gemengt sey. In der Entfernung einer halben Werst vom Meere trat in den Gruben, die ich deshalb ausgraben liess, Wasser ein, sobald wir mit dem Meereshorizont in gleicher Höhe waren; eben dasselbe erfolgte auch in der Nähe grosser Landseen. In Nis'hne-Kolymsk fand ich in einer Tiefe von 4½ Faden immer noch gefrorene Erde. — In den höheren Gegenden habe ich häufig Spalten und Erdfälle gefunden, wo in einer Tiefe von 4 Faden und darüber die unterste Erdschicht noch mehr Eis enthielt als die obere.

lungen der Jäger gesicherte Orte auf, um zu mausern und ihre Nester zu bauen; Adler, Eulen und Möven verfolgen ihren Raub an der Meeresküste; weisse Schneehühner laufen truppweise im Gebüsch umher und kleine Schnepfen trippeln geschäftig an den Morastufern; in der Nähe der Wohnungen hausen gesellige Krähen, und wenn die Frühlingssonne scheint, hört man wohl zuweilen den fröhlichen Finkenschlag, so wie im Herbste das Zwitschern der kleinen Meise *).

Aber alles dies mannigfache Leben vermag doch nicht, das Grausenvolle der Einöde zu mindern, bei deren Anblick sich unwillkürlich der Gedanke aufdrängt: hier ist die Gränze der belebten Welt! — Dass Thiere sich hier aufhalten, ist Folge der ewigen Gesetze der Natur; sie erwägten nicht, sie wählten nicht; ihr Instinkt machte sie zu Bürgern dieser Eiswüsten. Wie aber der Mensch? Was konnte ihn bewegen, hieher zu ziehen in dieses Grab der Natur? Ich spreche nicht von den wenigen Russen, die in der Hoffnung eines bedeutenden Gewinnes sich entschlossen, auf eine Zeitlang hieher zu kommen, sondern von den Völkerschaften, die ohne diesen Beweggrund einmal hieher zogen und jetzt hier leben.

Nomaden unter milden Himmelsstrichen ziehen aus einer fruchtbaren Gegend in die andere hinüber; nach und nach, durch mehrere Generationen, finden sie sich endlich so weit von ihrem Geburtslande entfernt, dass sie ihm fremd werden und die neue Heimath der ehemaligen vorziehen. Aber hier, wo nichts anlockt, nichts zum Vordringen anreizt, wo nur mit endlosem Schnee und Eis bedeckte Felsen den trüben, grauen Horizont begränzen, hier, wo unter dem starren Leichentuche eines ewigen Winters begraben, die Natur dem Menschen fast nichts mehr darzubieten vermag, und wo das Leben nur ein trauriger Kampf mit allen Schrecknissen der Kälte und des Hungers, mit Mangel an den ersten, einfachsten Bedürfnissen und Genüssen ist, hier

---

*) Nach den Beobachtungen des Doktor Kyber überwintern hier nur: das Schneehuhn, Tetrao lagopus, die gemeine Krähe, der Falco melancetus und stryx nyctea, ein grosser, weisser Raubvogel. Zu Anfange Aprils erscheinen: Emberyza nivalis, Motacilla calliope, später Tringavanellus, Scolopax gallinago und Charadrius Hiaticula; endlich im Mai Schwäne, 4 Arten Gänse und 11 Entenarten.

mit einem Worte, wo man nicht lebt, was konnte hier den Menschen bewegen, seine frühere, wahrscheinlich freundlichere Wohnstätte
zu verlassen und in dies ungeheure Grab der Natur zu ziehen, das
nur noch die Gebeine einer längst verschwundenen Vorwelt einschliesst?
— Vergebens würde man hier eine Lösung dieser Frage suchen, kein
Denkmal, keine Tradition geben Kunde von dem, was vormals war,
und die jetzigen Bewohner — kalt und gefühllos wie die sie umge-
bende Natur, sind nur mit dem thierischen Bedürfnisse der Gegenwart
beschäftigt und ahnen kaum, dass es eine Vergangenheit gab. Selbst
aus der eben nicht sehr fernen Epoche der Eroberung Sibiriens durch
die Russen weiss man nichts Bestimmtes über die damaligen Bewohner des Landes. Eine dunkle Sage nur hat sich unter dem Volke erhalten: „es seyen ehemals an den Ufern der Kolyma mehr Feuerstätten der Omòki gewesen als Sterne am klaren Himmel." — Wirklich sieht man noch hin und wieder Ueberreste von ehemaligen aus
dicken Baumstämmen erbauten Befestigungen und grosse Grabeshügel
(letztere besonders an der Indigirka), die von einem mächtigen und
zahlreichen Völkerstamme, den Omoki, herrühren sollen, welcher jetzt
ganz verschwunden ist.

Nach dem Wenigen, Unzusammenhängenden zu urtheilen, was
sich aus den Antworten einiger Alten ergab, scheint es, dass diese
Omoki nicht Nomaden waren, sondern in förmlichen festen, Ansiedelungen oberhalb längs den Ufern des Stromes lebten und sich von
Jagd und Fischerei nährten. — Desgleichen soll ein anderer zahlrei-
cher Völkerstamm, Tschukotsch genannt, mit grossen Rennthierheerden in der unabsehbaren Tundra nomadisirt haben, durch welche
die Kolyma nördlich nach dem Meere hinfliesst; daher auch bis jetzt
noch in dieser Gegend mehrere Benennungen, als z. B. die Màlaja und
Bolschaja Tschukòtschja, der kleine und der grosse Tschuktschen-Fluss
zu finden sind. Beide Völkerstämme sind gänzlich von hier verschwunden; die Omoki wurden wahrscheinlich durch Kriege und Krankheiten aufgerieben; die Tschukotsch oder Tschuktschi aber zogen
theils weiter nach Norden, wo sie jetzt sind, theils vermischten sie
sich mit anderen Völkerstämmen, die auch hier lebten oder herkamen,
und die die jetzige geringe Bevölkerung dieser Gegenden ausmachen.

In dem ganzen Kolymskischen Bezirk leben überhaupt: russischer Bauern, Bürger und Kosaken 325; Jakuten 1034; Jukahiren und anderer Völkerstämme 1139, überhaupt 2498 Menschen männlichen Geschlechts, unter denen 2173 zu den Jassak zahlenden gehören. Dieser Jassak oder Abgabe beträgt: 803 Füchse und 28 Zobel, welche nach Mittelpreisen auf 6704 Rubel angeschlagen werden können, und ausserdem im Gelde 10847 Rubel, so dass also im Durchschnitt ungefähr 8 Rubel Abgaben auf jeden männlichen Kopf der Jakuten - und anderen Stämme fallen. — Die meisten Bauern und Bürger hiesiger Gegend stammen von Verwiesenen ab, so wie die hier lebenden Kosaken Abkömmlinge der Kosaken sind, die sich nach der Zerstörung der Anadyrskischen Festung durch die Tschuktschen hieher zogen und sich hier niederliessen. Bis zum Jahre 1812 wurden diese Kosaken als in wirklichem Dienste stehend gerechnet, und erhielten demnach von der Regierung einen gewissen Proviant, den sie aber verbunden waren selbst in Fahrzeugen aus der Obergegend der Kolyma herzubringen. Bei der dem hiesigen Volke eigenthümlichen Sorglosigkeit für die Zukunft, und durch einige auf einander folgende sehr ergiebige Jagd - und Fischereijahre sicher gemacht, unterliessen die Kosaken jenen ihnen etwas beschwerlichen Transport, so dass endlich im Jahre 1812 die Regierung das fernere Ertheilen des Proviants ganz einstellte. Jetzt, wo seit mehreren Jahren durch Ausbleiben der Fische, schlechte Jagd u. s. w. in dieser Gegend allgemeiner Mangel herrscht, mögen sie es wohl bereuen, jene Wohlthat der Regierung durch ihre eigene Nachlässigkeit verscherzt zu haben. — Ausser sechs Kosaken, die zu Besorgung der Wachen und zu allerlei Aufträgen in wirklichem Dienste verblieben sind, bilden die übrigen eine eigene Korporation, Stanìza, welche zunächst von einem Oberhaupte, Golowà, befehligt wird, der unter dem Kommissair zu Srednè-Kolymsk steht. — Die Kosaken zahlen keine Abgaben, sind aber statt dessen verbunden, gewisse Landesdienste zu verrichten und sich dazu, sobald es gefordert wird, mit Säbel und Flinte gerüstet, einzustellen Den wesentlichsten Theil ihres Dienstes macht der Zug nach dem Ort Ostrownoje aus, wohin alljährlich zu dem dort Statt habenden Tschuktschen-Jahrmarkt 25 bis 30 derselben hinziehen, um dort Ordnung zu halten und die russi-

schen und andere Handelsleute nöthigenfalls gegen die Tschuktschen
zu schützen.

Obgleich die hier lebenden eigentlichen Russen durch die Ver-
mischung mit den Jukahiren und Aniujskischen Jakuten vieles in Kleidung, Lebensart, ja sogar auch schon in der Gesichtsbildung angenommen haben, so unterscheiden sie sich doch immer noch sehr merklich
durch einen kräftigeren Körperbau von denselben. Sie sind durchgehends von grösserem Wuchse, ihre Hautfarbe ist viel weisser und viele
unter ihnen haben lichtbraunes Haar, welches ich unter den Eingebornen nie antraf. — Die russischen Weiber sind gleichfalls, ungeachtet
der schweren Arbeiten, deren sie sich unterziehen, und dem Schmutze,
in welchem sie nach hiesiger Weise leben, von angenehmerer, regel-
mässigerer Gesichtsbildung als die Eingebornen, und viele unter ihnen
können wirklich für hübsch gelten. Besonders merkwürdig war mir
immer die Gemüthlichkeit, die sich in ihrem ganzen Wesen und vorzüglich in den freundlichen Gefühlen der Gatten- und Kindesliebe zeigt.
Ich habe mehrmals Gelegenheit gehabt, bei der Rückkehr des Haus-
vaters oder des Sohnes von einer gefährlichen Jagd oder einer weiten
Reise die herzliche Freude des Wiedersehens unter ihnen zu beobachten. Nach den ersten Bewillkommnungen und einem Dankgebet wird
das Beste aufgetragen, was die Wirthschaft vermag, und dann muss
der Ankömmling erzählen, wie es ihm ergangen, was für Mühseligkeiten er überstanden hat, welchen Gefahren er entgangen ist u. s. w.
Mit lebhafter Theilnahme hört dann die ganze Familie dem Erzähler
zu, der sich wohl hütet, irgend eines Umstandes zu erwähnen, welcher
etwa ein nachtheiliges Licht auf seinen Muth, seine Entschlossenheit
oder seine Geschicklichkeit werfen könnte, weil er weiss, dass dies
ihn in den Augen der Frauen heruntersetzen würde.

Ueberhaupt zeichnen sich die hiesigen russischen Weiber und
Mädchen durch eine gewisse Empfänglichkeit für feinere Eindrücke des
Gefühls aus, die man wahrlich unter diesem todten Himmelsstrich und
bei den eisigen Umgebungen nicht erwarten sollte. Die meisten unter
ihnen singen recht angenehm und improvisiren ihre Lieder, die meistentheils immer Klagen über die Trennung von dem Geliebten und
über seine Abwesenheit enthalten. Merkwürdig sind in diesen Liedern

die Reminiscenzen aus früherer Zeit: das Täubchen, die Nachtigal, die Blüthe und so manche andere Gegenstände, die auf Tausende von Wersten nicht zu finden sind, und die die Sängerin also nur der Sage nach kennt, spielen in diesen Liedern immer eine Hauptrolle. Hier sind ein Paar dieser improvisirten Dichtungen in möglichst wörtlicher Uebersetzung:

I.

„Ein Brieflein will ich schreiben meinem Herzlieben;
Doch nicht mit der Feder und nicht mit schwarzer Tinte,
Mit meinen heissen Zähren will ich's schreiben,
Deren Schrift sich nicht verlöscht.
Ein blaugeflügeltes Täubchen soll mein Bote seyn;
Trag' hin, o Täubchen, den Brief zum Geliebten,
Wirf hin das Brieflein auf sein Gitterfenster,
Dass er meine Liebe, meinen Kummer sehe u. s. w."

II.

„Sag' mir an, du holde Nachtigal,
Sag' mir an, du braungefiederte,
Wo du trafest die im Meere Segelnden?
Ich traf sie bei dem weissen Felsen an,
Wo sie eine schöne Insel fanden. —
Flieg' zurück, o Nachtigal, zum blauen Meere,
Hin zu meinem theuren Vielgeliebten,
Sag' ihm, dass daheim sein treues Liebchen
Bittrer Zähren viel um ihn vergiesst u. s. w."

Auch die meisten Männer unter den hiesigen Russen sind Sänger, und viele ihrer Lieder (hier andyl'schtschina genannt) haben sehr angenehme Weisen. Während der langen Winternacht, wo die Bewohner dieser Gegend auf ihre Hütten, oder doch nur auf eine sehr geringe Entfernung von denselben beschränkt sind, vereinigen sich die Nachbaren im traulichen Kreise zu gemeinschaftlichen Gesängen, Tänzen und allerlei Spielen — kurz, unter den hier lebenden Russen sieht man noch einigen Frohsinn und Sinn für Lebensgenuss, die leider bei den Eingebornen gar nicht anzutreffen sind, ausser wenn sie etwa mit in die Gemeinschaft der ersteren gezogen werden, und auch

13

dann noch wissen sie sich nicht in das Frohseyn zu fügen. Diese und so manche andere in dem russischen Nationalcharakter liegenden Vorzüge werden jedoch von den Eingebornen allgemein anerkannt, und wenn sie einen geschickten, fleissigen und glücklichen Jäger bezeichnen wollen, so sagen sie immer: „ er ist wie ein echter Russe." — Auch die Kinder der hiesigen Russen sind, trotz dem rauhen Klima, doch schon früh reif, und die Knaben zeigen einen ganz besonderen Scharfsinn und eine grosse Leichtigkeit im Auffassen und Begreifen alles Neuen.

In ihren Wohnungen unterscheiden sich die hiesigen Russen wenig von den Eingebornen. — Da die hier wachsenden Lärchenbäume höchstens nur Stangen, aber nie Balken geben, so sind die Leute genöthigt, zum Bau ihrer Hütten das Treibholz aufzufangen, welches bei den Frühlingsüberschwemmungen in die austretenden Flüsse vom Meere hinaufgetrieben wird. Es gehen aber oft mehrere Jahre hin, ehe die dazu nöthige Anzahl Stämme zusammenkömmt. Aus diesen werden nach gewöhnlicher russischer Weise die Wände aufgezimmert, die Zwischenräume werden mit Moos verstopft und mit Lehm verschmiert, und bis zur Fensterhöhe von aussen mit einem dicken Erdwall beschüttet, um die Kälte abzuhalten. — Die Hütten haben gewöhnlich zwei bis drei Faden ins Gevierte und sind $1\frac{1}{2}$ Faden hoch. Das Dach ist platt und dick mit Erde beschüttet. Die innere Einrichtung ist überall dieselbe: in einer Ecke der Stube steht gewöhnlich der jakutische Tschuwàl, eine Art von offenem Kamin, aus Weidenruthen geflochten und in- und auswendig mit einer dicken Lehmschicht beschmiert; als Rauchfang dient ein in der Decke angebrachtes Loch. Seit einiger Zeit hat man jedoch schon angefangen, ordentliche russische Backöfen aus hartgeschlagenem Lehm mit einem Schornstein zum Dache hinauszubauen. — In der Stube sind nach Maassgabe des Raumes und des Bedürfnisses der Bewohner eine oder zwei niedrige Abtheilungen aufgestellt, um die Schlafstätten abzusondern; der übrige Theil des Gemachs ist Küche, Wohn-, Arbeits- und Gaststube, und rings umher mit ziemlich breiten Bänken besetzt, auf welche zum Schlafen und Sitzen für die Gäste Rennthierfelle ausgebreitet werden. — An den Wänden herum steht und hängt allerlei Hausrath und Flinten, Bogen,

Pfeile u. dergl. — Zwei Fensterchen von einem Quadratschuh, zuweilen auch noch kleiner, würden vielleicht das Gemach nothdürftig erhellen, wenn sie mit Glasscheiben versehen wären; statt dessen aber wird
im Sommer eine Fischblase (gewöhnlich von Quappen), im Winter
eine sechs Zoll dicke Eisplatte vorgesetzt, welche höchstens den Schein
des Tageslichts durchlassen. — An die eine Seite des Hauses wird
ein leichtes Vorhaus (Séni) angesetzt, und an dieses stösst die Vorrathskammer (ambàr), aus dünnen Balken erbaut. — Gewöhnlich pflegt
auch wohl in dem Vorhause ein zweiter Feuerheerd zu stehen. Alle
Häuser werden mit der Fensterseite nach Süden hin gewandt. — Sowohl neben dem Hause, als auch auf dem Dache desselben stehen
Gerüste zum Trocknen der Fische, und bei der Vorrathskammer befindet sich noch ein kleines Häuschen, in welches bei gar zu strenger
Kälte die Hunde sich bergen, die sonst gewöhnlich an einen langen
Riemen gebunden vor dem Hause liegen und sich in den Schnee eingraben. Eingeschlossene Hofräume sieht man fast nie. — So sind
durchgehends die Häuser beschaffen, die übrigens ganz regellos umher-
geworfen da liegen, wie gerade der Zufall oder die Laune des Er-
bauers sie hinstellte. Vom Baden halten die Leute hier nicht viel,
und daher steht denn auch die in jedem Dorfe von der Ortsobrigkeit
erbaute Badstube verlassen und gewöhnlich verfallen da.

Reinlichkeit ist hier überhaupt nicht zu Hause, und Wäsche ist
nur bei den Reichen zu finden, wo sich wohl, besonders die Frauen,
Hemden aus baumwollenem Zeug oder Leinwand machen. Gewöhnlich
sind die Hemden (pàrka) aus weichem Rennthierfelle genäht, vorn
offen und werden mit der rauhen Seite nach innen getragen; die äussere
Seite ist mit Erlenrinde roth gefärbt und sowohl unten herum, als auch
an den Aermeln mit schmalen Streifen von Biber- oder Flussotterfell
besetzt, welches sie zu ziemlich hohen Preisen von den Tschuktschen
einhandeln. Eben so, aus Rennthierfell, sind auch die Hosen, die von
der Hüfte bis an das Unterbein hinabgehen. — Ueber das Pelzhemd
wird das Oberkleid (kamlejà) von dickem gegerbtem Rennthierleder
ohne Haar angelegt, welches durch Rauch gelb gefärbt ist. Die Kam-
lega ist hinten und vorn zu und hat hinten eine daran befestigte Kappe,
die, wenn man das Zimmer verlässt, über den Kopf gezogen wird. —

13 *

Wohlhabendere besitzen für die Stube dergleichen Kleider aus Kitajka (ein baumwollenes Zeug). Die Fussbekleidung besteht aus einer Art Schuhen (kaliptschiki und alàrtschiki) aus braunem Juften oder schwarzem Bockleder, welche an Schäfte von rauchem Rennthierfelle angenäht und mit allerlei seidenen Zierrathen besetzt, zuweilen auch wohl mit Goldfaden ausgenäht sind. Zwei lange an dem Hackenstücke befestigte Riemen dienen dazu, das Bein kreuzweise zu umwickeln und die Stiefel an die Hosen zu befestigen.

Zum Ausgehen wird eine grosse in- und auswendig rauche Pelzmütze aufgesetzt, die oben spitz, dabei aber breit und tief genug ist, um Stirn und Backen völlig zu bedecken; ausserdem aber werden auch noch die oben beschriebenen Stirn-, Ohren-, Nasen- und Kinnfutterale getragen, mit denen ein grosser Luxus getrieben wird. Besonders wird das Stirnband, welches eigentlich mehr der Eleganz als der Nothwendigkeit halber da ist, mit allerlei farbiger und goldener Stickerei ausgeziert, und wenn beim Hereintreten in das Zimmer die Mütze abgenommen wird, so bleibt das Stirnband noch eine Weile, gleichsam zur Schau, an seiner Stelle.

Auf Reisen wird über obigen Anzug noch die Kuchlänka, eine weitere, aus doppeltem Fellwerk genähte Kamlejka mit einem dicken Kapüchon gezogen, an deren Aermeln grosse Fausthandschuhe angenäht sind, welche inwendig an der Wurzel der Hand einen Durchschnitt haben, um dieselbe zu irgend einer Verrichtung herausstecken, aber auch gleich wieder in Schutz gegen die Kälte hineinziehen zu können. — Statt der Hausstiefel werden Halbstrümpfe aus jungem Rennthierfell (tschis'hy) und über diese die Torbassy oder Stiefel gezogen. — In dem Anzuge kann man lange Zeit der grössten Kälte Trotz bieten.

An dem um die Hüften gehenden Gürtel hängt ein grosses Messer, die sehr kleine Gansa oder Tabakspfeife aus Messing oder Zinn, mit einer kurzen, der Länge nach durchgeschnittenen und mit Riemen zusammengebundenen hölzernen Röhre, und ein Beutel, in welchem ein Feuerzeug und der der Sparsamkeit wegen mit feingeschabtem Lärchenholz untermischte Tabak befindlich ist. Die hiesigen Russen rauchen eben so wie alle im Norden von Asien lebenden Völkerschaften, indem sie den Tabaksdampf einziehen, hinterschlucken und ihn dann durch

Nase und Ohren wieder hinauslassen. Dies bewirkt eine Art von Betäubung, die zuweilen so stark ist, dass man sie bewusstlos in das Feuer des brennenden Tschuwal hinsinken sieht. Sie erzählen übrigens viel von dem angenehmen Gefühle dieses Rauch-Rausches, und behaupten, dass bei grosser Kälte diese Art zu rauchen ein gutes Erwärmungsmittel sey.

Die Hauskleidung der Weiber unterscheidet sich von der der Männer hauptsächlich dadurch, dass sie gewöhnlich aus viel leichterem Felle, oder bei grösserem State aus irgend einem baumwollenen, auch wohl seidenen Zeuge besteht und oben um den Hals einen liegenden Kragen aus Zobel- oder Marderschwänzen hat; ärmere behelfen sich aber mit einem Besatze von Fellen ungeborner Rennthiere. Den Kopf umbinden die Weiber gewöhnlich mit einem baumwollenen oder seidenen Tuche; zuweilen haben sie auch gestrickte Nachtmützen, unter welche sie, nach russischer Sitte, ihr Haar verbergen; die Mädchen hingegen lassen das ihrige in einer langen Flechte herabhängen und tragen dabei, wenn sie geputzt sind, ein Stirnband. Der Gallaanzug gleicht übrigens ganz dem der russischen Kaufmannsfrauen vor ungefähr 20 Jahren zurück; je grossblumiger und buntscheckiger das seidene Zeug des Kleides, je schwerer und glänzender die Ohrgehänge, desto schöner und geschmackvoller ist der Anzug. Die im Lande hausirenden und auf den Jahrmärkten herumziehenden Kaufleute wissen das recht gut zu benutzen und ermangeln nicht, dergleichen Prunkkleider, die sogar in Jakuzk schon aus der Mode sind, an den Ufern der Kolyma als neueste Modeartikel zu sehr hohen Preisen zu verkaufen.

Um von dem ganz eigenthümlichen Leben und Treiben eines Uferbewohners der Kolyma einen Begriff zu haben, muss man durchaus eine Zeitlang mit ihm gelebt haben; man muss mit ihm aus seiner Winterwohnung in den Sommerbalagan ziehen, mit ihm in seinem Kárbass (Boot) in seiner Wetka (Kahn) auf dem reissenden Strome schiffen, zu Pferde und zu Fuss Felsen erklimmen, sich Wege durch den dichten Wald bahnen, bei der ärgsten Kälte und furchtbarem Schneegestöber auf der leichten Narta mit raschen Hunden die endlose Tundra durchziehen, mit einem Worte, man muss einer der Ihrigen werden. — So war unser Leben während unsers beinahe dreijährigen

Aufenthalts hier beschaffen: wir wohnten mitten unter ihnen, kleideten uns wie sie, nährten uns von ihrem gedörrten Fisch und theilten mit ihnen alle die Entbehrungen, alles Ungemach, welche von dem hiesigen Klima und dem oft sehr drückenden Mangel an Lebensbedürfnissen aller Art unzertrennlich sind. Dadurch bin ich im Stande, ein treues Bild des Lebens in Nis'hne-Kolymsk aufzustellen, welches, einige wenige Lokalumstände abgerechnet, längs der ganzen Kolyma sich gleich ist.

Beginnen wir mit dem Frühlinge. Die Fischerei ist, wie ich schon früher bemerkt habe, der vornehmste und wichtigste unter den hiesigen Industriezweigen; die ganze Existenz der Bewohner dieser Gegend beruht darauf. Da aber, wie wir in der Folge sehen werden, die Lage des Orts Nis'hne-Kolymsk durchaus unvortheilhaft dazu ist, so sind die Einwohner genöthigt, ausserhalb desselben diesem Gewerbe nachzugehen. Sobald daher der Frühling eintritt, verlassen sie ihre Wohnungen und suchen sich längs den Ufern des Stromes irgend eine ihnen vortheilhaft dünkende Stelle, wo sie in der grössten Geschwindigkeit einen Balagan oder leichte Sommerhütte aufschlagen und die zum Fischen nöthigen Vorrichtungen treffen. Die meisten der Nis'hne-Kolymskischen Bürger haben in der Umgegend, an den Mündungen der Bäche solche stehende kleine Niederlassungen oder Landhäuschen, wohin sie schon im April häufige Ausfahrten vornehmen, um dort alles vorzubereiten. Im halben Mai aber, wenn die Kaufleute von dem Jahrmarkte zu Ostrownoje am kleinen Aniuj hier wieder eintreffen und nach Jakuzk zurückkehren, zieht die ganze Bevölkerung des Ortes davon und es bleiben hier nur der Kosakenaufseher mit ein paar Wächtern in der Kanzlei, der Priester und vielleicht einige wenige hungernde Familien, die zu ohnmächtig sind, um dem allgemeinen Gewerbe nachgehen zu können.

Der Frühling ist an der Kolyma die schwerste Periode im Jahre; während des langen Winters sind die im Sommer und Herbst eingesammelten Vorräthe aufgezehrt; die Fische, die sich während der ungeheuren Kälte in die Tiefe der Flüsse und Seen gezogen haben, erscheinen noch nicht; die durch die Winterarbeit und den Mangel an Futter kraftlos gewordenen Hunde sind gewöhnlich nicht mehr fähig,

eine letzte Frühlingswohlthat der Natur, den sogenannten Nast *) zur
Jagd der Renn- und Elennthiere zu benutzen, und die geringe Anzahl
von Feldhühnern, die etwa noch hier und da in Schlingen gefangen
werden, reicht bei weitem nicht hin, um das allgemeine Bedürfniss zu
befriedigen — der Hunger stellt sich in den furchtbarsten Gestaltungen ein. Da sieht man Schaarenweise die Tungusen und Jukahiren
aus den Tundry und von dem Aniuj nach den russischen Dörfern an
der Kolyma ziehen, um dem Hungertode zu entgehen. Blass, kraftlos,
gleich Gespenstern, wanken sie daher und stürzen gierig über jeden
Abfall von geschlachteten oder gefallenen Rennthieren, über Knochen,
Felle, Riemen, kurz über alles her, was nur auf irgend eine Art dazu
dienen kann, das quälende Bedürfniss nach Nahrung zu stillen. Aber
auch hier finden sie wenig Trost, auch hier herrscht Mangel, so dass
die Dorfbewohner selbst gezwungen sind, sich an die geringen Ueberreste der für die Hunde bestimmten Vorräthe zu halten, und dass viele
dieser letzteren aus Mangel an Nahrung fallen. — Zwar giebt es hier
ein von der Regierung errichtetes Vorrathsmagazin, aus welchem jedermann Roggenmehl kaufen kann; dieser Verkauf geschieht natürlich nicht
nur ohne Gewinn, sondern vielmehr mit Aufopferungen von Seiten der
Krone, dennoch aber erhöht die ungeheure Entfernung und die Beschwerde des Transports, der nicht selten ein paar Jahre erfordert,
den Preis des Mehles so sehr, dass er für die Meisten unerschwing-
lich wird, und obgleich, zur Erleichterung für die Käufer, ihnen gestattet ist, die Bezahlung erst im Herbst und Winter zu entrichten,

---

*) Wenn der durch die Wärme der Frühlingssonne an der Ober-
fläche geschmolzene Schnee in der Nacht wieder gefriert, so bildet sich
eine dünne Eiskruste, welche stark genug ist, um eine leichte Narte mit
ihrem Hundevorspann zu tragen. Diese Beschaffenheit des Schnees im
Frühling nennt man Nast und benutzt sie, um während der Nacht die
Renn- und Elennthiere zu verfolgen, die bei ihrer grösseren Schwere
durch die dünne Eiskruste durchbrechen und dem Jäger leicht in die
Hände fallen. Die Dauer des Nast richtet sich nach der mehr oder weniger offenen Lage des Orts, und je nachdem der Schnee daselbst dichter
oder lockerer liegt. Er findet übrigens nicht jedes Jahr Statt; namentlich hat es in der Umgegend von Nis'hne-Kolymsk während unseres ganzen Aufenthalts keinen Nast gegeben.

so finden sich doch nur Wenige, die im Stande wären, für ein Pud Mehl, das zuweilen auch noch auf der langen Reise verdorben ist, den Preis von **20** Rubel zu bezahlen. — Während unserer Anwesenheit in Sredne-Kolymsk sollte der dortige Kommissair einen Ueberschlag liefern, wie gross nach Maassgabe der Menschenzahl in hiesiger Gegend die Quantität des herzuschaffenden Mehles seyn müsste; er forderte dazu eine Angabe des Kosaken-Golowà, unter dessen spezieller Aufsicht die Tungusen und Jukahiren stehen, und erhielt von ihm zur Antwort: „ich kann darüber eigentlich keine bestimmte Angabe machen, so viel aber kann ich versichern, dass es nicht viele unter den Hiesigen giebt, die im Stande, oder auch nur geneigt wären, für die Fristung ihres traurigen Lebens ein paar Rubel täglich zu bezahlen."

Drei solcher schrecklicher Frühlingsepochen habe ich hier erlebt, und jetzt noch denke ich mit Schaudern an die Jammerscenen zurück, von denen ich Zeuge war und die ich gar nicht zu beschreiben vermag. Aber wenn eben die Noth aufs Höchste gestiegen ist, tritt gewöhnlich auch die Hülfe ein; es zeigen sich plötzlich aus den südlicheren Gegenden herziehende grosse Schwärme von Zugvögeln, Schwäne, Gänse, Enten und einige Schnepfenarten. Sie verkündigen den Eintritt des Frühlings, das Ende der allgemeinen Noth, und Alt und Jung, Männer und Weiber, wer nur im Stande ist, Flinte oder Bogen zu halten, Alle eilen hin und erlegen was sie können. Allmälig fangen sich auch schon Fische in die unter das Eis gestellten Netze und Körbe; — für das Mal ist die fürchterliche Hungerperiode überstanden. Aber noch ist die Nahrung kärglich; es scheint, als wollte die Natur, gleich einem erfahrenen Arzte, die Ausgehungerten nur allmälig wieder an Speise gewöhnen. Im Juni endlich gehen die Flüsse auf, der Reichthum an Fischen strömt herbei und alle Hände sind in Bewegung, um die kurze Gnadenzeit zu Anschaffung von Vorräthen für das nächste Jahr zu benutzen. — Da tritt aber oft ein neues Ungemach ein; der Strom ist nicht im Stande, die ungeheuren, von oben herabkommenden Eismassen schnell genug fortzuschaffen; sie setzen sich in Krümmungen und flacheren Stellen fest und bilden gewissermaassen Dämme, die das Wasser in seinem Laufe hemmen; es tritt aus den Ufern, überschwemmt Wiesen, Dörfer und Wohnungen, und wenn die Eigenthümer nicht zeitig genug ihre Pferde in die höheren Gegenden getrieben haben, so sind auch diese unwiederbringlich verloren. Im Sommer 1822 hatten wir eine solche Ueberschwemmung in Nis'hne-Kolymsk, welche sich so plötzlich über den ganzen Ort ergoss, dass wir kaum nur noch Zeit behielten, uns mit einigen unserer Sachen auf die glücklicherweise platten Dächer zu flüchten, wo wir mehr als eine Woche zubringen mussten. Das Wasser strömte mit furchtbarer Gewalt zwischen den Häusern; der nördlich von Kolymsk belegene See vereinigte sich mit dem Strome, und der ganze Ort glich einem Archipelag von kleinen Inselchen (den Dächern der Häuser), deren Bewohner in Kähnen dazwischen herumfuhren, einander besuchten, Netze auswarfen und fischten.

Diese Ueberschwemmungen haben, mehr oder weniger, alljährlich Statt; sobald aber das Wasser sich etwas verlaufen hat, beginnt die Hauptfischerei mit Netzen *). Im Frühling geht der Zug der Fische den Strom hinabwärts; an manchen Orten dauert dies nur einige Tage, an anderen aber, als bei Pochodsk und an dem Flüsschen Tschukotskoj,

---

*) Am fischreichsten ist die Kolyma, besonders östlich von der Lena, daher denn auch ihre Ufer mehr bewohnt sind, als die der Jana, der Indigirka und des Alasej. — Um sich einen ungefähren Begriff von der ungeheuren Konsumtion an Fischen zu machen, die hier die Hauptnahrung der Bewohner und ihrer Hunde ausmachen, muss man wissen, dass zum jährlichen Unterhalte der 100 Familien nur, die in der Umgegend von Nis'hne-Kolymsk leben, nicht weniger als drei Millionen Heringe erforderlich sind. Von diesen aber liefert die Kolyma in guten Jahren nur ungefähr Eine Million, der Rest des Bedürfnisses wird durch andere grössere Fischgattungen ersetzt, deren nach obigem Verhältniss wenigstens 192,000 nöthig sind. — Uebrigens lässt sich aus der Anzahl der gefangenen Fische kein sicherer Schluss auf die Menge derselben in dem Strome machen, da der Ertrag der Fischerei sehr oft von Umständen abhängt. So begab es sich einige Jahre vor unserer Herkunft, dass gerade zu Anfange des gewöhnlichen Herbstzuges der Muksuny, die Mündung des Omolon, zufror, wodurch es den Uferbewohnern möglich ward, den Fluss in seiner ganzen Breite mit Reusen und Fischkörben zu besetzen und so in nicht mehr als drei Tagen 80,000 Stück derselben einzufangen, welches in gewöhnlichen Jahren der Ertrag eines ganzen Sommers zu seyn pflegt.

geht der Zug den ganzen Sommer, wird aber nach und nach geringer. Um diese Zeit werden vornehmlich gefangen: Sterlette, eine Art grosser Lachsforellen (Nel'ma), grosse Seestinte mit gekrümmtem Rücken (Muksun) und eine Fischgattung, hier Tschir genannt. Die mit diesem Zuge herabkommenden Fische sind gewöhnlich sehr mager und werden daher grösstentheils nur zum Vorrathe für die Hunde, als Juchala bereitet, d. h. gereinigt, platt auseinandergeschnitten und an der Luft gedörrt. Aus den Eingeweiden wird eine Art Thran gekocht, welcher sowohl zu Speisen, als auch zum Brennen in den Lampen dient.

Die frischen Seewinde, welche den Strom in eine sehr heftige Bewegung setzen, hindern oft gerade dann am Auswerfen der Netze, wenn der Zug der Fische am stärksten ist. Hiezu kömmt noch die Mangelhaftigkeit der hiesigen aus Pferdehaaren yerfertigten Netze und die Ungeschicklichkeit der Fischer, welche es nicht verstehen oder nicht wagen, ihre Netze in der Mitte des Stromes auszuwerfen, wo gerade die meisten und grössten Fische sich aufzuhalten pflegen. Jene beiden Ursachen sind es, die die hiesigen Einwohner bewogen haben, sich grösstentheils auf das Fischen in den kleineren Ein- und Ausflüssen der Kolyma zu beschränken, welche sich, wie gesagt, im Frühling sehr stark ergiesst und eine grosse Menge Fische, sowohl in die kleineren Flüsse, als auch in die mit denselben zusammenhängenden Landseen hinauftreibt, von wo sie dann, wenn der Hauptstrom wieder in sein Bett zurückkehrt, herabkommen, und durch Wehren, Reusen, Setzkörbe u. dergl. gefangen werden. Sobald die grosse Netzfischerei im Frühlinge beendigt ist, zieht alles nach diesen kleinen Flussmündungen hin, wo alsdann eine grosse Thätigkeit herrscht. — Bei der Netzfischerei werden die Netze, eines nach dem andern, in einer festgesetzten Ordnung ausgeworfen und der Ertrag jedes Zuges gehört dem Eigenthümer des Netzes; die kleine Fischerei aber wird gemeinschaftlich getrieben, indem der jedesmalige Ertrag bei dem Herausnehmen der Reusen und Körbe, nach Verhältniss der Anzahl dieser letzteren, unter die Eigenthümer derselben vertheilt wird.

Auf letztere Art werden vornehmlich viele, sehr fette Tschiri gefangen, die eine Lieblingsspeise der hiesigen Einwohner sind und aus der die sogenannte Jedomnaja Jukola bereitet wird. Diese unterscheidet sich von der oben erwähnten Juchala hauptsächlich durch die besondere Auswahl der besten Fische und durch die grössere Sorgfalt in der Zubereitung derselben. Nachdem der Fisch in zwei Hälften gespalten ist, werden alle Gräten herausgenommen, und das Fleisch, damit es mürber werde und besser durchtrocknen könne, dicht eingekerbt und dann an der Luft gedörrt. Zuweilen werden die so bereiteten Fische auch wohl in den Rauch gehängt, um sie auf diese Art vor dem Verderben zu bewahren *). — Die obern Rückentheile werden gewöhnlich weggeschnitten, besonders getrocknet, in einem hölzernen Mörser fein gestampft und dann, mit etwas Thran vermischt, in kleinen hölzernen Gefässen mit einer engen Mündung für den Winter aufbewahrt. Desgleichen werden auch die Bäuche, welche das meiste Fett enthalten, abgesondert, gedörrt und als ein vorzüglich leckerer Zusatz zu dem Kuchen gebraucht, die nicht aus Mehlteig, sondern ganz aus den feingestampften weichen Theilen frischer Fische gebacken werden.

Wenn der kleine Fischfang zu Ende geht, so stellen sich wieder in dem Strome die hinaufziehenden grössern Seefische ein, welche dann sowohl mit Netzen, als auch in Setzkörben gefangen werden.

Während diese verschiedenen Fischerei-Gattungen mit dem grössten Eifer betrieben werden, stellen sich auch schon an den Ufern der Seen, die Schwäne, Gänse und Enten ein, die hier mausern, nisten und ihre Jungen ausbrüten. Sobald sich diese Zugvögel zeigen, werden gleich einige von den Fischern abgeordnet, um die Nester zu beobachten, und Anfangs einige der Eier herauszunehmen, welche der Vogel durch neu gelegte ersetzt. Die eigentliche Jagd aber beginnt erst dann, wann die Vögel mausern und, ihrer Federn beraubt, nicht fliegen können. Dann vereinigt sich eine grosse Anzahl der bisherigen

*) Die beste Jukola wird in Pochodsk und Maloje Tschukotschje bereitet, wo bei der grössern Kälte die Fische während des Zubereitens weniger von ihrem Fette verlieren. Diese vorzügliche Gattung der Jukola wird Chachta genannt. — Die Jukola sowohl als die Juchala wird in Gebinden verkauft, deren jedes von grössern Fischen 50 Stück und von kleinern 100 Stück enthält.

Flussfischer in den Gegenden wo die Vögel nisten; diese werden nun durch abgerichtete Hunde aufgescheucht und theils in kleinen Kähnen auf den Seen, theils auch auf der Ebene verfolgt und ihrer eine grosse Menge mit Flinten, Pfeilen und Knitteln erlegt. Ein Theil der Beute wird geräuchert, das Meiste aber lässt man stark einfrieren und bewahrt es, in Schnee vergraben, zum Winter auf. — Diese Jagd hat übrigens seit einiger Zeit sehr abgenommen. Vor etwa **20** Jahren brachten die Jäger an m a n c h e n T a g e n mehrere tausende von Gänsen nach Hause; jetzt heisst es am Ausflusse der Kolyma schon eine glückliche Jagd, wenn i m L a u f e d e s g a n z e n S o m m e r s ungefähr **1000** Gänse, **5000** Enten und ein Paar hundert Schwäne erlegt worden sind *). Das rührt jedoch nicht etwa von einer Abnahme dieses Geflügels her, welches immer noch wie sonst in ungeheuren Schwärmen Berge, Ebenen und Flüsse bedeckt, sondern daher, dass die hiesigen Bewohner sich ganz auf die weniger mühsame und gemeiniglich sicherer einträgliche Fischerei verlegt haben, daher dann für die Jagd nur wenig Zeit übrig bleibt.

Ausser dem Vorrathe von Fischen und Geflügel pflegen die ordentlichen Wirthe sich auch mit Rennthierfleisch zu versehen. In dieser Absicht fahren einige um die Zeit des Sommerzuges der Rennthiere in Böten den Aniuj hinauf, andere gehen zu Pferde in die Tundra an die Ufer der grossen Seen, treiben die Rennthiere vermittelst abgerichteter Hunde in das Wasser und erlegen da die schwimmenden Thiere mit der Pokoliuga, einer Art Speer. — Diese Jagd ist am Aniuj viel ergiebiger als die in der Tundra, indem ein geschickter Jäger an erstern in guten Jahren wohl hundert Thiere erlegt, während in der letztern nie über zwanzig, oft auch nur fünf Stück auf jeden Jäger kommen; dessenungeachtet hat diese Jagd aber vor jener wesentliche Vorzüge, indem sie nie fehlschlägt, welches bei jener

---

*) Von den Zugvögeln scheint es ausgemacht, dass sie nie zwei Jahre hintereinander denselben Ort besuchen um zu nisten, sondern ziemlich regelmässig ihre Niederlassplätze wechseln. — So unterliegt auch die übrige Jagd einem gewissen regelmässigen Wechsel; man behauptet hier nämlich allgemein, dass z. B. der Steinfuchs immer nur im dritten Jahr in Menge erscheint; Zobel und Hasen sollen oft ganz ausbleiben.

oft der Fall ist; zudem sind auch die in der **Tundra** weidenden Renn-thiere gewöhnlich grösser und besser genährt als die wandernden *).

Während die Männer der Fischerei und Jagd obliegen, benutzen die Weiber den kurzen Sommer, um aus dem kärglichen Ertrage des Pflanzenreiches auch einige Beiträge zu Wintervorräthen zu sammeln. — Es ist schon oben bemerkt worden, dass der zum Theil aufthauende Boden, besonders im Gebirge, allerlei Beeren nächst einigen zur Nah-rung tauglichen aromatischen Kräutern und Wurzeln hervorbringt, die sie alle genau kennen und davon so viel einsammeln, als der mehr oder weniger günstige Sommer ihnen gewährt. Nicht in jedem Jahre gedeihen aber selbst diese erbärmlichen Zeugnisse der hiesigen Vege-tation, wie das der Fall während unseres Aufenthaltes an der Kolyma war, wo ein so vollkommener Beerenmisswachs Statt fand, dass in den drei Jahren, von 1821 bis 1823, unterhalb Nis'hne-Kolymsk auch nichts von diesen Waldfrüchten zu finden war. Die meisten derselben, be-sonders Blaubeeren, wachsen auf der Ostseite der Kolyma und auf dem Abhange des Berges Pantelejew, wo die Weiber sie in der Hälfte des Augusts pflücken. — Das Beerenlesen ist hier — wie anderswo die Weinlese — eine Fröhlichkeits-Epoche; die Mädchen und jüngern Weiber ziehen in grossen Haufen dorthin, bringen da oft ganze Nächte unter freiem Himmel zu, und belustigen sich bei ihrer Arbeit mit Gesängen, Tänzen und allerlei Spielen. Die eingesammelten Beeren übergiesst man mit kaltem Wasser, lässt sie gefrieren und bewahrt sie so zum Winter als einen beliebten Leckerbissen.

Von Pflanzen und Wurzeln werden eigentlich nur der **Thymian** und die **Makarscha** benutzt, ersterer hauptsächlich zum Räuchern, zu-weilen auch als Gewürz zur Speise. Die Makarscha ist eine mehlige Wurzel, die theils als eine Zugabe zu den Fleisch- und Fischkuchen gebraucht, diesen einen angenehmen Geschmack giebt, theils auch al-lein als eine Art von Desert vor dem Abendessen genossen wird. Man findet sie besonders in den unterirdischen Mäusehöhlen, wo die

---

*) Diese merkwürdigen Rennthierzüge finden sich weiter unten, in dem Journal des Mitschmann's Matjuschkin, welcher Gelegenheit hatte, sie genau zu beobachten, umständlich beschrieben.

Feldmäuse für den langen Winter grosse Vorräthe davon und von allerlei anderen Wurzeln sammeln; die hiesigen Mädchen besitzen eine ganz eigene Geschicklichkeit diese Niederlagen aufzuspüren und berauben die armen haushälterischen Thierchen der Frucht ihres vorsichtigen Fleisses.

Unterdessen rückt der September heran, wo die in grossen Zügen die Flüsse aufwärtsgehenden Heringe *) den grössten Theil der Bevölkerung an die vorzüglichsten Fangstellen hinlockt. Die Menge dieser Fische ist oft so ungeheuer, dass in günstigen Jahren mit einem Zuge 3000 und mehr derselben, und in drei bis vier Tagen mit einem einzigen guten Netze an die 40,000 Stück gefangen werden. Nicht selten geschieht es, dass nach dreimonatlichen, vergeblichen Anstrengungen die übrige Fischerei fast nichts gegeben hat, und dass die armen Bewohner mit der furchtbarsten Hungersnoth bedroht sind; da erscheinen die wohlthätigen Heringszüge und füllen in einigen Tagen die Vorrathskammern reichlich an. — Die eingefangenen Heringe hängt man vor Eintritt der Fröste an Gerüsten auf, damit das in ihnen befindliche Wasser ablaufe ehe sie gefrieren; sie werden dadurch viel leichter für den Transport auf Reisen, und tauglicher zum Hundefutter, während die zur Zeit der Fröste eingesammelten sich mit einer Eiskruste überziehen, und dann sowohl unschmackhaft als auch den Hunden ungesund werden.

Um die Zeit der Heringszüge stellen sich auch die Rennthierjäger von dem Aniuj und aus der Tundra wieder ein, und mit ihnen kehrt neues Leben in das kurz zuvor öde, menschenleere Land zurück. Mit ängstlich gespannter Erwartung sieht man ihrer Ankunft entgegen, welche ausweist, was für den bevorstehenden Winter zu hoffen oder zu fürchten sey; auch ist die Nachricht von einer günstig ausgefallenen Jagd das Losungswort zur allgemeinen Freude, und lange Zeit ist

---

*) Man will bemerkt haben, dass zwischen Pagromny und Nis'hne-Kolymsk, welche drei Werst von einander liegen, die Heringszüge drei Tage dauern. Die grössten Heringe finden sich an der Kolyma, dann folgen die in dem Alasej und endlich die in der Indigirka und Jana. Hiernach scheint es, dass der Zug dieser Fische von Westen nach Osten gerichtet ist.

dieselbe der einzige Gegenstand aller Unterredungen, in welchen die geringsten Umstände, jede Bewegung des verfolgten Rennthiers, die Beweise von Geschicklichkeit des Jägers und der Hunde u. s. w. mit einer Genauigkeit und Ausführlichkeit erzählt werden, als hätte es die Niederlage einer feindlichen Armee gegolten.

Mit dem Eintritte der Fröste hört die Sommerfischerei auf und macht dem Herbstfischfange Platz, welcher, sobald die Flüsse zufrieren, mit Setznetzen aus Rosshaaren betrieben wird, indem man quer über den Fluss Löcher in das Eis haut und die Netze in das Wasser senkt. So fängt man hauptsächlich Muksuny, Omuly (salmo autumnalis) und Nel'ma (salmo nelma), die durch Stürme aus dem Meere in die Flüsse hinaufgetrieben, sich in den Netzen fangen. Daher ist denn auch die Nachbarschaft des Meeres dieser Art Fischerei besonders günstig. Auf der steinigen Kolyma wird sie bei Schalaurowo-Simòwje bei Kabatschlowo und um Sucharnoje, so wie auf der mittlern Kolyma bei Kamennoj Ostrow mit mehr oder weniger Erfolg bis an den Dezember fortgesetzt, wo dann die Dunkelheit und die gar zu strengen Fröste die Fischer nöthigen, ihre Arbeit einzustellen und in ihre Wohnungen zurückzukehren.

So wechseln mit jeder Jahreszeit die einförmigen Beschäftigungen der hiesigen Bewohner, denen sowohl die niedrige Stufe von Bildung, auf der sie stehen, als auch die Beschaffenheit und das Klima des Landes nicht gestatten, an irgend etwas anderes, als an Herbeischaffung der unentbehrlichsten Lebensbedürfnisse, zu denken. Ihre ganze Industrie, ihre ganze Thätigkeit beschränkt sich darauf, die für jede Arbeit günstige, kurze Zeit nicht zu verabsäumen und beim Versiegen der einen Nahrungsquelle den Augenblick zu benutzen, wo sich ihnen eine andere eröffnet. So folgt, wie wir gesehen haben, auf den Fischfang in den grössern Strömen die Fischerei in den kleinern Flüssen, dann geht man den grossen Seefischen nach, bis die Heringszüge beginnen, und beschliesst mit den Setznetzen unter dem Eise. Eben so hat auch die Vogeljagd ihre verschiedenen Perioden, indem zuerst die Enten, dann die Gänse und zuletzt die Schwäne mausern. Ausserdem zerfällt dieses Geflügel wieder in zwei Klassen, hier Dètniki und Cholostbà genannt, die gleichfals zu verschiedenen Epochen mausern.

Erstere sind die Jungen, welche die Alten noch nicht verlassen haben, und mit ihnen gefangen oder geschlagen werden; letztere sind die schon ausgewachsenen jungen Vögel, die später als die Alten mausern und daher auch nach ihnen gejagt werden.

Blos durch diese wohlthätige Anordnung der Natur ist es den Eingebornen möglich, die für den langen Winter nothwendigen grossen Vorrähe für sich selbst und für ihre nützlichsten Hausthiere, die Hunde, anzuschaffen, und sich vor Mangel zu bewahren, da es ihnen bei ihrer Mittellosigkeit und Armuth unmöglich wäre damit fertig zu werden, wenn alle die verschiedenen Arbeiten zu gleicher Zeit geschehen müssten. Aber auch so noch wird es ihnen äusserst schwer, denn ausser der Fischerei und Jagd, die ihre eigentlichen, fast einzigen Nahrungs-quellen sind, giebt es noch eine Menge anderer, nicht weniger wich-tiger Geschäfte, die sie nicht vernachlässigen dürfen. Diejenigen, welche Pferde besitzen *), müssen suchen wenigstens einen gewissen Vorrath von Heu zu machen; es findet sich an der Wohnung etwas auszubessern oder eine neue Hütte zu bauen; im Walde müssen den Pelzthieren Fallen **) gestellt und von Zeit zu Zeit nachgesehen wer-

---

*) Fast jeder sorgfältige Wirth hat hier ein, zwei und auch wohl mehr Pferde, die im Winter, wo sie nicht gebraucht werden, frei umher-gehen, und mit den Hufen das halbverdorrte Gras und die oberen Gras-wurzeln unter dem Schnee hervorscharren.

**) Diese Fallen, Past', sind eine Art länglicher Kasten, in welche zum Anlocken des Thieres irgend ein Köder gethan wird, der mit einem über dem Kasten in schräger Richtung schwebenden Balken so in Ver-bindung steht, dass dieser, bei der geringsten Berührung hinab fällt und das Thier so lange in dem Kasten gefangen hält, bis der Jäger kommt. Mit diesen Fallen werden die Gegenden umstellt, wo sich die Pelzthiere am häufigsten einfinden. Die russischen Bewohner von Nis'hne-Kolymsk und der Umgegend haben über 7500 dergleichen Fallen, sowohl längs dem Ufer des Flusses, als auch auf der östlichen und westlichen Tundra. Auf dem östlichen Ufergebiete der Kolyma längs den Gebirgsflüssen Phi-lippowka, Pantelejewa u. a. werden Zobel und Füchse, in der West-tundra aber vornehmlich Steinfüchse gefangen. Der Vielfrass findet sich nur selten in diesen Fallen, indem er stark genug ist, um sie zu erbre-chen, und sich zu befreien. — Ein sorgsamer Jäger besichtigt seine auf-gestellten Fallen wohl zehn Mal in einem Winter; die meisten aber thun dies seltner, und daher geht vielleicht die Hälfte des gefangenen Wildes

den; dies letztere geschieht gewöhnlich zu Pferde, kurz vor dem ersten Schnee, wenn der Boden schon hart gefroren ist, und auch später auf dem Schnee mit Hunden. Um diese Zeit verlassen auch die Renn-thiere das westliche Ufer des Flusses und ziehen nach dem östlichen hinüber; dies benutzen die Einwohner, um ihnen auf verschiedene Art nachzustellen. Sie legen aus Riemen gemachte Schlingen in die na-türlichen Engpässe, durch welche die Thiere ziehen, oder machen der-gleichen künstliche durch eigends dazu aufgestellte Verzäumungen, in welchen sie schmale Oeffnungen lassen. Andere fahren in grossen Gesellschaften, mit Narten, auf die Jagd des Elennthieres und der wil-den Schaafe (auf den Baranow-Felsen), oder verfolgen auf der mit frischgefallenem Schnee bedeckten Fläche in Narten, mit gut abgerich-teten Hunden bespannt, Füchse, Zobel und Eichhörnchen. Letztere Art von Jagd ist besonders den im Gebirge und in den Wäldern woh-nenden Jukahiren vom Aniuj und Omolon, so wie den Sredne- und Werchnei-Kolymskischen Jakuten eigenthümlich.

Auf der Tundra längs der Meeresküste werden in langen Reihen, den oben beschriebenen ähnliche, Fallen für die dort herumziehenden Steinfüchse aufgestellt, die zwar ihrem Felle nach weit weniger ge-geschätzt sind, dahingegen aber in sehr grosser Menge gefangen wer-den. — Es ist schon oben bemerkt, dass die Steinfüchse sich alle drei Jahre ein Mal in der Tundra besonders zahlreich einfinden, wenn es aber in diesen Jahren zugleich viele Mäuse dort giebt, so halten sich die Füchse an diese und gehen nicht nach der in den Fallen befindlichen Lockspeise, welche entweder irgend ein kleines, lebendiges Thier, oder ein Stück vergiftetes Fleisch ist. — In der Regel hält man das Fell der Thiere, welche mit Gift in diesen Fallen gefangen werden, für schlechter als das andere; daher führt es auch den Namen **Màlaja**

---

verloren. Bei jedesmaliger Besichtigung des Jagdreviers darf man auf 10 Fallen, einen Fang rechnen. — Einen sehr nachtheiligen Einfluss auf die Fortpflanzung dieser Thiere, besonders der Steinfüchse, hat die hier unter den Jukahiren und Tungusen, und überhaupt in Sibirien, einge-führte Gewohnheit, die noch blinden Jungen derselben aus den Nesthöhlen hervorzuholen. Die Anzahl der auf diese Art vertilgten Fuchsjungen ist sehr bedeutend.

Pàkost' (etwa das schlechte Zeug) *). — Die Kunst des Aufstellens der Fallen und des Anlockens und Hintergehens der Thiere ist sehr geschätzt, und die darin geschickten Promyschlenniki (Pelzjäger) werden weit und breit namentlich genannt. Zu unserer Zeit galt ein Kosaken-Sotnik, Namens Soldàtow, für den geschicktesten Fänger kleinerer und grösserer Thiere, besonders der Füchse. Er hielt sich an seiner Ehre gekränkt, wenn es ihm ein Mal misslang einen Fuchs zu überlisten, oder wie er es nannte, abzufüttern.

Noch höher in der allgemeinen Achtung stehen die eigentlichen Jäger, die das mächtige Elennthier und den Bären verfolgen und den Kampf mit denselben nicht scheuen. Die Erzählungen von ihrer dabei angewandten List sowohl, als auch von dem Muth und der Kraft, durch welche sie ihren Gegner überwältigten, machen den Hauptgegenstand ihrer Unterhaltungen aus, und sind, selbst alle Uebertreibungen und Hyperbeln dabei abgerechnet, oft höchst merkwürdig. Hier nur ein Paar während meines hiesigen Aufenthaltes vorgefallene Beispiele davon. Zwei Jäger, Vater und Sohn, waren zu Pferde auf die Fuchsjagd ausgegangen; diese fiel sehr schlecht aus und sie hätten fast mit leeren Händen heimkehren müssen, wenn sie nicht zufällig auf einen, in seiner Höhle liegenden Bären gestossen wären. Obgleich sie durchaus gar nicht mit den für den Kampf gegen ein solches Thier erforderlichen Waffen versehen waren, so entschlossen sie sich doch das gefährliche Abenteuer zu bestehen, und zwar auf folgende Weise: Der Vater stemmte sich mit dem Rücken vor den einen Ausgang der Höhle, der durch seine breiten Schultern ganz geschlossen ward; der Sohn aber, bloss mit einer Pokoliuga, oder leichtem Speere, bewaffnet, griff durch die andere Oeffnung den Bären an. Von den Stichen dieser Waffe mehr geängstigt als verwundet, suchte das Thier einen Ausweg durch die andere, wie gesagt, verstopfte Oeffnung, aber vergebens; we-

---

*) Mit der Benennung Thier, swer, wird eigentlich nur das sibirische Elennthier, sochàtoj, bezeichnet; zuweilen thut man auch wohl einem tüchtigen schwarzen Bären die Ehre an, ihn tschèrnoj swer, schwarzes Thier, zu nennen. Die übrigen Thiere aber, welche durch Lockspeisen und Fallen gefangen werden, heissen im Allgemeinen Mhlaja Pakost'.

der seine Klauen noch seine Zähne vermochten dem dicken glatt aus-
gespannten, doppelten Pelze des breitschultrigen Jukahiren etwas an-
zuhaben, welcher seinen Posten so lange wacker behauptete, bis es
dem Sohne gelungen war, den Bären endlich zu erlegen. — Dergleichen tollkühne Unternehmungen misslingen auch nicht selten. So
erblickte ein in seinem Bote fahrender, blos mit der Pokoliuga be-
waffneter Jukahir, am Ufer einen grossen schwarzen Bären, der so
ämsig damit beschäftigt war, Wurzeln oder vielleicht ein Mäusenest
aufzuscharren, dass der Jäger hoffte, sich ihm unbemerkt nähern, und
ihm sein Messer in die Seite stossen zu können. Wirklich gelang es
ihm dem Bären so nahe zu kommen, dass er mit der linken Hand
sein Hinterbein erfassen konnte; ehe er aber noch dazu kam sein
Messer zu benutzen, ergriff das durch den plözlichen, unerwarteten
Ueberfall aufgeschreckte Thier die Flucht, und schleppte den Jäger,
der seine Beute nicht fahren liess, eine weite Strecke über Steine
und Gesträuch mit sich fort, bis dieser endlich ermüdet und ziemlich
zerschlagen, es gerathen fand seinen unbändigen Gefangenen loszulas-
sen. — Ein diesem ähnliches Schicksal hatte ein hiesiger Russe, welcher allein im Boote die Kolyma hinab fahrend, ein prächtiges Elennthier erblickte, das eben quer über den Strom schwamm. Unmöglich
konnte er diese günstige Gelegenheit zu einem solchen Fang unbenutzt
lassen — das Thier musste erlegt werden, aber der Kahn war viel
zu klein, um im glücklichen Falle eine solche Ladung zu tragen. Im
Nu hat er eine tüchtige Schlinge fertig, wirft sie sehr geschickt dem
Elennthier über das Geweih und rudert mit kräftigem Arme dem Ufer
zu. So lange sie sich in der Tiefe befanden, musste das bestürzte
Elenn ihm schwimmend folgen. Kaum aber fühlte es Grund unter
seinen Füssen, so kehrt auch das Bewustseyn seiner natürlichen Kraft
wieder — in einigen Sätzen hat es das Ufer erreicht, und schiesst
mit der Schnelligkeit des gehetzten Thieres dem nächsten Walde zu,
indem es den leichten Kahn mit dem unglücklichen Jäger hinter sich
hinschleudert, welcher froh seyn musste, noch mit ziemlich heiler Haut
endlich aus dem Kahne herausgeworfen zu werden. — Solcher Abenteuer, die mit den kleinsten Nebenumständen erzählt, und nicht selten
mit manchen Zusätzen bereichert werden, giebt es eine unzählige Menge.

14 *

Unter allen hier im hohen Norden einheimischen Thieren nimmt der Hund in jeder Rücksicht einen der ersten Plätze ein. Dieses dem Menschen gleichsam zum Gesellschafter, zum Wächter und Jagdgefährten bestimmte Geschöpf, das sich wie der Mensch in alle Klimate fügt, sich auf den Inseln der Südsee von Bananen und Kräutern, und am Eismeere von Fischgräten nährt, überall ausdauert und sich nützlich erweist, hat hier eine Rolle übernehmen müssen, die ihm in den von der Natur begünstigtern Erdstrichen ganz fremd ist.

Die Noth hat die Bewohner des hohen Nordens bewogen, dieses im Vergleich mit andern Geschöpfen scheinbar schwache Thier als Zugvieh zu benutzen. Alle an der Küste des Eismeeres, vom Obi bis zu der Behringsstrasse in Grönland, Kamtschatka und auf den kurilischen Inseln lebenden Völkerschaften spannen im Winter Hunde vor ihre Schlitten, und vollbringen so, mit bedeutenden Lasten, weite Reisen.

Die hiesigen Hunde haben viel Aehnlichkeit mit dem Wolfe; eine lange, spitz auslaufende Schnauze, spitzige, aufrecht stehende Ohren, einen langen buschigen Schwanz; bei einigen ist das Haar glatt, bei andern gekraust, bald schwarz, bald weisslich, rothbraun, gefleckt u. s. w. Eben so verschieden ist auch ihre Grösse, doch hält man darauf, dass ein guter Schlittenhund nicht weniger als 1 Arschin 2 Werschok hoch und 1 Arschin 5 Werschok lang sey. Ihr Bellen gleicht mehr dem Wolfsgeheule. Sie bringen ihr ganzes Leben im Freien zu; im Sommer graben sie sich Gruben in die Erde, um ein kühleres Lager zu haben, oder liegen, um sich der Mücken zu erwehren, den ganzen Tag über im Wasser. Gegen die grimmige Winterkälte suchen sie Schutz unter dem Schnee, wo sie sich eingraben und in tiefen Löchern zusammengekrümmt liegen, die Schnauze mit dem buschigen Schwanze bedeckt. — Jeder Familienwirth hält, ausser seinen zum Fahren bestimmten Hunden, noch einen solchen nebst ein paar Hündinnen zur Nachzucht. Von ihren Jungen werden meistentheils nur die männlichen erzogen und zum Fahren gebraucht; die weiblichen aber fast alle ersäuft. Die Auffütterung und Abrichtung der Fahrhunde ist eine Hauptbeschäftigung ihrer Besitzer; beides ist eine besondere Kunst, so wie auch das Fahren und Lenken. — Die im Winter geworfenen Jungen

werden zwar schon im nächstfolgenden Herbste zum Anspann gewöhnt,
dürfen aber nicht vor dem dritten Jahre zu weiten Fahrten und Reisen
gebraucht werden. — Die muntersten, gelehrigsten Hunde werden zu
Leithunden ganz besonders abgerichtet, und da der rasche und regelmässige Lauf des ganzen, gewöhnlich aus 12 Hunden bestehenden Ge-
spannes, und die Sicherheit des Reisenden von der Geschicklichkeit
und Folgsamkeit dieser Leithunde abhängt, so wird die grösste Sorgfalt auf ihre Abrichtung gewandt, bis sie dem Zuruf ihres Herrn folgen und selbst beim Wittern irgend eines Thieres ihren Lauf nicht
ändern. Letzteres ist beim Abrichten eine der schwierigsten Aufgaben,
denn selten findet man einen Hund der seiner Natur so ganz entsagt
hätte, dass er nicht der Spur eines Wildes folgen sollte; gewöhnlich
stürzt der ganze Anspann der Witterung nach, und da vermag nichts
sie aufzuhalten, bis irgend ein natürliches Hinderniss oder ein sonstiger
Umstand sie zum Stehen bringt. Bei solchen Gelegenheiten lernt man
recht den Werth eines gut abgerichteten Leithundes kennen; mehrmals
haben wir Gelegenheit gehabt die Klugheit, ich möchte sagen die besonnene List zu bewundern, mit der ein solcher die übrigen Hunde
nach und nach von der Verfolgung der Wildspur abzubringen sucht,
oder wenn das nicht gelingt, sich plötzlich mit verändertem Lauf und
Gebelle nach der entgegengesetzten Seite wendet, als hätte er eine
andere Spur entdeckt. Bei Reisen über die weite Tundra, in den
dunkeln Nächten, oder wenn die ganze unabsehbare Fläche in einen
undurchdringlichen Nebelschleier verhüllt ist, bei Stürmen und Schnee-
gestöbern, wo der Reisende Gefahr läuft, vom Schnee verschüttet, zu
erfrieren und sich vergebens nach einer schützenden Powarnä umsieht,
da ist nur ein gut abgerichteter Leithund sein Erretter. Wenn das
Thier nur ein Mal auf dieser Fläche gewesen ist, und mit seinem
Herrn in der Powarnä übernachtet hat, so bringt es gewiss die Narte
an den Platz, wo die Hütte tief unter dem Schnee vergraben liegt;
mitten auf der ungeheuren Ebene bleibt der Leithund plötzlich stehen,
wedelt freundlich und zeigt seinem Herrn an, dass er mit seiner Schau-
fel, ohne welche Niemand hier reist, nur dort nachzugraben brauche,
um das gesuchte Nachtlager zu finden.

Auch im Sommer sind die Hunde hier eben so nützlich, indem

sie bei Flussreisen die Boote stromaufwärts ziehen müssen. Es ist merkwürdig zu sehen, wie sie, wenn Halt gemacht werden soll, oder wenn es wegen eines den Weg versperrenden Felsens nöthig ist, das andere Ufer zu gewinnen, dem blossen Zuruf ihres Herrn gehorchen. Sobald der Ruf erschallt, eilen sie, die Zugleine nach sich schleppend, dem Boote zu, welches dann nach dem gegenüber liegenden Ufer hinrudert; die Hunde folgen demselben schwimmend, und so wie sie das Land erreicht haben, stellen sie sich gleich wieder in die vorige Ordnung, um auf einem zweiten Ruf das Fahrzeug weiter zu ziehen. — Selbst zu Lande werden sie nicht selten, in Ermangelung der Pferde, dazu gebraucht, bei der Vögeljagd die Böte von einem See oder Fluss zu dem andern hinüber zu schleppen. — Kurz der Hund ist für die ansässigen Bewohner dieser Gegend ein eben so nützliches, unentbehrliches Hausthier, als es das zahme Rennthier für die nomadisirenden ist *); das erkennen sie auch in vollem Maasse an. Während der schrecklichen Seuche, welche im Jahre 1821 den grössten Theil dieser nützlichen Thiere wegraffte, haben wir ein merkwürdiges Beispiel davon gesehen: Eine unglückliche Jukahirenfamilie hatte von zwanzig Hunden nur zwei, eben geworfene, übrig behalten, die noch blind waren und also ohne Mutter hätten umkommen müssen. Da entschloss sich die Frau des Jukahiren, um diesen letzten Rest ihres ehemaligen Reichthums zu retten, die beiden Hündchen an ihrer Brust, mit ihrem eigenen Kinde gemeinschaftlich zu säugen. Sie führte dies aus und ward dafür belohnt; die beiden Stiefsäuglinge gediehen vortrefflich und wurden die Stamm-Eltern eines neuen kräftigen Hundestammes. — Im Jahre 1822, wo an der Kolyma die meisten Einwohner ihre Hunde

---

*) Man hatte ein Mal unbesonnen genug vorgeschlagen, den Uferbewohnern das Halten der Hunde zu verbieten, weil die grössere Hälfte der gefangenen Fische (jede Narte von 12 Hunden braucht täglich 50 bis 70 Heringe) zu ihrer Fütterung verbraucht, und also den oft hungerleidenden Menschen entzogen wird: allein, statt durch diese Maassregel den Lebensunterhalt dieser letztern zu erleichtern, würde man sie gerade eines der Hauptmittel berauben, sich diesen zu verschaffen. Davon hat die grosse Seuche unter den Hunden in den Jahren 1821 bis 1823 die deutlichsten Beweise geliefert. — Auch ist dieser durchaus unpraktische Vorschlag von der Regierung verworfen worden.

durch die Seuche einbüssten, waren sie dadurch in die traurigste Lage versetzt; sie mussten ihr Brennholz selbst herbeischleppen, dabei fehlten ihnen sowohl Zeit als Kräfte, die an verschiedenen, zum Theil weit entfernten Orten eingefangenen Fische nach Hause zu bringen; endlich waren sie gezwungen, während aller dieser Arbeiten, die äusserst langsam von Statten gingen, die Jagd der Vögel und Pelzthiere fast ganz zu verabsäumen. Eine allgemeine furchtbare Hungersnoth, die viele Menschen wegraffte, war die Folge des Mangels an Hunden, die hier nie durch Pferde ersetzt werden können, weil es bei dem rauhen Klima und kurzen Sommer ganz unmöglich ist, das nöthige Futter für sie anzuschaffen, und endlich weil der leichte Hund ganz füglich über den tiefen Schnee fortläuft, wo das schwere Pferd beständig versinken würde.

Nachdem wir das ausserhäusliche Leben und Wirken des Bewohners dieser nordischen Gegend kennen gelernt haben, begleiten wir ihn am Ende des Sommers in seine düstere Wohnung zurück, wo er, im Schoosse der Seinigen, von den überstandenen Anstrengungen und Beschwerden ausruht, und auf seine Art das Leben geniesst. — Da werden die morschen Wände mit Moos kalfatert, mit Lehm verschmiert und bis an die Fenster mit einem festgestampften Erdwall umschüttet, um die Kälte abzuhalten, der Tschuwal wird ausgebessert oder neu gesetzt u. s. w. Das ist dann zum Dezember gewöhnlich alles beendigt, und die lange Winternacht versammelt die Glieder der Familien um den wärmenden Heerd, wo ein knisterndes Feuer dem Polarmenschen die wohlthätigen Strahlen der unter dem Horizonte verborgenen Sonne ersetzen muss. Der Schimmer der Flamme auf dem Heerde und einer oder mehrer Thranlampen, blinkt durch die Eisscheiben der Fenster, und über den niedrigen Schornsteinen erheben sich hohe Säulen röthlichen Rauches mit majestätischen Funkengarben, eine Folge des kienigen Holzes. — Die Hunde lagern sich um die Wohnungen, auf oder unter dem Schnee, und unterbrechen von Zeit zu Zeit die allgemeine Stille durch ein, in ziemlich regelmässigem Zwischenraum drei bis vier Mal täglich (beim Mondschein auch öfter) erhobenes furchtbares Geheule, welches so durchdringend ist, dass man es schon aus weiter Ferne über die öde Fläche erschallen hört. Merkwürdig ist die Verschiedenheit der Stimmen unter ihnen; in Nis'hne - Kolymsk, wo es deren mehrere Hunderte giebt, konnten wir in dem unharmoni- schen Tutti ganz deutlich Diskant, Tenor und Bass unterscheiden.

Eine niedrige mit dem zottigen Fell eines weissen Bären, oder mit einer Rennthierhaut bezogene Thür führt in die Wohnstube. Da sieht man den Hausvater mit seinem Sohne Netze aus Rosshaaren ver- fertigen, oder Bogen, Pfeile, Speere u. dergl. bereiten. Die Wei- ber, theils auf den längs den Wänden befindlichen Bänken, theils auf dem Boden sitzend, sind mit Bearbeitung der durch die Männer heim- gebrachten Thierfelle beschäftigt, aus denen sie verschiedene Kleidungs- stücke verfertigen, wobei ihnen Rennthiersehnen die Stelle des Zwirns vertreten. — In zwei grossen über dem Heerde hängenden eisernen Kesseln werden Fische und Fischgräten zum Futter für die Hunde gekocht. — Ein paar Weiber bereiten das spärliche Mittag- oder Abend- brod für die Hausgenossen, welches gewöhnlich aus abgekochten oder in Thran gebratenen Fischen und Rennthierfleische besteht. Als lek- kere Zugabe werden Kuchen aus rothem Fischrogen oder aus getrock- netem und fein gestossenem Mukssun, welches die Stelle des Mehles vertritt, gebacken. Um diesem Backwerk einen angenehmeren Ge- schmack zu geben, wird es mit kleingehackten Fischbäuchen und Renn- thierfleisch, so wie auch mit zerriebener Makarscha gemischt in Thran gebacken. Kommt ein reisender Gast, so wird das Beste, was sie haben, vorgeholt; da erscheint Struganina (ganz dünne Scheiben gefrorenen Fisches, die man roh isst, ehe sie aufthauen), aus- gesuchte Jukola, geräucherte Rennthierzungen, geschmolzenes Renn- thierfett, gefrorene jakutische Butter, gefrorene Moros'hko, kurz die köstlichsten Leckerbissen die sich nur in der Speisekammer finden. Dazu wird der in der Oberecke des Zimmers stehende Tisch gewöhn- lich, statt des Tischtuches, mit einem mehrfach zusammengelegten alten ausgedienten Fischernetze bedeckt, und statt der Servietten bedient man sich ganz dünner, zusammengerollter Holzspäne. Dies letztere ist jedoch eigentlich nur ein städtischer Luxus. Selten erscheint Salz, und das auch nur für den Gast, da die hiesigen Eingeborenen es nie bei der Zubereitung ihrer Speisen brauchen, ja wohl sogar eine Abneigung dagegen haben. — In den sogenannten Städtchen, Nis'hne-Kolymsk und Sredne-Kolymsk erscheint bei Wohlhabendern gleich auf dieses Mahl Thee mit chinesischem Kandiszucker und — Jukola statt Zwieback; Brod ist überall eine seltene Erscheinung. — Aus dem immer sehr theuren Mehl, welches nur die Reichern kaufen können, wird ein Getränk verfertigt, welches Saturán heisst. Dazu wird das Mehl auf einer Pfanne geröstet und mit zerlassener Butter, oder in Ermangelung derselben mit Fischthran zu einem Brei angerührt, welcher dann mit kochendem Wasser verdünnt wird. Wenn dieses Getränk sorgfältig und mit guter Butter bereitet wird, so ist es auf Reisen vortrefflich; es hat einen recht angenehmen Geschmack und ist dabei nahrhaft und erwärmend. Man könnte es beinahe mit der Rumfordschen Sparsuppe vergleichen. — Es wird übrigens wie der Thee aus Tassen oder Gläsern heiss getrunken.

Unter den täglichen Geschäften der Mädchen spielt das Wasserholen für die Wirthschaft eine sehr wesentliche Rolle. Nicht nur die Landbewohnerinnen, sondern auch die Bürgertöchter in den sogenannten Städtchen, gehen täglich zu bestimmten Stunden, mit ein paar Eimern an die auf dem zugefrorenen Flusse ausgehauenen Oeffnungen, um dort frisches Wasser zu schöpfen. Wie in Deutschland und dem übrigen Europa die Dorfbrunnen, so sind hier diese Eislöcher die beliebtesten Versammlungsorte, welche kein Mädchen zu besuchen verabsäumt, das einige Ansprüche auf Jugend und Annehmlichkeit macht, und die Hoffnung zu heirathen noch nicht aufgegeben hat. Gegen Mittag gewöhnlich legt die Tochter vom Hause ihren besten Putz an, und eilt, mit ihrem Wassergeschirr auf einem Schlittchen, dem Flusse zu, wo sie mit den übrigen Mädchen und Nachbarinnen ein Weilchen verplaudert und Neuigkeiten des Tages erzählt oder anhört. Gemeiniglich finden sich da auch einige junge Bursche ein, die den Schönen behülflich sind, die Eimer mit Wasser zu füllen, auch wohl nach Hause zu tragen; ein solcher Triumph wird immer von den übrigen, weniger Begünstigten, mit neidischen Augen angesehen, weil das gemeiniglich der Vorbote einer sich entspinnenden Herzensangelegenheit ist.

Die Weihnachtszeit (S w ä t k i) und das Osterfest, besonders aber die M a s s l ä n i z a *), bringen ein momentanes Leben in dem öden Orte hervor. An den Hauptfeiertagen ziehen Morgens, auf den heisern Ton der Glocke, die Einwohner aufs beste herausgeputzt in die Kirche; nach dem Gottesdienste besucht der Priester mit dem Kreuze jede Hütte, und ertheilt unter Besprengen mit Weihwasser seinen Segen. — Nachmittags giebt es zuweilen sogenannte W e t s c h e r i n k i, Abendkränzchen, wo die Nachbaren sich um den wärmenden Tschuwal versammeln, bei dem düstern Scheine der Thranlampe einige der hiesigen Leckerbissen verzehren, und den Abend unter Gesprächen, kleinen Spielen und Gesang verbringen. Es wird auch wohl getanzt, doch sind die Dimensionen der hiesigen Ballsäle, die höchstens 4 bis 6 Arschin ins Gevierte halten, nicht eben dazu geeignet, und die Tanzenden müssen sich auf einen sehr kleinen Raum in der Mitte des Zimmers, oft auch nur in einer Ecke desselben beschränken. — Die Hauptrolle bei dem Feste spielt immer der Thee, der in fast unglaublicher Menge getrunken wird. Zehn Tassen oder Gläser desselben sind eine ganz gewöhnliche Portion; diese werden natürlich ohne Milch und fast ohne Zucker genossen, denn, seiner Theurung halber, wird zu dieser ganzen Theefluth nur ein kleines Stück Zucker in den Mund genommen, welches nach hiesigen Bedürfnissen hinlänglich ist, um das Getränk zu süssen. — Bei einigen Wohlhabendern findet man wohl die russische, messingene Theemaschine (S a m o w à r) nebst Theekanne und Tassen; grösstentheils aber werden die beliebten balsamischen Blätter in einen gewöhnlichen, schwarzen Theekessel geschüttet, der 4 bis 5 Stof Wasser hält und tüchtig abgekocht; die Stelle der Tassen und Glässer vertritt gewöhnlich irgend ein Napf oder anderes kleines Gefäss. — Nächst dem Thee ist Branntwein ein Hauptrequisit einer solchen Wetscherinka, und wird trotz dem sehr hohen Preise **)

---

*) S w ä t k i heisst die Zeit von Weihnachten bis zum heiligen drei Königsfeste, die so wie die M a s s l ä n i z a (die Woche vor den grossen Osterfasten) durch ganz Russland eine allgemeine Lustbarkeits-Epoche, eine Art von Karneval ist.

**) Zu der wohlfeilsten Zeit kostet ein Pfund des niedrigsten Thees 9 Rubel, ein Pfund Zucker $4\frac{1}{2}$ Rubel, ein Maass Fruchtbranntwein $13\frac{1}{2}$ Rubel.

doch in grosser Menge getrunken. Bemerkenswerth ist es dabei, dass der Branntwein hier gar nicht seine gewöhnliche Wirkung auf den Magen hervorbringt; sey es nun durch die lange Gewohnheit, oder durch die ungeheure Masse von Thran und Fett mit denen der Magen der hiesigen Bewohner immer angefüllt ist, aber man sieht selten einen, selbst stark Betrunkenen, an Uebelkeiten oder Erbrechen leiden.

Die Massläniza ist die zweite Lustbarkeits-Epoche im Jahre, wo es ungefähr eben so hergeht, wie in den Swätki, nur dass alsdann nach ächt russischem Brauche einige Schlittenfahrten und das bekannte Herabrutschen von Eisbergen Statt finden; ein der Anhänglichkeit an Nationalsitten gezollter Tribut, der gewiss hier sehr merkwürdig ist, wo man doch in der Regel nie anders als auf Schlitten, und eigentlich immer nur auf Schnee und Eis fährt.

So zieht sich, einförmig und genusslos, das Vegetationsleben der Bewohner dieser eisigen Einöde dahin. Glücklicherweise für sie haben sie fast keine Begriffe von andern Lebensgenüssen, und sind daher, wenn nur einträgliche Fischerei und Jagd sie vor Hunger schützen, und Thee und Branntwein nicht fehlten, ganz zufrieden, ja wohl in gewissem Grade glücklich.

Die Bewohner von Nis'hne-Kolymsk sind ein kräftiger, derber Menschenschlag. Ihr Wuchs ist über den mittlern hinaus, und unter den Mädchen giebt es viele recht hübsche Gesichter. Krankheiten giebt es hier im Ganzen wenig, und man sieht viele Männer, die noch im hohen Alter recht rüstig sind. Dies hat seinen Grund wahrscheinlich darin, dass sie immer in der Nothwendigkeit sind, in freier Luft starke Bewegungen zu machen, theils beim Fahren auf Narten, wo sie so wie auch beim Laufen auf den langen Schneeschuhen unaufhörlich ihre ganze Muskelkraft und Gewandtheit aufbieten und anstrengen müssen. — Der westlich von hier so arg wüthende Skorbut ist in und um Nis'hne-Kolymsk sehr selten, welches vielleicht auch daher rührt, dass die Einwohner, wegen Mangels an Salz, ihre Fisch- und Fleischvorräthe immer nur gefroren aufbewahren, und sie demnach beinah so gut als frisch erhalten.

Vierter Abschnitt.

Nis'hne-Kolymsk. Unsere häusliche Einrichtung daselbst. — Vorbereitungen zu den weiteren Arbeiten der Expedition. — Gegründete Zweifel über die Entdeckung des Sergeanten Andrejew. — Ankunft des englischen Reisenden Cochrane. — Das neue Jahr. — Abendkränzchen. — Ankunft des Steuermanns Kosmin. — Anstalten zu der Fahrt mit Hunden. — Nothwendige Abweichung von dem ursprünglichen Plane. — Nachricht von der Ankunft der Tschuktschen an den kleinen Aniuj. — Abreise des Herrn von Matiuschkin nach Ostrownoje.

Der Ort Nis'hne-Kolymsk ist, nach Fischer, schon im Jahre 1644 durch den jakutischen Kosaken Michajlo Staduchin gegründet, welcher an dem nördlich abgehenden Arme der Kolyma eine kleine Festung, Ostròg, nebst einer Kirche und einigen Jurten erbaute. — Noch vor ungefähr 60 Jahren stand dieser Ostròg da, und nach demselben heisst auch jetzt noch jener Arm staroostros'hskoj, des alten Ostrogs. In der Folge aber ward die Niederlassung an den anderen Arm des Stromes und zwar auf eine in demselben befindliche niedrige Insel hinüberverlegt, wohin der Transport des Proviants u. s. w. bequemer ist. — Jetzt liegt der Ostrog nebst den übrigen den Flecken ausmachenden Gebäuden nach unseren Beobachtungen unter 68° 31' 53" nördlicher Breite und 160° 35' östlicher Länge von Greenwich. Die Abweichung der Magnetnadel ist hier 9° 56' östlich und die Inklination 77° 32 1/2'.

. Der Strom hat hier eine Breite von drei Werst; nach Süden ist der Horizont durch die aniujschen Berge beschränkt, welche sich sichtbar an die sogenannten Bèlye kàmni, weisse Felsen, den pantelejewschen Bergrücken und an den Suròwoj kàmen, rauhen Felsen, an-

schliessen; dieser letztere hat ganz das Ansehen eines Dachgiebels.
Nach Norden und Westen verliert sich der Blick auf eine unabsehbare Moosheide, tùndra, auf welcher nur einige wenige verkrüppelte
Lärchenbäume und ganz kleines Weidengesträuch wachsen. — Der mit
dem Namen Festung oder Ostròg beehrte Theil des Ortes ist mit
einem hölzernen Zaune umgeben, an dessen Ecken vier kleine zugespitzte Thürmchen erbaut sind. Innerhalb dieser Verzäunung befinden
sich ein grösseres Gebäude für die Kanzlei oder Ortsbehörde und einige Vorrathshäuser, die aber grösstentheils leer sind. Nur in zweien
derselben liegen noch allerlei Materialien und Ueberbleibsel von der
Expedition des Lieutenants Laptew im Jahre 1739, so wie von den
beiden Schiffen Pallas und Jassaschna, auf welchen die Kapitaine Billings und Sarytschew ihre eben so gefährliche als mühevolle Fahrt auf
dem Eismeere machten *). — Ausser dem Ostròg besteht der ganze
Ort aus der Kirche und 42 Häusern und Jurten.

Zu dem Bezirke von Nis'hne-Kolymsk gehören noch vier Ansiedelungen, nämlich: Karetowa, von 6 Häusern, unter 68° 47′ 27″
nördlicher Breite und 12′ östlicher Länge; — Tschernoussowa,
von 8 Häusern, unter 68° 50′ 20″ der Breite und 14′ 42″ der
Länge; — Pochodsk, von 15 Häusern, unter 69° 4′ 21″ der Breite
und 4′ der Länge; — und Pantelejewa, von 7 Häusern, unter
68° 35′ 57″ der Breite und 40′ der Länge. — Letztere ist bei allen
diesen Ortsbestimmungen von unserem Observatorium in Nis'hne-Kolymsk berechnet. — Ausser den eben genannten giebt es noch einige
unbedeutende Niederlassungen von wenigen Familien am Omolon und
längs dem Aniuj.

Bei meiner Ankunft in Nis'hne-Kolymsk wies man mir zu meiner Wohnung das grösste Haus im Orte an, welches seit einigen Jahren unbewohnt war, weil es in dem Rufe stand, durch böse Geister

---

*) Siehe die Einleitung. — Diese beiden in den Annalen der russi-
schen Seefahrten rühmlichst bekannten Fahrzeuge lagen früher in Nis'hne-
Kolymsk, wurden aber durch eine der hier gewöhnlichen Frühlingsüberschwemmungen in eine etwas waldige Gegend, ungefähr zwei Werst von
dem Strome, anderthalb Werst westlich von dem Ostròg, fortgeschwemmt,
wo sie auch jetzt noch liegen.

beunruhigt zu seyn. — Es bestand, nach dem hiesigen allgemeinen Bauplane, aus zwei Zimmern, jedes von zwei Faden Länge und Breite und vier Arschin Höhe, vom Fussboden bis an das Dach, welches nach hiesiger Weise ganz platt und dick mit Erde beschüttet war. Das vordere Zimmer, welches einen russischen Backofen hatte und also auch unsere Küche war, wies ich meinen Leuten an, und das hintere, mit einem Tschuwal in der Ecke, bezog ich selbst. In jedem Zimmer war ein kleines Fenster mit einer Eisplatte, von ungefähr sechs bis acht Zoll Dicke, welche ein nur sehr spärliches Licht gab. Eine Bank, die mein Bett vorstellte, ein kleiner wackliger Tisch und ein mit Riemen zusammengebundener brettener Stuhl machten mein ganzes Mobiliar aus. — Bei aller Aermlichkeit und Beschränktheit dieser Wohnung, und trotz dem üblen Rufe, in dem sie stand, habe ich doch drei Winter in derselben ganz erträglich verbracht. — Um das unmittelbare Eindringen der Kälte etwas abzuhalten, liess ich vor der Eingangsthür eine Art Vorhaus erbauen, an welches auch noch eine Scheune zum Aufbewahren verschiedener Vorräthe und anderer Sachen angesetzt ward.

Ungefähr eine halbe Stunde nach meiner Ankunft kehrte der Herr von Matiuschkin von einer Fahrt zurück, die er mit dem hiesigen Kommissair nach der Mündung der Kolyma gemacht hatte, um über den Fortgang und Ertrag der Fischerei daselbst Erkundigungen einzuziehen. Wir hatten uns gegenseitig viel zu fragen, zu erzählen und mitzutheilen, und verbrachten den Abend recht angenehm beim freundlichen Thee, unter Gesprächen über das, was einem Jeden auf der Reise begegnet sey, über Narten, Fischerei, Rennthiere und Grade Frost. An letzteren wurden wir übrigens fleissig erinnert, denn obgleich ein tüchtiges Feuer auf dem Tschuwal loderte, so konnten wir dennoch nicht unsere Pelze, ja nicht einmal unsere Mützen entbehren. — Wir waren an den Küsten des Eismeeres!

Am folgenden Morgen erstattete mir der Herr von Matiuschkin (welcher bei einem meiner Hütte gegenüber wohnenden Bürger einquartirt war) seinen Bericht über die hier getroffenen Anstalten und Vorkehrungen. Daraus ergab sich zu meinem nicht geringen Erstaunen und Verdruss, dass bis zu seiner Ankunft in Sredne Kolymsk (am 2. Oktober) von Seiten der dortigen Spezial-Behörde durchaus gar nichts für die Bedürfnisse unserer Expedition geschehen war. Man hatte weder für Anschaffung eines Vorraths von Fischen gesorgt, noch auch einen einzigen Balken zum Bau unseres Observatoriums angeführt, und eben so wenig meiner Anordnung zufolge Anstalt getroffen, eine Art von Winterlager bei dem Baranow-Felsen zu erbauen, was uns doch als Ruhepunkt auf unserer Eisfahrt unentbehrlich war. Diese und mancherlei andere wesentliche Vorkehrungen waren dem Kommissair schon im vorigen Sommer von dem Befehlshaber zu Jakuzk in einer ausführlichen Instruktion über die Bedürfnisse unserer Expedition übertragen worden, aber nichts von alle dem war geschehen, und er konnte keine andere Entschuldigung vorbringen, als: er habe nicht geglaubt, dass wir wirklich schon in diesem Jahre hier eintreffen würden.

Diese Nachlässigkeit des Kommissairs hätte für unsere Operationen die nachtheiligsten Folgen haben können, wenn nicht der Herr von Matiuschkin während seines kurzen hiesigen Aufenthalts durch seine lobenswerthe und höchst zweckmässige Thätigkeit einen grossen Theil des Versäumten wieder eingeholt hätte, indem er gleich nach seiner Ankunft, und sobald er von der Lage der Dinge unterrichtet war, sowohl von den Einwohnern des Ortes als auch der Umgegend mehr als die Hälfte der für die Expedition erforderlichen Vorräthe an Fischen einkaufte und gehörig aufbewahrte. — Eben so war auch, trotz der ungeheuren Kälte, bei der die Aexte der Zimmerleute während der Arbeit wie Glas zersprangen, unter seiner Anordnung und Leitung auf dem Dache meines Hauses ein Thurm mit vier Fenstern nach den Haupthimmelsgegenden für das Observatorium errichtet, welcher wenige Tage nach meiner Ankunft völlig beendigt ward, so dass wir unsere Instrumente in demselben aufstellen und die nöthigen astronomischen Beobachtungen machen konnten.

Nachdem ich mich etwas in meiner Wohnung eingerichtet hatte, war meine erste Sorge, sobald als möglich den Rest des Proviants und die übrigen wesentlichen Bedürfnisse der Expedition herbeizuschaffen. Zu dem Ende liess ich sämmtliche wohlhabendere Einwohner von Nis'hne-Kolymsk, so wie auch die Knäski oder Stammältesten der an den Flüssen Omolon und Aniuj lebenden Jakuten, Jukahiren und

Tschuwanzen einladen, sich an einem bestimmten Tage bei mir zu versammeln und gemeinschaftlich über die zweckmässigsten Mittel zur Erreichung meines Zweckes zu berathschlagen. — Diese Versammlung hatte am **25.** November Statt; wir begannen damit, eine genaue und umständliche Taxe der Preise festzusetzen, nach welcher die Einwohner sich insgesammt anheischig machten, die uns nöthigen Vorräthe und anderen Gegenstände zu liefern *). — Nachdem dies abgemacht war, folgte die nicht minder wesentliche Vertheilung der Lieferungen an die Individuen, nach Maassgabe der Mittel, die ein Jeder von ihnen besass, und die Bestimmung der Termine, zu welchen die verschiedenen Artikel hieher geliefert werden konnten. Die Jukahiren vom Aniuj, welche im vorigen Sommer eine sehr reiche Rennthierjagd gehabt hatten, übernahmen es, uns die nöthigen Felle zu Anfertigung eines Winterreisezeltes und eine grosse Menge Rennthierribben zu stellen, welche, zerstossen, zum Hundefutter dienen sollten. Die omolonschen Jukahiren machten sich anheischig, uns zum Erbauen eines Bootes tüchtiges Birkenholz, so wie auch die zu den Narten nöthigen Materialien zu liefern; den Einwohnern des Ortes und der verschiedenen Niederlassungen längs der Kolyma, wo fast nur Fischerei getrieben wird, fiel die Lieferung von gefrorenen Fischen zu. — Das sogenannte trockene Futter (Jukola sowohl als Juchala) musste auf **800** Werst weit aus Werchne- und Sredne-Kolymsk herbeigeschafft werden, wo die Fischerei im vorigen Sommer weit ergiebiger gewesen war als hier und an der Mündung der Kolyma. — Endlich blieb noch der wesentliche, für den guten Erfolg unserer Eisfahrten vielleicht der wichtigste Gegenstand übrig, nämlich: das Besorgen und gehörige Aussuchen

---

*) Die wichtigsten unter diesen Preisbestimmungen waren folgende: Ein roher Mukssun 15 Kop. — Ein Tschir 12 Kop. — Ein Mukssun Juchala 12 Kop. — Ein dergleichen Jukola 8 Kop. — Ein Hering 4 Kop. — 1 Pud trockenes Rennthierfleisch mit den Knochen 4 Rubel. — Eine Rennthierzunge 10 Kop. — Für eine Transport-Narte von Nis'hne-Kolymsk bis an den Baranow-Felsen, mit eigenem Hundefutter, täglich 2 Rubel. — Für eine Reise-Narte auf die ganze Fahrt täglich 3½ Rubel. — Ein Packpferd zum Transport von Sredne-Kolymsk nach Nis'hne-Kolymsk 25 Rubel. — Ein gegerbtes Rennthierfell 2 Rubel. — Ein Paar birkene Nartensohlen 4 Rubel u. s. w.

der für unsere Narten erforderlichen Anzahl tüchtiger, gut eingefahrener Hunde. Dies Geschäft übertrug ich dem hiesigen Kosaken - Sotnik Tatarinow, dem beständigen Begleiter des Herrn Hedenström, welcher hier allgemein in dem Rufe stand, dass er sich ganz vorzüglich auf die Zucht und Behandlung der Hunde verstehe. — Hiemit waren die Hauptvorkehrungen zu unserer bevorstehenden Eisfahrt eingeleitet, und es kam nun nur darauf an, dass die Unternehmer ihre Verbindlichkeiten gut und pünktlich erfüllen.

Hiebei traf ich aber mancherlei Hindernisse, die mir um so schwerer zu überwinden wurden, da ich unter den Einwohnern ein gewisses Misstrauen in Betreff der richtigen Bezahlung für die gelieferten Gegenstände, bei der Ortsbehörde selbst aber durchaus Mangel an gutem Willen, uns behülflich zu seyn, fand. Der Kreiskommissair gab sich alle ersinnliche Mühe, mich durch übertriebene Schilderungen der Armuth der Leute zur Verminderung meiner Forderungen zu bewegen und uns durch allerlei grundlose Erzählungen von den uns bevorstehenden Gefahren zu schrecken. Unter andern behauptete er, die hiesigen Hunde seyen schwach und nicht im Stande, weite Reisen auszuhalten, die Führer aber durchaus unerfahren und nicht zuverlässig. Vornehmlich liess er es sich ganz besonders angelegen seyn, mir eine Menge der fürchterlichsten Beispiele von der Rohheit und Wildheit der Tschuktschen aufzutischen, die er als die gefährlichsten und grausamsten Menschen beschrieb. — Obgleich ich nun wohl, was seine Schilderungen der uns bedrohenden Gefahren anlangt, das Uebertriebene darin einsah, so musste ich doch, in Ermangelung irgend eines anderen zuverlässigen Rathgebers, mich mehr oder weniger auf das stützen, was er mir von dem Zustande des Landes und seiner Bewohner sagte; so geschah es, dass ich mich durch seine wiederholten Vorstellungen von den ungeheuren Anstrengungen und Opfern, die die Expedition den schon zu Grunde gerichteten Bewohnern des Landes kosten würden, bewegen liess, nach und nach so viel von meinen nach einem billigen Ueberschlage gemachten Forderungen abzulassen, dass wir in der Folge selbst darunter litten. — Wirklich hatte seit Hedenströms Expedition im Jahre 1812 eine grosse Abnahme im Ertrage der Jagd und Fischerei in hiesiger Gegend Statt gefunden, so dass viele der Bewohner gezwungen waren, ihre Hunde zu schlachten, um nur ihr eigenes Leben zu fristen. Seitdem aber hatten sie schon wieder Zeit gehabt, sich vollkommen zu erholen, und ihr Zustand war demnach bei weitem nicht so schlimm, als ihn der Kommissair schilderte. In den folgenden beiden Jahren, als ich vertrauter mit den Lokalumständen geworden war, ordnete ich die Lieferungen für die Expedition so an, dass wir hinlänglich mit allem Nöthigen versehen waren, ohne doch dem Volke zur Last zu fallen; ja ich kann wohl behaupten, dass der bedeutende Absatz, den die Leute bei uns fanden, einen nützlichen Einfluss auf Verbreitung von Industrie und Wohlhabenheit unter ihnen gehabt hat.

In der Instruktion, die ich von dem Admiralitäts-Kollegium erhalten hatte, war mir unter andern für das nächste Jahr vorgeschrieben, an das Vorgebirge Schelagskoj zu gehen und dort die Expedition in zwei Abtheilungen weiter fortzusetzen; mit einer derselben sollte ich Nachsuchungen in Betreff des vermeintlichen Landes anstellen, welches der Kosak Andrejew wollte gesehen haben; die andere Abtheilung aber sollte unter Leitung eines meiner Offiziere die Küste so weit nach Osten hin untersuchen, als es die Umstände erlauben würden. — Um dies ausführen zu können, brauchten wir 50 Narten mit 600 Hunden und wenigstens auf vierzig Tage Futter für letztere. Da die Expedition, der Jahreszeit nach, nicht später als im Februar unternommen werden durfte, so blieben uns zur Anschaffung der Narten sowohl, als auch des so bedeutenden Futtervorrathes nur noch ungefähr drei Monate übrig, welche nach dem hier gewöhnlichen Geschäftsgange und nach der Versicherung des Kommissairs bei weitem nicht hinlänglich dazu waren; dessenungeachtet aber gelang es uns dennoch, in dieser Zeit alles zu unserer Fahrt Erforderliche herbeizuschaffen, so dass wir bestimmt darauf rechnen konnten, im Februar aufzubrechen.

Am 30. November reiste der Kreiskommissair in Dienstgeschäften nach dem Anioj und an den Alasej, um von den dort nomadisirenden Tungusen und Jukahiren den Jassàk oder Tribut einzutreiben. Ich ersuchte ihn, seine Rückkehr zu beschleunigen, um bei unserer Abreise gegenwärtig zu seyn, weil dieses, meiner Ansicht nach, einen für uns vortheilhaften Eindruck auf die hiesigen Einwohner machen würde. Er versprach mir das zwar, ward aber wahrscheinlich durch wichtigere Dienstpflichten, Krankheit oder widrige Witterung davon abgehalten, denn er erschien nicht.

Wir benutzten unterdessen die Zeit bis zu unserer Abreise, um nach und nach genauer mit den zuverlässigsten und angesehensten Einwohnern des Ortes in nähere Berührung zu kommen und von ihnen allerlei Nachrichten über den Zustand des Landes, vornehmlich aber über die schon früher hier unternommenen Reisen einzuziehen, deren speziellere Kenntniss für unsere jetzige Expedition uns höchst wichtig war. — Der Aufenthalt der drei Geodeten Lyssjew, Puschkarew und Leontjew, welche sich im Jahre 1767 in Nis'hne-Kolymsk befanden, war mehr oder weniger noch bei Allen in frischem Gedächtnisse, und man wusste uns Mancherlei von ihnen zu erzählen. Ueber den Sergeanten Andrejew aber, der fünf Jahre früher (1762) hier gewesen war, konnten wir nur wenig erfahren. Man wusste wohl im Allgemeinen, dass er eine Fahrt von hier nach der Indigirka und eine zweite nach den Bären-Inseln unternommen habe; aber von einem höher im Norden liegenden Lande, von den Spuren eines zahlreichen Nomadenvolkes, welches in demselben, oder überhaupt nördlich von den Bären-Inseln leben sollte, so wie von allen übrigen Angaben Andrejew's wussten die Leute hier nichts und behandelten unsere Erzählnngen davon als Fabeln. Diese völlige Unkunde der hiesigen Einwohner über die Andrejewschen Entdeckungen, welche doch sogar in unsere neuesten Karten aufgenommen sind, war mir um so auffallender, da sie von den Zügen Pawluzki's, welche doch viel früher (nämlich 1731) Statt fanden, eine Menge Nebenumstände zu erzählen wussten. — Andrejew's Fahrt nach den Bären-Inseln war jedoch, wie gesagt, den Bewohnern von Kolymsk bekannt, denn mehrere unter ihnen hatten ihn dorthin begleitet; wie konnte also die Entdeckung und das Daseyn eines grossen, bewohnten Landes daselbst ihnen unbekannt bleiben, oder vergessen werden? — Alle diese Umstände machten die Existenz des Andrejewschen Landes wenigstens zweifelhaft.

Diese und ähnliche Nachforschungen, unsere Arbeiten auf dem Observatorium, Uebungen im Fahren auf Narten, Versuche über die Schnelligkeit des Laufes der Hunde in einer bestimmten Zeit und allerlei andere Vorbereitungen zu unserer bevorstehenden Reise beschäf-

15 *

tigten uns vollkommen; mit jedem Tage lernten wir irgend etwas Neues, so dass uns, trotz der mit dem 22. November eingetretenen ununterbrochenen Nacht, die Zeit ziemlich schnell dahinflog.

Einen sehr angenehmen Genuss gewährten uns die fast jeden Abend an dem tiefen Blau des klaren Polarhimmels spielenden Nordlichter durch die unendliche Mannigfaltigkeit in ihren Gestaltungen. Bald zog sich ein matter, bogenförmiger Schein vom unteren Horizont hinauf, bald gleiteten, rascher oder langsamer, hohe Feuersäulen (spolòchi) am Himmelsbogen dahin; bald erhoben sich hell leuchtende Strahlenbüschel bis an den Zenith und bildeten verschiedene Kreise um den in seinem ruhigen Glanze am Himmel schwimmenden Vollmond; die durch nichts unterbrochene tiefe Stille der Nacht erhöhte die Reize dieses prächtigen Schauspiels ungemein. — Ich werde meine sämmtlichen Bemerkungen über dieses merkwürdige Phänomen der Polarregionen an einem anderen Orte ausführlich zusammenstellen, und begnüge mich demnach hier blos anzuführen, was die Eingebornen des Landes über diese Erscheinung urtheilen. Sie behaupten, das Leuchten und die unaufhörliche Veränderung in den Formen des Nordlichts rühre von den durch Stürme aufgeregten Meereswellen her, die, gleich einer heftigen Brandung, mit grosser Gewalt an die Eisberge schlagen und im Zerstieben die Luft mit Millionen feiner Wassertröpfchen erfüllen; diese, von der grellen Refraktion der Eisschollen beleuchtet, bilden gewissermaassen (farbenlose bewegliche) Regenbogen, aus welchen die wechselnden Erscheinungen des Nordlichts entstehen sollen. — Diese dunkle Erklärung gleicht der unvollständigen oder entstellten Erzählung irgend einer Begebenheit, in welcher nur die Namen der handelnden Personen erhalten sind, denn es ist wohl sehr wahrscheinlich, dass das Polareis und die Meereswasser eine nicht unbedeutende Rolle bei dem Phänomen des Nordlichts spielen.

Am 2. Dezember hatten wir eine andere Naturerscheinung, welche allen hiesigen Einwohnern sehr auffallend war; es strömte nämlich (wahrscheinlich durch die Einwirkung heftiger West- und Nordwest-Winde) das Wasser aus dem Meere plötzlich und mit solcher Gewalt in die Kolyma hinauf, dass der Fluss eine ganz entgegengesetzte Strömung annahm, die Eisdecke zerbrach, aus seinen Ufern trat und alle unter das Eis gesenkten Fischnetze mit sich fortriss. — Die Besitzer derselben trösteten sich jedoch über diesen Verlust durch die in der Folge auch bestätigte Hoffnung, dass mit dem Meereswasser auch eine grosse Menge Fische in den Fluss getrieben wären, und dass also der Ertrag der diesjährigen Winterfischerei reichhaltiger ausfallen und den Werth der verlorenen Netze reichlich ersetzen würde.

Am 31. Dezember wurden wir durch die völlig unerwartete Erscheinung des bekannten englischen Fussgängers Kapitain Cochrane *) überrascht, den seine Wissbegierde auch bis hieher getrieben hatte. Schon seit so langer Zeit blos auf uns selbst beschränkt und fast ganz von der gebildeten Welt abgeschnitten, freuten wir uns alle recht sehr über diesen angenehmen Zuwachs unsers kleinen Zirkels durch die Gegenwart eines an den mannigfachsten Erfahrungen so reichen Mannes. Des Stoffes zur Unterhaltung gab es genug, und wir verplauderten den Abend bis tief in das neue Jahr hinein, welches wir bei einer recht artigen Kälte von 37° begannen.

Die mittägliche Sonne, die eigentlich schon seit dem 28. Dezember hätte über dem Horizonte erscheinen müssen, verbarg sich noch hinter den Eis- und Schneebergen, durch welche die Niederungen um Nis'hne-Kolymsk beschränkt sind; ein grauer Nebel lag schwer über der dünn mit elendem, kleinem Gesträuche besetzten Schneefläche; der Himmel färbte sich weisslich; die Kälte stieg am 3. und 4. Januar

---

*) Herr John Dundas Cochrane, Kapitain der englischen Flotte, dessen Fussreisen ihn hinlänglich bekannt gemacht haben. — Die Gastfreiheit der Russen und ihre Bereitwilligkeit, Jedem, der deren bedarf, Hülfe und Unterstützung zu gewähren, setzten Herrn Cochrane in den Stand, mit aller hier möglichen Bequemlichkeit zu reisen und bis nach Nis'hne-Kolymsk zu gelangen. Dazu bedurfte es nur eines Befehls von dem Gouverneur nebst einem Kosaken zur Begleitung, und Herr Cochrane machte seine Fussreise durch die Eiswüsten Sibiriens, — fahrend und reitend, von Jakuzk bis hieher, ohne dafür irgend etwas bezahlen zu müssen. — Er äusserte den Wunsch, sich an unsere Expedition auf der bevorstehenden Eisfahrt anzuschliessen; allein eine solche Vermehrung des Personals auf einer Fahrt, wo jedes Pfund Ladung berechnet werden musste, hätte so grosse Schwierigkeiten in Rücksicht auf Fuhrwerk, Proviant u. dergl. verursacht, dass ich es nicht für gerathen fand, seinen Vorschlag anzunehmen.

auf 39° und am 5. stand das Thermometer während ganzer 24 Stunden beständig auf 40° Reaumur. Das Athmen ward uns schwer und die Eisscheiben in den Fenstern platzten. Obgleich in meiner Stube den ganzen Tag über ein tüchtiges Feuer im Kamin brannte, so war es doch so kalt, dass wir nicht anders als im Pelz und rauhen Stiefeln aushalten konnten, und wenn ich schreiben wollte, so musste ich mein eingefrorenes Tintenfass in eine Schale heissen Wassers stellen, um es aufzuthauen. Während der Nacht, wo ich aus Vorsicht das Feuer ausgehen liess, belegten sich die Bettdecken mit einem dicken, schneeartigen Reif, und mein Gast besonders klagte jeden Morgen, dass ihm die Nase gefroren habe.

Die fast ganz horizontale Strahlenbrechung brachte eine Art von Fata morgana hervor: die nach Süden hin liegenden näheren Berge erschienen uns unter allerlei seltsamen Gestalten in der Luft schwebend, die entfernteren zeigten sich uns verkehrt mit dem Gipfel nach unten, der Strom verengte sich dem Anscheine nach so sehr, dass das jenseitige Ufer dicht vor unseren Häusern zu liegen schien u. s. w. Diese uns ganz neue und merkwürdige Erscheinung ist übrigens hier etwas sehr Gewöhnliches.

Die anhaltende, strenge Kälte machte auch das Auslegen der Netze unter dem Eise unmöglich; dies bewog die Nis'hne-Kolymskischen Bürger, die sich bisher immer noch der Fischerei wegen an den Mündungen des Stromes aufgehalten hatten, in das Städtchen zurückzukehren, welches bald so angefüllt mit Bewohnern ward, dass es keine einzige unbesetzte Hütte daselbst gab. Doch trug dies wenig zur Belebung der paar Gassen bei, auf denen sich selten Jemand sehen liess; alles fror, und Jeder hielt sich so viel möglich in der Stube um den wärmenden Tschuwal; auf den Gassen war es öde, besonders Abends, wo die allgemeine Todtenstille nur zuweilen durch das in ziemlich regelmässigen Zwischenräumen anhaltende Geheul einiger Hunderte von Fahrhunden unterbrochen ward.

Man hatte uns oft und viel von dem Wohlleben erzählt, welches in früheren Jahren, als noch der Fischfang ergiebiger war und die Elennthiere, häufig die Ufer der Kolyma besuchten, hier geherrscht ha-

ben sollte, und in den Liedern hiess es noch oft, dass Nis'hne-Kolymsk weit und breit in ganz Sibirien berühmt gewesen sey wegen der
Lustbarkeiten, Tänze und Feste, in denen man den ganzen Winter
verbracht habe. Jetzt war von alle dem nur noch die Erinnerung übrig.
— Sowohl um den hiesigen Bewohnern einmal wieder einen fröhlichen
Tag zu machen, als auch um unserem ausländischen Gast einen an-
schaulichen Begriff von den hiesigen Lustbarkeiten zu verschaffen, lud
ich am heiligen Drei-Königstage (6. Januar) sämmtliche Honoratioren
des Orts auf ein Wetscherinka feierlich zu mir ein. Ich wählte dazu
eins der besten und geräumigsten Häuser, welches einem Kosaken gehörte, der auch Violinspieler war. Der Tanz- und Versammlungssaal
von ungefähr drei Quadratfaden Umfang ward festlich durch mehrere
Thranlampen erhellt; die nach langer Zeit einmal wieder rein gewa-
schenen Wände und Bänke wurden etwas mit übergehängtem Zeuge
verziert und der Boden mit gelbem Sande bestreut. An Erfrischungen
für die Damen waren Thee und etliche Stücke weissen Zuckers nebst
ein paar Tellern mit Zedernüssen angeschafft; das Souper bestand aus
einigen Fischkuchen, Struganina, Jukala und gefrorenem Rennthiermark.
Um fünf Uhr erschienen unsere geladenen Gäste in ihren besten Pel-
zen und buntesten Festkleidern. Nach den ersten Ausbrüchen des Er-
staunens über den Luxus und die Pracht der Fete, nahmen die Damen Platz auf den Bänken längs den Wänden und stimmten National-
lieder an; die jüngeren spielten allerlei kleine Spiele und tanzten schwer-
fällig und langsam, wie zur Frohne, nach den seltsamen Tönen, die
die eben nicht sehr gelenkigen Finger unsers musikalischen Wirthes,
eines alten Rennthierjägers, der geborstenen Violine entlockten, von
deren vier Saiten zwei aus Rennthiersehnen, die anderen aber aus
Seide zusammengedreht waren. — Die Männer standen um den Tschuwal herum und liessen sich den Zusatz von Spiritus, den ich ihnen
zu dem Glase Thee anbot, wohl schmecken. Gegen zehn Uhr hatte
das Fest ein Ende und die ganze Gesellschaft ging mit endlosen Dank-
bezeugungen für die köstliche Bewirthung auseinander. Diese waren
übrigens nicht blosse Konvenienz- und Höflichkeitsphrasen, sondern
recht ernstlich und aufrichtig gemeint, denn noch in den folgenden

Jahren unseres hiesigen Aufenthalts ward oft dieses angenehmen und prächtigen Pràsdnik (Festes) gedacht, der ihnen wie ein lichter Punkt in der düsteren Einförmigkeit ihres hiesigen Lebens erschien.

Am folgenden Tage machten wir eine kleine Ausfahrt zu den Ueberresten der beiden von der Billingsschen Expedition hier nachgebliebenen Fahrzeuge Pallas und Jassaschna; obgleich sie seit ungefähr einem halben Jahrhundert, ein paar Werst von hier im Walde, jeder Witterung preisgegeben, liegen, so fanden wir das Holz dieser Fahrzeuge doch noch ziemlich gesund und gut erhalten. Auf unserer Rückfahrt besahen wir eine zweite Merkwürdigkeit ähnlicher Art, nämlich die in einer Scheune aufbewahrten Mörser, Bomben und anderen Geräthschaften zum Durchbrechen des Eises, welche der Lieutenant Laptew im Jahre 1739 hier nachliess, so wie auch noch einige alte Hellebarden und andere dergleichen Ueberreste von den beiden Expeditionen.

Am 2. Februar traf der Steuermann Kosmin glücklich mit einem grossen Transport von allerlei Vorräthen und Bedürfnissen für die Expedition hier ein, mit welchen er, wie oben gesagt, aus Jakuzk abgefertigt war. Er hatte die unwillkürliche Langsamkeit seiner Reise benutzt, um eine genaue topographische Beschreibung des von ihm durchzogenen Landstriches anzufertigen, die, als Beitrag zur näheren Kenntniss dieser fast noch ganz unbekannten Gegenden, gewiss Aufmerksamkeit verdient, und die daher in einem besonderen Abschnitte mitgetheilt werden soll. — Ausserdem erfreute er uns auch durch einen gastronomischen Beitrag zu unserem kärglich-einförmigen Küchenzettel, nämlich durch ein Pud frisch eingefrorenen Rennthierfleisches und durch eine Portion Milch und Rahm, welche nach der in Sibirien gewöhnlichen Art, in runden Tafeln eingefroren, sich sehr lange frisch erhalten lassen. Beide Artikel, besonders letzterer, waren in Nis'hne-Kolymsk ein fast unerhörter Luxus, und nach der langen Entbehrung war uns das frische Fleisch und der Thee mit dem Zusatze von Rahm ein grosser Genuss.

Wir befanden uns jetzt gerade in dem glänzendsten Momente von Nis'hne-Kolymsk, wo es hier am lebhaftesten ist und wo eine Menge

Lebensbedürfnisse zu haben sind, die weiterhin während des ganzen Jahres bei allen denen fehlen, die diesen günstigen Augenblick verstreichen liessen, ohne sich mit Vorräthen zu versehen. Um diese Zeit nämlich trifft die aus Jakuzk nach dem grossen Tschuktschen Jahrmarkte zu Ostrownoje ziehende Karawane von etwa 20 Kaufleuten, deren jeder 10 bis 40 mit Waaren beladene Pferde führt, hier ein, macht auf einige Tage Halt und verkauft einen Theil ihrer Ladung an die hiesigen Einwohner. Zu dieser wichtigen Epoche versammelt sich die ganze weit und breit umher verstreute Bevölkerung des Orts; unter andern beeilen sich mit ihrer Heimkehr die reicheren hiesigen Handelsleute, die gewöhnlich in der zweiten Hälfte des Januar nach der Mündung des Omolon gehen, um von den dort im Winter nomadisirenden alasejschen Tungusen allerlei Pelzwerk einzuhandeln. Dieser Handel ist für die Russen sehr vortheilhaft, indem sie dort für ein wenig Thee, Tabak und vornehmlich Branntwein die Felle der durch ihre tungusischen Freunde im Laufe des Jahres erlegten Pelzthiere, besonders der Steinfüchse, eintauschen. — Ein solcher Handel ist in der Regel sehr schnell abgethan, da die Leidenschaft der Tungusen für den Branntwein so gross ist, dass sie nicht selten nach dem ersten Schlucke ihren ganzen Pelzvorrath gegen ein Glas desselben und für ein zweites gern auch ihr letztes Sannajàh, Oberkleid, hingeben. Diese unüberwindliche Nationalschwäche wissen die schlauen Kolymskischen Kaufleute wohl zu benutzen und kehren gewöhnlich mit einer reichen Beute zurück, die sie sehr wenig kostete, die sie aber mit grossem Gewinn an die von dem ostrownojschen Jahrmarkte zurückkehrenden jakutischen Kaufleute verkaufen oder vertauschen.

Auf dem diesjährigen Markte zu Nis'hne-Kolymsk waren in der wohlfeilsten Periode folgende Preise für die vornehmsten Artikel:

Ein Pfund tscherkessischer Blättertabak . . . . 3½ Rubel.
Ein Pfund weisser Zucker . . . . 4½ -
Ein Pfund chinesischer Kandiszucker . . . . 3 -
Ein Pfund Thee, niedriger Gattung . . . . 9 -
Ein Pfund feiner Zwirn . . . . 3½ -

Eine Osmina *) gemeiner Kornbranntwein . . . . . . 13 $\frac{1}{2}$ Rubel.

Ein Stück Kitajka (chinesisches baumwollenes Zeug)

von 9 Arschin . . . . 10 -

Ein Stück halbseidenes Zeug von 20 bis 24 Arschin 50 -

Grobe Leinwand, die Arschin . . . . 1 -

Ein baumwollenes buntes Tuch . . . . 6 -

Diese Preise steigen aber fast auf das Doppelte, sobald der Markt zu Ende ist; dann kostet das Pfund Thee gewöhnlich 15 Rubel, der weisse Zucker 10 Rubel, die Osmina Branntwein 20 Rubel u. s. w.

Der Umsatz wird theils in Gelde, theils durch Tausch gegen Pelzwerk und etwas weniges an Fischen abgemacht; in diesem Jahre standen die Preise ungefähr folgendermaassen:

Ein rother Fuchsbalg . . . . 8 — 10 Rubel

Ein schwarzer - . . . . 50 — 150 -

Ein weisser Steinfuchs . . . . 2 $\frac{1}{2}$ — 3 -

Ein blauer - . . . . 7 — 10 -

Ein Zobelfell **) . . . . 10 — 25 -

Ein Sterlet von 20 Pfund Gewicht . . 5 -

Eine Nel'ma (Art von Lachsforelle) von

30 Pfund . . . . 5 - u. s. w.

Auch diese Preise ändern sich oft, da die jakuzkischen Kaufleute den Umstand benutzen, dass hier wenig baares Geld im Umlauf ist, und dass die Einwohner ihre Steuern an die Krone in klingender Münze entrichten müssen. — Dadurch gelingt es ihnen oft, diese Artikel sehr viel wohlfeiler zu erhandeln.

Wie gesagt ist um diese Jahrmarktszeit viel Leben und Geschäftigkeit in dem sonst öden Nis'hne-Kolymsk; schon mehrere Tage vorher wird es auf den Gassen lebhafter und geräuschvoller. Eine Menge aus den umliegenden Niederlassungen mit ihren Herren hergekommener

---

*) Osmina, ein Maass von ungefähr 1 $\frac{1}{4}$ Stof rigaisch.

**) Der Preis der Zobelfelle verändert sich sehr bedeutend, nach den Jahren. Im Jahre 1821 z. B. kostete ein gutes Zobelfell 40 Rubel, während es im folgenden Jahre für 15 Rubel zu haben war.

Fahrhunde erfüllen den engen Raum um die Gebäude. Die Nartenführer haben viel Mühe, Ordnung unter diesen zu Hause an Einsamkeit gewöhnten Thieren zu erhalten, die sich jetzt plötzlich von so vielen ihres Gleichen umgeben sehen, mit denen es manche harte Rauferei
abgiebt. Die Hausbesitzer sind beschäftigt, ihre Stübchen zum Empfang
der ankommenden Handelsgäste zu reinigen, zu putzen und mit frischen,
klaren Eisscheiben zu versehen. Die meisten unter ihnen, die auch
Waare zum Austausch liegen haben, klopfen das Pelzwerk aus, ordnen
es in den kleinen Vorrathskammern, bessern und putzen ihre Narten
und den Anspann, kurz Jeder ist mit Vorbereitungen beschäftigt, und
Alles harrt mit gespannter Sehnsucht der Ankunft der jakuzkischen
Kaufleute. — Endlich zeigt sich am Horizont eine Dampfwolke, die,
sich immer mehr und mehr nähernd, den Weg der Karawane bezeichnet. Nun wird der langgedehnte Zug sichtbar, und wer sich im Orte
nur bewegen kann, eilt den sehnlich erwarteten Freunden und Bekannten entgegen. Es ist der wichtigste Moment, der dem Handelsgeiste
der Männer, so wie der Eitelkeit der Weiber neue Schwungkraft giebt.
Unter lautem Jubel und Gesange zieht die Karawane ein und vertheilt
sich in die verschiedenen Häuser, in denen es nun mehrere Tage nach
einander bis spät in die Nacht recht lustig hergeht.

Bald nach Ankunft dieser Karawane trifft auch aus Sredne-Kolymsk der Isprawnik oder Kreisaufseher mit seiner Kanzlei und der
Kosakenwache ein, der diese allgemeine Versammlung und die mehr
oder weniger brillanten finanziellen Umstände der Einwohner benutzen
muss, um die Abgaben für die Regierung in Empfang zu nehmen.
Aber mit seinem Erscheinen hört die harmlose Freude der Bewohner
von Nis'hne-Kolymsk auf und die ihnen, wie es scheint, angeborene
Prozesssucht erhebt ihr schadenfrohes Haupt. Uneinigkeit und Streit
tritt an die Stelle der fröhlichen Zusammenkünfte; jeder Anlass zur
Klage wird vorgeholt und vor den Stuhl des Richters gebracht, der
sich in der Regel hütet, zum Frieden zu ermahnen, sondern gern Tag
und Nacht mit seinen Schreibern über alle den Klagen, Bittschriften
und Bescheiden brütet, aus denen ihm wohl eben so viel Gewinn erwachsen mag, als den streitenden Parteien.

Nach einigen Tagen Aufenthaltes erscheint gewöhnlich von dem voraus nach Ostrownoje geschickten Kosaken-Sotnik ein Eilbote, mit der Nachricht von der Annäherung der Tschuktschen-Karawane; dann bricht sogleich alles auf; der Isprawnik lässt die noch ungeschlichteten Prozesse bis zum nächsten Jahre in dem Archiv ruhen und eilt fort, um noch vor den Tschuktschen in Ostrownoje einzutreffen; die Kaufleute, die den Weg dorthin nicht anders als mit Hunden machen können, miethen diese von den Hundebesitzern für einen ziemlich hohen Preis *) und ziehen auch fort, und die Gassen und Höfe werden leer. Zu Ende des Winters kehren zwar die Kaufleute mit dem Isprawink von Ostrownoje zurück, setzen aber, ohne sich in Nis'hne-Kolymsk aufzuhalten, ihre Rückreise nach der Heimath fort; der schnell eintretende Frühling lockt dann die hiesigen Bewohner hinaus nach den Seen und Flüssen zu den gewohnten Sommerarbeiten, und das geschäftige Leben, das vor kurzem noch im Orte herrschte, hat ein Ende; Todtenstille tritt an die Stelle der allgemeinen Fröhlichkeit; öde und leer ist aufs Neue der verwaiste Ort.

Wir hatten unterdess einen bedeutenden Vorrath an Fischen sowohl für uns, als auch zum Futter für die Hunde zusammengebracht; letzterer, zu dem auch noch eine Menge Rennthierribben gehörten, betrug nach hiesiger Rechnung den Werth von 81,944 Heringen **). —

*) Der gewöhnliche Preis einer Fahrt nach dem 250 Werst von hier belegenen Ostrownoje und zurück ist für jede mit 10 bis 12 Hunden bespannte Narte 100 Rubel; oft wird auch mehr bezahlt.

**) Um ein bestimmtes Maass für die den Hunden zu gebende Portion Futter zu haben, ist ein gewisses Verhältniss zwischen den verschiedenen grösseren und kleineren Fischen angenommen, und dieses ist auf Heringe reduzirt; z. B. eine grosse Mukssun Juchala gilt für fünf getrocknete Heringe, eine dergleichen Jukola aber nur für 3½, der Rückgrat und die Gräten eines Mukssun gelten 1½, eine Rennthierribbe 8 Heringe u. s. w. Da es nun ausgemittelt ist, dass 8 bis 10 leicht gedörrte Heringe ein hinlängliches Tagesfutter für einen Fahrhund ausmachen, so wird die Vertheilung nach diesem Verhältnisse gemacht, und die Führer haben durch die lange Gewohnheit eine ganz besondere Fertigkeit erlangt, aus den Proviantbehältern mit einem Griffe die gehörige Portion zu nehmen.

Diesen ganzen Vorrath schickte ich voraus nach einem **120** Werst von hier, nördlich am Ausflusse der östlichen, sogenannten Felsen- oder steinigen Kolyma ab, wo sich auf einer niedrigen Insel, Sucharnoj genannt, ein von den Promyschlenniki erbautes Magazin befand, welches zur Aufbewahrung desselben dienen konnte.

Die bestellten Sohlen und übrigen Erfordernisse zu den Narten kamen gleichfalls an und wurden den zu unserer bevorstehenden Reise erwählten Führern überliefert, um daraus, nach von mir aufgegebenen Dimensionen, unsere Reiseschlitten zu verfertigen. Leider fehlten uns noch die Riemen aus Wallrosshaut, welche durchaus erforderlich sind, um damit die Schlitten gehörig und zuverlässig zusammenzufügen. Diese sehr dauerhafte Gattung von Riemen, die hier ganz die Stelle des Eisenbeschlages vertritt, war an der Kolyma gar nicht zu haben, und wir konnten nur hoffen, sie von den Tschuktschen einzuhandeln, die sich gegen die Hälfte des März an den Ufern des Aniuj einfinden und in grosser Menge Wallrossriemen und Zähne mitbringen.

Ueberhaupt ergab sich aus Allem, dass wir unsere Eisfahrt nicht eher als etwa in der zweiten Hälfte des März würden antreten können, weil es unmöglich war, früher die erforderliche Anzahl Hunde zum Transport der Expedition zusammenzubringen, so wie auch, weil die Führer nicht eher im Stande waren, die nöthigen Vorräthe anzuschaffen, die sie ihren Familien für die Zeit ihrer Abwesenheit zum Lebensunterhalt hinterlassen mussten. Demnächst versicherte man uns auch allgemein, dass die gewöhnlich bis dahin anhaltende gar zu strenge Kälte den Hunden, die sich im Laufen stark erhitzen, sehr schädlich sey, und dass wir dadurch leicht mehrere derselben verlieren könnten. Dieser letzte Umstand war um so wichtiger, da, wie ich am **12.** Februar erfuhr, statt der **36** Narten mit Hunden, die wir nach meiner Berechnung brauchten, nur **29** hatten zusammengebracht werden können.

Nach allen diesen Umständen musste ich meinen früheren Plan, schon jetzt abzureisen, aufgeben; da ich mich aber doch nicht entschliessen konnte, noch einen ganzen Monat unthätig zu bleiben, so beschloss ich, mit einigen wenigen im Orte zusammengebrachten Narten während dieser Zeit wenigstens einen Theil der Meeresküste nach

Osten hin zu befahren und aufzunehmen. In dieser Absicht fertigte ich am 14. Februar drei Narten mit tüchtigen Hunden unter Leitung dreier Kosaken (von denen einer die Sprache der Tschuktschen verstand) nach unserem Vorrathsdepot in Sucharnoje ab, wo sie bis zu meiner Ankunft die Hunde bestens auffüttern sollten, welche zwar gut, aber durch viele Winterarbeit doch etwas angegriffen waren. — Zugleich beschloss ich auch, den Herrn von Matiuschkin nach Ostrownoje zu schicken, um mit den dort zum Jahrmarkt sich einfindenden Tschuktschen Bekanntschaft zu machen, und die für unsere Narten erforderlichen Wallrossriemen und Wallfischribben *) einzukaufen. — Hauptsächlich aber übertrug ich ihm, so viel möglich ein gutes Vernehmen mit den misstrauischen Tschuktschen anzuknüpfen, sie über den Zweck unserer Reise nach ihren Küsten zu beruhigen, und ihnen begreiflich zu machen, dass wir blos die Absicht hätten, dort eine von Eise freie Durchfahrt zu finden, um vermittelst derselben ihnen zu Schiffe, und also in grösserer Menge und billiger, Tabak und andere Bedürfnisse zuzuführen. Diese Vorbereitung hielt ich für nothwendig, da mir unter andern auch aus der Reise des Kapitain Billings bekannt war, wie ungern dieses argwöhnische Volk dergleichen Besuche, besonders Ausmessungen ihres Landes, sieht, und wie mancherlei Gefahren man dabei ausgesetzt ist. Um sich die Oberhäupter der Tschuktschen, nach asiatischer Sitte, durch Geschenke geneigt zu machen, gab ich ihm zehn Pud des besten Blättertabaks, nebst allerlei bei ihnen beliebten Kleinigkeiten, als: Glasperlen, Scheren u. dergl. zum Vertheilen mit.

Unterdessen trat die Masslaniza, der russische Karnewal, ein. Um diese Zeit der allgemeinen Lustbarkeiten gebührend zu feiern, errichteten wir auf einem kleinen See, nahe bei dem Orte, ein paar National-Rutschberge von Schnee und Eis und dabei eine für die Zuschauer bestimmte Gallerie; diese sowohl als die Rutschberge wurden mit ver-

---

*) Von dem über das Eis austretenden Meerwasser bleibt auf der Oberfläche des Schnees eine Menge Salz nach, welches die hölzernen Schlittensohlen angreift; um dies zu verhüten und das Hingleiten der Narte zu erleichtern, werden platte Wallfischribben unter dieselben gebunden, die härter und glatter als das Holz sind.

schiedenen farbigen Flaggen ausgeziert, die sich noch seit Laptew's und Billing's Expeditionen in den hiesigen Magazinen aufbewahrt fanden, so dass das Ganze einen recht stattlichen Anblick gewährte. Statt der sonst gewöhnlichen kleinen Schlittchen bediente man sich nach hiesiger Sitte roher Rennthierfelle zum Hinabfahren. Anfangs thaten die jungen Damen sehr verschämt und sittsam und wollten sich in unserer Gegenwart durchaus nicht an das Hinabrutschen wagen; als wir aber neben den Bergen für die Fahrlustigen einige Eimer fertig gekochten Thee und einen Sack mit Zedernüssen aufstellten, da schwanden alle etwaigen Bedenklichkeiten, und bald waren unsere Berge mit Weibern, Mädchen und jungen Burschen bedeckt, die sowohl einzeln als auch in kleinen Gruppen auf den Rennthierhäuten sitzend, unter lautem Jubel und Gelächter hinabrutschten. — Besonders günstig war unserer Lustbarkeit das Eintreten des hier sogenannten Téploj Wéter, warmen Windes aus Südost, welcher am **18.** Februar plötzlich die Temperatur von **32°** Frost auf **4°** hinaufbrachte. Dabei war es still und der Himmel klar, unser Fest gelang über alle Erwartung; Alles war froh und lustig, und unser Gast Herr Cochrane kehrte erst spät Abends, sehr zufrieden mit seinem Tage, von dort zu unserem wärmenden Heerde zurück.

Endlich erschien auch der schon seit etlichen Tagen aus Ostrownoje erwartete Bote mit der Anzeige, dass am **8.** Februar die erste Abtheilung der Tschuktschen-Karawane bei einer ihrer gewöhnlichen Stationen, Elop-bal, **90** Werst von da, angelangt sey. Diese Karawane von **26** Mann bestand aus den Bewohnern der Tschaun-Bucht; sie machte gewissermaassen den Vortrab der übrigen in weit grösserer Anzahl nachziehenden Nomaden-Tschuktschen aus der Gegend der Behringsstrasse, welche ihnen folgten. Diese Nachricht brachte Leben und Freude unter die schon seit dem Anfange des Februar hier mit Ungeduld darauf wartenden jakuzkischen Kaufleute, welche bald mit ihren Reiseanstalten fertig waren und sich unter Anführung des Isprawnik, der den dortigen Jahrmarkt dirigirt, auf den Weg nach Ostrownoje machten.

Am **4.** März reiste auch der Herr von Matiuschkin mit Herrn

Cochrane *) auf zwei Narten dorthin ab. Die Beschreibung seiner Fahrt, so wie des Ostrownojschen Jahrmarkts und des dortigen Verkehrs findet sich in dem sechsten Abschnitte.

---

*) J. Cochrane hatte zwar die Absicht, von Ostrownoje mit der rückkehrenden Tschuktschen-Karawane nach dem Tschukotskoj Noss und der Behringsstrasse zu ziehen, um von dort nach der Nordküste von Amerika hinüberzusetzen, gab aber, bei genauerer Erwägung, und nachdem er die Tschuktschen näher kennen gelernt hatte, diesen Plan auf und kehrte nach Nis'hne-Kolymsk zurück.

Fünfter Abschnitt.

Erste Eisfahrt in Narten auf dem Meere. — Abfahrt von Nis'hne-Kolymsk. — Insel Sucharnoj. — Baranow-Felsen. — Flache, niedrige
Meeresküste. — Der grosse Baranow-Fluss. — Kälte. — Erste Spuren der Tschuktschen. — Meteor. — Kap Schelagskoj. — Felsen Kos-
nin. — Der Staduchinsche Wolok. — Kap Matiuschkin. — Insel Araufan.
— Verlust der Vorräthe. — Rückkehr nach Nis'hne-Kolymsk.

Ich habe schon oben die Gründe angedeutet, die mich nöthigten für
dieses Jahr von der mir ertheilten Instruktion abzuweichen, und nur
mit einem kleinen Gefolge eine Eisfahrt zu versuchen. Mit vieler
Mühe war es mir gelungen, in der kurzen Zeit neun Narten mit der
gehörigen Anzahl Hunde in Stand zu setzen, von denen aber nur drei
eigentlich zu meiner Untersuchungsreise dienen sollten; die übrigen
sechs waren blos dazu bestimmt, Proviant für uns, Futter für die
Hunde u. dergl. einzunehmen, und sollten, um letzteres so viel möglich zu sparen, gleich zurückkehren, sobald sie geleert wären. — Mit
jenen drei Narten wollte ich das Ufer nach Osten, so weit hinauf
es die Umstände erlaubten, untersuchen. Die tief eingewurzelte allgemeine Furcht der hiesigen Einwohner vor den Tschuktschen bewog
mich ihnen als Endzweck meiner gegenwärtigen Fahrt, blos eine genauere Aufnahme und Bestimmung der Baranow-Felsen und der umliegenden Küsten anzugeben. Diese Felsen machen gewissermaassen
das Ziel und die Gränze aller Exkursionen der Bewohner dieser Gegend nach Osten zu aus, unter denen sich nicht leicht einer ent-
schliesst, etwa funfzig Werst weiterzugehen. Die ganze Ostküste ist
ihnen daher völlig unbekannt, doch waren sie, da es nicht eigentlich

16

bis zu den Tschuktschen gehen sollte, bald dazu willig gemacht, mich zu begleiten, und ich konnte mir die besten und zuverlässigsten Führer aussuchen.

Die ganze Küste von der Kolyma bis an das Kap Schelagskoj ist völlig unbewohnt, und wird nur selten von den Tschuktschen besucht, welche zuweilen hier der Jagd nachgehen, oder auch herkommen um Treibholz zu sammeln, welches das Meer hier anschwemmt; doch auch sie überschreiten, wie es scheint, nie den grossen Baranow - Fluss, und so bleibt denn zwischen diesem und dem Baranow - Felsen, der wie gesagt der Endpunkt der Streifzüge der Russen ist, ein Landstrich von ungefähr 80 Werst in die Breite, der von keinem betreten wird. Hinter diesem gleichsam neutralen Territorium erstrecken sich die weiten moosreichen Ebenen und Thäler, auf welchen die kriegerischen Tschuktschen mit ihren zahllosen Rennthierheerden umherziehend, ihre Unabhängigkeit bis jetzt erhalten haben. Jeden Anschein irgend eines Eingriffes in dieselbe wird von ihnen mit der grössten Aufmerksamkeit beobachtet, und bleibt, wie schon manche traurige Beispiele früher bewiesen, nicht ungeahndet. Unser plötzliches Erscheinen in diesen menschenleeren Wüsten konnte nicht anders als höchst beunruhigend für die Tschuktschen seyn, und wir mussten daher mit der grössten Vorsicht zu Werke gehen, um jeden Argwohn bei ihnen zu vermeiden, durch dessen Folgen der Zweck unserer ganzen Expedition hätte vereitelt werden können.

Meine eigentlichen drei Reisenarten befanden sich, wie oben gesagt, schon in Sucharnoje. Eben dahin fertigte ich auch am 18. Februar die sechs Proviantnarten ab, welche nur einen Theil der Reise mitmachen sollten, und am 19. brach ich selbst mit Herrn Kosmin auf. Die angesehensten Einwohner des Ortes gaben uns noch das Geleite bis an einen kleinen, naheliegenden See, wo wir von einander schieden.

Ein ziemlich gut eingefahrener Weg, der sich zwischen niedrigem Strauchwerke durchschlängelte, brachte uns zur Nacht in das 45 Werst von Nis'hne - Kolymsk belegene Dörfchen Tschernoussowa. Nachdem wir und unsere Hunde ausgeruht hatten, setzten wir am andern Morgen unsere Fahrt weiter fort, und erreichen in ungefähr acht Stunden das 80 Werst von unserm Nachtlager entfernte Lobasnoje, wo wir am 21. Februar Abends anlangten.

Am Ausflusse des östlichen Armes der Kolyma, welche hier eine Breite von 23 Werst hat, liegt eine flache, ganz nackte und so niedrige Insel, dass sie, besonders im Winter, ganz gleich mit der Oberfläche des Stromes ist. Auf der Südspitze derselben sind, so ziemlich nach Art der früher beschriebenen Powàrni, zwei Scheunen oder Balagàny erbaut, die ungefähr eine halbe Werst von einander liegen, und den im Winter, des Fischfanges und der Jagd halber, hieher kommenden Bewohnern von Kolymsk zum Schutz gegen gar zu arge Stürme aus der See dienen. Dieser Schattenriss von Niederlassung heisst Sucharnoje. Schon funfzig Werst vor derselben hören selbst die elenden, krüppligen Sträucher auf, die man bis dahin noch zuweilen antrifft, und man befindet sich auf einer unabsehbaren Schneefläche, deren furchtbare Einförmigkeit durch gar nichts unterbrochen ist, als etwa durch die hin und wieder aufgestellten Fallen für die Eisfüchse. — Man gewöhnt sich freilich wohl mit der Zeit an alles, aber der erste Eindruck, den dieses riesenhafte Leichentuch macht, ist durchaus mit nichts zu vergleichen, und man freut sich der einbrechenden Nacht, die, sey es auch nur durch das Nichtsehen, eine Art von Abwechselung herbeiführt.

Noch ehe wir die Gegend von Sucharnoje erreicht hatten (gegen 4 Uhr Nachmittags), war es schon so finster, dass wir die ganz verschneite Balagany nicht unterscheiden konnten, und wahrscheinlich an ihnen vorübergefahren wären, wenn nicht glücklicherweise die aus dem Rauche aus denselben aufsteigenden Funken sie uns angedeutet hätten. Auch unsere sehr ermüdeten Hunde bogen plötzlich von selbst dahin ab, indem sie ohne weiteres Antreiben ihre letzten Kräfte anstrengten und auf einem Schneehügel stehen blieben, den uns unser Kutscher als den ersten Balagan von Sucharnoje ankündigte. Während ich mich auf allen Seiten nach irgend etwas einer menschlichen Wohnung ähnlichem umsah, that sich der Schneeberg auf, und zu meinem nicht geringen Erstaunen krochen unter demselben einer nach dem andern, unsere drei mit den Reisenarten vorausgeschickten Kosaken hervor. Sie führten uns durch ein abwärts vom Winde in den Schnee gegra-

benes Loch, zu dem Eingang des ungefähr zwei Arschin hohen Balagan, wo wir ein recht freundlich loderndes Feuer fanden. Nachdem
wir uns durch Thee und ein gutes Abendessen erwärmt und gestärkt
hatten, verbrachten wir in dieser Schneehöhle die Nacht recht gut, trotz
dem bittern Rauche mit dem sie erfüllt war, weil der ziemlich heftige
Wind ihn durch den Rauchfang im Dache zurücktrieb.

Der ganze folgende Tag verging uns mit Vertheilung unserer
Sachen und Vorräthe auf die Narten, und mit verschiedenen anderen
Vorbereitungen zu unserer Fahrt. Da diese Zurüstungen so ziemlich
von allen gewöhnlichen Reiseanstalten abweichen, so wird eine kurze
Anzeige aller mitgenommenen Gegenstände und ihrer Vertheilung auf
den Schlitten vielleicht nicht ganz überflüssig seyn. — Die Gegenstände
die wir mitzunehmen hatten, waren folgende: ein aus Rennthierfellen
zusammengenähtes kegelförmiges Zelt, zwei Beile, eine Taschenlaterne
und ein paar Wachslichte, eine Eisenplatte, auf welcher Feuer angemacht wurde, nebst einem eisernen Dreifuss, Theekessel und Koch-
kessel; für jeden von uns etwas Wäsche, ein Bärenfell statt Matratze,
und eine doppelte Rennthierfell-Ueberdecke für je zwei. — An Instrumenten hatten wir zwei Chronometer und eine Sekundenuhr,
einen Sextanten nebst künstlichem Quecksilber-Horizonte; ein Spiritus-
Thermometer; drei Peilkompasse, unter denen einer mit einem Prisma;
ein Handfernrohr und ein Teleskop, eine Messschnur in Fussmaass
eingetheilt und verschiedene Kleinigkeiten. — An Proviant für fünf
Menschen auf einen Monat: $2\frac{1}{2}$ Pud Roggenzwieback, $1\frac{1}{2}$ Pud
Fleisch; 10 Pfund trockene Bouillon-Tafeln; 2 Pfund Thee; 4 Pfund
Kandiszucker; 8 Pfund Grütze; 3 Pfund Salz; 39 Portionen scharfen
Spiritus; 12 Pfund Tabak und 200 Stück auserlesene geräucherte
Juchala. — Unsere Kleidung bestand aus einer Parka, einer weiten
Kuchlänka, grossen ledernen mit Pelz gefütterten Stiefeln, Tor-
bassy, einer Pelzmütze und dergleichen Fausthandschuhen, alles aus
Rennthierfellen genäht. Ein jeder von uns hatte eine Flinte und 50 Pa-
tronen, eine Pike und an der rechten Seite am Gurt hängend ein
grosses Messer und ein Feuerzeug. — Zum Füttern der Hunde hatten wir: 790 grosse Mukssun Juchala, 1200 dergleichen Jukola und

2400 frisch eingefrorene Heringe. Mit letzterm waren vornehmlich die sechs Proviantnarten beladen; ein Theil unserer Vorräthe befand sich aber auch auf unsern Reisenarten. — Jede Narte wurde, möglichst gleichmässig, der ganzen Länge nach bepackt, und sobald sie ihre volle Ladung (ungefähr 25 Pud) hatte, mit einer ledernen grossen Decke überdeckt und so fest mit Riemen herum verschnürt, dass Schlitten und Ladung nur eins ausmachten, und dass ersterer umfallen, ja sich ganz umkehren konnte, ohne dass dabei die verpackten Sachen auch nur im mindesten gefährdet wurden. — In der Mitte des schmalen Schlittens, nämlich auf der Hälfte seiner Länge, sitzt oder schwebt vielmehr nur der Führer seitwärts, und stützt sich mit dem Fusse auf die Schlittensohle, bereit jeden Augenblick herabzuspringen und die Narte, wenn sie zu stark schleudert oder sonst in Gefahr kommt wieder in das Geleis zu bringen. Hierzu dient ihm in der Länge nach über den Schlitten ausgespannter und befestigter Riemen, den er immer in der einen Hand hält; in der andern aber hat er den sogenannten O s t ò l oder P r u d i l o, einen ziemlich dicken, an einem Ende mit Eisen beschlagenen, an dem andern aber mit Schellen behängten Stecken, welcher zum Lenken und Anhalten der Hunde, zuweilen auch als Stütze dient. — In einer eben so schwebenden Lage sassen auch wir, Herr Kosmin und ich, jeder auf seiner Narte hinter dem Kutscher immer bereit, gleich ihm augenblicklich hinabzuspringen, um den Schlitten aufzuhalten oder wieder in's Gleichgewicht zu bringen, welches auf dem nicht selten sehr ungleichen Wege unaufhörlich nöthig war. Obgleich, wie gesagt, jede Narte 25 Pud Ladung hatte, so geleitete sie doch auf dem festgefrornen Schnee so leicht dahin, dass man sie mit einer Hand, ohne grosse Anstrengung fortschieben konnte; auch machten die Hunde bei gutem Wege zehn bis zwölf Werst in der Stunde.

Am 21. Februar hatten wir 26° Kälte; um Mittag nahm dieselbe bis auf 14 ½ Grad ab. Obgleich die Sonne nur sehr niedrig stand, so gelang es Herrn Kosmin doch, vermittelst des künstlichen Quecksilber - Horizontes eine Mittagshöhe zu nehmen, nach welcher er die Breite von 69° 31′ 22″ fand. Aus einer trigonometrischen Messung von Nis'hne-Kolymsk nach Sucharnoje ergab sich, dass dieses letztere in 161° 43′ 41″ Länge östlich von Greenwich liegt. Der Mittagsschatten gab 13½ westlicher Abweichung der Magnetnadel an.

Am 22. Februar früh Morgens vor Tagesanbruch, brachen die Proviantnarten auf und fuhren nach dem 41 Werst von hier liegenden kleineren Baranow-Felsen *), wo wieder eine Powarnä stand, in welcher wir die folgende Nacht verbringen wollten. Das furchtbare Geheule, welches die abgehenden Hunde wie gewöhnlich im Augenblick der Abfahrt erhoben, und welches die zurückbleibenden durch ein ähnliches beantworteten, weckte auch uns; wir rüsteten uns zur weitern Reise, und verliessen unsere etwas erwärmten Balagan um 9 Uhr Morgens. — Nach der für diese Fahrt festgesetzten Ordnung fuhr die Narte, auf welcher ich mich befand, immer voraus, und Herr Kosmin beschloss den Zug. Jeder von uns bemerkte die Richtung des Kurses und bestimmte nach der Schnelligkeit des Laufes der Hunde, welche wir in Nis'hne-Kolymsk ausgemittelt hatten **), die Entfernung eines Punktes von dem andern; diese Beobachtungen wurden Abends unter einander verglichen, zu Papier gebracht, und sie gaben die Hauptmaterialien zur Anfertigung einer Karte der Küste her.

Um unsern Weg abzukürzen fuhren wir nicht längs der Küste um das Bärenkap, Medweshy Myss, herum, sondern hinter demselben gerade über die Erdenge, durch welche es mit dem festen Lande zusammenhängt. Der Schnee war eben und hart, und unsere Hunde liefen sehr rasch, wobei denn die Narten, trotz allem Balanciren der Führer, doch mehrmals umfielen. — Um halb vier Uhr Nachmittags

---

*) Die Baranow-Felsen haben ihren Namen von den in grosser Menge auf denselben befindlichen wilden Schaafen, argali, welche russisch dikie baràny heissen. Diese Thiere nähren sich grösstentheils von dem dünnen, magern Grase, welches, nebst einer Art Wermuth zwischen dem Moose auf den Felsen wächst.

**) Die Schnelligkeit des Laufes meiner Hunde betrug nach Maassgabe des mehr oder weniger ebenen Weges von 6 bis 12 Werst in der Stunde. Hiernach und nach dem Kurse und der abgefahrenen Distanz, berechneten wir die Länge und Breite, welche ich daher auch in der Folge durch die Benennung: berechnete Länge oder Breite bezeichnen werde.

langten wir bei der Powarnä an, die am Ufer eines kleinen Flüsschens steht, wo wir ein im Jahre 1787 von der Expedition des Kapitain Billings errichtetes grosses, hölzernes Kreuz fanden, das sich bis jetzt vollkommen gut erhalten hatte. Unsere Proviantnarten, mit weniger kräftigen Hunden bespannt, langten, trotz dem Vorsprunge von beinahe zwei Stunden, den sie hatten, doch erst nach uns dort an. — Das Meer schien, von hier aus gesehen, eben; nach Norden hin deckte ein dichter Nebel den Horizont.

Wir fanden unsere Herberge ganz angefüllt mit Schnee und Eis, welches wir erst heraus schaufeln mussten, um Platz darin zu finden. Da es zu beschwerlich und auch zu langwierig gewesen wäre, dies durch die Oeffnung zu thun, welche statt Thür diente, so nahmen wir die als Dach oben auf dem Kasten liegenden Balken herunter, und arbeiteten mit vereinten Kräften den Schnee nach allen Seiten hinaus; in weniger als einer Stunde war unser Palast ausgeräumt, wieder gedeck und ein Feuer in der Mitte angemacht, und wir eilten ihn zu beziehen. Leider war er so eng, dass nur vier Menschen Platz darin hatten, und auch diese befanden sich so nahe bei dem Feuer, dass die herumsprühenden Funken, Stiefel, Pelze und Decken versengten. Die übrigen sieben Reisegefährten mussten sich in dem Zelte behelfen, wo sie es freilich nicht so warm, aber viel trockner als wir hatten, da an unsern Balkenwänden Ströme von aufthauendem Schnee und Eis herabrieselten.

Wie gewöhnlich beschäftigten wir uns Abends mit Eintragung und Zusammenstellung unserer bis hieher gemachten Beobachtungen, die wir zu unserer grossen Zufriedenheit fast vollkommen übereinstimmend mit der durch den Kapitain Billings gemachten sehr genauen Aufnahme dieses Theils der Küste, so wie mit der nach dieser Aufnahme angefertigten Karte des Vice-Admirals Sarytschew fanden, und uns dadurch von der Zweckmässigkeit und Zuverlässigkeit der bei unserer Aufnahme angenommenen Methode überzeugten.

Die Seeküste ist bis hieher fast durchgehends flach, und nur die vorspringenden Landzungen und Vorgebirge sind durch steile, felsige Erhöhungen gebildet. — Das rechte, grösstentheils aus schwarzem Schiefergesteine bestehende Ufer der Kolyma, war mit Treibholz bedeckt. Wir sahen hier, 14 Werst von dem Balagan zu Sucharnoje, den im Jahre 1739 durch den Lieutenant Laptew auf einer Anhöhe erbauten hölzernen Thurm, der ihm zum Wegweiser bei dem Einlaufen aus dem Meere in die, Mündung des Stromes dienen sollte.

Am. folgenden Tage setzten wir unsere Reise mit Tagesanbruch weiter fort. Das Wetter war hell und angenehm; bei einem leichten Südwestwinde zeigte der Thermymeter Morgens 27°, gegen Mittag 23°, Abends 26°. — Wir fuhren ziemlich rasch auf dem ebenen Eise längs der Meeresküste hin, die hier nach und nach immer steiler und felsiger wird, und machten, nachdem wir 42 Werst zurückgelegt hatten, bei einer unweit des grossen Baranow - Felsens belegenen Powarnä Halt, die zwar geräumiger als die vorige, dahingegen aber auch viel luftiger war. Dennoch brachten wir, nachdem wir uns durch Thee und eine tüchtige Suppe erwärmt hatten, die Nacht recht gut zu, ohne eben sehr von der Kälte zu leiden.

Auf dem Wege hieher gelang es mir eine Mittagshöhe zu nehmen, nach welcher ich die Breite eines ziemlich bedeutenden Vorgebirges bei dem kleinen Baranow - Felsen, auf 69° 41' 49" N., und seine östliche Länge nach unserer Rechnung auf 163° 20' bestimmte. — Auch sahen wir hier auf den Bergen sehr viele der merkwürdigen Steinmassen, deren der Kapitain Sarytschew in seiner Reise erwähnt, und die theils wie Ruinen alter grosser Gebäude, theils wie kolossale Thier - und Menschenfiguren aussehen. Ich werde weiter unten Gelegenheit haben, von diesen seltsam gestalteten Felsen zu reden.

Am 24. Februar fuhren wir bei einer Kälte von 25°, die später bis auf 28° stieg, weiter. Wir liessen das sich ziemlich weit in's Meer erstreckende bergartige Vorgebirge des grossen Baranow - Felsens nördlich von uns liegen, und nahmen unsern Weg über einen schmalen Landstrich hinter demselben, wo sich, östlich von dem Kap ein Flüsschen in das Meer ergiesst, dessen Mündung nach den um Mittag angestellten. Beobachtungen, unter 69° 38' 21" nördlicher Breite und 164° 26' berechneter östlicher Länge liegt. Die Abweichung der Magnetnadel war 17° westlich. Von diesem Punkte nimmt das Ufer eine ganz andere Gestaltung an; die bisherigen schroffen Felsen verschwinden ganz und die überhaupt flache Küste hat nur hier und da einige ziemlich steil abschüssige Erhöhungen. In einiger Entfernung von der Küste nach Süden zeigt sich eine hohe Bergkette, deren Richtung von NW. nach SO. zu gehen scheint.

Nachdem wir **34** Werst zurückgelegt hatten, gelangten wir an die Mündung eines Flüsschens, dessen klares Eis uns schmackhaftes, reines Wasser versprach, und da sich zugleich an der Küste eine grosse Menge Treibholz fand, so machten wir Halt und schlugen unser Zelt auf, um hier zu übernachten. — Dies ist der fernste Punkt nach Osten, den die Bewohner dieser Gegenden noch zuweilen auf ihren Jagdstreifereien besuchen; seit Schalaurow's Reise im Jahre 1765, ist dieser Theil des Eismeeres eigentlich von keinem Russen besucht worden.

Da ich gesonnen war den für unsere Rückfahrt erforderlichen Theil der mitgenommenen Vorräthe hier zu lassen, um weniger Narten zu brauchen, so erbauten wir eine sogenannte S a j b a , ein Vorrathsmagazin, in welchem die Sachen vor den Besuchen der hier in Menge herumziehenden Steinfüchse und Vielfrasse gesichert wären. Dazu wurden in den Schnee vier Pfosten aufrecht eingegraben, jeder von 9 Fuss Höhe; auf diese wurde eine Art von grossem, aus Balken gezimmertem Kasten gesetzt, in welchen wir alle unsere Vorräthe bargen, und diese dann wieder mit Balken und Schnee bedeckten. — Unterdessen war auch unser Zelt aufgeschlagen, wozu nur etliche Minuten erforderlich waren. Sechs lange dünne Stäbe, aufrecht in den Schnee gesteckt, und an den obern Enden zusammengebunden, machten das Gerippe desselben aus; hierüber wurde die aus leichten Rennthierfellen zusammengenähte Zeltdecke ausgespreitzt, welche 10 Fuss Höhe und etwas über 12 Fuss im Durchmesser der runden Grundfläche hielt. In der obern Spitze des Kegels blieb eine kleine Oeffnung für den Rauch von dem in der Mitte des Zeltes auf einer eisernen Platte brennenden Feuer, welches zum Kochen und Erwärmen diente, zugleich aber auch das Innere des Zeltes mit einem dicken, bittern Rauche anfüllte, der uns die Augen sehr angriff. Statt Thür diente eine unter dem Winde befindliche kleine Oeffnung, die mit einem Rennthierfelle verhängt war. Unser luftiges Obdach war bei stürmischem Wetter, welches hier gewöhnlich ist, in steter Bewegung; bald ward es auf die eine, bald auf die andere Seite hingebogen. Daran gewöhnten wir uns aber gleich und beunruhigten uns weiter nicht darüber; schlimmer war es freilich, wenn, was auch zuweilen geschah, der Sturm das ganze Zelt aufhob und umzureissen drohte; aber diesem Uebelstande wussten unsere erfahrenen Begleiter in der Folge durch einen von aussen an die Zeltwand und umher aufgeschaufelten Scheewall abzuhelfen, der sowohl das Zelt befestigte, als auch es wärmer im Innern erhielt.

Sobald das Zelt aufgerichtet war, beeiferte sich Alles, den mit Schnee oder Fluss-Eis angefüllten Theekessel so schnell als möglich zum Sieden zu bringen, denn der Thee war uns immer das angenehmste und stärkendste Labsal. Nach ein paar Portionen desselben erschien Leben und Munterkeit in der erstarrten Gesellschaft. Wirklich war uns allen dieses aromatische Getränk so lieb und sein Geschmack so angenehm, dass wir es ganz ohne allen Zusatz tranken, und statt der drei Stücke Zucker, die nach dem gewöhnlichen Verhältnisse zu jeder Tasse gehört hätten, uns für den ganzen Abend (auf 10 bis 12 Tassen) mit einem einzigen in den Mund genommenen Stücke Kandiszucker begnügten. Zuweilen ward Roggenzwieback oder auch wohl ein recht auserlesenes Stück Jukola dazu genommen. Zwischen dem Thee und der Abendsuppe gingen die Führer hinaus, um ihre Hunde zu besorgen, banden sie sorgfältig an, damit sie nicht etwa durch die Witterung eines Thieres angelockt, in der Nacht davon liefen, und theilten jedem Hunde seine Portion Futter zu. Wir beschäftigten uns mit Vergleichung unserer Beobachtungen, und trugen die im Laufe des Tages befahrene Strecke auf unsere Karte, was denn freilich bei der Kälte und dem Rauche, der gewöhnlich das ganze Zelt erfüllt, sehr beschwerlich war. — Unterdessen ward das Abendessen bereitet, welches immer nur aus einem einzigen Gerichte bestand, einer Suppe aus Fisch oder Fleisch (so lange wir letzteres hatten) die für alle gemeinschaftlich in einem Kessel gekocht, und unmittelbar aus demselben gegessen wurde. Nach beendigtem Mahle legte sich die ganze Gesellschaft schlafen; der Kälte wegen durften wir die Kleider und Pelze nicht ablegen, sondern mussten in unserm vollständigen Reisekostüme bleiben; doch wechselten wir jeden Abend regelmässig die Strümpfe und Stiefel, welche, nebst den grossen Pelzmützen und Handschuhen oben an den Zeltstangen aufgehängt wurden, damit sie zum nächsten Morgen austrockneten. Dies ist, besonders bei den Strümpfen, eine durchaus unerlässliche Vorsicht, weil bei einer feuchten Bekleidung das Erfrieren beinah unvermeidlich ist. — Zur Nacht wurden auf den gefrorenen Boden Bärenfelle ausgebreitet, auf welchen sich die ganze Gesellschaft lagerte, und unter Pelzdecken durch die Arbeit des Tages ermüdet, gewöhnlich recht fest und gut ruhte. — So lange noch alle Schlittenführer bei uns waren, mussten wir des Raumes wegen, wie die Speichen eines Rades, mit den Füssen gegen die Feuerstätte und mit den Köpfen nach der Zeltwand hin liegen; späterhin aber, als unsere Gesellschaft durch die zurückgeschickten Narten kleiner wurde, lagerten wir uns im Kreise um das Feuer, welches dann während der Nacht nicht weiter unterhalten wurde, und allmälig ausging. Morgens standen wir gewöhnlich um 6 Uhr auf; eiligst wurde dann Feuer angemacht, wir wuschen uns vor demselben mit frischem Schnee, dann ward Thee getrunken, und gleich darauf die Mittagsmahlzeit vorgenommen, welche genau eben so beschaffen war als das Abendessen. Nun wurde alles Geräthe rein geputzt, Decken und Zelt zusammengebunden und auf die Schlitten gepackt, und um 9 Uhr brachen wir gemeiniglich schon auf. — An diese Ordnung hielten wir uns unausgesetzt während der ganzen diesmaligen Fahrt.

Am 25. Februar hatten wir bei 25° Kälte einen schneidenden Ostwind mit dichtem Schneegestöber, was uns die Fahrt sehr erschwerte; wir versuchten zwar noch eine Zeit lang weiterzufahren, aber als wir 24 Werst zurückgelegt hatten, waren unsere Hunde nicht mehr im Stande, gegen den Wind und durch den zusammengewehten Schnee zu ziehen, so dass wir uns genöthigt sahen, Halt zu machen und unser Nachtlager an der flachen Küste aufzuschlagen. Das Schneegestöber währte die ganze Nacht hindurch, so dass unser Zelt völlig in Schnee vergraben war. Dies gewährte uns freilich für den Augenblick einen Schutz gegen den Sturm und wir freuten uns der Unbeweglichkeit unseres Schlafgemaches und der angenehmen Wärme darin; aber gerade dadurch schmolz die zunächst aussen auf den Zeltwänden liegende

Schneeschicht, und bildete eine Eiskruste auf denselben, welche uns am andern Morgen viel zu schaffen machte, theils wegen der Steifheit und Unbiegsamkeit des Felles beim zusammenlegen, theils auch weil das Zelt in diesem Zustande ungleich schwerer war als sonst. **Am 26.** Morgens legte sich der Wind ganz, und obgleich der Thermometer noch 25° Kälte anzeigte, so schien uns die Luft doch weit milder als gestern. Das Meer war mit einer festgefrorenen, ebenen Schneekruste bedeckt, auf welcher unsere gut mit Eissohlen *) versehenen Narten so leicht dahin gleiteten, dass die Hunde, ohne alles Antreiben recht rasch liefen. Wir fuhren immer in einer Entfernung von **50** bis **300** Faden von der Küste, welche hier flach und niedrig ist; so weit das Auge reicht unterbricht kein Gegenstand irgend einer Art die öde Einförmigkeit der ungeheuren Schneefläche; die rings um uns herrschende Todtenstille vermehrte das Grauenvolle dieser Scene, machte besonders auf uns Fremdlinge einen höchst niederschlagenden Eindruck, so dass wir uns ordentlich freuten, als endlich ein Paar auf dem Ufer liegende Haufen Treibholzes uns eine Art von Abwechselung in der schrecklichen Monotonie darboten.

Um Mittag bestimmte ich nach einer genommenen Mittagshöhe die Lage der Mündung eines Flüsschens, vor der wir uns eben befanden, auf **69° 34' 38"** der Breite und **165° 54'** östlicher Länge. Als wir **25** Werst von unserm letzten Nachtlager zurückgelegt hatten, liess ich früher als gewöhnlich zur Nacht Halt machen, um einige Mond- und Sonnendistanzen zu nehmen. Die Sonne stand so niedrig am Horizonte, dass wir genöthigt waren unsere Zuflucht Nachts zu den Sternen zu nehmen, um die wahre Zeit zu bestimmen. Die genommenen

---

*) Jeden Abend werden die Narten aufwärts gekehrt und die Sohlen mit Wasser begossen; dadurch entsteht auf denselben eine Eiskruste, die sehr glatt ist, so dass der Schlitten dadurch ganz unglaublich leicht auf dem festen Schnee hingleitet. Diese Operation heisst hier wojdat; die Nartenführer unterlassen sie nie, theils wegen des ungleich leichtern Fahrens, theils auch weil dadurch die eigentlichen Sohlen sehr geschont werden; daher umfahren und vermeiden sie auch sorgfältig die Stellen wo sich etwa von Schnee entblösste Eishöcker finden, welche die Wojda oder Eissohle abnutzen.

Mondslängen gaben 166° 11′ östlich für die Länge unseres heutigen Nachtlagers an; unsere Rechnung gab 5′ östlicher Dies rührte aber wohl daher, dass unsere Chronometer durch die plötzlichen Abwechselungen in der Temperatur und durch die beim Fahren und öftern Umfallen der Narten erfolgten Erschütterungen sehr gelitten hatten; sie differirten sowohl untereinander, als auch von jeder wahrscheinlichen Länge so sehr, dass wir sie eigentlich fast gar nicht benutzen konnten. — Wir erbauten hier eine zweite Sajba, in welcher wir den Rest unserer für die Rückfahrt erforderlichen Provisionen bargen, und die dadurch geleerten Transportnarten zurückschickten. — Das Eis, mit welchem gestern unser Zelt durchzogen war, und welches heute durch das angemachte Feuer schmolz, brachte eine so gewaltige, dumpfe Feuchtigkeit im Innern hervor, dass wir genöthigt waren, trotz der Kälte, von Zeit zu Zeit hinauszugehen, um uns etwas zu erfrischen und zu erholen.

In der Nacht gesellte sich zu den 31° Frost ein schneidender Südwestwind; wodurch die Kälte, ungeachtet des wohl unterhaltenen Feuers und der tüchtigen Bedeckung von Rennthier und Bärenfellen doch so empfindlich ward, dass wir mehrmals aufstehen mussten, um uns durch Laufen und Springen im Freien etwas zu erwärmen. Besonders klagte Herr Kosmin gegen Morgen, dass ihm die Füsse ganz ungewöhnlich frören; wir riethen ihm Stiefel und Strümpfe zu wechseln, welches er in dem letzten Nachtlager unterlassen hatte. Als er die ersteren auszog, zeigte sich zu unserm nicht geringen Schreck, dass die Strümpfe ihm an den Füssen angefroren seyen. Nachdem wir sie ihm mit vieler Vorsicht ausgezogen hatten, fanden wir in den Strümpfen eine vollkommene Eisschicht, von der Dicke einer Linie; glücklicherweise aber waren die Füsse selbst noch nicht erfroren und wurden bald durch gelindes Reiben mit etwas Branntwein hergestellt. — Diese Erfahrung bestätigte uns die Nothwendigkeit, unsere Fussbekleidung durchaus immer zu wechseln und trocken zu erhalten, indem jede Feuchtigkeit, sie möge nun von aussen her kommen, oder durch die eigene Ausdünstung entstehen, bei der grossen Kälte die gefährlichsten Folgen hat. — Um Mittag, als wir uns 1¾ Werst nördlich von dem niedrigen Ufer befanden, beobachtete ich die Breite von

69° 30′ 28″, die berechnete Länge fand sich 166° 27′, die Abweichung der Magnetnadel war $17\frac{1}{2}$ östlich.

Die immer steigende Kälte und der heftige Wind machten die Fahrt äusserst beschwerlich; die Führer waren genöthigt den Hunden eine Art von Stiefel über die Füsse zu ziehen, und ihnen die empfindlichsten, wenig behaarten Theile des Leibes in Stücke Fell einzuhüllen, weil sie sonst dem Erfrieren ausgesetzt gewesen wären. Dies erschwerte natürlich den Thieren das Laufen sehr; dazu kam noch, dass der lockere Schnee durch den gar zu starken Frost körnicht ward, wo dann die Nartensohlen nicht mehr so leicht darüber weggleiteten als bisher. Wir konnten daher heute (27. Februar) nicht mehr als 26 Werst machen, und nahmen unser Nachtlager an der Mündung eines ziemlich bedeutenden Flusses, der oberhalb bei den Uferbewohnern des kleinen Aniuj unter der Benennung die grosse Baramiha, bekannt ist. Sowohl hier, als auch überhaupt auf der ganzen Strecke der flachen Seeküste, längs welcher wir heute gefahren waren, lag eine ungeheure Menge Treibholz. Südlich und südwestlich von unserm Lagerplatze zeigten sich in einiger Entfernung Berge, welche sich bis an dns östliche Ufer des Flusses erstreckten. Die Küste aber macht hier eine starke Bucht nach Norden hinauf und erhebt sich nach und nach gegen Osten, bis zu einer Höhe von sechs Faden.

Gerade nach Norden hin zeigte sich auf dem Meere ein weisser Streif, der mit der Küste eine parallel laufende Richtung zu haben schien; wir fanden in der Folge, dass dieses nichts weiter als grosse Eistorossen *) waren, die sich hoch über die Grundfläche erheben und aus der Ferne gesehen, durch ihre mannigfachen Gestaltungen oft Anlass zu irrigen Vermuthungen über das Daseyn eines Landes oder einer Küste geben.

Während der Nacht beobachtete ich einige Distanzen zwischen dem Monde und dem Gestirne des Pollux, die ich aber nicht zu Be-

---

*) Torossy heissen an der Nordküste von Sibirien die grossen unregelmässigen Eismassen, die sich im Eismeere gleich Felsen über dem Niveau des ebenen Eises, zuweilen bis zu einer Höhe von 100 Fuss aufthürmen, und die Fahrt auf demselben sehr erschweren, oft auch ganz versperren.

stimmung der Länge benutzen konnte, denn als ich vermittelst des künstlichen Quecksilberhorizontes einige Höhen der Kapelle nehmen wollte, um die wahre Zeit zu bestimmen, fand ich, dass sich in der Oberfläche des Quecksilbers Krystalle bildeten, wodurch dieselbe (ohne eigentlich zu gefrieren) so uneben ward, dass ich meine Beobachtung nicht fortsetzen konnte. — Ueberhaupt erschwerte uns die starke Kälte alle Beobachtungen mit Insrumenten sehr. Besonders war dies der Fall bei dem Sextanten; wir waren genöthigt alle die Stellen an demselben, die etwa in Berührung mit dem Auge oder den Fingern kommen konnten, mit Leder zu bewickeln, weil sonst augenblicklich die Haut an das Metall anfror, wovon wir mehrere sehr schmerzliche Erfahrungen gehabt haben. Desgleichen mussten wir auch während der ganzen Dauer einer Beobachtung und besonders während des Abzählens der Grade an dem Bogen des Sextanten den Athem ganz an uns halten, weil sonst die Gläser und Spiegel sich im Nu mit einer dünnen Eiskruste, oder einer Art von Reif belegten. Dies erfolgte nicht selten sogar von der blossen Ausdünstung der Haut, wenn wir etwas erhitzt waren. Dessenungeachtet erlangten wir doch nach und nach so viel Geschicklichkeit, dass wir unsere Beobachtungen mit dem Sextanten bei 30° Kälte machen, und Nachts bei dem schwachen Schimmer einer kleinen Handlaterne, die Grade, Minuten und Sekunden auf dem Bogen desselben mit hinlänglicher Genauigkeit anmerken konnten.

Auch auf die Chronometer erstreckte sich die Wirkung des Frostes; sie bleiben von selbst stehen. Ich hatte dies befürchtet, und um sie so viel möglich davor zu bewahren, trug ich sie während des Tages immer an mir, zur Nacht aber verpackt ich sie in ein dicht mit Fellen umwickeltes Kästchen, welches ich unter meine Decke nahm. Ungeachtet dieser Vorsichtsmaassregeln aber muss doch in der Nacht, als das Feuer in unserm Zelte ausgegangen war, der Frost durch alle jene Verhüllungen gedrungen seyn, und die geringe Portion Oel zwischen dem Räderwerke verhärtet haben, wodurch dann natürlich der Gang der Uhren stockte.

Am 28. Februar hatten wir Morgens 27°, Abends 25°½ Kälte mit frischem Südwestwinde, der uns aber nicht sehr beschwerlich war, weil wir ihn im Rücken hatten. Die Luft war trüb und nebelig, so dass wir kaum das seitwärts liegende Ufer unterscheiden konnten, und unsern Kurs auf eine vor uns belegene, hohe Landzunge richteten, die durch den Nebel sichtbar war. Hier schlugen wir, unter dem Schutze einer ziemlich steilen Erdwand, unser Nachtlager auf, nachdem wir auch heute des lockern körnigen Schnee's halber nicht mehr als 27 Werst gemacht hatten. — Um uns etwas zu erwärmen, erklimmten wir den Berg und fanden oben einige Balken, Rennthiergeweihe, Kohlen und verschiedene andere Anzeichen, dass hier ein Mal eine Jurte oder irgend eine Art von Wohnung gestanden haben müsse. — Gegen Abend klärte sich die Atmosphäre etwas auf, so dass Herr Kosmin einige Distanzen des Mondes und der Sonne nehmen konnte, nach welchen wir die Länge unseres Nachtlagers auf 167° 43' bestimmten. — Die Breite ward nach der Meridianhöhe des Mondes auf 69° 38' 24" berechnet. — Hier erbauten wir eine dritte Sajba oder Proviantniederlage.

In der Nacht erhob einer der Hunde neben unserm Zelte ein heftiges Gebelle; wir sprangen alle auf und liefen hinaus, um zu sehen was es gebe, konnten aber nichts entdecken. Unsere Führer behaupteten, es könne nichts anderes seyn, als die Witterung irgend einer in unserer Nähe herumstreifenden Tschuktschen-Partie, und konnten aus Furcht vor einem Ueberfalle die ganze Nacht hindurch kein Auge zuthun.

Am folgenden Morgen (1. März) brachen wir wie gewöhnlich auf, das Thermometer zeigte den ganzen Tag über 25°, ein leichter Nordostwind vertrieb die Wolken und reinigte die Atmosphäre. — Um Mittag beobachteten wir die Breite von 69° 42' 48". Die Abweichung der Magnetnadel war 18 1/2° westlich.

Die Küste, welche hier in einer NNW-Richtung fortläuft, ist ziemlich erhöht und bildet eine Art von Erdwall, der sich auf fünf und mehr Faden über die Meeresfläche erhebt. Am Fusse desselben fanden wir eine unlängst verlassene Tschuktschenhütte, um welche herum noch die Spuren ihrer Schlitten, Feuerstellen u. s. w. deutlich zu sehen waren. Obgleich ich nicht die Furcht unserer Führer (welche gleich umkehren wollten) theilte, so hielt ich es doch für gut, Nachts immer ausserhalb unseres Zeltes eine Schildwache auszustellen.

In einer Entfernung von $3\frac{1}{2}$ Werst von dem Punkte, wo wir die Breite um Mittag beobachtet hatten, trafen wir auf einen beträchtlichen, gegen Norden ganz offenen Einschnitt in der Küste, den wir, da die beiden Ufer sich in einiger Entfernung von der vordern Mündung zu vereinigen schienen, für eine Bucht oder einen Meerbusen hielten; es hat sich aber bei unsern Aufnahmen im folgenden Jahre ausgewiesen, dass dies eine Durchfahrt ist, die das feste Land von einer Insel trennt, welcher Schalaurow den Namen Sabadèj beigelegt hat. — Wir nahmen unsern Weg durch diese Meerenge und fanden ungefähr auf der Hälfte ihrer Länge mehrere Tschuktschenhütten, die ziemlich sorgfältig aus angetriebenem Lärchenholze errichtet waren; der dick gefallene Schnee, der die Spur der Schlitten bedeckt hatte, machte es uns unmöglich die Richtung zu erkennen, in der sie von hier weiter gezogen waren. — An dem vordern, nördlichen Ende hat diese Meerenge eine Breite von $5\frac{1}{4}$ Werst; sie verengt sich aber nach dem entgegengesetzten Ende merklich. Die Küste des festen Landes ist flach, wird aber nach Osten hin ziemlich hügelicht. — Die Ufer der Insel Sabadej sind steil und abschüssig, und haben eine Höhe von 20 und mehr Faden. Unter dem Schutze einer solchen Uferwand schlugen wir unser Nachtlager auf, nachdem wir am heutigen Tage 23 Werst zurückgelegt hatten. Nach der Meridianhöhe des Mondes bestimmten wir die Breite unseres Nachtlagerplatzes auf $69^\circ\,48'\,46''$ und seine Länge nach der Distanz des Mondes vom Aldebaran auf $168^\circ\,4'$. Hier fanden wir wieder einige frische Anzeichen von Tschuktschenbesuchen. Von dem Gipfel eines nahe liegenden Hügels zeigte sich in der Entfernung nach Nordost eine weite Tundra.

Auf unserer heutigen Fahrt hatten wir Gelegenheit ein uns ganz neues, merkwürdiges Phänomen zu beobachten: am nordöstlichen Horizonte zeigte sich eine ganz abgesonderte Wolke von dunkelgrauer Farbe, aus welcher sich über den Zenith hinaus bis an die entgegengesetzte Seite des Horizontes weisliche Strahlen ergossen, wodurch diese Erscheinung einige Aehnlichkeit mit einem Nordlichte hatte. Ob diese Strahlen übrigens, wie die des Nordlichtes auch einen leuchtenden Schein von sich gaben, kann ich nicht bestimmen, weil wir dies Phänomen, welches ungefähr eine halbe Stunde dauerte, am Tage beobachteten, wo ein solches Leuchten wegen des stärkeren Tageslichtes nicht sichtbar seyn konnte. — Der Kosaken-Sotnik Tatarinow, welcher früher Herrn Hedenström begleitet hatte, versicherte uns, jene dunkle Wolke sey nichts weiter als Dampf, der sich aus irgend einer plötzlich im Meereise entstandenen Spalte oder Oeffnung (hier polynjà genannt) erhöbe und eine Weile zusammenhielte; dann wären vielleicht die Strahlen auch nur der allmälig zerfliessende und von der Sonne beleuchtete Dampf gewesen. — Abends zeigte sich am Horizont ein Nordlicht, welches sich in einem Zirkel-Abschnitte von NO. nach NW. erstreckte und abwechselnd erschien und verschwand.

Am folgenden Morgen (2. März) waren wir bei klarem Wetter und 27° Kälte eine kleine Strecke von unserem Nachtlager abgefahren, als Herr Kosmin in der Ferne auf dem Meere Land zu sehen glaubte. Wir hielten gleich still und bestiegen das hier ziemlich hohe Ufer, von wo aus man ganz deutlich sehen konnte, dass das vermeintliche Land nichts anders sey als hohe Eismassen (Toròssy). Diese hatten sich hinter einer grossen Polynjà aufgethürmt, welche sich von Osten nach Westen so weit erstreckte als das Auge reichte. — Um Mittag beobachteten wir die Breite von 69° 52′ 5″. Ungefähr zwei Werst NNO. von diesem Punkte hören die hohen, steilen Ufer auf und das Land wird wieder flach. Es ist dies wahrscheinlich der Punkt, dem der Lieutenant Laptew den Namen Sandkap (peschtschànoj Myss) beigelegt hat, obgleich hier eigentlich kein Kap oder Vorgebirge zu bemerken ist, indem die Küste sich ganz allmälig nach NO. und O. hin senkt, ohne irgend eine vorspringende Spitze zu bilden. — Nach unseren Beobachtungen liegt dieses Ende der hohen und der Anfang der flachen Küste unter 69° 52½′ der Breite und 168° 00′ der Länge von Greenwich. Von hier ab nahmen wir unsern Weg abwechselnd bald auf dem Meere, bald auf der Küste, welche sich fast gar nicht über das erstere erhebt; ohne Zweifel ist sie im Sommer ebensowohl unter Wasser, als auch eine Reihe flacher, wahrscheinlich angespülter Sandhügel, die sich in geringer Entfernung parallel mit der Küste hinziehen.

Wir suchten lange vergeblich nach einigem Treibholze, welches sich überhaupt östlich von der Sabadej-Strasse nur selten zeigt; endlich fanden wir an der Küste etliche Balken, die aber wahrscheinlich durch Tschuktschen hergebracht waren, deren Spuren sich auf der ganzen uns umgebenden hügelichten Ebene zeigten. — Da wir am heutigen Tage schon 35 Werst gemacht hatten, so beschloss ich, hier zu übernachten; wir erbauten eine vierte Sajba und fertigten unsere letzten Proviantnarten nach Nis'hne-Kolymsk ab. Somit bestand unsere ganze Karawane nur noch aus drei Reisenarten, auf denen sich ausser mir und Herrn Kosmin drei Kosaken als Führer befanden. — Nach der Meridianalhöhe des Mondes bestimmten wir die Breite dieses Ortes auf $69^0\ 57'\ 42''$ und seine Länge nach Berechnung und genommenen Peilaugen auf $168^0\ 41'$.

Abends beobachteten wir ein ausserordentlich schönes Nordlicht; der Himmel war ganz klar und wolkenleer; die Sterne funkelten im grellsten arctischen Glanze am Firmament; bei einem leichten Nordost-Winde erhob sich nach ONO. eine gewaltige Lichtsäule, deren Strahlen in der Richtung des Windes sich gleich breiten, leuchtenden Streifen über den Himmel verbreiteten und, unter unaufhörlichem Wechsel ihrer Gestaltung, sich uns zu nähern schienen. Nach der Schnelligkeit, mit welcher die Strahlen den ganzen Raum, von dem Horizonte bis zu unserem Zenith, in weniger als zwei Sekunden durchschossen, schien das Nordlicht sich näher zu uns zu befinden, als die gewöhnliche Wolkenhöhe. An der Magnetnadel des Kompasses war durchaus gar keine Einwirkung oder Veränderung bemerkbar.

Unsere Kosaken hatten uns schon mehrmals erinnert, dass die Hunde einmal eine längere Ruhezeit haben müssten, um sich zu erholen und Kräfte zu sammeln; auf ihre jetzt wiederholte Erinnerung entschloss ich mich, noch den folgenden Tag (3. März) hier zu bleiben. — So wohlthätig dieser Rasttag für die Thiere war, so beschwerlich wurde er uns, da wir, bei 25 bis 29^0 Kälte und scharfem Nordost-Winde, auf einer durch nichts geschützten Fläche lagernd, nur gerade so viel kärgliches Feuerungs-Material hatten, als zum Aufkochen unseres Thee- und Suppenkessels erforderlich war, und die übrige Zeit ohne Feuer zubringen mussten. Hiezu kam nun noch die sehr beunruhigende Ungewissheit über den Erfolg unserer Fahrt und über die wahre Lage des Endpunktes derselben, des Kap Schelags-

17 *

koj. Unsere geringen Vorräthe erlaubten uns nicht, den zwar sicheren, aber viel weiteren Weg längs der Küste zu wählen, welche von
hier aus eine fast südliche Richtung nahm. Gerade vor uns auf dem
Meere lagen hohe Eishügel, welche die Aussicht hemmten, und da die
eigentliche Lage des Kap Schelagskoj nicht bestimmt war, so hätten
wir mit dem Aufsuchen desselben sehr viel Zeit verloren, was wir bei
dem Mangel an Proviant möglichst vermeiden mussten. — Während
wir über den in dieser Ungewissheit zu fassenden Entschluss berath-
schlagten, zeigten sich bei Sonnenuntergang am östlichen Horizont zwei
bedeutende Hügel, welche uns eine Insel zu seyn schienen, deren
nördliche Spitze nach NO. z. O ½ O. lag. Unsere Führer waren
überzeugt, dies sey das gesuchte, unbekannte Land, und freuten sich,
durch diese Entdeckung aus der Nachbarschaft der Tschuktschen fortzukommen, vor welchen sie immer eine grosse Furcht hatten. — Mit
Ungeduld erwarteten wir den Anbruch des Tages, und hofften, bei
jenen beiden Hügeln das Ziel der Unternehmungen des unerschrocke-
nen Schalaurow, das Kap Schelagskoj, zu finden.

Früh Morgens (am 4. März) war der Himmel mit Wolken bedeckt; das Thermometer zeigte nicht mehr als 13½° (Abends 18°),
und ein gelinder Südost-Wind trieb Schnee herbei. Wir freuten uns
nicht wenig über die gemässigtere Temperatur, die uns nach der bisherigen Kälte sehr gelinde vorkam; unsere Begleiter versicherten, es
sey in diesen Gegenden gewöhnlich nie kälter, und beneideten das
Glück der Tschuktschen, in einem so milden Klima leben zu können.

Wir fuhren auf dem festen Schnee zwischen hohen Eismassen
und über dieselben in möglichst gerader Richtung auf die erwähnten
Berge zu, überzeugten uns aber bald, dass sie viel weiter von uns
entfernt seyen, als es beim ersten Anblick schien. Die eintretende
Dunkelheit und die Ermüdung unserer Hunde, die am heutigen Tage
nicht weniger als 61 Werst gemacht hatten, bewogen mich, unser
Nachtlager zwischen den Torossen aufzuschlagen. Wir sahen jetzt,
dass unsere vermeintliche Insel ein Vorgebirge sey, auf welchem drei
kuppelförmige Berge standen, von denen der östliche höher zu seyn
schien, als die beiden anderen. Nach Süden geht eine mit diesen
drei Bergen zusammenhängende Hügelreihe, deren Abhänge mit eben

solchen steinernen Säulen besetzt sind, wie die, die wir bei dem Baranow-Felsen bemerkt hatten; die Einbildungskraft unserer furchtsamen
Begleiter ermangelte nicht, in diesen Felsen-Bruchstücken ein grosses
Lager der Tschuktschen zu sehen, die zum Kampfe gegen uns gerüstet dastehen sollten.

Von dem Gipfel eines fünf Faden hohen Eiswürfels, neben dem
wir unser Zelt aufgeschlagen hatten, glaubten wir in der Ferne offenes Wasser zu sehen, in dessen glatter Fläche sich die schwarzgrauen
Klippen und Felsen jener Landspitze spiegelten, die wir für das Schelagsche Vorgebirge hielten; nach einigen Minuten verwandelte sich das
offene Wasser in eine eben so glatte Eisfläche, aus welcher aber eben
so schnell eine Menge Unebenheiten und Erhöhungen erwuchsen; bald
darauf bedeckte sich das Ganze mit einer Menge grosser Eisschollen
von den verschiedenartigsten, wechselnden Gestalten; endlich, bei etwas
geändertem Stande der Sonne, verschwand alles, und wir sahen deutlich eine sich nach allen Seiten erstreckende, unübersteigliche Reihe
der ungeheuersten Torossen. — Dergleichen optische Täuschungen und
Verwandlungen sind bei der gewaltigen Strahlenbrechung auf dem Eismeere sehr gewöhnlich, und haben unstreitig Veranlassung zu so vielen irrigen Behauptungen der Reisenden gegeben, welche in diesen
Trugbildern Inseln, Küsten und Vorgebirge zu sehen glaubten.

Unser Holzvorrath war leider ganz zu Ende, und um auch nur
ein ganz geringes Feuer zur Zubereitung unserer Suppe zu haben,
waren wir genöthigt, drei von unseren Zeltstangen und ein paar vor-
räthige Schlittensohlen preiszugeben. — Glücklicher Weise dauerte
auch am folgenden Tage (5. März) der Südost-Wind fort, der auch
an der Kolyma immer gelinderes Wetter bringt, und die Kälte stieg
nicht über 18°, welche wir ohne Feuer ertrugen.

Nachdem wir ungefähr 30 Werst zwischen haushohen Torossen
gemacht und uns mit der grössten Anstrengung über einen zusammenhängenden Rücken spitziger Eisschollen hinübergearbeitet hatten, befanden wir uns endlich an der Nordwestspitze des Schelagskoj
Noss. Die Fahrt um dieses Kap herum überstieg an Beschwerden
und Gefahr alles bisher erprobte. Wir waren oft genöthigt, steile,
90 Fuss hohe Eisberge zu erklimmen, und uns von dieser Höhe zu-

weilen beinahe senkrecht hinabzulassen, wobei wir Gefahr liefen, unsere·Schlittensohlen zu zerbrechen, die vorgespannten Hunde zu erdrücken und selbst in die Eisschluchten zu stürzen. Dann mussten wir wieder grosse Strecken in tiefem, bis über den Gürtel reichendem, lockerem, angewehtem Schnee durchwaten, und wenn sich zuweilen zwischen den Torossen auch eine nicht gerade mit Schnee bedeckte kleine Eisfläche fand, so war sie mit scharf krystallisirtem Seesalze bedeckt, welches die Eissohlen der Narten wegschleifte und den Hunden das Ziehen so erschwerte, dass wir uns selbst vorspannen und mit der grössten Anstrengung die Schlitten fortziehen mussten, um nur nicht völlig stecken zu bleiben. — Oft verschwand das Kap unsern Blicken hinter den ungeheuren aufgethürmten Eismassen, und wo wir uns der Küste näherten, da bestand sie immer aus einer schwarzen, dichten und glänzenden Felsgattung, in senkrechten, regelmässigen Säulen von 250 und mehr Fuss Höhe, zwischen denen sich hin und wieder Streifen von etlichen Faden Breite eines weisslichen, feinkörnigen Granits zeigten. Diese furchtbaren schwarzen, aus eben so ungeheuren, seit Jahrhunderten nicht aufgethauten Eismassen emporsteigenden Felswände, die unermessliche, mit ewigem Eise bedeckte Meeresfläche, über welche die matten Strahlen der niedrig am Horizonte stehenden Polarsonne wirkungslos hinstreiften, die grausenvolle Abwesenheit alles Lebendigen und die völlige Todtenstille, die uns umgab, machten ein Bild der erstarrten Natur aus, das nicht zu beschreiben ist. — Wir standen an der Gränze der belebten Schöpfung!

Nachdem wir über fünf Stunden mit der grössten Anstrengung gearbeitet und ungefähr neun Werst zurückgelegt hatten, zwang uns unsere und unserer Hunde gänzliche Ermattung, Halt zu machen. Wir wählten zu unserem Nachtlager eine kleine Bucht, deren niedrige, sandige Ufer sich allmälig erheben und durch eine tiefer in das Land hinein liegende Hügelkette mit dem über 3000 Fuss senkrechter Höhe habenden Hauptberge des Kaps Schelagskoj zusammenhängen. Wir fanden hier auch zu unserer grossen Freude einiges dem Anscheine nach schon sehr lange daliegendes Treibholz (keine Lärchen-, sondern lauter ·Fichtenstämme), mit welchen wir ein tüchtiges Feuer anmachten und uns nach langer Zeit wieder einmal erwärmten und unsere Kleider trockneten, oder vielmehr aufthauten. — Wie es schien, hatten auch die Tschuktschen hier ihr Wesen getrieben; wir fanden eine grosse Menge zusammengeworfener Wallfischribben, eine unlängst verlassene Feuerstätte und einen nicht weit davon aufrecht in die Erde gegrabenen starken Pfahl, der ungefähr drei Fuss über dem Boden hervorstand. Bei dem helllodernden Feuer brachten wir hier eine recht behagliche Nacht zu und sammelten so viel Kräfte und Wärme, dass uns am folgenden Morgen (6. März) die 19° Kälte mit Wind und Schneegestöber gar nicht kalt schienen.

Unsere Vorräthe gingen zu Ende; wir hatten deren nur noch auf drei Tage, und da wir doch nicht ganz sicher darauf rechnen konnten, unsere zurückgelassenen Proviantdepots unversehrt wiederzufinden, so war ich zweifelhaft, ob ich es wagen dürfte, weiter vorzudringen, oder ob es rathsamer sey, hier umzukehren. Ich entschloss mich indessen doch zum Weiterfahren, um wenigstens die Hauptrichtung dieses Theiles der Küste auszumitteln, welche, nach Burney's bekannter Meinung, eine Asien mit Amerika verbindende Landzunge bilden soll. — Ich suchte mir die zuverlässigsten, stärksten Hunde aus und fuhr in zwei unbepackten Narten vorwärts; die dritte, mit dem geringen Rest unserer Vorräthe, liess ich unter der Obhut eines Kosaken zurück, der die Tschuktschen-Sprache verstand und sich also im Fall eines etwaigen Besuchs derselben verständlich machen und forthelfen konnte.

Wir trafen sehr glücklich auf einen schmalen Streif festen, ebenen Eises, auf welchem wir recht rasch längs der Küste hinfuhren. Diese läuft, einige unbedeutende Krümmungen abgerechnet, gerade in der Richtung nach SO. 80° hin und besteht grösstentheils aus zackig in das Meer vorspringenden Felsen von der oben erwähnten schwarzen Steingattung und aus schwarzem Schiefer, zwischen welchen sich hin und wieder offene, flache Sandufer finden. — Siebzehn Werst von unserem Nachtlager beobachtete ich die Mittagshöhe der Sonne und bestimmte danach die Breite von 70° 03′ 24″. — Ungefähr zwölf Werst von hier hören die Felsen ganz auf, die Berge ziehen sich mehr in das Land hinauf und das Ufer ist fast durchgehends sandig. — Von einem der zunächst am Ufer stehenden Berge erblickten wir in der Entfernung von 24 Meilen nach SO. 48⁰ (wahre Himmelsrichtung) ein stark vorspringendes Kap, welches ich nach meinem eifrigen Mitarbeiter in dieser Expedition Kap Kosmin benannte. Gegen Norden und Nordost war ausser mehr oder weniger ebenen Eisfeldern durchaus gar kein bemerkbarer Gegenstand zu sehen. Von dem Ende der schwarzen Felsen bis an das Kap Kosmin ist die Küste, wie gesagt, flach und sandig, und schliesst sich mit einer leichten Einbucht an den Fuss der weiter ins Innere hineinstehenden Berge an. Bei diesem Kap ergiesst sich ein kleiner Bach ins Meer, den ich mit dem Namen Poworòtnoj (der Rückkehr) bezeichnet habe. Auch hier fanden wir Spuren der Tschuktschen, eine grosse Grube, mit Wallfischribben und Kohlen angefüllt. — Nach den ungeheuren, dicht an dem Ufer anliegenden Eisblöcken, die wir fanden, zu urtheilen, ist die Tiefe hier sehr beträchtlich, und da die Küste fast gar keine Buchten oder Einschnitte hat, so muss die Schifffahrt sehr gefährlich seyn, weil die Fahrzeuge keinen Schutz finden, sondern ganz dem Andrange des Eises ausgesetzt sind.

Bei dem gänzlichen Mangel an Vorräthen aller Art war es unmöglich, an Weitergehen zu denken; ich musste mich daher zur Rückkehr entschliessen, und mich für dieses Mal damit begnügen, wenigstens so viel mit Bestimmtheit ausgemittelt zu haben, dass auf einer Strecke von 40 Meilen östlich von dem Kap Schelagskoj die Küste immer in südöstlicher Richtung fortläuft. Wir bezeichneten den fernsten Punkt unserer diesjährigen Eisfahrt durch Errichtung einer unweit des Baches auf einem bemerklichen Berge aus grossen Steinen zusammengetragenen Pyramide, welche unter **70⁰ 00′ 37″** nördlicher Breite und **171⁰ 47′** östlicher Länge von Greenwich liegt; diese Pyramide ist von unserem Abfahrtspunkte Sucharnoje 418 Werst entfernt *).

Unsere Rückfahrt war nicht minder beschwerlich als die Herfahrt,

---

*) Ich übergehe hier die bestimmtere Angabe der geographischen Lage des Kap Schelagskoj und der übrigen astronomisch bestimmten Punkte längs dieser Küste, weil alle diese Angaben in den Berichten über unsere in den folgenden Jahren vorgenommenen Eisfahrten enthalten sind.

und wir erreichten erst spät Abends unser Zelt am Kap Schelagskoj,
wo wir unsern Kosaken damit beschäftigt fanden, aus ein paar Balken, die er mit vieler Mühe aufgesucht und herbeigeschleppt hatte, ein
grosses Kreuz zu zimmern, welches er als Denkmal unseres Zuges
hier aufrichten wollte. Wir halfen ihm sein Werk zu Stande bringen,
und nachdem wir auf einer Fläche des Kreuzes Jahr und Monatstag
unseres Hierseyns eingebrannt hatten, richteten wir es auf einer der
höchsten Klippen auf und traten am andern Morgen (7. März) bei
28⁰ Kälte und scharfem Winde mit Schneegestöber unsere Rückreise
an. — Um die eben so beschwerlichen, als auch für unser Fuhrwerk
höchst nachtheiligen Torossen zu vermeiden, entschlossen wir uns,
landwärts über einige nach WSW. hin liegende niedrige Hügel zu fahren. Nachdem wir auf diesem Wege ungefähr 5 Werst zurückgelegt
hatten, gelangten wir zu unserer grossen Freude jenseits der Torossenkette wieder auf das ebene Meereis. — Wahrscheinlich ist dies
derselbe Wolok *), über welchen der Kaufmann Tarass Staduchin ging,
als er um das Jahr 1700, in einer Kotscha aus der Kolyma zu Wasser nach Osten fahrend, nicht im Stande war, um das Vorgebirge
herumzukommen **), welches er Myss Welikoj Tschukotsch, das grosse
Tschuktschen - Kap, nennt, und welches später den Namen Kap Schelagskoj erhalten hat.

Wir folgten in beinahe südlicher Richtung der Küste, deren
schroffe Felszacken sich nach und nach in flache, nach oben abgerun-
dete Berge umwandeln, hinter welchen in einiger Entfernung wieder
eine zackige Bergkette sichtbar war. — Nachdem wir 25 Werst von
dem Staduchinschen Wolok abgefahren waren, schlugen wir unser Nachtlager an dem sandigen Ufer einer nach Osten gerichteten Küstenbucht
auf, in der wir eine Menge Treibholz fanden; dieses bestand, auffallend genug, aus lauter dicken Lärchenstämmen, statt dass wir früher

---

*) Wolok oder Perewolok (von woloku, ich schleppe, ziehe) wird
eine jede schmale Landstrecke genannt, durch welche zwei Flüsse oder
andere Gewässer von einander getrennt sind, und über welche man, zu
Abkürzung des Weges, zu Lande von dem einen Wasser zum andern
geht und die Güter so hinüberführt.

**) Siehe die Einleitung.

durchaus keine andere Holzgattung als Fichten fanden. — Bei leichtem Westwinde hatten wir Morgens 30° und Abends 27° Kälte.

Als wir ungefähr 10½ Werst abgefahren hatten, befanden wir uns, in einer Entfernung von 4½ Werst nach SSW ¼ W., beinahe in der Parallele eines abgestumpften Kaps (etwas südlich von demselben), welches hier eine kleine Bucht bildet und welches ich nach dem bei unserer Expedition befindlichen Mitschmann Kap Matiuschkin benannte. Es zeichnet sich besonders durch einen darauf liegenden hohen Berg aus, den die Tschuktschen Rautan nennen und von welchem die hintere Bergkette eine südöstliche Richtung nimmt. An jener Stelle fanden wir die um Mittag beobachtete Breite von 69° 44′ 43″, und, nach dem Mittagsschatten, die Abweichung der Magnetnadel 18° W. — Das Kap Matiuschkin liegt in 69° 43′ 50″ der Breite und 170° 47′ der Länge von Greenwich. — In der Entfernung von 3½ Werst zwischen WNW. und SW. lag eine flache Insel, welche die Tschuktschen Arautan nennen, und die kaum bemerkbar, durch einen Meerarm abgetheilt wird. Wir umfuhren diese Insel von der Südseite und nahmen unsern Kurs westlich queer über die Tschaun-Baj, wo wir auf der 25 Werst Weges das niedrige Ufer der Insel Sabadej erblickten. Lange suchten wir vergebens längs demselben nach Treibholz; endlich fanden wir, nachdem wir noch 7 Werst zurückgelegt hatten, einige angeschwemmte Baumstämme und schlugen unser Nachtlager daselbst unter dem Schutze einer niedrigen Uferwand auf. Ein heftiges, anhaltendes Schneegestöber und die eingetretene Dunkelheit erlaubten uns nicht, die Krümmungen der Küste genauer zu beobachten. Diesen ganzen Tag (8. März) über war die Kälte ganz ungewöhnlich scharf und empfindlich.

Am 9. März nahmen wir unsern Kurs längs der Küste der Insel Sabadej nach N. und NW., nach dem Punkte hin, wo wir am 2. März unsere vierte Proviant-Sajka angelegt hatten, die wir auch wirklich spät Abends ganz wohlbehalten vorfanden. Dies war uns um so erwünschter, da wir Tages zuvor die letzten Ueberreste der in unseren Reisearten mitgenommenen Vorräthe verzehrt hatten. — Nicht so glücklich waren wir aber in der Folge, denn als wir bei den übrigen drei am Wege angelegten Sajken anlangten, fanden wir leider nichts in denselben als herumgestreute Fischgräten. Steinfüchse und Vielfrasse, deren zahlreiche Spuren wir in der ganzen Gegend herum sahen, hatten, trotz unseren Vorkehrungen, einen Eingang in die Sajka zu finden gewusst und sowohl unsere Lebensmittel, als auch das Futter unserer Hunde rein aufgezehrt. — Wie gesagt, unsere mitgenommenen Vorräthe waren zu Ende, und so kärglich wir auch die in der einzigen wohlerhaltenen Sajka gefundenen Lebensmittel eintheilten, so brachten wir doch die zwei letzten Tage ohne Nahrung zu. — Ich tröstete meine Gefährten mit der Versicherung, wir würden, einer von mir bei der Abreise hinterlassenen Anordnung zufolge, auf der Insel Sucharnoj Narten mit frischen Hunden vorfinden, aber auch diese Hoffnung schlug fehl; wir trafen dort Niemand an *) und mussten, selbst hungernd, unsere Reise mit den ausgehungerten, kraftlosen Hunden fortsetzen.

Am 14. März langten wir endlich, nach einer Abwesenheit von 23 Tagen, in welchen wir überhaupt 1122 Werst gefahren hatten, zu Nis'hne-Kolymsk an, wo wir in dem lange entbehrten Genuss eines geheizten Zimmers und ordentlich gekochter Nahrung im vollen Sinne schwelgten. — Ich traf hier den Doktor Kyber, der schon seit dem 20. Februar aus Irkuzk eingetroffen war. Leider war seine Gesundheit durch die beschwerliche Winterreise so angegriffen, dass er uns auf unserer zweiten Eisfahrt nicht zu begleiten vermochte.

Am 19. März kam auch Herr von Matiuschkin von Ostrownoje zurück, wo er mit dem besten Erfolg den von mir erhaltenen Auftrag ausgerichtet hatte. Die Tschuktschen-Oberhäupter hatten die ihnen überreichten Geschenke mit Zufriedenheit und Dank angenommen und auf das Bestimmteste versichert, wir könnten bei einem Besuche in

---

*) Die Ursache davon war die verspätete Ankunft des Kreiskommissairs aus Sredne-Kolymsk. Die nach Ostrownoje zum Jahrmarkt ziehenden Kaufleute hatten ihn lange am Aniuj erwarten müssen, und daher kehrten die Hunde, deren sie sich bedienten, erst am 20. März zurück, statt dass sie meiner Berechnung nach schon spätestens zum 10. März hätten in Sucharnoj seyn können, wo sie sich durch ein paar Tage Rast und gutes Futter gewiss bald erholt hätten. Diese verspätete Rückkehr der Hunde, die wir zu unserer zweiten Eisfahrt brauchen wollten, verzögerte unsere Abreise in der Folge bedeutend.

ihrem Lande und ihren Niederlassungen auf einen freundschaftlichen Empfang rechnen. — Von einem Lande, welches von ihrer Küste aus auf dem Meere sollte zu sehen seyn, hatte keiner unter ihnen etwas gewusst.

Der Zweck dieser Reise war, wie ich schon oben erwähnt habe, die ihrem Charakter nach sehr misstrauischen Tschuktschen auf den Besuch vorzubereiten, den unsere Expedition ihnen machen sollte, und sie durch vorläufige Geschenke und Vorstellungen der Vortheile, die ihnen aus einem näheren freundschaftlichen Verhältnisse und durch ununterbrochenen Handel mit den Russen erwachsen müssten, uns geneigt zu machen. — War auch aller Wahrscheinlichkeit nach das Suchen jenes problematischen Landes vergebens, da die Bewohner der Küste' selbst, von der aus man es gesehen haben wollte, durchaus nichts davon wussten, so ist doch diese Reise an und für sich immer ein interessanter Beitrag zur näheren Kenntniss der vielen unter dem russischen Scepter lebenden Nationen, indem sie uns mit einem höchst originellen Volksstamme bekannt macht, von dem wir bisher nicht viel mehr wussten, als dass er an den nordöstlichsten Küsten des Eismeeres in einem Lande lebt, dessen Klima auch den beharrlichsten, reiselustigen Forscher abzuschrecken im Stande ist. Wir begannen sogleich die Zurüstungen zu unserer zweiten Eisfahrt; ehe ich aber zur Beschreibung derselben schreite, halte ich es sowohl der Zeitfolge, als auch dem Gegenstande nach für passend, das Wesentlichste aus dem Berichte des Herrn von Matiuschkin über seinen Besuch des Jahrmarkts zu Ostrownoje vorauszuschicken.

Sechster Abschnitt.

Bericht des Herrn von Matiuschkin über seine Fahrt nach dem Flecken Ostrownoje. — Der Jahrmarkt daselbst. — Bemerkungen über die zu letzterem eingetroffenen Tschuktschen und über die Schamane.

Am 4. März fuhren wir in ein paar mit tüchtigen Hunden bespannten Narten von Nis'hne-Kolymsk nach dem ungefähr **250** Werst von da liegenden Flecken Ostrownoje. Meine Begleiter waren: der bekannte englische Fussgänger Cochrane, der die Absicht hatte, mit der rückkehrenden Tschuktschen-Karawane nach dem Tschukotskoj Noss und von da nach Amerika zu gehen, ein Kosak und ein Jakut, der die Tschuktschensprache verstand und der sowohl Kutscher als auch Dolmetscher war.

Der tiefe Schnee, der noch die ganze Fläche bedeckte und der auf vielen dem Winde stark ausgesetzten Stellen haushoch zusammengeweht war, erschwerte uns die erste Tagereise sehr, so dass es uns unmöglich war, die **40** Werst von Nis'hne-Kolymsk erbaute Poworna zu erreichen. Wir entschlossen uns, die Nacht unter freiem Himmel zuzubringen und wählten dazu eine durch ein Wäldchen gegen den ziemlich frischen Nordwind geschützte Stelle am Abhange des hohen Ufers. Glücklicher Weise war es, nach hiesigem Maassstabe, warm und mild (mein Thermometer zeigte nur 8^0 Kälte), und so verbrachten wir, um ein tüchtiges Feuer gelagert, die Nacht recht angenehm.

Am anderen Morgen früh setzten wir unsere Reise weiter fort, und zwar mit besserem Erfolge, weil wir schon hie und da auf grosse Strecken eingefahrener Wege trafen, welches wir den Jukahiren und anderen Bewohnern der Umgegend verdankten, die mit ihren Waaren (etwas Pelzwerk und Fische) schon vor uns nach Ostrownoje hingerutscht waren. Wir erreichten bald den kleinen oder trockenen Aniuj, dessen Hauptrichtung (beinahe gerade nach Osten) wir folgten, indem wir so viel möglich durch gerade Abschnitte die vielen Krümmungen des Flusses abzukürzen suchten. Wir kamen bei mehreren der sporadisch längs dem Ufer des Flusses verstreuten Ortschaften und Sommerniederlassungen der Jukahiren vorbei, die alle leer standen, weil sämmtliche Bewohner sich nach Ostrownoje zum Jahrmarkte aufgemacht hatten *).

Am 8. März langten wir glücklich in Ostrownoje an. Dieser mit dem Namen Festung (ostrŏg) beehrte Flecken liegt, wie gesagt, 250 Werst von Nis'hne-Kolymsk, auf einer Insel des kleinen Aniuj, unter 196⁰ 10′ der Länge und 68⁰ der Breite. Ausser der sogenannten Festung, die aber trotz diesem hochklingenden Namen nichts weiter ist, als ein mit einem morschen, hölzernen Zaune umgebener Hofraum, auf dem ein paar hier Kasernen betitelte Hütten für den Kommissair nebst seiner Kanzlei und für die ihn begleitenden Kosaken liegen, besteht der ganze Ort aus einer kleinen, baufälligen Kapelle, dem heiligen Nikolaj geweiht, und ungefähr zwanzig bis dreissig regellos umhergestreuten Hütten und Jurten. Diese sind jetzt alle vollgepfropft mit Menschen, können aber bei weitem nicht die Menge der Marktgäste beherbergen, von denen die grössere Hälfte unter und zwischen ihren Fudern bivuakiren, wo es denn nun freilich ziemlich kühl ist. — Etwas besser daran sind die Tschuktschen in ihren aus Rennthierfellen gemachten Zelten, die sie auf den kleinen Inseln des Aniuj,

---

*) Vor etwa vierzig Jahren fand diese Marktversammlung nicht in Ostrownoje, sondern in Anadyrsk und Kamennoje Statt; sie ward aber, ohne positives Dazuthun der Regierung, durch gegenseitige Uebereinkunft der Handelnden hieher verlegt, welches für die Russen der Lage und geringeren Entfernung nach vortheilhafter ist. — Es besteht zwar auch jetzt noch eine Art von Jahrmarkt dort, der aber unbedeutend ist und sich blos auf die zunächst wohnenden Stämme beschränkt, die den durchziehenden Tschuktschen einige Landesprodukte und etwas russische kleine Waare zuführen.

in einiger Entfernung von dem eigentlichen Marktplatze, aufgeschlagen hatten.

Die ganze Umgegend war voll Leben und geschäftiger Thätigkeit, und obgleich der Anblick des Ganzen ziemlich grotesk war, so machte es doch ein in seiner Art recht hübsches und gewiss höchst originelles Bild aus. — Die sogenannte Festung und die herumliegenden Häuser sind zwar mit nicht geringer Mühe aus dem endlosen Schnee herausgeschaufelt, aber sie sehen mit ihren platten, befrorenen Dächern nicht viel besser aus als schmutzige Schneehaufen. — Abends ändert sich die Dekoration; da verschwinden die Gebäude; man sieht nur das matt durch die Eisscheiben der Fenster schimmernde Licht der Thranlampen, die Feuer der unter freiem Himmel kampirenden Marktgäste, den rothen, mit grossen Funken gemischten Rauch, der aus den Zelten der Tschuktschen aufsteigt und sich unter dem dunkelblauen mit blitzenden Sternen besäten Himmelsgewölbe langsam hinzieht und gewöhnlich noch am Horizonte ein gelbes, rothes oder grünlich weisses, in ewiger Bewegung strahlendes Nordlicht. Alle diese wunderbaren, ich möchte sagen negativen Beleuchtungen, zu denen sich noch zuweilen der aus der Ferne hertönende Schall der Schamanen-Trommeln und Schellen gesellt, bringen einen wahrhaft magischen Effekt hervor, den man wohl eine Weile mit Vergnügen ansehen und bewundern könnte, wenn es nur dabei nicht so arg kalt wäre und wenn man nicht durch das in ziemlich regelmässigen Zeiträumen wiederkehrende unharmonische Tutti von etlichen Hunderten heulender Hunde in jeder Art von ästhetischer Betrachtung gestört würde.

In dem Ostrog, über dessen Thor ein ehemaliges Thürmchen sich herablassend zu den Vorübergehenden hinneigt, wohnt, wie gesagt, der Kommissair, der mit ein paar Schreibern und etlichen Kosaken aus Sredne-Kolymsk auf die Jahrmarktszeit hieher kömmt, um Tribut (jassák) einzunehmen, eine Art polizeilicher Aufsicht zu führen, und die russischen Kaufleute, im Fall eines feindseligen Vorhabens von Seiten der Tschuktschen, zu schützen. Glücklicher Weise hat ein solcher Fall noch nie Statt gefunden, denn wenn einmal etwas der Art vorfiele, so würden wohl weder die hölzernen Mauern der Festung, noch auch der Herr Kommandant mit seiner kleinen, kümmerlich bewaffneten

Garnison im Stande seyn, dem Angriffe eines so zahlreichen, aus lauter kräftigen Wilden bestehenden Menschenhaufens, wie die hieherkommende Tschuktschen-Karawane ist, Widerstand zu leisten. — Ausser der Besatzung wohnt auch noch in dem Ostrog der aus Nis'hne-Kolymsk auf die Jahrmarktszeit hieher kommende Priester, der die vornehmsten Heiligenbilder und Messgeräthschaften dazu mitbringt und hier täglich Messe liest.

Am Tage nach unserer Ankunft langten auch die russischen Kaufleute mit 125 wohlbeladenen Packpferden hier an. — Die Tschuktschen waren schon seit einiger Zeit versammelt; sie hatten sich in neun verschiedenen Lagern auf den Inseln, die der Fluss hier bildet, niedergelassen und schienen ganz zu Hause zu seyn. — Ihr Zug hieher ist höchst merkwürdig. Von der äussersten Ostspitze Asiens, dem Tschukotskoj Noss, wo sie, über die Behringsstrasse setzend, von den Bewohnern der Nordwestküste von Amerika Wallrosszähne und Pelzwerk eintauschen, kommen die Tschuktschen mit Weibern, Kindern, Hausrath, Waffen und Wohnungen auf Rennthierschlitten *) hieher gefahren; es ist eine vollkommene Völkerwanderung in verjüngtem Maassstabe! — Da sie auf diesem Zuge noch zwei andere Tausch- und Sammelplätze, Anadyrsk und Kamennoje, an der Ishige besuchen und, des Futters für ihre Rennthiere halber, grosse Umwege in die Moostundra machen müssen **), so brauchen sie fünf bis sechs Monate, um die Reise, die in gerader Linie nicht viel über tausend Werst betragen würde, zu vollenden. Daher kommen sie, obgleich im August aufgebrochen, doch erst zu Ende Januars oder in den ersten Tagen des Februars in Ostrownoje an, von wo sie nach einem Aufenthalt von höchstens acht bis zehn Tagen ihre Rückreise wieder antreten. — So bringen sie eigentlich ihre ganze Lebenszeit auf der Reise zu; das hindert sie aber keinesweges, immer zu Hause zu seyn, denn ihr ·

---

*) Gewöhnlich ist jeder Schlitten mit zwei Rennthieren bespannt.

**) Da es sich nicht selten trifft, dass sie dennoch grosse, ganz nackte Strecken durchziehen müssen, ohne auf einen Weideplatz zu stossen, so folgen der Karawane gewöhnlich noch eine Menge mit Moos beladener Schlitten, mit Futtervorrath für die Rennthiere.

rennthierfellenès Haus mit der ganzen Wirthschaft ist, wie gesagt, ihr immerwährender, unzertrennlicher Begleiter. Eine solche schneckenartige Karawane ist gewöhnlich mit Inbegriff der Weiber und Kinder bis dreihundert Köpfe stark (unter denen sich hundert bis hundert und funfzig bewaffnete Männer befinden) und macht diese Jahrmarktsfahrt in der Regel immer über ein Jahr, indem die dazwischenliegende Zeit zu allerlei Arbeiten und Zurüstungen in der Heimath und zum Tauschhandel mit den Amerikanern angewandt wird, zu denen sie über die Behringsstrasse in ledernen Bajdaren oder Böten hinüberschiffen. Bei ihrer gänzlichen Unbekanntschaft mit der Schifffahrt und bei dem höchst mangelhaften Bau ihrer Böte ist diese Fahrt immer sehr gefährlich, und da kömmt ihnen auf dem stürmischen und oft mit dichtem Nebel bedeckten Meere die Lage der Gwosdew's-Inseln sehr zu statten, bei denen sie gewöhnlich einen Halt machen. Auf ihrer Landfahrt kehren sie bei den an der Tschaun Bucht lebenden Tschuktschen ein; hier vertauschen sie ihre von der weiten Fahrt ermatteten Rennthiere gegen frische, mit denen sie weiter ziehen und auf der Rückreise die ihrigen wieder abholen. — In dem Handel mit den Amerikanern sowohl als den Russen sind die Tschuktschen eigentlich nur Fuhrleute oder Hausirer, denn weder legen sie in demselben ein eigenes Kapital an, noch liefern sie, ausser Rennthierfellen, irgend etwas von ihren eigenen Erzeugnissen dazu; sie holen von den Kargaulen und anderen Bewohnern der Nordwestküste von Amerika Wallrosszähne und Pelzwerk und bezahlen sie mit Tabak, Eisengeräthe, Glasperlen u. dergl., die sie für jene Waaren von den Russen eintauschen. Dieser Handelsverkehr hat ausserdem noch das ganz Eigenthümliche, dass beide Theile, sowohl Tschuktschen als Russen, Käufer und Verkäufer, einen ganz ungeheuren Gewinn dabei machen. Dies hängt folgendermaassen zusammen: Der Tschuktsche ersteht gewöhnlich von dem Amerikaner für ein halbes Pud Blättertabak eine Partie Felle, die er dem Russen für zwei Pud desselben Tabaks wieder verkauft und also 300 Prozent gewinnt. Dem Russen kosten diese zwei Pud Tabak, zum höchsten Preise angeschlagen, ungefähr 160 Rubel; dafür ersteht er aber eine Parthie Felle, die er wenigstens für 260 Rubel verkauft und hat also 62 Prozent Gewinn dabei.

Das Pelzwerk der Tschuktschen besteht hauptsächlich aus schwarzen und silbergrauen Füchsen, Steinfüchsen, Lüchsen, Vielfrassen, Flussottern, Bibern, und einer ganz ausnehmend schönen Gattung Marder, die sich gar nicht in Sibirien findet und die an Haar sowohl als an Farbe dem Zobel sehr nahe kömmt. Demnächst haben sie Bärenfelle und Wallrossriemen und Zähne, letztere in grosser Menge. Alle diese Gegenstände holen sie, wie gesagt, von den Amerikanern. Von eigenen Erzeugnissen haben sie nur: Schlittensohlen aus Wallfischribben, eine Gattung Mantelsäcke aus Seehundsfell, die weiter nichts sind als die ganze Haut des Thieres mit einer nicht sehr grossen Oeffnung am Bauche, durch welche alles Fleisch nebst den Knochen herausgenommen und das Innere ziemlich rein und sauber gegerbt ist. Endlich bringen sie auch immer eine bedeutende Menge verschiedener Kleidungsstücke aus Rennthierfellen, ihrem einzigen Industriezweig, mit. Das amerikanische Pelzwerk ist in der Regel nur schlecht abgezogen, etwas getrocknet und in obige Seehundssäcke gepackt. — Früher erschienen wohl auf dem Markte steinerne Aexte, andere Werkzeuge und Waffen, deren sie sich bedienten, ehe sie von den Russen den Gebrauch des Eisens kennen lernten, und allerlei Kleidungsstücke der Amerikaner; da sich aber wenig Abnehmer zu diesen Kuriositäten fanden, so bringen sie dergleichen jetzt nicht mehr zu Markte.

Die Ladung der hieher kommenden russischen Kaufleute ist ganz auf die Bedürfnisse der Tschuktschen berechnet und besteht vornehmlich in Tabak, dann allerlei eisernem Geräthe, als Kesseln, Beilen, Messern, Feuerzeugen, Nähnadeln, kupfernen und blechernen, auch wohl hölzernen Schüsseln, Schalen u. s. w., und eine Menge bunter Glasperlen für das schöne Geschlecht. Gern würden sie auch Branntwein herbringen, allein in Folge eines höchst weisen und wohlthätigen Verbots der Regierung darf derselbe gar nicht officiell in den Handel kommen; er wird höchstens heimlich in geringen Quantitäten hergebracht und ganz unsinnig von den Tschuktschen bezahlt, die ihn „wildmachendes Wasser" nennen. Die Leidenschaft des Tschuktschen für den Branntwein übersteigt alle Begriffe; wenn er nur ein Glas davon gekostet hat, so giebt er gern den schönsten schwarzen Fuchsbalg, der auf 250 Rubel geschätzt wird, für ein paar Flaschen schlechten Branntweins her, der in Jakuzk einige Rubel gekostet hat. — Nächstdem bringen die russischen Kaufleute für ihre den Markt besuchenden Landsleute Thee, Zucker und einige andere Waaren, als: Zeuge, Tücher u. s. w. — Ausser ihnen besuchen den Markt auch die verschiedenen eingeborenen Bewohner der Umgegend (in einem Bezirk von **1000** bis **1500** Werst) *), Jukahiren, Lamuten, Tungusen, Tschuwanzen, Koräken, die theils auf Narten mit Hunden, theils auch wohl zu Pferde herkommen. Sie bringen lauter eigene Industrie-Erzeugnisse, vornehmlich eine grosse Menge Schlittensohlen mit, die sie sehr vortheilhaft gegen Pelzwerk an die Tschuktschen vertauschen. Durch die Verschiedenheit ihrer Kleidungen, Fuhrwerke u. s. w. tragen sie nicht wenig zur Mannigfaltigkeit und zum Beleben der Jahrmarktsscene bei.

Am 10. Februar versammelten sich die russischen Handelsleute und die Stammältesten der Tschuktschen in dem Ostrog bei dem Kommissair, um, der Form halber, einige Jahrmarktsverordnungen anzuhören, besonders aber, um gemeinschaftlich eine gewisse Normaltaxe der Waaren festzusetzen. Dies ist eine durchaus nothwendige Maassregel, weil sonst die unvernünftige Gewinnsucht der russischen Käufer sie verleiten würde, um nur mehr zu erhandeln, einander zu überbieten und dadurch, zu ihrem eigenen Schaden, den Werth der russischen Waaren sehr herabzusetzen. Nach langem Hin- und Herreden, Zanken und Schreien ward endlich festgesetzt, dass zwei Pud Tscherkessischen Tabaks **sechzehn Fuchs**- und **zwanzig Marderbälge** gelten sollten. Nach diesem Maassstabe wurden dann alle übrigen Preise bestimmt; ein Jeder, der seine Waare unter dieser Taxe weggiebt, muss eine gewisse Geldstrafe erlegen und verliert für das Mal das Recht, weiter auf dem Markte zu handeln.

Nachdem der Kommissair nun noch die ziemlich unbedeutende Marktabgabe für Rechnung der Regierung von den Tschuktschen einkassirt hatte, ward endlich am **11.** Februar Morgens in der Kapelle eine feierliche Messe und Fürbitte wegen glücklichen Erfolges im Han-

---

*) Der Maassstab ist hier etwas breit: der Kolymskische Kreis allein hat einen Umkreis von ungefähr 44500 Quadratwerst.

del gehalten *), und dann durch Aufziehen einer Flagge über dem Thürmchen des Ostrogs die Eröffnung des Marktes angekündigt. Sogleich setzten die Tschuktschen, vollständig mit Spiessen, Bogen und Pfeilen bewaffnet, sich in Bewegung, näherten sich in einem ziemlich wohlgeordneten, feierlichen Zuge der Festung und stellten ihre Schlitten mit Waare im Halbzirkel vor derselben auf. Die russischen und übrigen Marktgäste nahmen ihren Platz ihnen gegenüber ein; alle erwarteten mit Ungeduld die Glocke, welche die Erlaubniss zum Beginnen des Tauschhandels geben sollte. — Kaum ertönt diese endlich, so scheint es, als hätte ein elektrischer Schlag die ganze Russenseite getroffen; Alt und Jung, Männer und Weiber, Alles stürzt im tollsten, buntesten Gewimmel über die Tschuktschenreihe her. Ein Jeder eilt, der Erste bei den Schlitten zu seyn, um das Beste zu erwischen und seine Waare, mit der er auf das abenteuerlichste beladen ist, möglichst vortheilhaft anzubringen. Die lebendigsten und eifrigsten waren die Russen; mit der einen Hand einen schweren Tabakssack schleppend, in der andern ein paar Kessel, am Gurt und über den Schultern Beile, Messer, hölzerne und knöcherne Tabakspfeifen (gänsy), Glasperlen u. dergl. hängend, rennen diese ambulirenden Waarenlager von einem Schlitten zum andern und preisen, in einer gewissen angenommenen Jahrmarktsterminologie; aus russischen, tschuktschischen und jakutischen Wörtern zusammengesetzt, lautschreiend ihre Waaren an. Der Lärm, das Drängen und Stossen ist über alle Beschreibung; so Mancher wird in den tiefen Schnee niedergeworfen; funfzig, hundert Nebenbuhler rennen über ihn weg; er verliert Mütze und Handschuhe, vielleicht auch ein paar Zähne — das schadet aber weiter nicht; er rafft sich wieder auf, rennt, trotz der $30°$ Kälte, mit blossem Kopfe und Händen weiter, und scheint durch verdoppelte Thätigkeit das Versäumte wieder einholen zu wollen. — Einen höchst merkwürdigen Kontrast gegen diese ungeheure Geschäftigkeit der Russen bildet der Ernst und die unerschütterliche Ruhe der Tschuktschen, die, unbeweglich bei

---

*) Zu meinem grossen Bedauern hatte das Gegenstück, die Schamanen-Ceremonie der Tschuktschen, um auch einen glücklichen Markt zu haben, schon an dem Tage vor meiner Ankunft Statt gefunden.

ihren Schlitten stehend, entweder gar nicht, oder höchstens mit ein Paar einsylbigen Wörtchen auf die unversiegbare Beredsamkeit ihrer Gegner antworten, und nur dann erst, wenn das Gebot des Käufers ihnen annehmbar scheint, kaltblütig die ihnen dargebotene Waare hinnehmen, und die ihrige verabreichen. Bei dieser Besonnenheit, die überhaupt im Charakterzuge der Tschuktschen ist, stehen sich diese unstreitig besser als die Russen, welche in der Eile, die Taxe vergessend, statt e i n e s Pfundes Tabak z w e i hingeben, und nicht selten statt eines Zobels einen Marder oder sonst irgend ein Fell von geringerem Werthe ergreifen. Merkwürdig ist dabei, wie genau die Tschuktschen, die keine Waage kennen, bloss nach dem Gefühl auf den Händen, das Gewicht eines Sackes bestimmen, und das Fehlen eines oder zweier Pfunde an einem ganzen Pude und mehr merken.

Dieses Wesen dauert selten länger als drei Tage; dann sind gewöhnlich alle auf dem Platze befindlichen Waaren ausgetauscht, die Tschuktschen ziehen langsam wieder heim, die Russen und übrigen Marktgäste gleichfalls, und wenige Tage nach Beendigung des Jahrmarktes ist Ostrownoje öde und leer, und wenn ein Mal eins der hiesigen ordentlichen Schneegestöber drüber gekommen ist, so bleibt höchstens noch der Flaggenstock als Wahrzeichen sichtbar, um über's Jahr die blühende Handelsstadt wieder auffinden zu können. Uebrigens ist dieser Markt gar nicht so unbedeutend als man es nach seiner kurzen Dauer, und nach der geringen Marktabgabe, die die Tschuktschen erlegen, wohl glauben könnte; der Gesammtwerth der hieher gebrachten und ausgetauschten Waaren beträgt im Durchschnitt immer nach hiesigen Preisen gegen **200,000** Rubel. — Der durch diesen Markt entstandene Verkehr mit den Russen hat die Tschuktschen Gegenstände kennen gelehrt, von denen sie früher gar keinen Begriff hatten, und die ihnen jetzt schon unentbehrliches Bedürfniss geworden sind. Diese Bedürfnisse sind vornehmlich Tabak und Eisen; trotz ihrer bestimmten Abneigung gegen jede Art von Tribut, als Zeichen der Unterwerfung, erlegen sie doch gerne für die Erlaubniss diese Artikel von den Russen einzuhandeln, die oben erwähnte Marktabgabe, die freilich sehr unbedeutend ist, da sie z. B. in diesem Jahre überhaupt nicht mehr als **30** Stück Fuchsbälge betrug, von denen jeder

der reichern Handelsleute einen hergab. Ohne Zweifel würden die Tschuktschen sich auch mancherlei andern Verordnungen, der Zahlung eines regelmässigen Jassàk oder Tributes, und der förmlichen Unterwerfung gleich den übrigen sibirischen Völkerschaften unterziehen, wenn die hiesigen Kommissairs es verständen im Umgange und Verkehr mit ihnen ihr Vertrauen zu gewinnen, und ihre eigene Würde als Vorgesetzte zu behaupten; das versehen sie aber durchaus nicht. Ihre Aengstlichkeit und Inkonsequenz von der einen, und ihre niedrige Habsucht von der andern Seite verleiten sie zu zahllosen Missgriffen und Schlechtigkeiten, wodurch sie gänzlich die Achtung der Tschuktschen verloren haben, denen man bei aller ihrer Rohheit doch einen natürlich-richtigen Begriff von Recht und Unrecht nicht absprechen kann.

Ich benutzte die erste Versammlung in dem Ostrog, um mich mit einigen der angesehensten Tschuktschenhäuptlinge über unsere bevorstehende Reise nach ihrem Lande und den eigentlichen Zweck derselben zu besprechen. Die Hauptpersonen in dieser Konferenz waren Makamok und Leutt von der Baj des heiligen Lawrentij; Waletka, dessen zahllose Rennthierheerden im Osten vom Kap Schelagskoj weiden, Ewraschka, dessen Stamm an der Tschaun-Bucht nomadisirt, und mehrere andere. Nachdem sie reichlich mit Tabak bewirthet und beschenkt waren, erklärte ich ihnen, wir hätten von dem Kaiser den Auftrag das Eismeer und dessen Küsten zu untersuchen um auszumitteln ob? und wie? man am füglichsten diesen Theil desselben zu Schiffe befahren, und die ihnen nöthigen Gegenstände in grösserer Menge und zu billigeren Preisen zu ihnen schaffen könne. Da es aber bei diesen Forschungen wohl nöthig werden könnte, dass wir uns ihren Küsten nähern, vielleicht auch dieselben besuchen müssten, so hofften wir in diesem Falle bei ihnen freundliche Aufnahme und Unterstützung in unserm Vorhaben zu finden, wofür sie reichliche Belohnung zu gewärtigen hätten. Dieser Nachsatz schien sie etwas zu beleidigen, und einer von ihnen, Waletka, sagte unter andern: „Wir sind ja auch Unterthanen des Sonnensohnes (des Kaisers), der uns diese Waffen gegeben hat, nicht um damit zu schaden oder Missbrauch zu treiben, sondern um dadurch nützlich zu werden." — Dabei schlug er mit einer Art von stolzem Selbstgefühle auf seinen mit Silber beschlagenen Hirschfänger, den sein Vater ein Mal unter der Regierung der Kaiserin Katharina II. in ihrem Namen zum Geschenk erhalten hatte, und den er immer bei sich führte. — Das Endresultat unserer ziemlich langen Verhandlung war, dass sämmtliche Häuptlinge mit Wort und Handschlag gelobten, unsere Expedition nicht nur freundlich aufzunehmen, sondern auch mit allen ihnen zu Gebote stehenden Mitteln zu unterstützen. Der Vertrag ward durch eine Portion Branntwein bekräftigt, die ich meinen Gästen zu ihrer grossen Zufriedenheit vorsetzte.

Die Unterhandlung meines Reisegefährten Cochrane hatte einen weniger günstigen Erfolg. Er gab sich für einen Kaufmann aus, der durch das Land der Tschuktschen reisen wollte, um von der Baj des heiligen Lawrentij nach Amerika hinüberzugehen, und erbot sich ihnen für sicheres Geleite bis dahin, eine anständige Belohnung an Tabak und Branntwein zu geben. — Leutt forderte nicht weniger als 30 Pud Tabak, um ihn im Juni nach der Metschigmenskischen Baj zu bringen: Waletka hingegen erbot sich ihn unentgeldlich bis an den Fluss Werkon zu bringen, wo seine grossen Rennthierheerden weiden, und ihn dort einem andern Häuptlinge zu empfehlen, mit dem er bis an den Tschukotskoj Noss gehen könne, oder, wenn er dies nicht wolle, ihn im nächsten Jahre wieder nach Ostrownoje zurückzubringen. Leutt's Forderung war ungeheuer hoch, Waletka aber erregte durch seine Uneigennützigkeit einiges Misstrauen; zugleich hatte Herr Cochrane schon Gelegenheit gehabt, sich die Tschuktschen hier näher zu besehen und sich zu überzeugen, dass ein längerer Aufenthalt unter ihnen unzählige Entbehrungen und Beschwerden, aber gar keine Genüsse gewähren, und bei dem völligen Mangel an Sprachkenntniss wenig Nutzen bringen könne. Dies und die sich ihm klar aufdringende Ueberzeugung, dass bei dem rohen, leidenschaftlichen Charakter dieser freisinnigen Nomaden ihm sein offener Geleitsbrief des Gouverneurs nichts helfen und ihn weder vor dem Todtschlagen noch vor dem Erfrieren schützen würde, bewog ihn seinen ersten Reiseplan aufzugeben und wieder nach Nis'hne-Kolymsk zurückzukehren.

Die Tschuktschen sind bis jetzt noch sehr unvollkommen gekannt; nur wenig beobachtende Reisende haben diese Gegenden besucht und haben sich damit begnügt uns ihre Kleidung, einige ihrer besonders auffallenden Gebräuche und religiösen Feierlichkeiten zu beschreiben; keiner aber ist durch längern Aufenthalt unter ihnen und durch genauere Kenntniss ihrer Sprache in unmittelbare Berührung mit ihnen gekommen, und so in den Stand gesetzt worden, ihre Lebensweise, ihre innere Verfassung, ihren Ideengang, mit einem Worte die Eigenthümlichkeit des Volkes genau kennen zu lernen und darauf ein mehr oder weniger richtiges Urtheil über den Nationalcharakter und über das ganze Wesen dieses in mancher Hinsicht merkwürdigen Volkes zu gründen. — Auch ich habe nur wenige Tage mit ihnen zugebracht und konnte nicht ein Mal durch Fragen über ihre Meinungen, Sitten und Gebräuche viel von˙ ihnen erfahren; ein Mal schon deswegen weil das Marktgeschäft ihre ganze Aufmerksamkeit in Anspruch nahm, und ihre Gedanken und Unterhaltung fast ausschliesslich an diesen für sie so wichtigen Gegenstand fesselte, dann aber durfte ich auch nicht viel fragen, um nicht Misstrauen bei ihnen zu erregen, da sie immer Anschläge auf ihre Freiheit argwöhnen, die ihnen über alles theuer ist. Ich habe indessen doch gesucht, so viel es die Umstände erlaubten, unmittelbar von ihnen Nachrichten einzuziehen, und diese aus den Berichten der hier lebenden Russen zu ergänzen; wie unvollkommen meine so gesammelten Notizen demnach auch sind, so können sie wenigstens als Material und Beitrag zu einer künftigen vollständigern Beschreibung dieses noch so wenig bekannten, merkwürdigen Volkes dienen.

Unter allen Völkerschaften Nordasiens haben die Tschuktschen ihre eigenthümliche Nationalität am reinsten erhalten. Friedliebend, im Gefühl ihrer Schwäche, nomadisiren sie in den Einöden, Gebirgen und Felsenklüften ihres Vaterlandes, dessen Gränzen durch frühere blutige Kämpfe mit den Eroberern Sibiriens sehr beschränkt worden sind. Wie alle noch rohen, ungebildeten Völker haben auch sie nur wenig Bedürfnisse, deren Befriedigung sie grösstentheils in ihren Rennthieren finden. Diese liefern ihnen Wohnung, Kleidung, Nahrung und was sonst etwa noch zu ihren einfachen Lebensbedürfnissen gehört. Auf den Schneewüsten ihres düstern, eisigen Landes, unter ihren aus den Fellen des nordischen Universalthieres zusammengenähten Zelten schätzen sie sich glücklicher als ihre den Russen unterworfenen Nachbaren; sie blicken auf diese mit einer Art von stolzem Selbstgefühle herab, und können es ihnen nicht verzeihen, dass sie für einige entbehrliche Lebensgenüsse und Bequemlichkeiten ihre angestammte Unabhängigkeit hingaben, während sie selbst mit Gleichmuth und leichtem Herzen jedes Ungemach, oft auch Mangel und Noth ertragen, und sich durch das Gefühl ihrer unbeschränkten Freiheit gestärkt und erhoben wähnen.

Vor der Eroberung Sibiriens lebten die Tschuktschen mit den übrigen nordöstlichen Völkerschaften in ewiger Uneinigkeit und fast ununterbrochenem Kriege, dessen unversiegbare Quelle in den Räubereien lag, die sie sich gegenseitig erlaubten. Aber auch hier bestätigte sich was die Erfahrung schon so oft lehrte, dass eine gemeinschaftliche Gefahr auch die unversöhnlichsten Feinde zu einem gemeinsamen Wirken vereinigt. Oeftere Streifzüge der Russen hatten schon diesen Feindseligkeiten im Innern beinah ein Ende gemacht, als zuletzt die bedeutenderen Invasionen des jakuzkischen Wojewoden Pawluzkij und Schestakow's im Jahre 1750 sämmtliche kleineren Volksstämme bewogen, sich förmlich unter einander zu verbinden und an die Tschuktschen anzuschliessen, um dem gemeinschaftlichen Feinde zu widerstehen. Aber der Kampf war dennoch zu ungleich; mehrere bedeutende Niederlagen stimmten die hohe Meinung der Tschuktschen (die bisher immer ihre schwächern Nachbaren besiegt hatten) von ihrer Unüberwindlichkeit sehr herab, und sie flüchteten sich zuletzt in ihre unwirthbaren Felsenklüfte, wohin es den Siegern schwer ward sie zu verfolgen, und wo auch nichts diese zu einer mit unendlichen Beschwerden und Gefahren verknüpften Verfolgung anreizte.

Die Russen begnügten sich mit Unterwerfung der näher liegenden kleineren Völkerschaften, und es dauerte sehr lange, ehe es ihnen gelang, eine Art von Handelsverein mit den Tschuktschen anzuknüpfen. Immer noch den Russen misstrauend, erschienen sie anfangs nicht anders als in grosser Anzahl und völlig kriegerisch gerüstet an den Gränzen ihres Gebietes; erst nach mehrjähriger Erfahrung und vielen Beweisen von den friedlichen Gesinnungen der Russen, wurden sie nach und nach zutraulicher, und jetzt kommen sie, wie wir gesehen haben, mit den Weibern und Kindern unbesorgt bis ziemlich weit in die russischen Gränzen, um dort einen beiden Theilen vortheilhaften

Tauschhandel zu treiben. Dieser Verkehr hat auf sie einen sehr günstigen Einfluss gehabt, indem der nähere Umgang mit den Unsrigen sie mit milderen Sitten bekannt gemacht, und ihnen schon viel von ihrer ehemaligen Rohheit abgeschliffen hat. Es ist daher wohl nicht zu zweifeln, dass sie, gleich ihren Nachbaren, den Jukahiren, Tschuwanzen, Koräken u. a., sich nach und nach an die Russen anschliessen und zuletzt mit ihnen vereinigen werden.

Die Mehrzahl der Tschuktschen hat sich taufen lassen; aber das hat weiter keinen Einfluss auf sie gehabt, und sie sind nichts mehr als — getaufte Heiden, die eigentlich gar keinen Begriff von den Lehren und dem Geiste der christlichen Religion haben; auch ist die Taufe bei den meisten nur eine Finanzoperation, durch die sie zu dem Besitze einiger Pfunde Tabak, eines kupfernen Kessels u. dergl. gelangen, welche denen, die sich zur Taufe verstehen, geschenkt werden. Daher kommt es denn auch, dass viele der schon getauften sich nach einiger Zeit wieder dazu melden, und sehr unzufrieden sind, wenn sie mit ihrem Anliegen abgewiesen werden. — Gewöhnlich findet der auf die Marktzeit aus Nis'hne-Kolymsk hieher kommende Priester einige noch ungetaufte Tschuktschen, Lamuten u. a. hier, die sich durch das Versprechen eines mehr oder minder bedeutenden Geschenkes bewegen lassen, sich der Cermonie der Taufe zu unterziehen. Eine solche hatte auch dieses Mal mit einem jungen Tschuktschen Statt, dem dafür einige Pfunde tscherkessischen Tabaks zugesichert waren. In und vor der Kapelle war eine grosse Menge Zuschauer versammelt; die Zeremonie begann. Der Neubekehrte stand ruhig und ziemlich anständig da, und liess den Priester und die Taufzeugen gewähren; als er aber in das für ihn angeschaffte Taufbecken, einen grossen hölzernen Bottich, steigen sollte, um, nach dem Ritus der russischen Kirche drei Mal unterzutauchen, wollte er gar nicht daran, schüttelte sehr ernsthaft mit dem Kopfe, und brachte eine Menge Gegengründe vor, von denen Niemand etwas verstand. Nach langem Zureden des Dollmetschers, wobei wahrscheinlich der Tabak wohl wieder eine Hauptrolle spielte, entschloss er sich doch endlich dazu, und sprang herzhaft in das Eiskalte Wasser, aber auch gleich wieder hinaus und rief am ganzen Leibe vor Kälte zitternd: „den Tabak her, meinen Tabak!"

— Man bemühte sich bestens ihm begreiflich zu machen, dass die
Ceremonie ja gar nicht beendigt, und er verbunden sey, sich auch noch
den Rest gefallen su lassen; das war aber tauben Ohren gepredigt,
er rannte und sprang zähneklappernd umher, und rief beständig: „'s
ist schon genug, ich will nichts mehr, gebt mir nur meinen Tabak!"
— Endlich, da man ihm darin nicht willfahrte, liess er die ganze
Versammlung im Stiche, und lief nach seinem Polog (Zelte), um sich
dort auf das kalte Bad wieder etwas zu erwärmen.

Dergleichen Scenen fallen nicht selten vor, und das giebt den
Maassstab zur Würdigung der hiesigen Tschuktschen-Bekehrungen, die
durchaus von gar keinem Nutzen sind und es auch nicht seyn können,
da kein vorbereitender Unterricht irgend einer Art voraus geht. Ein
solcher kann aber nicht Statt finden, weil es bei dem unstäten Noma-
denleben dieser Leute ganz unmögtich ist, sie zu einer Katechisation
zu versammeln, und weil die Priester aus Unkunde der Sprache nicht
im Stande sind, ihnen irgend eine Erklärung zu geben und sie mit
den Glaubenslehren bekannt zu machen. Die Petersburger Bibelge-
sellschaft hat zwar die zehn Gebote, das Vaterunser, den Glauben und
wenn ich nicht irre, ein Paar Evangelien in den Tschuktschen-Dialekt
übersetzen und mit russischen Lettern drucken lassen und hieher gesandt; aber theils fehlte es in der rohen Sprache an einer Menge von
Wörtern, um die ganz neuen abstrakten Begriffe auszudrücken, theils
auch an Buchstaben, um alle die unendlichen Schnarr-, Zisch- und
Krächzlaute wiederzugeben, aus denen die Tschuktschen-Sprache besteht, und so ist denn diese Uebersetzung, nach dem Zeugnisse des
hiesigen Priesters und mehrerer vernünftigen Tschuktschen, mit denen
ich mich darüber besprach, durchaus unverständlich und von gar keinem
Nutzen. Bis jetzt haben die getauften Tschuktschen von der christlichen Religion nichts weiter angenommen als einige äussere Gebräuche,
und auch da nur solche, die ihnen keine besondere Unbequemlichkeit
oder irgend eine Störung in ihrer gewohnten Lebensweise machen. So
ist z. B. die Vielweiberei unter den getauften eben so allgemein als
unter den ungetauften; die reichern haben zwei, drei und auch mehr
Frauen, die sie nach Willkühr nehmen und wieder verlassen, oder auf
einige Zeit gegen andere vertauschen. Obgleich demnach die Frauen

hier im eigentlichen Sinne Sklavinnen sind, so ist ihre Lage doch bei weitem nicht so schlimm als bei den meisten der sogenannten Wilden; sie geniessen vielmehr einer gewissen Art von Achtung, sind immerwährende Gesellschafterinnen des Mannes, und nicht selten sieht man eine kluge Frau sich des ganzen Hausregimentes bemächtigen.

Unter den ganz heidnischen Gebräuchen, die die Tschuktschen immer noch beibehalten, steht die durchaus widernatürliche, unmenschliche Sitte (die auch bei mehreren rohen Völkern Nordamerikas Statt findet) Kinder, die mit körperlichen Gebrechen zur Welt kommen oder schwächlich erscheinen, umzubringen und ihre Alten, die die Beschwerden des Nomadenlebens in den Eiswüsten nicht mehr zu ertragen vermögen, dem Tode zu weihen. Von letzterem ereignete sich noch vor zwei Jahren ein trauriges Beispiel. Einer der reichsten und angesehensten Tschuktschenhäuptlinge, Waletka der Vater, fühlte sich schwächlich und lebensmüde, und ward auf sein eigenes ausdrückliches Verlangen von seinen nächsten Verwandten erschlagen, die damit eine heilige Pflicht zu erfüllen glaubten. Trotz aller Bemühungen der Regierung und der Geistlichen ist dieser empörende Gebrauch immer noch bei ihnen im Schwunge, und dazu tragen unstreitig die Schamane, die trotz der christlichen Taufe immer noch eine sehr wichtige Rolle unter ihnen spielen, nicht wenig bei. Jeder Stamm, jede Karavane hat immer einen oder mehrere Schamane bei sich, die in allen wichtigen Gelegenheiten um Rath gefragt werden, und deren Aussprüchen niemand sich zu widersetzen wagt. Wie gross ihr Einfluss ist, davon zeugt unter andern folgender schrecklicher Vorfall, der sich im Jahr 1814 auf dem Markte in Ostrownoje zutrug. Unter den daselbst versammelten Tschuktschen brach plötzlich eine Art Seuche aus, die trotz allem Beschwören, Trommeln und Springen der Schamane immer mehr um sich griff und viele Menschen, noch mehr aber Rennthiere, den Hauptreichthum des Volkes, wegraffte. Es ward eine allgemeine Versammlung der Schamane veranstaltet, in welcher entschieden ward, dass um die erzürnten Geister zu versöhnen und der verheerenden Krankheit ein Ende zu machen, Kotschen', einer der angesehensten Häuptlinge, ihnen geopfert werden müsse. Dieser Kotschen' war so allgemein beliebt und geachtet unter dem ganzen Volke, dass trotz dem sonst unbedingten Gehorsam gegen die Aussprüche der Schamane, ihre Meinung dieses Mal doch verworfen wurde. Als aber die Seuche fortfuhr unter den Menschen und dem Vieh zu wüthen, und die Schamane sich weder durch Geschenke, noch durch Drohungen und Misshandlungen *) zu Abänderung ihres Ausspruches verstehen wollten, da erklärte endlich Kotschen', ein zweiter Curtius, selbst, er sähe nun wohl, dass es der Wille der Geister sey, ihn als Opfer fallen zu sehen und sey daher entschlossen, zur Rettung seines Volkes sein Leben hinzugeben. — Noch immer kämpfte die Liebe zu ihm gegen die Erfüllung des schrecklichen Ausspruches der Schamane; keiner wollte Hand an das Opfer legen, bis endlich Kotschen's eigener Sohn, durch die Ermahnungen des Vaters erweicht, und durch Androhung seines Fluches erschüttert, ihm den Mordstahl in's Herz stiess, und den Leichnam den Schamanen übergab.

So gewaltig ist noch der Einfluss des Schamanismus, der hier die Stelle der Religion vertritt, der sich aber von allen übrigen Religionen wesentlich dadurch unterscheidet, dass er nur einige, wenige mährchenhafte Traditionen, aber gar keine Dogmen oder Satzungen hat, und dass folglich auch gar keine Art von Unterweisung darin Statt finden kann. Was die Schamane und ihre Anhänger glauben und üben, ist nicht irgend etwas von einem Menschen Erdachtes und zu andern Menschen Hinübergegangenes; es entsteht in der Brust jedes Einzelnen, durch den Eindruck der ihn umgebenden Gegenstände. Da diese Umgebungen sich in den Einöden Sibiriens überall eben so gleich sind, als es die Stufe der Aufklärung ist, auf welcher die halbwilden Bewohner derselben stehen, so sind auch jene Eindrücke mehr oder weniger überall und auf alle Individuen dieselben. Ein jeder sieht und fühlt für sich; aber auch ohne Mittheilung herrscht eine allgemeine Aehnlichkeit unter den Erzeugnissen ihrer Einbildungskraft und der individuelle Glaube des Einzelnen wird gemeinschaftlicher Glaube des

---

*) Es ist nicht ungewöhnlich, dass der Schaman tüchtig abgeprügelt wird, um ihn zur Abänderung irgend eines missfälligen Ausspruches zu bewegen; manchmal hilft das Hausmittelchen, oft aber hat der Schaman Festigkeit genug, um bei seiner Meinung zu bleiben, was ihn dann unfehlbar sehr in der allgemeinen Achtung hebt.

Volkes. — Darin eben, dass dieser Glaube so zu sagen Schöpfung eines jeden Einzelnen und also einem jeden eigen und lieb ist, darin liegt, glaube ich, die Ursache, weshalb er sich so lange unter den Völkern Sibiriens erhält und sich erhalten wird, so lange sie als Natur menschen in Tundry, Wäldern und Klüften herumziehen, so lange dieselben Gegenstände dieselben Eindrücke auf sie machen. Nur dann, wann die Nomaden angesiedelt seyn werden, wann Lehre und Beipsiel der gebildetern Nachbaren anhaltend auf sie einwirken können, dann erst wird nach und nach der selbstgeschaffene Glaube an gute und böse Geister und an die Schamane verschwinden, und der christlichen Lehre Platz machen.

Fast alle diejenigen, die bisher eine Meinung über die Schamane aufgestellt haben, stellen sie unbedingt als grobe, gemeine Betrüger dar, deren Verzuckung nichts weiter ist als ein, schnöden Gewinnes halber, angestelltes Gaukelspiel. Nach allem, was ich hier und an verschiedenen anderen Orten auf meiner Reise in Sibirien Gelegenheit hatte zu beobachten, scheint mir dieses Urtheil hart und ungerecht. Wenigstens ist es völlig einseitig, und gilt nur von den unter dem Namen Schamane im Lande herumziehenden Gauklern, die durch aller-lei übernatürlich scheinende Kunststücke als: Anfassen eines glühenden Eisens, Hin- und Hergehen auf demselben, Durchstechen der Haut mit langen Nadeln u. s. w. den Pöbel in Erstaunen setzen und ihm Geld ablocken. Die wahren Schamane gehören zu keiner besondern Kaste, sie machen keine, zu irgend einem gemeinsamen Zwecke vereinigte Korporation aus, sondern entstehen so zu sagen und bestehen einzeln. Unter dem Volke werden Menschen mit einer feurigen Einbildungskraft mit reizbaren Nerven geboren; sie erwachsen mitten unter dem Wun-derglauben an Geister, an Schamane; der Anblick ihrer übernatürlichen Verzuckung, das Mystische des Ganzen ergreift den Jüngling tief. Auch er will zu dieser Gemeinschaft mit dem Ungewöhnlichsten, Ausser-irdischen gelangen — aber Niemand ist da, der ihm den Weg dazu weist, denn selbst der älteste Schaman ist sich nicht bewusst, wie er dahin gelangte. Aus sich selbst, aus der ihn unmittelbar umgebenden grossen, düstern Natur, muss er die Kenntniss des Unbegreiflichen ziehen. — Einsamkeit, Abgeschiedenheit von menschlicher Gesellschaft,

Wachen, Fasten, erhitzende und narkotische Mittel, schrauben seine Einbildungskraft aufs höchste — er sieht nun selbst die Erscheinungen und Geister, von denen er in früher Jugend hörte; er glaubt fest und unerschütterlich daran. — Endlich wird er zum Schaman geweiht, das heisst unter gewissen Feierlichkeiten in der Stille der Nacht, mit den ein Mal angenommenen Handgriffen, mit der Zaubertrommel u. s. w. bekannt gemacht; das bringt aber keine Mehrung seiner Kenntnisse, keine sonstige Veränderung in seinem geistigen, innern Wesen hervor; es ist eine blosse Zeremonie mit seinem äussern Menschen; — was er fortan fühlt, was er thut, was er sagt, ist und bleibt immer Resultat seiner eigenen innern Gemüthsstimmung, — er ist kein kalter, besonnener Betrüger, kein gemeiner Gaukler. — Wer einen echten Schaman in der höchsten Extase beobachtet hat, wird gewiss diesem Urtheil beistimmen, wird zugestehen, dass er wenigstens in diesem Augenblicke unmöglich betrügen kann, noch will, sondern dass das, was eben da mit ihm vorgeht, Folge des unwillkührlichen, unwiderstehlichen Einflusses seiner aufs höchste gereizten Einbildungskraft ist. — Ein ächter Schaman ist gewiss eine höchst merkwürdige psychologische Erscheinung. So oft ich hier und an andern Orten operirende Schamane sah, liessen sie immer einen lange dauernden, düstern Eindruck in mir zurück; der wilde Blick, die blutrünstigen Augen, die heisere Stimme, die mit äusserster Anstrengung sich aus der krampfhaft zusammengepressten Brust einen Weg zu bahnen schien, die unnatürliche, krampfhafte Verzerrung des Gesichtes und des ganzen Körpers, das empor gesträubte Haar, ja selbst der hohle Ton der Zaubertrommel — alles das giebt der Scene etwas Grauenvolles, Mysteriöses, das mich jedes Mal ganz seltsam ergriffen hat, und ich begreife sehr wohl, wie ungebildete, rohe Naturmenschen darin das finstere Werk böser Geister sehen.

Doch ich kehre von dieser Abschweifung zu den Tschuktschen selbst und dem Jahrmarkte zurück. Das, wie gesagt, in mehrere abgesonderte Gruppen aufgeschlagene Lager der Tschuktschen, bot einen zwar nicht freundlichen, aber in seiner Art malerischen Anblick dar. In der Mitte einer jeden solchen aus 10 bis 20 Zelten bestehenden Gruppe erhebt sich das Zelt des Häuptlings, grösser, höher und zierlicher als die übrigen, gewöhnlich bei einem Baume, an den es sich, umgeben von den Reiseschlitten der Weiber und Kinder, anlehnt; dabei einige angebundene auserlesene Hausrennthiere, die besonders mit gebőhetem, feinem Moose gefüttert werden, während die übrigen sich ihre kärgliche Nahrung selbst unter dem Schnee hervorscharren müssen; an den Zelten und Baumästen hängen in lyrischer Unordnung Bogen, Pfeile, Köcher, Kleidungsstücke und Felle von allen Farben, und verschiedenes Hausgeräth herum. Oben aus der Spitze jedes Zeltes steigt eine mit Funken gemischte Rauchsäule empor; hin und wieder lodert auch wohl im Freien ein Feuer, über welchem ein Kessel hängt. — Zwischen dem allen die vom Kopf bis zu den Füssen dick in Felle vermummten, über und über bereiften, grotesken Menschenfiguren, die, trotz der 34° Kälte, so lustig ihr Wesen treiben, als wäre es Sommer; — man möchte glauben, die Leute frieren nicht!

Die Reisezelte (kleiner als die, deren die Tschuktschen sich zu Hause bedienen) sind aus weichgegerbten Rennthierfellen (Rowdug) zusammengenäht, die vermittelst einiger dünnen Stangen ausgespreizt und aufrecht gehalten werden. Unter diesem Oberzelte, Namèt, das oben eine Oeffnung zum Rauchfange hat, befindet sich in der Mitte die Küche (ein eiserner Kessel, unter welchem Feuer angemacht wird) und die eigentliche Wohnung Pològ. Dies ist ein grosser, aus den feinsten Fellen der Rennthierkälber doppelt zusammengenähter Sack, welcher durch einige hineingestellte Stäbe und Latten in einen viereckigen Kasten verwandelt wird, der aber so niedrig ist, dass man darin nur auf dem Boden sitzen, oder höchstens auf den Knieen herumrutschen kann, und der durchaus gar keine Oeffnung für Luft und Licht hat. Um hinein zu gelangen, hebt man den einzigen, unten am Boden befindlichen, nicht vernähten Zipfel der einen Seitenwand etwas auf, kriecht auf allen Vieren durch die möglichst kleine Oeffnung und stopft dann sorgfältig das Ende gleich wieder unter das Fell, welches den Fussboden ausmacht. Zur Erleuchtung und Erwärmung des Pologs steht in der Mitte ein ziemlich grosser irdener Topf, in welchem Wallfischthran und statt des Dochtes ein Büschel gedörrtes Moos brennt. Dieses Feuer bringt in dem hermetisch verschlossenen Gemache eine solche Hitze hervor, dass selbst bei dem stärksten Froste die Bewohner immer fast ganz nackt darin sitzen. — Oft sieht man unter einem Namèt zwei bis drei solcher Pologi, deren jeder eine Familie oder eine der Frauen des Zeltherrn nebst ihren Kindern beherbergt. Ich ward von einem der reichsten und angesehensten Stammältesten Leutt zu einem Besuche eingeladen und freute mich recht darauf, bei dieser Gelegenheit das innere, häusliche Leben der Leute etwas kennen zu lernen; kaum war ich aber unter Anleitung meines freundlichen Wirthes auf obige bescheidene Art in den Polog hineingekrochen, so wäre ich auch gern gleich wieder hinaus gewesen. Man denke sich die in dem luftdichten Kasten herrschende Atmosphäre, bestehend aus dem dicken, stinkenden Dampfe einer grossen, flackernden Lampe voll faulen Wallfischthranes und den Ausdünstungen von sechs nackten Tschuktschen und Tschuktschinnen. Ich glaubte ersticken zu müssen! — Die Wirthin und ihre ungefähr siebzehnjährige Tochter empfingen mich in diesem unschuldsvollen Hauskostüme mit einem lauten Gelächter, wahrscheinlich über meine Ungeschicklichkeit beim Hereinkriechen in den Salon, und über die Todesangst auf meinem Gesichte. Sie hiessen mich Platz nehmen und fuhren dann ganz unbefangen fort, sich einige Schnüre Glasperlen in die struppigen Fetthaare zu flechten, welches lediglich mir zu Ehren geschah! — Als sie mit dieser Toilette fertig waren, stellte Madame Leutt einen hölzernen, schmutzigen Trog mit abgekochtem Rennthierfleisch, ohne Salz *) vor mich hin, worüber sie, um es angenehmer und schmackhafter zu machen, eine tüchtige Portion ranzigen Thranes schüttete und mich freundlich einlud, ohne Umstände zuzulangen. Mich schauderte vor diesem Gastmahle, aber da war nun einmal weiter nichts zu thun; ich musste, um die Leutchen nicht aufzubringen, ein paar Bissen hinunterwürgen, während mein Wirth mit unglaublichem Appetit Fleisch und Brühe (ohne Gabel oder Löffel) verschlang und mir immer dabei in gebrochenem Russisch das vorzügliche Talent seiner Gattin anpries, den Thran so gut zu säuern, dass er gerade diese liebliche Bitterkeit erlange. — Ich kürzte meinen Besuch so sehr ab als nur möglich, und war froh, als ich end-

---

*) Die Tschuktschen besitzen nicht nur kein Salz, sondern haben sogar eine entschiedene Abneigung dagegen.

lich wieder hinauskam und etwas frische Luft einathmen konnte; den Geruch des Pologs aber behielt ich, trotz allem Lüften und Ausklopfen, mehrere Tage in meinen Kleidern. Leutt ist, wie gesagt, einer der reichsten und gebildetsten unter den Tschuktschen-Häuptlingen — danach kann man sich einen ungefähren Begriff von den Annehmlichkeiten des häuslichen Lebens der Geringeren machen. Es ist unbegreiflich, wie bei dem Grade von Unsauberkeit und der verpesteten Luft in ihren Wohnungen die Leute so gesund und kräftig seyn können! Und doch sind sie dies; es ist ein schöngewachsener Menschenschlag, der sich sowohl hiedurch, als auch durch seine Gesichtsbildung sehr merklich von allen übrigen asiatischen Völkerschaften unterscheidet. Mir scheinen die Tschuktschen viel Aehnliches mit den Amerikanern zu haben. Ihre Sprache aber weicht von jener ab. Sie selbst nennen sich Tschetko, Leute.

Ausser der oben beschriebenen Soirée bei meinem Freunde Leutt ward ich noch durch einen anderen Tschuktschen-Häuptling Namens Makomol eingeladen, einem Wettrennen beizuwohnen, das er auf dem Eise in der Nähe seines Lagers veranstaltete und zu welchem er mich selbst in seinem Schlitten abholte. — Ich fand dort eine Menge Volkes vom Jahrmarkte, welches durch die Neugier hingelockt war und zu beiden Seiten der Bahn ein Spalier bildete. Die drei für die Sieger ausgesetzten Preise bestanden in einem Blaufuchs, einem Biber und zwei sehr schönen Wallrosszähnen. — Auf ein gegebenes Zeichen begann das Rennen, bei welchem wir eben so sehr die ungeheure Schnelligkeit der Rennthiere, als die Gewandtheit der Kutscher im Lenken und Anfeuern derselben bewunderten. Ausser den gewonnenen Preisen erndteten die Sieger den lautesten Beifall der ganzen Versammlung und insbesondere ihrer Landsleute ein, auf welchen sie einen vorzüglichen Werth zu setzen schienen. — Auf das Wettrennen in Schlitten folgte ein Wettlauf zu Fusse, der in seiner Art noch origineller und merkwürdiger war als ersterer, da die Läufer dazu kein anderes Kostüm hatten, als ihre gewöhnliche schwere, steife und unbeholfene Fellkleidung, in der wir uns nur mit Mühe langsam fortbewegen konnten. Demungeachtet liefen sie in dem tiefen Schnee so rasch und behende, wie es nur einer unserer elegantesten Läufer in seinem leichten Jäckchen und dünnen Schuhen thun könnte. — Vorzüglich bemerkenswerth ist dabei ihre Ausdauer, denn die zu durchlaufende Strecke um einen Berg herum mochte wohl 15 Werst betragen. Auch diese wurden durch geringere Preise und den Beifallsruf des Publikums belohnt; doch schien es, als ob die Tschuktschen die Geschicklichkeit der Läufer weniger schätzten, als die der Fahrenden. — Nach Beendigung der Spiele wurde die ganze Versammlung 'mit abgekochtem Rennthierfleische bewirthet, welches schon zerschnitten in grossen hölzernen Mulden auf dem Schnee herumgestellt ward, wo dann jeder Tschuktsche seine Portion herausholte und sehr zufrieden verzehrte. — Bemerkenswerth war die Ruhe und Ordnung, die nicht nur während der Spiele, sondern auch bei diesem Mahle herrschte; kein Gedränge, kein Herumstossen und Zanken, alles ging ruhig und anständig her, anständiger, als wohl gewöhnlich in den gebildeten Ländern bei dergleichen Volksfesten.

Am folgenden Tage ward ich von einer grossen Tschuktschengesellschaft, Männern und Weibern, in meiner Wohnung besucht, die, wie sie sagten, Abschied von uns nehmen und sich unserm guten Andenken empfehlen wollten. Ich hatte den Damen nichts vorzusetzen, als Thee mit Kandiszucker, wovon sie sich letzteren allein ausbaten und die balsamische Infusion stehen liessen, die ihnen nicht zu behagen schien. So kärglich nun auch diese Bewirthung ausfiel, so brachte sie doch, in Verbindung mit einigen blauen, rothen und weissen Glasperlen, die ich austheilte, die Gesellschaft in so vergnügte Laune, dass die Damen sich erboten, mir vorzutanzen. Aesthetisch ist nun wohl dieser Tanz nicht, aber wenigstens doch sehr eigenthümlich. Die von Kopf bis zu den Füssen in ihre höchst unförmliche, steife Pelzkleidung eingehüllten Bajaderen stellen sich in einen engen Kreis, bewegen, ohne von der Stelle zu gehen, die Füsse langsam vor- und rückwärts, und fechten dabei mit den Händen gewaltig in der Luft umher. Die Hauptrolle dabei spielt aber das Gesicht, welches, mit unzähligen Veränderungen, auf die tollste Weise verzerrt wird. Die Musik dazu war eine Art von Gesang, der aus lauter einzeln ausgestossenen, unharmonischen Tönen bestand, und eigentlich nur eine Art von Grunzen war. — Zuletzt 'ward noch von drei ganz ausgezeichneten Künstlerinnen ein besonders beliebter Tanz ausgeführt, der die Bewunderung aller anwesenden Nationalen in hohem Grade erregte. Wir Laien sahen weiter nichts als drei thranige Missgestalten, die, sich an den Händen haltend, mit den furchtbarsten Gesichtsverzerrungen auf einander losfuhren und zurückprallten, bis sie in den heftigsten Schweiss geriethen, wo dann die Ermüdung dem Ball ein Ende machte. Diesen Solotänzerinnen wurde auf Anrathen des Dolmetschers ein kleines Schälchen Branntwein und etwas Tabak gereicht, worüber sie höchlich erfreut schienen, und die ganze Gesellschaft verliess uns endlich, sehr zufrieden mit der guten Aufnahme, und unter wiederholten Einladungen, sie doch ja in ihrer Heimath zu besuchen.

Am sechsten Tage nach unserer Ankunft hatte der ganze Jahrmarktsverkehr ein Ende. Die Tschuktschen-Häuptlinge statteten mir noch einen letzten feierlichen Besuch ab, um mir die Zusicherung einer freundlichen Aufnahme in ihrem Lande zu erneuern, und zogen dann, in fünf bis sechs Karawanen getheilt, ihrer Heimath zu. Dasselbe thaten auch, in kleineren und grösseren Abtheilungen, die Bewohner der Umgegend und die Kolymskischen Kaufleute nebst dem Kommissair und dem Priester, welchen auch wir uns anschlossen; bald war die letzte Spur des hier Statt gefundenen geschäftigen Treibens und Lebens verschwunden und mit frischem Schnee verweht. — Als Nachspiel findet sich dann gewöhnlich eine Menge hungriger Füchse und Vielfrasse ein, die sich an allem, was von Knochen und anderem Abfalle um die Wohnungen und Lagerstätten herum liegen geblieben, gütlich thun.

Am 16. März verliess ich Ostrownoje; unsere Rückreise ging rasch von Statten, theils weil die Hunde sich während der ganzen Zeit unseres Aufenthalts durch Ruhe und reichliches Futter vollkommen erholt und gestärkt hatten, theils auch weil wir überall gut eingefahrene Wege antrafen, und so langten wir denn, ohne Aufenthalt, wohlbehalten am 19. März in Nis'hne-Kolymsk an.

Siebenter Abschnitt.

Die Zurüstungen zu unserer zweiten Eisfahrt waren im Wesentlichen
dieselben wie die schon oben bei der ersten beschriebenen, nur mussten sie umfassender seyn, da unsere Reise viel weiter und von längerer Dauer seyn sollte, und weil auch unsere Reisegesellschaft zahl-
reicher war. Ausser der ungleich grösseren Menge von Lebensmitteln
und von Futter für die Hunde fand ich für nöthig, allerlei Vorkehrungen zu treffen, um uns so viel möglich auf die Beschwerden und Hindernisse vorzubereiten, die uns bei der Fahrt auf dem Meere bevor-
standen, wo wir nicht, wie auf dem festen Lande, oder in der Nähe
desselben, unsere Nachtlagerplätze mehr oder weniger bequem wählen
konnten. Demnächst mussten wir uns gefasst machen, auf grosse Eisberge zu stossen, wie wir dergleichen schon auf der ersten Fahrt angetroffen hatten; endlich war auch vorauszusehen, dass wir, bei der
schon ziemlich vorgerückten Jahreszeit, nicht immer festgefrorenen Schnee
finden würden, und dass dadurch das Fahren sehr erschwert und das
Fuhrwerk, besonders die Sohlen, sehr leiden würden. In dieser Rücksicht fügten wir zu unseren Vorräthen und übrigem Gepäcke noch einige Gegenstände hinzu, die uns für die bevorstehende Reise beson-

ders nothwendig zu seyn schienen, nämlich etliche eiserne Brechstangen, um uns zwischen und über den Torossen einen Weg zu bahnen; ein tragbares, ledernes Boot, um über die Eisspalten und offenen Stellen (polynji) zu setzen, und eine gewisse Anzahl Wallfischribben zum Unterbinden unter die Nartensohlen, wenn wir auf Strecken träfen, die mit Salzkrystallen von dem ausgetretenen Meerwasser, oder mit gethautem und kraus gefrorenem Schnee bedeckt wären. — Zu unseren gewöhnlichen Instrumenten fügte ich noch einen Inklinator und ein Senkloth zum Ausmessen der Tiefen hinzu. Proviant für uns selbst und Futter für die Hunde (deren wir 240 hatten) liess ich nur auf 30 Tage mitnehmen, indem ich hoffen konnte, bei einem längeren Aufenthalt auf dem Meere uns durch glückliche Bärenjagd vor Mangel zu sichern.

Eine ganz vorzügliche Sorgfalt ward auf die Auswahl der eigentlichen Reisenarten, die uns während der ganzen Expedition zum Fortkommen dienen sollten, gewandt. Es wurden dazu sechs der zuverlässigsten und längsten gewählt, und für dieselben die besten und kräftigsten Hunde ausgesucht. — Der sämmtliche Vorrath an Lebensmitteln, Hundefutter und anderen Reisebedürfnissen sollte auf 14 Transportnarten fortgeschafft werden, bei denen es weniger auf grosse Dauerhaftigkeit ankam, weil sie ihre Ladung nur eine gewisse Strecke weit zu führen hatten, und dann leer wieder nach Nis'hne - Kolymsk zurückkehren sollten.

Unsere 6 Reisenarten befanden sich schon seit dem 16. März auf der Insel Sucharnoj, wo die Hunde durch Ruhe und reichliches Futter zu der bevorstehenden grossen Anstrengung vorbereitet werden sollten. — Am 22. März ging Herr von Matiuschkin mit den übrigen Schlitten voraus dorthin, um bei der Vertheilung der Lebensmittel und Sachen auf die Proviantnarten gegenwärtig zu seyn, und dieses wesentliche Geschäft gehörig anzuordnen und zu beschleunigen. — Als ich am 25. auf Sucharnoj anlangte, fand ich alles aufs beste besorgt und zur Abreise bereit. Die Narten waren jede mit ungefähr 30 Pud Ladung bepackt und fest umbunden; die fleissig mit Wasser begossenen Schlittensohlen waren dadurch mit einer dicken Eisrinde versehen, alles war in der besten Ordnung, und die Hunde, durch gute Nahrung und Ruhe gestärkt, waren munter und rüstig.

Meine eigentlichen Reisegefährten waren der Mitschmann Matiuschkin *), der verabschiedete Unteroffizier Reschetnikow und der Matrose Nechoroschkow. Ausserdem gesellte sich zu uns der kolymskische Kaufmann Beres'hnoj, dem ich auf seine Bitte gestattet hatte, uns in zwei eigenen Narten und für seine eigene Rechnung auf unserer Expedition zu begleiten. — Zu Führern unserer sechs Reisenarten hatte ich drei hiesige Kosaken, einen russischen Bauern und zwei Jukahiren vom grossen Aniuj gewählt. Die Proviantschlitten wurden theils von Kosaken, theils von kolymskischen Bürgern und Jukahiren geführt.

So traten wir am 26. März bei leichtem SO.-Winde unsere Reise an; der Himmel war bewölkt, das Thermometer zeigte nicht mehr als 5° Kälte. — Gegen Abend erreichten wir den kleinen Baranow-Felsen und schlugen unser Nachtlager in derselben Powarnä auf, wo wir bei unserer ersten Eisfahrt genächtigt hatten. Wir trafen hier eine grosse Menge Treibholz und beluden unsere Narten, so viel es sich thun liess, mit demselben, so dass wir bei gehöriger Sparsamkeit einen Holzvorrath auf 25 Tage hatten.

Der mir ertheilten Instruktion zufolge, sollte ich meine Untersuchungen und Aufnahmen erst nördlich von dem Kap Schelagskoj beginnen; allein ich fand es zweckmässiger, gleich bei dem Baranow-Felsen anzufangen, und zwar aus folgenden Gründen: erstlich durfte ich, wegen der Nachbarschaft der Tschuktschen, es nicht wagen, meine Vorrathsniederlagen, von deren Erhaltung der ganze Ausgang der Expedition und unsere Existenz abhing, am Kap Schelagskoj anzulegen; zweitens hatte ich schon auf meiner ersten Eisfahrt Gelegenheit gehabt, die Schwierigkeiten kennen zu lernen, die sich nördlich von diesem Kap dem Weiterkommen durch die ungeheuren Eisberge entgegenstellen; drittens hätte die Fahrt bis zu jenem Kap uns sehr viel

---

*) Der Steuermann Kosmin blieb in Kolymsk zurück, um während meiner Abwesenheit ein leichtes Ruderfahrzeug zu erbauen, auf welchem ich im bevorstehenden Sommer den Lauf der Kolyma und wo möglich auch die Meeresküste untersuchen und aufnehmen wollte.

Zeit geraubt und unsere Hunde schon vor dem Anfange der eigentlichen Reise so ermüdet und entkräftet, dass wir wahrscheinlich genöthigt gewesen wären, zurückzukehren, ohne den Zweck unserer Reise
zu erreichen. Diese Rücksichten bewogen mich schon gleich von unserem Nachtlager auf dem kleinen Baranow-Felsen aus, die Küste des
festen Landes zu verlassen und in gerade nördlicher Richtung auf dem
Eise hinzufahren. Demnach brach ich am 27. März, Morgens um 11
Uhr, mit meiner ganzen Karawane auf, sobald sich die Luft etwas von
dem starken Nachtnebel gereinigt hatte. — Das Thermometer zeigte
am Morgen 10°, Abends 8½°. — Die Inklination der Magnetnadel
betrug 77° 37½'. — Die 22 Narten, aus denen unsere Karawane
bestand, bildeten eine über eine halbe Werst lange Reihe, deren beide
Enden wir oft aus dem Gesichte verloren.

Wir hatten uns kaum 2 Werst in rein nördlicher Richtung von
der Küste entfernt, als wir uns von einer Kette hoher Torossen umgeben sahen, die ungefähr mit dem Ufer parallel liefen und in die
Breite eine Ausdehnung von 7 Werst hatten. Sowohl wegen der Höhe
der Eismassen, als auch insonderheit durch den zwischen denselben
angehäuften tiefen und lockeren Schnee, war die Fahrt hier sehr beschwerlich und ermüdend. Ungefähr in der Mitte dieser grossen Gruppe
von Eismassen stiessen wir auf eine breite Spalte im Eise, durch welche das Meereswasser herausgetreten war; wir fanden jedoch Möglichkeit, dieselbe zu umfahren. Nach drei mühevollen in diesem Eislaby-
rinthe zugebrachten Stunden gelangten wir endlich, in der Entfernung
von 9 Werst vom festen Lande, an eine unübersehbare Fläche, auf
welcher nur hin und wieder einzelne Eismassen sich erheben, wie öde
Felsen auf dem weiten Ozean. — Die Hoffnung, dass wir nun rasch
und ungehindert unsern Weg würden fortsetzen können, machte uns
die eben überstandenen Mühseligkeiten sehr bald vergessen, und wir
blickten wirklich Anfangs mit einer Art von angenehmem Gefühl auf
die vor uns liegende starre Eisfläche, ungefähr wie der Seefahrer, wenn
er glücklich durch einen gefährlichen Felsenarchipel durchgekommen
ist, sich über den Anblick des unbegränzten Ozeans freut, der ihn
ungehindert zum erwünschten Ziele zu geleiten verspricht. — Aber
nur zu bald fanden wir den gewaltigen Abstand zwischen dem ewig

lebendigen, immer verschieden gestalteten, offenen Ozean und der schrecklichen Einförmigkeit der vor uns liegenden todten Ebene, deren Anblick
das Auge wie den Geist ermüdet und das Gemüth in eine gar nicht
zu beschreibende traurige Stimmung versetzte.

In unserem ersten Entzücken über das vermeintliche Ueberwinden
der bisherigen Hindernisse und Beschwerden, welche selbst die Hunde
zu theilen schienen, indem sie ohne Antreiben sehr rasch liefen, hatten wir in kurzer Zeit 11 Werst in nördlicher Richtung zurückgelegt.
Hier liess ich Halt machen, um die in den Torossen zurückgebliebenen Transportarten abzuwarten und den Hunden einige Ruhe zu geben. Kaum hatten sich aber diese, ihrer Gewohnheit nach, in den
Schnee gelagert, als hinter einer hohen Eismasse ein ungeheurer weisser
Bär hervortrat und Anfangs Miene machte, uns anzugreifen; das furchtbare Bellen unserer ganzen Hundeheerde aber und ihr gleich darauf
angestimmtes schauerliches Geheul bewogen das Ungethüm, seinen Plan
aufzugeben und sein Heil in einer eiligen Flucht zu suchen. Die ganze
Gesellschaft war im Nu auf den Beinen, und unter Anleitung unserer,
schon an dergleichen gewöhnten, hiesigen Jäger, mit Flinten, Lanzen,
Pfeilen und Bogen bewaffnet, begann die Jagd. Sie dauerte drei Stunden; der Bär war drei Mal mit Pfeilen verwundet und hatte zwei Kugeln im Leibe, doch schien ihn das nicht sowohl zu ermatten, als vielmehr wüthender zu machen, denn statt wie früher zu fliehen, griff er
jetzt an und warf sich schnaubend auf einen der Jäger. Sehr glücklich für diesen gelang es einem unserer Kosaken, dem Bären eine
Kugel durch die Brust zu jagen, welcher sich nun wüthend zu ihm
wandte, aber der Kosak fuhr ihm mit seiner Lanze in den weit auf-
gesperrten Rachen und warf ihn mit bewundernswürdiger Kraft und
Gewandtheit zu Boden, wo dann die übrigen herbeigeeilten Jäger ihm
das Garaus machten. — Es war ein gewaltiges Thier; seine Länge
von der Schnauze bis an die Schwanzwurzel betrug vollkommen 4 Arschin; dabei war es sehr fett und so schwer, dass zwölf tüchtige Hunde
es nur mit Mühe fortzuschleppen vermochten. Hienach zu urtheilen,
muss, der Bär über 35 Pud gewogen haben.

Während dieses Kampfes waren einige der zurückgebliebenen Pro-
viantarten bei uns angelangt, deren Führer mir berichteten, dass zwei

ihrer Gefährten in den Spalten zwischen den Torossen verunglückt seyen und dass sie ihnen nicht hätten helfen können. Ich liess sogleich drei unserer Narten leeren und schickte sie den Unglücklichen zu Hülfe, die denn auch nach ein paar Stunden zu unserer aller Freude, zwar ziemlich durchnässt und befroren, aber übrigens wohlbehalten bei uns anlangten.

Alle diese Vorgänge des Tages hatten uns viel Zeit genommen; es war spät, und Menschen und Hunde waren ermüdet, so dass wir beschlossen, die Nacht hier zu verbringen. Unser Nachtlager war folgendermaassen eingerichtet: im Mittelpunkte stand unser kegelförmiges Zelt, welches gleichsam das Hauptquartier machte; in geringer Entfernung um dasselbe herum standen vier kleinere, niedrige viereckige Zelte aus Rennthierfellen, nach Art der Pologi, welche dem Kaufmann Beres'hnoj und einigen der wohlhabenderen Nartenführer gehörten. — Das kleine Lager wurde im Kreise mit den Narten umstellt, an welche innerhalb des so begränzten Bezirkes die Hunde angebunden wurden. So waren wir gegen jeden unverhofften Besuch der Eisbären gesichert, die sich dem Lager nicht nähern konnten, ohne durch die Wachsamkeit jener treuen Thiere verrathen zu werden, deren Witterung so unbegreiflich scharf und fein ist, dass sie, wie wir eben gesehen hatten, selbst fast schlafend und mit tief versteckter Schnauze, doch die Annäherung des Feindes schon in einer ziemlichen Entfernung merken, und durch ihr furchtbares Tutti von Bellen und Heulen sowohl ihn zurückschrecken, als auch ihre Herren von der herannahenden Gefahr benachrichtigen.

Das Wetter war schön, und um uns vor dem Schlafengehen noch etwas zu erwärmen, übten wir uns bei der hellen Abenddämmerung im Schiessen und Werfen nach dem Ziele. Eine etwas behauene Eisscholle stellte den Bären vor; Augen, Schnauze und Herz wurden bezeichnet, und wer einen dieser Flecke traf, erlangte dadurch das Recht, an der nächsten Bärenjagd Antheil zu nehmen; der Fehlschüsse gab es unter den Hiesigen nur sehr wenige. — Während dieser Belustigung eines Theils der Gesellschaft beschäftigte sich der andere mit Ausbesserung der in den Torossen beschädigten Narten, mit Ausweiden und Zerlegen des geschossenen Bären, mit Zubereitung unserer

Abendmahlzeit u. s. w. *). Bei letzterem wurde besonders die grösste Aufmerksamkeit auf Ersparung des Holzes gewandt, von dem wir natürlich nur einen im Verhältniss des Bedürfnisses geringen Vorrath hatten mitnehmen können, und das wir, wenn dieser zu Ende ging, durch gar nichts ersetzen konnten. Zur speziellen Aufsicht auf diesen hier so unentbehrlichen Artikel war ein zuverlässiger Kosak angestellt, der alle beim Spalten der Scheite abfallenden Späne und kleinen Stückchen aufsammelte, um sie beim nächsten Feueranmachen zu benutzen; ausserdem hatte er darauf zu sehen, dass nur gerade das allernothwendigste zur Unterhaltung des Feuers verbraucht werde; sobald der Thee und die Suppe kochten, musste er das Feuer gleich auslöschen und alle Brände und Kohlen sorgfältig zusammenscharren zum Gebrauch für den folgenden Tag. Ueberhaupt muss ich bemerken, dass wir in allen Theilen unserer kleinen Wirthschaft die grösste Ordnung und Sparsamkeit beobachteten; jeder Fischrest, jedes noch so geringe Ueberbleibsel von Grütze oder Fleisch wurde gewissenhaft zu dem allgemeinen Vorrathe zurückgelegt, aus welchem die Vertheilung durch einen besonders dazu beauftragten Mann gemacht wurde.

Am folgenden Tage (28. März) hatten wir Morgens 12° und Abends nur 10° Kälte. — Bei der grossen Anzahl unserer Zughunde hatten wir auf deren Fütterung schon so viel Vorrath verbraucht, dass wir eine Narte leeren und zurückschicken konnten. Nachdem dies geschehen war, machten wir uns um 9 Uhr Morgens bei heiterem Himmel auf den Weg, den wir nach NW. 15° nahmen, und uns ausser dem Kompass nach einigen vor uns in der Ferne sichtbaren Eishügeln richteten. Der uns begünstigende SO. - Wind und die spiegelglatte Fläche des Eises förderten unsere Fahrt ausserordentlich. — Um Mittag machten wir Halt, um unsere täglichen Observationen anzustellen **), nach denen sich die Breite von 69° 58′ ergab; von hier lag

---

*) Merkwürdig ist der Widerwille der Hunde gegen das Bärenfleisch, so lange es noch warm ist; selbst bei starkem Hunger berühren sie es nicht; wenn es aber kalt und sogar etwas gefroren ist, fallen sie mit grosser Begierde darüber her.

**) Ich halte beinahe für überflüssig, zu bemerken, dass wir uns zu Beobachtung der Höhen der verschiedenen Gestirne des künstlichen Queck-

uns der grosse Baranow-Felsen nach dem Kompasse gegen NO. 73 $\frac{1}{2}$°. — Wir stiessen häufig auf die Fährte von Steinfüchsen, welche, wie es schien, in gleicher Richtung mit uns dahergezogen waren. Dies hatte die uns sehr erwünschte Folge, dass unsere Hunde, der Spur dieser Thiere nachsetzend, ihren Lauf freiwillig sehr beschleunigten. — Nachdem wir auf diese Weise 48 Werst zurückgelegt hatten, wählten wir zum Nachtlager eine Stelle, wo sich etwas mehr Schnee vorfand, und schlugen unsere Zelte wieder in der oben beschriebenen Ordnung auf. Die an diesem Orte beobachtete Breite betrug 70° 12 $\frac{1}{2}$'. Den grossen Baranow-Felsen sahen wir gegen SO. 56°, in einer Entfernung von etwa 39 italiänischen Meilen. Die Inklination der Magnetnadel fand sich 78° 15'.

Schon an diesem zweiten Tage unserer Eisfahrt fühlten wir die schädliche Wirkung, die das Zurückprallen der Lichtstrahlen von der blendenden Schneefläche auf unsere Augen hatte; bei dem fast wolkenlosen Himmel litten wir alle mehr oder weniger an Entzündung und heftigen Schmerzen. Ich hatte mich mit einem Vorrath schwarzen Flors versehen, dessen wir uns jetzt bedienten, um theils unsere Brillen damit zu überziehen, theils auch denjenigen, die letztere nicht besassen, blos eine Art kleinen Schleiers vorzuhängen, der das Auge gegen das gar zu blendende Sonnenlicht schützte. — Zur Linderung der brennenden Schmerzen streuten sich die hiesigen Eingebornen Abends Schnupftabak in die Augen, worauf sie zwar eine qualvolle Nacht verbrachten, sich aber am folgenden Morgen bedeutend erleichtert fühlten. Statt dieses gar zu heftigen Mittels liess ich die leidenden Theile mit Spiritus reiben, welches die erwünschte Wirkung, Minderung der Schmerzen und der Entzündlichkeit, hervorbrachte.

Am 29. März hatten wir bei bewölktem Himmel und gelindem SO.-Winde Morgens 8° und Abends 16° Kälte.

Wir hielten immer dieselbe Richtung (NW. 75°) und fanden durch die Mittagsobservation die Breite von 70° 19' 25". Nachdem

---

silberhorizonts bedienen mussten, weil der natürliche Horizont auf dem Eismeere grösstentheils durch bedeutende Unebenheiten und eine daher sehr unbestimmte Linie begränzt wird.

wir nach Mittage noch **2** Werst gefahren waren, erblickten wir im Nebel nach NW. 39° ein Land und richteten unseren Kurs dorthin, in der Hoffnung, eine neue Entdeckung zu machen. — Die geographische Lage der Bären-Inseln war im Jahre **1769** durch die Geodeten Lyssjew, Puschkarew und Leontjew bestimmt worden; nach ihren Beobachtungen liegt die östlichste dieser Inseln in **71° 58′** nördlicher Breite. Das jetzt von uns gesehene Land konnte demnach nicht zu dieser Gruppe gehören, allein die unaufhörlich vor unseren Blicken wechselnde Gestalt und Grösse desselben gab Anlass zu verschiedenen Zweifeln und Meinungen über die Wichtigkeit unserer Entdeckung; bald erschien es uns hoch und lang ausgedehnt, bald niedrig, zuweilen verschwand es ganz, so dass Einige unter uns sogar meinten, es sey nichts weiter als eine der im Eismeere häufig vorfallenden optischen Täuschungen. Als wir uns aber dem Gegenstande unserer Hoffnungen bis auf **16** Werst genähert hatten, überzeugten wir uns, dass wir wirklich eine kleine, nicht sehr hohe Insel vor uns hatten, auf welcher sich drei pfeilerartige Steinmassen von verschiedener Höhe erhoben. Eine derselben, welche höher als die beiden anderen war, schien uns die Form eines plumpen, menschlichen Rumpfes von gigantischen Dimensionen zu haben. — In einer Entfernung von **2** Werst vor der Insel mussten wir über einen sie zum Theil umgebenden sehr beschwerlichen Toross setzen. Endlich erreichten wir ein kleines Vorgebirge und entdeckten hinter demselben eine Bucht, auf deren abschüssigem Ufer wir zu unserer grossen Freude einiges Treibholz fanden. Dies sowohl, als auch die Ermüdung unserer Hunde, die schon **46** Werst zurückgelegt hatten, bewog mich, unser Nachtlager hier aufzuschlagen, um uns wieder einmal an einem ordentlichen Feuer zu erwärmen. Zwei Stunden nach uns trafen auch die am weitesten zurückgebliebenen Transportarten ein.

Während unsere Leute mit Aufrichtung der Zelte und Zubereitung des Abendbrodes beschäftigt waren, benutzten wir den Rest des schwindenden Tageslichtes, um die Anhöhe, auf welcher die drei Pfeiler standen, zu besteigen. Von der Küste bis zum Gipfel dieser Anhöhe, dem höchsten Punkte der Insel, auf einer Strecke von einer halben Seemeile, ist die ganze Oberfläche mit grösseren und kleineren

Granit-Porphyrstücken bedeckt, die nach oben hin an Grösse zunehmen; um die Pfeiler herum lagen die grössten Bruchstücke. Die Pfeiler selbst bestehen aus lauter 5 Zoll dicken, horizontal liegenden Schichten derselben Steinart. An zweien der Pfeiler finden sich bedeutende Spalten und Risse, die von unten hinauf durch die ganze Steinmasse in einer mit den äusseren Seiten oder Wänden derselben parallelen Richtung nach NO. 60° hinlaufen. Hieraus wäre zu schliessen, dass diese drei jetzt getrennten Steinmassen einst nur einen ungeheuren Felsen ausmachten, der durch Verwitterung, durch die Gewalt des Frostes, oder aus anderen äusseren Ursachen seine ursprüngliche Form verloren und die jetzige angenommen hat. Nach der von mir gemachten Ausmessung hat der längste Pfeiler eine Höhe von $48\,{}^{3}/_{10}$ Fuss und an seiner Grundfläche einen Umfang von 91 Fuss englischen Maasses. Nach oben zu verjüngt sich die Masse etwas, hat aber, wie gesagt, die Form eines menschlichen Körpers, mit einer Art Mütze oder Turban auf dem Kopfe, aber ohne Arme und Beine. — Von hier aus erblickten wir auf der östlichen Spitze der Insel noch einen vierten etwas kleineren Pfeilerfelsen, daher sie denn auch den Namen Vier-Pfeiler-Insel (tschetyrèch stolbowòj òstrow) erhielt. — In der Nähe unseres Nachtlagers fanden wir zwei alte hölzerne Nartensohlen und ein paar Rennthiergeweihe; ein Beweis, dass dieses Land im Winter sowohl als im Sommer mit Rennthieren besucht worden ist.

Der Horizont war mit Nebel angefüllt; nach NNW. schienen auf dem nicht zugefrorenen Meere Eisschollen zu schwimmen, und als die Sonne untergegangen war, erhoben sich nach dieser Gegend hin dicke Dünste von dunkler Farbe. Letzteres schrieb ich der Ausdünstung des mit Meersalz versetzten Schnees zu; ersteres konnte aber wohl nur eine von der Refraktion herrührende Täuschung gewesen seyn, bei welcher uns der Nebel eine Brandung und die feststehenden Torossen schwimmende Eismassen schienen. — Auf dem Rückwege umgingen wir die Westseite der Bucht und stiegen endlich nach einem Marsch von 5 Werst das steile Ufer hinab. — Auf den Niederungen trafen wir röthliche Sumpferde, spärlich mit niedrigem Grase bewachsen, gleich dem, welches man auf den Flächen des festen Landes von Nordsibirien findet. In den Schluchten sahen wir auf dem festgefrorenen Schnee eine Menge Bärenlager, so wie auch Spuren von Steinfüchsen und Mäusen, ohne jedoch auf irgend eines dieser Thiere zu stossen. Mit einem sehr behaglichen Gefühl erblickten wir endlich die an mehreren Stellen unseres kleinen Lagers hellodernden Feuer, um welche unsere zurückgebliebenen Gefährten in geschäftiger Thätigkeit sich es wohl seyn liessen, und eilten, den in den Polarregionen eben so seltenen als wohlthätigen Genuss des Erwärmens mit ihnen zu theilen.

Am folgenden Tage, 30. März, hatten wir Morgens bei leichtem SO.-Winde und bewölktem Himmel 14°, Abends aber, trotz dem ziemlich frischen NO.-Winde, doch nur 11° Kälte. Um Mittag bemerkten wir um die Sonnenscheibe einen regenbogenartigen Kreis.

Ich beschloss, hier einen Rasttag zu halten, theils um zwei geleerte Proviantnarten nach Nis'hne-Kolymsk zurückzuschicken, theils auch, um von dem hier angeschwemmten Lärchenholz so viel klein geschnitten zu bereiten, als sich auf die Narten packen liess. — Während Herr von Matiuschkin auf einer leichten Narte die Insel umfuhr und die Küste aufnahm, machte ich einige Observationen, aus denen ich nach der Mittags-Sonnenhöhe die Breite unsers Nachtlagers auf 70° 37' 06" N. und die Länge desselben auf 0° 41' östlich von der Insel Sucharnoj fand; die Deklination der Magnetnadel betrug, nach korrespondirenden Azimuthen, 14° 6' östlich, die Inklination nach verschiedenen Polwendungen 79° 3'. Um den Grad der Kraft des Magnets auszumitteln, stellte ich zwar eine Reihe von Versuchen über die Schwingungen der Magnetnadel an, aber die Resultate waren so wenig übereinstimmend unter einander, dass ich zuletzt alles Zutrauen zu meinem Inklinator verlor. Der gelungenste Versuch zeigte indess doch, dass, wenn das Instrument in dem magnetischen Meridian stand, die Nadel gerade in 5 Minuten (nach dem Chronometer) 181 Schwingungen machte; in senkrechter Richtung gegen obige, machte sie in derselben Zeit nur 177 Schwingungen, woraus sich für die Inklination der Magnetnadel 75° 30' ergaben.

Gegen Abend kehrte Herr von Matiuschkin von seiner Fahrt um die Insel zurück, und wir fertigten nach seiner Aufnahme eine Karte derselben an. Das Wesentlichste seiner Beobachtungen über die Beschaffenheit der Küsten besteht in Folgendem: Alle Kaps und vortretenden Landspitzen der Insel bestehen, gleich obigen vier Pfeilern, aus senkrechten Granit - Porphyrfelsen; in den Buchten ist das Ufer weniger steil und mit einer dünnen Schicht vegetabilischer Erde bedeckt, welche gleichfalls mit Porphyr - Bruchstücken besäet ist. Der westliche Theil der Insel kann als ein abgesonderter Felsen betrachtet werden; er besteht aus Lagen schwarzen Schiefers und weisslichem Quarze, in welchem sich Chalcedon findet. Dieser von zahllosen Vogelnestern überdeckte Fels hängt mit der eigentlichen Insel nur durch eine schmale, niedrige Landenge zusammen, die aller Wahrscheinlichkeit nach oft überschwemmt wird. — Das östliche Ende der Insel ist höher und felsiger als das westliche; in einer nach Norden liegenden Bucht fand Herr von Matiuschkin eine weit grössere Menge Treibholz, als wir an der Südseite gefunden hatten. — Von dem westlichen Ufer aus nach Westen hin sah er zwei kleine Inseln, deren Entfernung er aber, wegen des dichten Nebels, nicht bestimmen konnte.

Die Lage und Richtung dieser Insel, ihre Gestalt, die Felsenpfeiler, und endlich die nach W. und NW. liegenden kleinen Inselchen lassen mich glauben, dass unsere Vierpfeiler - Insel doch keine andere sey, als die von dem Geodeten Leontjew beschriebene östlichste Bären - Insel, welche nach seiner Angabe beinahe von derselben Gestalt und Ausdehnung ist, und auf der auch er etliche Felsenpfeiler gesehen hat. Zwar soll nach seiner Bestimmung diese Insel um $1^{\circ} 21'$ nördlicher liegen, als wir sie gefunden haben, aber diese Differenz, so gross sie auch ist, beweist doch nichts gegen die Identität der beiden Inseln; sie findet sich in allen seinen Breitenbestimmungen längs der ganzen Küste des festen Landes, westlich von der Kolyma, und da die Bären-Inseln mit dieser Küste in Verbindung stehen, so ist es wohl ganz natürlich, dass auch bei ihrer Bestimmung derselbe Fehler Statt finden musste.

Am 31. März machten wir uns bei etwas bewölktem Himmel und frischem NO. - Winde wieder auf den Weg. Das Thermometer zeigte Morgens 11°, Abends, bei heftigem ONO. - Winde, nur 8° Kälte. — Von der östlichsten Spitze der Insel nahmen wir, nach dem Kompas, unseren Kurs nach NO. 5°. — Um Mittag, als wir ungefähr 11 Werst in dieser Richtung von der Insel entfernt waren, befanden wir uns nach unseren Beobachtungen in 70° 41′ 45″ der Breite und in 0° 48′ der Länge von Sucharnoj.

Bis hieher waren wir, die oben erwähnten Torossen abgerechnet, ohne viele Schwierigkeiten und Beschwerden gelangt; hier aber fanden wir die, übrigens ebene Eisoberfläche mit Meersalz bedeckt, welches unsere Fahrt sehr erschwerte; das scharfe körnige Salz scheuerte nämlich die Eiskruste unter den Nartensohlen, welche das Hingleiten derselben so sehr erleichtert, in kurzer Zeit weg, und wir waren genöthigt selbst zu Fusse neben den Schlitten herzugehen, weil die Hunde sonst nicht im Stande waren dieselben fortzuziehen. — Dies Ungemach wuchs mit jeder Werst, die wir vorwärts machten; der Schnee ward immer weicher und feuchter und die Salzkruste dicker; dabei ward der ONO - Wind stärker und brachte einen dichten und so nassen Nebel mit, dass unsere Pelzkleidung bald ganz durchnässt war. — Alles dies liess uns schliessen, dass das Meer in unserer Nähe offen seyn müsse; unsere Lage wurde mit jedem Augenblicke gefährlicher, besonders da der Wind immer zunahm und der Nebel, der den ganzen Horizont bedeckte, uns nicht gestattete zu sehen wohin wir fuhren. Bei so bewandten Umständen weiter zu gehen, war durchaus unmöglich; eben so unmöglich war es auf diesem Flecke die Nacht zu verbringen, weil sowohl das Eis als auch der Schnee durch das Seesalz ganz ungeniesbar waren, dann aber auch, weil wir auf dieser Fläche keinen einzigen Stützpunkt für den leicht möglichen Fall fanden, dass das Eis von dem Sturme gebrochen würde. In dieser peinlichen Ungewissheit sahen wir es als eine wahre Wohlthat an, dass sich der Nebel in der Richtung nach NO. 35° etwas lichtete, und uns in der Entfernung einer Werst einige ziemlich hohe Torossen erblicken liess, die uns auf jeden Fall ein besseres Nachtlager darboten. Wir eilten dahin und lagerten uns unter dem Schutze einer 5 Faden hohen und eben so dicken Eiswand, wo wir einen günstigen Wechsel in der Witterung abwarten wollten. — Da ich auch hier die nur ungefähr einen Fuss dicke Schneeschicht stark von Seesalz durchdrungen fand, so besorgte ich, dass vielleicht das Meer hier erst vor Kurzem zugefroren und folglich das Eis selbst nicht stark genug sein möchte, um uns bei einem eintretenden Sturme Sicherheit zu gewähren. Um mich da-

von zu überzeugen, liess ich ein Loch in daselbe hacken; da sich
aber in demselben bei einer Tiefe von 1 ½ Arschin gar keine Veränderung in der Dichtheit des Eises fand, so glaubte ich ruhig seyn
zu können und stellte die Arbeit ein. Um uns geniessbares Wasser
zu verschaffen, sammelten wir den oben auf den Torossen liegenden
Schnee, der vollkemmen rein war, während der unten liegende, so wie
auch das Eis einen höchst widerlichen Seesalzgeschmack hatte. In der
Nacht erreichte der Sturm den höchsten Grad der Heftigkeit; unser
Zelt wurde umgerissen und wir hätten es vielleicht ganz eingebüsst,
wenn es nicht so sorgfältig an die Torosse angebunden gewesen wäre.
— Nach unserer Rechnung bestimmten wir die Breite dieses Nachtlagers auf 70° 53 ½′ und die Länge desselben auf 1° 2′ von Sucharnoj.

Am 1. April hatten wir Morgens bei gelindem NO - Winde und
dünnem Nebel nur 4° Kälte; Abends bei heiterm Himmel, scharfen
NO - Wind und 11° Kälte. — Um 4 Uhr Vormittags legte sich der
Sturm; der Horizont klärte sich etwas auf, und wir setzten unsere Fahrt
in der Richtung nach NO. 10° fort. — Um Mittag gaben unsere
Beobachtungen die Breite von 70° 54′; die Länge war nach Berechnung 1° 8′ von Sucharnoj. — Als wir von diesem Punkte 24 Werst
zurückgelegt hatten, bemerkten wir auf dem Schnee Spuren von Steinfüchsen, die nach NW. gingen, wo der Horizont in einem dunkelblauen
Nebel verhüllt war, der wie unsere Begleiter behaupteten, gewöhnlich
über dem offenen Meere schweben soll. Auf dem ebenem Eise fanden
wir Torossen, an denen Erde und Sand zu sehen war.

Wir hattten auf unserm letzten Nachtlager unter die Schlittensohlen Wallfischribben gebunden, welche besser über den feuchten
Schnee und das Seesalz weggleiten als das Holz. Obgleich dies unsern Hunden einige Erleichterung gewährte, so mussten wir doch immer noch zu Fusse neben den Narten gehen, daher wir denn auch so
langsam vorrückten, dass wir nach einem Marsche von 7 Stunden
nicht mehr als 33 Werst zurückgelegt hatten. Dessenungeachtet waren
unsere Proviantnarten so weit zurückgeblieben, dass wir sie zuletzt
ganz aus dem Gesichte verloren. Dies und die äusserste Ermattung
von Menschen und Hunden, bewog mich für die Nacht Halt zu machen.

Nach Berechnung befanden wir uns in 71^0 $11\frac{1}{4}'$ Breite und 1^0 $3\frac{1}{2}'$ der Länge von Sucharnoj. — In dieser Nacht, die wir übrigens ruhiger als die vorige verbrachten, floss die Abenddämmerung mit der Morgendämmerung zusammen.

Am Morgen des folgenden Tages (2 April) brachte uns ein frischer NW-Wind Schnee; die Kälte war nicht über 6^0. — Wir richteten unsern Kurs nach NW. 10^0, arbeiteten uns sehr mühsam zwischen Torossen durch, und waren genöthigt unsere Narten mit grosser Anstrengung über weite Strecken zu schleppen, die ganz mit groben Salzkrystallen bedeckt waren. Ungefähr 14 Werst von unserm Nachtlager erblickten wir drei Robben, die sorglos auf dem Eise schliefen; unsere Hunde stürzten zwar auf sie zu, aber die Thiere entkamen ihnen glücklich, indem sie unter dem Eise verschwanden. Wir fanden an der Stelle, wo sie gelegen hatten, ein rundes Loch von $1\frac{1}{2}$ Fuss im Durchmesser; das Eis war hier nur $\frac{1}{2}$ Arschin dick, sehr mürb und ganz mit Salz durchzogen. Wir untersuchten die Meerestiefe und fanden 12 Faden (zu 6 Fuss); der Grund war weicher grüner Lehm. Die Torossenkette, durch die wir uns eben durchgearbeitet hatten, lief gerade von O. nach W.; etwa 4 Werst nördlich von dem Luftloche der Robben zogen sich in derselben Richtung mehrere dergleichen von bedeutender Höhe dahin, die eine von Osten nach Westen liegende, 3 bis 4 Werst breite Fläche umschlossen, wo der Schnee tiefer und von Salze frei befunden ward. — Als wir etwa 34 Werst in rein nördlicher Richtung gemacht hatten, schlugen wir unter dem Schutze eines hohen Toross unser Nachtlager auf. Nach Berechnung befanden wir uns unter 71^0 $31'$ der Breite und 1^0 $37\frac{1}{2}'$ der Länge von Sucharnoj.

Das Fahren auf dem mit Salzkrystallen durchdrungenen und bedeckten, feuchten Schnee, erschwerte die Fahrt mit den stark beladenen Narten sehr, und da überdies das gelinde Wetter uns ausserordentlich ermüdete, so beschlossen wir, theils um die frischere Nachtluft zu benutzen, theils auch um nicht von dem blendenden Tageslicht zu leiden, am Tage zu ruhen und die Nächte hindurch zu fahren, da diese bei der jetzt schon ununterbrochenen Dämmerung, vollkommen hell waren.

20 *

Am 3. April schickte ich wieder drei leergewordene Proviant-
narten nach Nis'hne-Kolymsk zurück, denen ich zu mehrerer Sicherung
ihrer Fahrt einen Kompas mitgab. — Die Mittagsbeobachtung gab die
Breite von 71° 32′ 26″ an. — Das Wetter war trübe, mit leichtem
Nordwind;. das Thermometer zeigte 7°, in der Nacht fiel ein feuchter
Sehnee.

Nach Sonnenuntergang brachen wir auf und setzten unsere Fahrt
in der Richtung von 13° fort; wir bemerkten viele Spuren von Steinfüchsen, die von WSW. nach ONO. gezogen waren. — Anfangs
fuhren wir ziemlich rasch über die ebene Fläche fort, obgleich dieselbe an vielen Stellen mit Salz bedeckt war; bald aber nahm dieses so sehr überhand, dass wir uns, nachdem wir 15 Werst gemacht
hatten, so zu sagen, in einem tiefen Salzmoore befanden, wo wir durchaus gar nicht vorwärts kommen konnten. Ich untersuchte die unter
der Salzlake befindliche Eisschicht; sie war nur 5 Zoll dick und das
Eis so mürbe, dass unsere Führer es mit ihren Messern ohne Mühe
durchschneiden konnten. — Wir eilten augenblicklich diesen Verderben
drohenden Ort zu verlassen, und nachdem wir 4 Werst in einer Richtung nach S. z. O. gemacht hatten, erreichten wir eine ziemlich glatte
mit einer kompakten Schneekruste *) bedeckte Fläche. Als wir auf
dieser noch 2 Werst gefahren waren, liess ich das Eis untersuchen
und fand es ½ Arschin dick. Die Meerestiefe betrug 12 Faden
1¼ Fuss; der Grund war schlammiger grüner Lehm. — 1½ Werst
weiter machten wir neben einigen unbedeutenden Torossen Halt; die
Dicke des Eises sowohl als die Beschaffenheit der Meerestiefe waren
ungefähr eben dieselben. Durch die zu dieser Untersuchung in das
Eis gemachten Löcher quoll bald das Wasser empor und ergoss sich
über eine grosse Strecke nach allen Richtungen; es hatte einen wider-
lich salzigen Geschmack, der sich sogleich dem Schnee mittheilte.
Wenn die wässrigen Theile in den Sonnenstrahlen verdunsten, bleibt

---

*) Wenn nach vorhergegangenem Thauwetter ein scharfer kalter
Wind über die Schneefläche weht, so wird der Schnee dicht, glatt und
fest; das wird hier Uboj genannt, und es fährt sich darauf sehr gut.

eine dicke Salzlake nach, die sich theils krystallisirt, theils auch zur Zerstörung des Eises beiträgt.

Der Nordwind nahm unterdessen an Heftigkeit zu und muss das Wasser im offenen Meere in grosse Bewegung gesetzt haben; dies schlossen wir aus dem von Zeit zu Zeit über den Rand des von uns im Eise gemachten Loches steigenden Wasser, noch mehr aber aus der beinahe wellenförmig sich bewegenden dünnen Eisdecke, auf der wir lagen, und durch welche wir das unten heftig bewegte Element nicht nur hörten, sondern auch eine schwankende Bewegung des Eises fühlten. Unsere Lage war wenigstens höchst bedenklich, um so mehr, da wir durchaus kein Mittel hatten uns vor der drohenden Gefahr zu flüchten, sondern abwarten mussten, was das Schicksal über uns verhängte. Selbst die hiesigen Eingeborenen waren in grosser Unruhe, und nur unsere Hunde, die keine Ahnung von der uns bei dem Aufbrechen des Eises drohenden Gefahr hatten, schliefen ganz wohlgemuth in ihrer gewöhnlichen, zusammengeringelten Lage.

Unser heutiges Lager (4. April) befand sich in 71° 37½' der Breite und 1° 45' der Länge von Sucharnoj. Morgens hatten wir bei frischem Nordwinde, trübem Himmel und feuchtem Schnee 7° Kälte; Abends wandte sich der Wind und wehte mässig aus NO.; der Himmel klärte sich auf und das Thermometer zeigte 10°.

Sobald der Nordwind sich gelegt hatte und die Atmosphäre sich etwas aufklärte, liess ich zwei der besten Narten ausleeren, versorgte mich mit Lebensmitteln auf 24 Stunden, nahm unser Boot nebst Rudern, Stangen und einigen Brettern mit, und fuhr gegen Norden hinauf, um zu sehen wie das Eis beschaffen, und wie weit dasselbe noch fest sey. Dem Herrn v. Matiuschkin hinterliess ich die Weisung, sich bei irgend einer eintretenden Gefahr sogleich mit der ganzen Gesellschaft so weit es nöthig seyn würde zurückzuziehen, ohne meine Rückkehr zu erwarten.

Auf einer Strecke von 7 Werst ging die Fahrt sehr mühsam durch die dicke Salzlake; dann trafen wir auf eine Menge Risse und Spalten im Eise, über welche wir nur mit Mühe und mit Hülfe einiger darüber gelegten Bretter kamen. An manchen Stellen hatte sich das Eis in kleinen, abgesonderten Hügeln oder Höckern gehoben, die bei dem geringsten Stoss zusammen sanken und eine Pfütze bildeten. Die Dicke des so mürben Eises betrug kaum einen Fuss; das Meer hatte 12 Faden Tiefe auf einem Grunde von grünem Lehm. — Die zahllosen, nach allen Richtungen hingehenden Risse, durch welche das mit Erde gemischte Seewasser sich hinaufdrängte, der damit durchzogene gelblich graue Schlamm, die oben erwähnten kleinen eingesunkenen Hügel und das zwischen denselben rieselnde Wasser — alles das gab der zerstörten Eisfläche das Ansehen eines ungeheuren Morastes, auf dem wir indessen noch 2 Werst weiter nach Norden vordrangen, indem wir die schmalern Spalten übersprangen und die offenen Stellen umgingen. Endlich aber zeigten sich der letztern so viele, dass es schwer ward zu entscheiden, ob das Meer wirklich noch mit einer zusammenhängenden Eisdecke oder nur mit einzelnen darauf herumschwimmenden Eisstücken bedeckt sey, die fast durchgehends durch Zwischenräumen von ein paar Fuss Breite von einander getrennt waren und durch die geringste Erschütterung in allgemeine Bewegung gerathen konnten. Nur ein starker Windstoss war nöthig um sie gegen einander zu treiben und zu zerschellen; dann versanken die vom Wasser durchdrungenen kleinen Bruchstücke, und in wenig Minuten war da klares Wasser, wo wir jetzt standen. — An dem während der beiden letzten Tage und noch am heutigen Morgen gefallenen frischen Schnee auf der Oberfläche war deutlich zu erkennen, dass das Eis erst in der vergangenen Nacht, wahrscheinlich durch den Nordwind aufgebrochen sey, der hier fast immer trübes, feuchtes Wetter mitbringt. Unser Schicksal hing, wie gesagt, von einem einzigen Windstoss ab; ich gab daher das durchaus fruchtlose Weiterfahren auf und eilte zurück zu unsern hinterlassenen Gefährten, um mit ihnen wo möglich einen sichern Ort zu erreichen. — Unsere nördlichste Breite war 71° 43′; wir befanden uns 215 Werst in gerader Linie vom festen Lande und von dem kleinen Baranow-Felsen.

Während meiner Abwesenheit hatte Herr v. Matiuschkin die Inklination der Magnetnadel beobachtet, und dieselbe 79° 51′ gefunden. Gleich nach meiner Rückkehr liess ich das Lager abbrechen, und wir zogen nach SSO.

Ehe ich in meiner Erzählung fortfahre, muss ich der Geschicklichkeit erwähnen, mit der unsere Nartenführer sowohl mitten in den
ungeheuren Torossen als auch auf den unabsehbaren Schneeflächen, immer ohne sich zu trügen, die Richtung ihres Kurses beizubehalten
wussten. Weder erstere, die oft durch weite Umkreisungen umgangen
werden mussten, noch die letztern, die durchaus gar keinen bemerk-
baren festen Punkt darboten, konnten die Leute irre machen; ihr un-
trügliches Gefühl, eine Art Instinkt, leitete sie immer vollkommen
richtig. Besonders zeichnete sich unter ihnen mein Nartenführer, der
Kosaken - Sotnik Tatarinow, aus; durch die beständige Uebung auf seinen vieljährigen Eisfahrten hatte er es darin zu einer wahrhaft bewundernswürdigen Geschicklichkeit gebracht. Mitten in diesen verwickelten
Eisklippen - Labyrinthen, bald rechts, bald links wendend, hier eine
grosse Eismasse umgehend, dort über eine kleinere wegfahrend, wusste
er diese unaufhörlichen Aenderungen in der Richtung so einzurichten,
und wenn ich mich so ausdrücken darf, den Plan derselben im Gedächtnisse zu behalten, dass sie sich gegenseitig kompensirten und wir
unsere Hauptrichtung nie verloren; während ich mit dem Kompasse in
der Hand den verschiedenen Wendungen folgte, und den mittlern Kurs
zu resumiren suchte, hatte er ihn immer empirisch richtig herausge-
funden. Sogar seine Schätzungen der zurückgelegten Entfernung, auf
eine gerade Linie reduzirt, trafen gewöhnlich mit den Bestimmungen
zu, die ich aus den beobachteten Breiten und täglichen Kursen aus-
mittelte. — Auf den ebenen Flächen war es leichter die Richtung
beizubehalten; um so viel möglich einer geraden Linie zu folgen, suchten wir irgend eine ferne, vor andern sich auszeichnende grössere Eismasse ins Auge zu fassen, und wo sich dergleichen nicht fanden,
richteten wir uns nach den wellenförmig aufgeworfenen Schneestreifen
(sastrügi) die sich auf ebenen, offenen Flächen, auf dem festen Lande
sowohl als auf dem Meere bilden, wenn der Wind anhaltend von irgend einer Seite geweht hat, und die immer sicher die Gegend an-
deuten, aus welcher der Wind am häufigsten kommt. Die Bewohner
der Tundry in Sibirien durchziehen oft grosse Strecken von mehreren
hundert Werst nach irgend einer Niederlassung, ohne in diesen phy-
siognomielosen Einöden irgend einen andern Leiter zu haben, als diese

Sastrugi. Sie wissen aus Erfahrung schon, unter welchem Winkel sie die grossen und die kleinern Schneewellen durschneiden müssen, um den Endpunkt ihrer Reise zu erreichen, und treffen immer richtig auf denselben. Oft geschieht es, dass die frühere, ächte Sastruga von einer später durch momentan geänderte Winde erfolgten, verweht oder durchkreuzt ist; das irrt aber den Reisenden nicht, dessen geübter Blick dies gleich entdeckt; dann gräbt er den später gefallenen Schnee vorsichtig weg, und berichtigt seinen Kurs nach der untern Sastruga und nach dem Winkel den die beiden gegen einander machen. Auch uns diente diese Sastruga auf den ungeheuren Schneewüsten des Eismeeres zur Bestimmung unseres Weges, da während des Fahrens der Kompass nicht zu brauchen ist; um ihn zu konsultiren, mussten wir immer auf eine Weile stille halten, wobei viel Zeit verloren ging. An Stellen wo es keine Sastrugi gab, nahmen wir unsere Zuflucht zu Azimuthbeobachtungen der Gestirne; immer aber kontrollirten wir unsere Bestimmungen nach dem Kompass, den wir stündlich und auch noch öfter zu Rathe zogen.

Als wir 20 Werst von unserm Lager entfernt waren, nahmen die Torossen an Höhe und Menge zu; Anfangs war die Oberfläche des Meeres nur sehr uneben und mit grössern und kleinern Eisklumpen bedeckt; nach und nach wurden diese immer beträchtlicher, bis sie sich endlich zu ganzen Reihen von Torossen bildeten, die nicht selten eine Höhe von 80 Fuss erreichten. Diese grossen Eismassen waren durchgehends von grünlich blauer Farbe und stark salzigem Geschmack. Die Schwierigkeit, uns zwischen allen diesen Klippen durchzuarbeiten, ward noch um vieles durch den lockern Schnee vermehrt, der die Zwischenräume ausfüllte, und nur locker tausende von spitzigen Eisstücken bedeckte, die häufig unsere Narten umwarfen und uns selbst schmerzhaft verletzten. Jene, von allen bisherigen ganz verschiedene Torossen, waren sogenannte Wintertorossen; sie entstehen sowohl im letzten Winter als auch im Frühling und Herbste, wenn bei heftigen Stürmen das Meereis gebrochen, aufgewühlt und dann durch wieder eintretende starke Fröste gefestigt wird.

Kaum hatten wir uns durch diese zackigen Wintertorossen durchgearbeitet, als wir in eine andere Gruppe geriethen, deren Ansehen ganz verschieden von jenen, aber noch origineller und auffallender war. Diese Gruppe bestand aus einer Menge theils kegel- theils kugelförmiger Hügel von ungleicher Höhe *) und Umfang, die bald dicht neben einander standen, bald längliche oder runde Thäler einschlossen. Da sich nirgends abgesonderte Eisblöcke zeigten, so glaubten wir Anfangs auf eine bergige Insel gestossen zu seyn; nach genauerer Untersuchung des Eises auf den Gipfeln der Hügel und am Fusse derselben, überzeugten wir uns indessen bald, dass unsere vermeintliche Insel auch nichts anderes sey, als eine andere aus Eis und Schnee bestehende Art von Torossen. In den Tiefen war die Oberfläche des Eises eben und vollkommen glatt, von weisslich-grauer ins Schwarze übergehender Farbe; es hatte einen ganz reinen Geschmack und war grobkörnig und undurchsichtig, Die Seiten der Hügel waren mit kompaktem Schnee gleichsam überzogen; auf den Gipfeln aber fand sich wieder Eis von derselben Gattung wie in den Thälern. Wir fuhren leicht und ungehindert über den festen Schnee an den Abhängen der Hügel und in den Zwischentiefen dahin; nachdem wir 2 Werst gemacht hatten, befanden wir uns in einer Art von Kessel, der ungefähr 5 Faden im Durchmesser hielt, und durch die ihn von allen Seiten umgebenden kegelförmigen Eishügel vor jedem Winde vollkommen geschützt war; dies bewog uns hier unser Nachtlager aufzuschlagen. Von dem höchsten der uns zunächstliegenden Hügel, der sich auf 70 Fuss über die Oberfläche unseres Thalgrundes erhob, sahen wir nach NO. grosse blaue Wintertorossen, nach Süden aber war der Horizont durch weisse Erhöhungen begränzt.

Die Entstehung jener, ganz von allen übrigen verschiedenen, kegelförmigen und runden Torossen, erklärten unsere Begleiter auf folgende Art: Gleichzeitig mit Erschaffung der Welt entstand auch dieses Eis, das durch seine ausserordentliche Schwere auf den Boden des Meeres sank, und so die feste Grundlage dieser unbeweglichen Eismassen bildeten, welche dann nach und nach bei den ewigen Frösten bis über die Meeresfläche hinauf wuchsen. Die Hügel darauf wurden

---

*) Einige der höchsten Hügel, die wir ausmassen, hatten 90 Fuss senkrechter Höhe über der Meeresfläche.

durch angeschwemmte Eisblöcke gebildet, welche der Schnee bedeckte, der dann im Laufe vieler Jahrhunderte bald thauend, bald wieder ge· frierend alle diese spitzigen und runden Hügel bildete. Daher heisst denn auch diese Gattung von Torossen uraltes (drewneji) oder adamitisches Eis (adamowschtschina) und soll durch dieses hohe Alter so fest seyn, dass es selbst am Feuer nicht schmilzt. — Von dem Ungrund dieser letzten Meinung hatten wir Gelegenheit die guten Leute bei dem ersten zu Feuer gesetzten Theekessel zu überrzeugen. Ich werde an einem andern Orte meine Ansicht über diese aus sogenanntem Ureise bestehenden Torossen auseinandersetzen.

Am 5. April hatten wir bei heiterm Himmel und starkem SSO-Winde Morgens 10°, Abends 11° Kälte. Nach unserer Mittagsbeobachtung befanden wir uns in 70° 30′ 30″ der Breite und 1° 55′ der Länge von Sucharnoj. — Nach Sonnenuntergang setzten wir unsere Fahrt in östlicher Richtung fort, wurden aber bald, nachdem wir nur 3 Werst gemacht hatten, durch unregelmässige und ungewöhnlich hohe Wintertorossen aufgehalten, die wahrscheinlich auch wohl wie die vorigen ihr Daseyn dem feststehenden Ureise verdanken, auf und an welchem sie sich lehnten. Mitten zwischen diesen sich weit ausdehnenden Torossen erblickten wir in einiger Entfernung von uns eine besonders hohe, schwärzliche Koppe, die so sehr einem Felsen glich, dass ich trotz den immer noch zunehmenden Beschwerden der Fahrt beschloss, bis dahin vorzurücken und sie genauer zu untersuchen. Nach einer höchst mühevollen Arbeit von drei Stunden, wo wir uns auf einer Strecke von 300 Faden mit Brechstangen einen Weg bahnen mussten, gelangten wir endlich mit allen unsern Narten bis auf den Gipfel dieses merkwürdigen Eisberges, den wir ganz aus dem oben beschriebenen Ureise bestehend fanden. Von dieser Höhe herab erblickten wir einen grossen Theil des Meeres, auf dem wir von Norden nach Osten undurchdringliche Wintertorossen, und eine Menge weiter Eisspalten und offene Stellen (polynji) dazwischen unterscheiden konnten. Nach SO. schien das Eis ebener zu seyn, auch war die Fläche weniger durch Risse und Spalten unterbrochen.

Durch die beschwerliche Fahrt in den Torossen waren unsere Proviantnarten nach und nach so sehr beschädigt, dass sie beständig brachen, und bald ganz unbrauchbar zu werden drohten. Auch die Hunde vor denselben waren sehr angegriffen und entkräftet, so dass wir uns entweder einem langwierigen Aufenthalte unterziehen, oder gewärtigen mussten unsere Vorräthe zu verlieren. Ich entschloss mich daher, mich lieber der lästigen Bürde zu entledigen, indem ich die Proviantnarten zurückschickte und hier wie früher ein Proviant-Depot hinterliess. Zu diesem Behufe liess ich in den Eisberg eine Art Keller von 2 ½ Arschin Tiefe und 3 Faden Umkreis aushauen, in welchen ich alle unsere Vorräthe von den Proviantschlitten packte, und ihn dann sorgfältig mit festgestampftem Schnee und dem zurückbleibenden Brennholze verschloss, um die Lebensmittel gegen die Besuche der weissen Bären zu schützen. — Auf unsere sechs Reiseschlitten vertheilten wir so viel Proviant als ungefähr auf 14 Tage erforderlich seyn konnte. Nachdem diese Arbeiten vollbracht waren, schickte ich die 8 ausgeleerten Transportnarten nach Nis'hne-Kolymsk zurück. Einem der verständigsten Führer, der während unserer Fahrt den Gebrauch des Kompasses begriffen hatte, gab ich einen solchen mit auf den Weg. Diese Leute, die mehrmals schon daran verzweifelt hatten ihre Heimath wiederzusehen, waren höchlichst erfreut, als ich ihnen meinen Beschluss, sie zurückzusenden ankündigte, und betrieben die Zurüstungsarbeiten mit solcher eifrigen Eile, dass sie noch vor Sonnenaufgang aufbrechen konnte. Jetzt bestand unsere ganze Gesellschaft nur noch aus zehn Personen auf sechs Narten. Anstatt des Unteroffiziers Reschetnikow, den ich als Anführer der Rückkehrenden abfertigte, blieb der Kaufmann Beres'hnoj bei uns.

Am 6. April zeigte das Thermometer Morgens bei frischem SO-Winde nur 6°, Abends aber bei scharfem Ostwinde 15° Kälte. Während der ganzen Nacht hörten wir beständig das Krachen des rings umher Risse und Spalten machenden Eises, und ein dumpfes, dem Rollen eines entfernten Donners ähnliches Getöse.

Eine Kette hoher Wintertorossen, die sich SO. hinzogen, schien die Südgränze der neuern Eisbrüche und Oeffnungen auszumachen, welche den ganzen Horizont zwischen N. und O. einnahmen; von dieser Torossenkette waren nach Süden hin wohl noch viele und dichte Torossen su sehen, aber das Meer schien dort keine Risse und offene

Stellen zu haben. Bei solcher Beschaffenheit des Eises wählten wir eine dicht an der Südseite des Eisbergrückens hinlaufende ziemlich ebene Bahn, auf welcher wir hofften vielleicht weiter nach Norden vordringen zu können. Auf dieser schmalen, mit festem Schnee bedeckten Eisbahn fuhren wir ziemlich rasch dahin. Zur Linken hatten wir einen ununterbrochen fortlaufenden Eisrücken von 100 Fuss senkrechter Höhe, und zur Rechten eine weite, mit grössern und kleinern Eisschollen übersäete Fläche. Sowohl diese Eisblöcke, die meistentheils einen halben Kubikfaden hielten, als auch den Grund zwischen denselben, fanden wir mit tiefem lockern Schnee bedeckt; wir schlossen daraus, dass diese Torossen sich im Herbste beim Zufrieren des Meeres gebildet haben müssten und nachher nicht gebrochen wären, wo dann der während des Winters gefallene Schnee hier zurückgeblie ben war. Ich werde daher in Zukunft alle diesen ähnliche Torossen mit der Benennung Herbstorossen bezeichnen. — Der Eisrücken zu unserer Linken hingegen hatte sich offenbar erst vor wenigen Tagen gebildet, und gehörte daher zu der Klasse der Frühlingstorossen. Indem ich den frischen Bruch dieser Eismassen mit dem der Eisspalten und Oeffnungen, die nach Norden hin von diesem Eisrücken ausgingen und die Gestaltung dieses letztern genau verglich und untersuchte, machte ich mir folgende Erklärung über das Entstehen dieser Eiswand. Nördlich von den Herbsttorossen hatte sich die ganze Meeresfläche während des Winters mit ebenem Eise und kompaktem Schnee überzogen; im Frühlinge war dieses Eis geborsten und in einzelne Stücke zerbrochen, gegen ein anderes Eisfeld getrieben worden, das noch durch keine Risse geschwächt worden war; grosse, umherschwimmende Eismassen hatten sich hiebei unter das noch feste Eisfeld geschoben, dort angehäuft und hatten dasselbe nach und nach aufgehoben, wodurch es dann endlich die schiefe Lage annehmen musste, durch welche die südwestliche Seite dieses Eisberges sich von der nordöstlichen unterscheidet; jene war nämlich abschüssig, glatt und mit festem Schnee bedeckt, diese hingegen erhob sich senkrecht bis zu einer Höhe von hundert Fuss, und hatte sich aus unzähligen der verschiedenartigsten übereinander aufgethürmten Eisstücken gebildet, die den anderseitigen glatt abschüssigen Rücken unterstützten. Auf dem Gipfel dieser Eiswand

317

lagen grössere und kleinere Eisklumpen, die sich auf eine fast uncr-
klärliche Art dort schwebend erhielten; unter andern sahen wir an einer Stelle einen wenigstens **1000** Kubikfuss haltenden Eisblock, der
sich gleichsam schwebend, auf einem darunter liegenden Eisklümpchen
von nicht mehr als etwa 8 Kubikfuss erhielt, und ziemlich fest darauf
sitzen musste, da ihn die heftigen Stürme, die wir noch vor Kurzem
hier gehabt hatten, nicht erschüttern und herabwerfen konnten. Die
unten stehende Figur giebt einen ungefähren Begriff von der Gestalt
dieses merkwürdigen Eisberges.

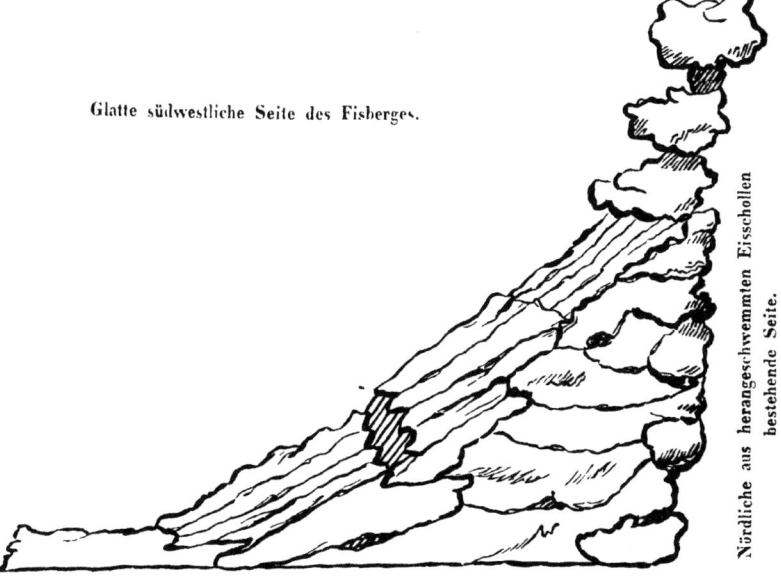

Glatte südwestliche Seite des Fisberges.

Nördliche aus herangeschwemmten Eisschollen bestehende Seite.

An der abschüssigen südwestlichen Seite bemerkte ich unter andern einen horizotallaufenden Riss, der ungefähr eine halbe Arschin
breit seyn mochte; diese Oeffnung gestattete mir das Innere des Eisberges genauer betrachten zu können, und ich war nicht wenig erstaunt
zu finden, dass die obere Eisdecke, welche hier eine Dicke von **11 Fuss**
hatte, in ungefähr ³/₄ Arschin dicke parallellaufende Schichten gespalten war, deren Lage ln der Zeichnung zu sehen ist.

In einer Entfernung von **12 Werst** von unserer Proviantniederlage
umgingen wir mehrere offene Stellen im Eise, wo wir mit dem Senk-

blei eine Tiefe von **12** Faden fanden; der Boden war immer noch wie früher ein grünlicher Lehmschlamm. Wir folgten dem Fusse des Eisrückens, der nach SO. **60°** hinlief; da wir aber schon **29** Werst zurückgelegt hatten, ohne in demselben irgend einen Ausweg nach Norden zu finden, so schlugen wir unser Läger ungefähr **300** Faden von einem frischen Bruche, neben einer Eisscholle von unbedeutender Grösse auf. — Bei dem ziemlich scharfen Ostwinde bebte das Eis unter uns beständig, bald stärker bald geringer, und nach NO. hin hörten wir ein starkes Getöse, welches von dem Zusammenstürzen der Eismassen herrührte. Unserer Mittagsbeobachtung nach befanden wir uns unter **71° 15′ 9″** der Breite; die berechnete Länge war **2° 20′** von Sucharnoj.

Am **7.** April hatten wir ein heiteres Wetter mit scharfem Ost. wind, das Thermometer zeigte Morgens **12°** und Abends **17°** Kälte. Wir setzten unsere Fahrt in südöstlicher Richtung längs dem neuen Eisbruch fort. — Der Eisrücken ward allmälig niedriger und weniger regelmässig; Spalten und Oeffnungen im Eise waren immer häulig. Die Meerestiefe, die wir **30** Werst von unserm letzten Lager untersuchten, betrug **11** Faden **5** Fuss, der Grund von derselben Gattung wie früher. — Nachdem wir in dieser Nacht **49** Werst zurückgelegt hatten, schlugen wir mit anbrechendem Morgen unser Nachtlager in der Breite von **70° 55′ 42″** und einer berechneten Länge von **3° 5′** von Sucharnoj auf.

Der **8.** April brach heiter an mit mässigem NO - Winde und **6°** Kälte. Abends bedeckte sich der Himmel; gegen Süden zogen schwere dunkle Wolken auf; die Kälte stieg bis zu **14°**. — Wir verfolgten unsern Weg in derselben Richtung wie gestern ungehindert **10** Werst weit, bis wir an eine grosse Spalte kamen, die von NO. nach SW. **30°** ging und sich rechts zwischen den Herbsttorossen, links aber in den Rissen des neuen Bruches verlor. Die Breite dieser Spalte betrug **8** Fuss; wir hätten demnach gar keine Möglichkeit gefunden hinüber zu kommen, wenn wir nicht eine, glücklicherweise für uns dort umherschwimmende Eisscholle benutzt hätten, um uns auf derselben an der engsten Stelle der Spalte, wie auf einem Prahm, hinüberzusetzen. — Aus unsern über die Strömung angestellten Beobachtungen ergab sich, dass dieselbe bei einer Geschwindigkeit von $\frac{1}{2}$ Knoten, eine OSO - Richtung hatte. Die Meerestiefe war 12 $\frac{1}{2}$ Faden. — 22 Werst weiter erblickten wir nach SO. 2° am Horizonte den grossen Baranow-Felsen, der unserer Berechnung zufolge, nach SW. 3° in der Entfernung von 114 Werst von uns liegen sollte. Während wir uns über diese Differenz besprachen, entdeckten wir eine nach Westen gehende frische Bärenspur. Sogleich wurden zwei Narten geleert und wir machten uns mit dem Herrn von Matiuschkin auf, um diese Spur zu verfolgen. Wir waren ungefähr 10 Werst gefahren und befanden uns zwischen ziemlich dichten Torossen, als ein entferntes Getöse, das sich rasch zu nähern schien, und bald die Stärke eines starken betäubenden Donnerschlages erlangte, unsere ganze Aufmerksamkeit in Anspruch nahm; zugleich erbebte das Eis unter uns heftig und begann sich nach allen Richtungen zu spalten, so dass an mehreren Stellen das Wasser hervorquoll. Da war nun nicht weiter an die Bärenjagd zu denken; wir eilten den gefährlichen Ort zu verlassen und zu unsern Gefährten zurückzukehren, die sich vielleicht in einer ähnlichen Lage befinden konnten und unserer Gegenwart und Anordnungen bedurften. Auf der Rückfahrt hätten wir beinah einen unserer besten Hunde eingebüsst, der, der Jagd halber ausgespannt war und, seine Freiheit benutzend, in einer ziemlichen Entfernung vor uns herlief. Unsere Kosaken die ihn seiner weissen Farbe wegen aus der Ferne bei der immerwährenden Täuschung durch die Brechung der Lichtstrahlen in diesen Regionen, für den verfolgten Bären hielten, griffen sogleich nach Flinten und Bogen, und hätten gewiss unsern treuen, nützlichen Begleiter erlegt, wenn nicht einer der scharfsichtigsten unter ihnen noch zeitig genug den Irrthum entdeckt hätte.

Wir fanden unsere zurückgebliebenen Reisegefährten vollkommen ruhig; das Bersten des Eises war hier gar nicht bemerkbar gewesen, und da unsere Hunde der Ruhe bedurften, so beschloss ich die Nacht hier zu verbringen. Die Breite dieses Nachtlagers war — 70° 46 $\frac{1}{2}$' die Länge 3° 22 $\frac{1}{2}$' von Sucharnoj.

Am folgenden Morgen (9. April) brachen wir bei frischem NO-Wind und 12° Kälte auf, und setzten unsere Fahrt nach SO. 75° weiter fort. Als wir in dieser Richtung 5 Werst gemacht hatten, sahen wir am Horizonte nach NO. 40° eine blaue Ferne, die ganz das Ansehen eines bergigen Ufers hatte. Bei genauerer Betrachtung durch das Teleskop verschwand indess diese Aehnlichkeit; eine halbe Stunde später erhob sich das vermeintliche Land in die Lüfte und liess den Horizont rein und heiter.

Je weiter wir fuhren, desto häufiger und grösser wurden die To-rossen, die Spalten und die offenen Stellen; endlich sahen wir uns nach allen Seiten von unübersteiglichen Eisklippen umgeben. Alle An-strengungen dieses Hinderniss zu überwinden waren vergebens; wir sahen uns genöthigt, nachdem wir uns selbst und unsere Hunde frucht-los ermüdet hatten, mit zerbrochenen Schlitten auf unserm alten Wege zurückzufahren, und schlugen unser Nachtlager in der Nähe des gestri-gen auf.

Am 10. April fiel das heilige Osterfest ein, welches in der gan-zen Christenheit, vornehmlich aber bei uns in Russland, immer hoch gefeiert wird. Von allem entblösst was nur irgend zu einer solchen Feier erforderlich ist, wünschten wir wenigstens gleichzeitig mit unsern daheim lebenden Mitbrüdern uns zum Gebete zu vereinigen. Ein mög-lichst regelmässig behauener Eiswürfel vertrat die Stelle des Altares; vor dem darauf gestellten Bilde des heiligen Wunderthäters Nikolaj brannte auf einem Oschtol *) die einzige Wachskerze, die wir mit hatten; der Kaufmann Bereshnoj übernahm es, in Ermangelung eines Priesters, die für diesen Tag vorgeschriebenen Gebete abzulesen, und die Kosaken und Nartenführer stimmten die nöthigen Gesänge dabei an. Wie prunklos und einfach auch unser Gottesdienst seyn mochte, so war doch die Andacht der kleinen Versammlung von Schicksalsge-fährten herzlich und wahrhaft erbaulich. — Das hierauf folgende Fest-mahl war eben so einfach und zeichnete sich nur durch einige für diesen Tag aufgesparte Rennthierzungen und durch eine doppelte Por-tion Branntwein aus. Was aber ganz besonders zur Feier und Fröh-lichkeit stimmte, war ein kleines, länger als gewöhnlich unterhaltenes Feuer, um welches alle sich lagerten, und den Rest des Tages, ohne

---

*) Oschtòl heisst der nach unten zugespitzte Stab, mit welchem die Narten gelenkt und die Hunde angefeuert werden.

zu arbeiten, in traulichen Gesprächen von den bis jetzt glücklich überstandenen Mühseligkeiten und Gefahren und von den Hoffnungen einer
frohen Rückkehr verbrachten. — Noch nie ist wohl eine Gesellschaft
unter solchen Umständen, bei so gänzlichem Mangel an allem, was
auch nur in entfernter Bedeutung Genuss und Bequemlichkeit heissen
kann, so heiter und froh gewesen, als es unser kleines Häuflein war;
hauptsächlich rührte das wohl von dem behaglichen Gefühle her, sich
einmal wieder nach langer Zeit ordentlich an einem, wenn auch kleinen, aber doch fortlodernden Feuer wärmen zu können, und einmal
einen ganzen Tag der Ruhe zu widmen, deren wir alle, nach so vielen Anstrengungen und fast ununterbrochenen Arbeiten, sehr bedurften.

Obgleich wir sowohl als auch unsere Hunde durch diesen vollen
Ruhetag gestärkt waren, so sah ich mich dennoch genöthigt, noch einen
Tag hier liegen zu bleiben, weil mein Nartenführer plötzlich von einem
heftigen Rückenschmerz befallen ward, der ihm bei der geringsten Bewegung unerträglich wurde. Wir wandten diesen unwillkürlichen Ruhetag dazu an, um unsere auf den Torossen und Salzkrystallen stark
beschädigten Narten, so gut es sich thun liess, auszubessern. — Wir
hatten, bei mässigem NO.-Winde, nur 6 bis 9° Kälte. Aus der
Ferne hörten wir das donnerähnliche Getöse der zusammenstürzenden
Eisberge. — Am 12. April war der Himmel trübe und bewölkt; doch
stieg die Kälte bei gelindem Ostwinde gegen Abend bis auf 14°.

Die Beschaffenheit des Eises nach der Gegend hin, in welcher
wir unsere Forschungen anstellen sollten, und das immer weiter rük-
kende Brechen desselben in so geringer Entfernung von dem Festlande,
die häufigen offenen Stellen, deren Umgehung wegen der ungeheuren
Torossen immer schwieriger und beinahe unmöglich ward, benahmen
mir jetzt jede Hoffnung, mit unseren durch die langwierige, beständige
Anstrengung sehr entkräfteten Hunden unsere Reise mit einigem Erfolg fortsetzen zu können. Diese Hindernisse, die mit jedem Tage zu-
nahmen, bewogen mich endlich, nach reiflicher Ueberlegung, das weitere Vordringen in der bisherigen Richtung aufzugeben und nach unserem Vorrathskeller, an dessen Erhaltung unsere Nartenführer schon
längst gezweifelt hatten, zurückzukehren. Diesem Entschlusse zufolge
nahmen wir, um aus den Torossen herauszukommen, unseren Kurs

21

nach dem wahren Westen und gelangten bald auf ebenes Eis und festen Schnee, wo wir 64 Werst zurücklegten und uns an einer einzeln stehenden sieben Faden hohen und breiten Eisklippe von altem Eise zur Nacht lagerten. Die Vierpfeiler-Insel, die nach unserer Berechnung etwa 38 Werst weit von uns entfernt seyn musste, war kaum am Horizont nach SW. 62° sichtbar. — Aus der nächstfolgenden Mittagsobservation ergab sich die Breite dieses unsers Lagerplatzes 70° 38' 45" und die Länge 1° 45' von Sucharnoje.

Am 13. April hatten wir heiteren Himmel und bei starkem NNO.-Winde Morgens 13°, Abends 15° Kälte. — Jetzt nahmen wir unseren Kurs nach Norden, und nachdem wir in dieser Richtung 5 Werst gefahren waren, stiessen wir auf die Spur unserer zuletzt von dem Vorrathskeller zurück abgefertigten leeren Proviantnarten. Wir verfolgten diesen eingefahrenen Weg, der uns über eine Kette hoher, von NW. nach SO. liegender Wintertorossen führte. Nachdem wir am heutigen Tage etwas über 50 Werst gemacht hatten, schlugen wir unser Lager in 71° 3' 45" der Breite und 8° 00' der Länge von Sucharnoje auf.

Als wir am 14. April bei 9° bis 14° Kälte weiterfuhren, sahen wir häufige, theils alte, theils auch noch ganz frische Spuren von Bären und Steinfüchsen, die auch längs unserem Wege nach dem Vorrathskeller hingezogen waren. Dieser Umstand liess uns natürlich befürchten, dass es einer so bedeutenden Anzahl Bären doch wohl gelungen seyn könnte, trotz aller von uns getroffenen Sicherungsmaassregeln in unser Magazin zu dringen, was uns in eine höchst üble Lage gesetzt hätte. Um so schnell als möglich irgend eine Gewissheit hierüber zu erlangen, eilte ich mit drei der besten und leichtesten Narten voraus nach NO., der frischen Bärenfährte folgend. Bald stiess ich auf ein verlassenes Bärenlager, welches einen Faden tief in den Schnee gegraben war; zwei sehr enge, einander gegenüberstehende Oeffnungen dienten zum Eingang in die Höhle, die Raum genug für zwei Bären hatte. Nicht weit von da kam ich an eine Oeffnung im Eise, die den Robben als Luftloch diente; an der einen Seite befand sich eine von Schnee aufgeworfene Erhöhung, in welcher unten am Boden eine kleine Oeffnung nach dem Eisloche hin gemacht war. Hinter dieser Art von

Brustwehr, welche die Bären gewöhnlich neben den Eislöchern der
Robben aufzuwerfen pflegen, liegen sie ruhig, die Pfote durch jene
Oeffnung gesteckt und erwarten die Robben. Sobald eine derselben
auf das Eis gekrochen ist, streckt der Bär seine gewaltige Tatze plötzlich hervor, schleudert mit einem Schlage das harmlose Thier weit
von seinem einzigen Rettungsorte, dem Eisloche, fort, und bemächtigt
sich dann mit leichter Mühe seiner Beute. Merkwürdig ist dabei das
Treiben des Steinfuchses, der, alle Furcht vor dem im Vergleich mit
ihm ungeheuren Bären vergessend, und auf seine eigene Schnelligkeit
und Gewandtheit vertrauend, immer einen Theil der Beute so zu sagen
unter den Tatzen des glücklichen Fängers zu entwenden versteht; der
Steinfuchs ist im eigentlichen Sinne des Wortes Kostgänger des Bären, und man ist daher gewiss, die Spuren dieser beiden Thiere immer bei einander zu finden.

Nach vielem Hin- und Herfahren kamen wir endlich auf unseren
alten Weg in der Gegend unsers Nachtlagers vom 6. April. Da sich
die Bärenfährte hier in undurchdringliche Torossen und gefährliche Eisspalten verlor, so beschlossen wir, unseren eigenen Weg nach dem
Vorrathskeller zu verfolgen; ich schickte demnach eine unserer Narten
den nachgebliebenen mit dem Befehl entgegen, bei dem Magazin zu
uns zu stossen. — Unsere Fahrt war beschwerlicher, als wir anfänglich geglaubt hatten, indem das Eis, über welches unser alter Weg
ging, grösstentheils aufgebrochen war. Die Eisberge fanden wir nicht
mehr, sie waren eingestürzt und hatten an vielen Stellen unsere ebene
Spur zerstört. Zugleich trafen wir häufig auf weite, offene Stellen im
Eise, die wir genöthigt waren durch grosse Umwege zu umfahren, oder
über dieselben zu setzen, welches unser Vorrücken sehr erschwerte. —
Bei einem solchen Uebersetzen über eine Eisspalte geschah es, dass
die acht Hunde meiner Narte ins Wasser fielen und auch den Schlitten unfehlbar nach sich gezogen hätten, wenn nicht die bedeutende
Länge desselben dies verhindert und die Hunde sowohl als mich selbst
gerettet hätte.

Nach einer höchst gefährlichen und mühevollen Fahrt von eilf
Stunden gelang es uns endlich, unseren Vorrathskeller zu erreichen,
den wir zur allgemeinen Freude unversehrt fanden. Aus den vielen

Spuren am Fusse des Eisberges sahen wir deutlich, dass die Bären fleissig hier herum gewesen waren; glücklicher Weise aber hatte keiner den Versuch gemacht, hinanzuklettern. Bald nach uns trafen auch unsere zurückgebliebenen Gefährten ein, die nach der grossen Menge hieher gerichteter Bärenspuren gleichfalls unseren Schatz für verloren gehalten hatten.

Den 15. April machten wir hier einen vollen Rasttag, dessen die sehr abgematteten Hunde höchst bedürftig waren. Zugleich benutzten wir diesen Tag, um sowohl unsere Narten etwas auszubessern, als auch die Wallfischribben wieder darunter zu binden, die wir, um sie zu schonen, während der Fahrt in den Torossen abgenommen hatten. — Morgens hatten wir bei Nordwind 11° und Abends mit Westwind 6° Kälte. — Nach einer Mittagsbeobachtung befanden wir uns in der Breite von 71° 27' 35".

Am 16. April setzten wir bei leichtem Westwind und 8° Kälte unsere Reise fort. — In der Nacht wurden wir durch ein plötzliches heftiges Bellen der Hunde geweckt, welches uns die Annäherung eines Bären vermuthen liess. Da wir uns nie auskleideten, so waren wir gleich alle auf den Beinen und eilten bewaffnet und gerüstet dem Feinde entgegen. Bald erblickten wir ziemlich nahe von uns hinter den Torossen zwei Bären von ungewöhnlicher Grösse, welche unschlüssig dastanden. Es wurde sogleich Jagd auf sie gemacht, die aber nicht so guten Erfolg hatte, als wir es wünschten. Im ersten Eifer zielten wir schlecht und trafen nicht; die Hunde waren auch nicht glücklicher in ihrem Angriff, und so geschah es, dass die Bären, durch die Schüsse blos erschreckt, ihr Heil in der Flucht nach verschiedenen Seiten suchen konnten. Ein Kosak mit einem Jukahiren setzten indess dem einen Thiere nach, während die Uebrigen, ziemlich planlos und zerstreut, das andere verfolgten. Vergebens rief ich die Jäger zurück, die im Gefühl der Schande und des Verdrusses über die ihnen entgangene Beute alle Disciplin vergassen, oder vielleicht auch meinen Ruf nicht hörten, und mich mitten in einer wilden Torossengruppe zurückliessen. Ich erkletterte mit vieler Mühe einen hohen Eisblock, in der Hoffnung, von dieser Höhe vielleicht die Jäger zu erblicken, aber vergebens; ausser dem Kaufmann Beres'hnoj und meinem Narten-

führer Tatarinow, die, ersterer mit einer Flinte, letzterer mit Bogen
und Lanze neben einander in einiger Entfernung von mir standen, sah
ich Niemand. Da trat plötzlich ein dritter Bär· hinter den Torossen
nahe bei mir hervor und fasste mich scharf ins Auge; doch wandte
er sich bald wieder nach der Seite, wohin seine Kameraden entflohen
waren und schien, ihnen folgen zu wollen; als er aber die beiden
Männer unten erblickte, änderte er seinen Plan und ging trotzig auf
sie los. Da sie nur eine einzige Ladung hatten, von der ihre Rettung abhing, so war ihre Lage wirklich sehr gefährlich; im Vertrauen
auf seine Geschicklichkeit liess indess Tatarinow den Bären bis auf
3 Faden an sich herankommen, schoss dann sein Gewehr ab und zer-
schmetterte ihm das Schulterbein, worauf der Bär schnaubend und blu-
tend zwischen den Eisschollen verschwand. — Erst gegen Morgen versammelte sich die kleine Gesellschaft wieder im Lager, aber der Jukahir und der Kosak fehlten noch, welches uns in grosse Unruhe versetzte. Nach ein paar Stunden stellten auch sie sich ein, aber von
dem langen Umherirren und der völligen Nüchternheit so ermattet, dass
sie ohne Zweifel eine leichte Beute der Bären geworden wären, wenn
diese sie überfallen hätten. So endigte diese zum allgemeinen Aerger
und Leidwesen ganz fruchtlose Jagd, die kein anderes Resultat lieferte,
als eine so grosse Ermattung der Menschen sowohl als der Hunde,
dass wir.genöthigt waren, wieder einen ganzen Tag hier liegen zu
bleiben.

Der 17. April brach trübe an; bei leichtem Ostwinde hatten wir
Morgens 5°, Abends 7° Kälte und feinen Schnee. Um die Sonne
bildeten sich drei Kreise. — Wir eilten, den Rest unserer Provisionen aus dem Vorrathskeller auf die Narten zu laden, und nachdem
dies beendigt war, setzten wir unsere Fahrt in westlicher Richtung
fort, wo wir, nach zurückgelegten 9 Werst, unseren Weg vom 1. April
durchschnitten. Bald darauf kamen wir aus der Torossengegend auf
eine mit feuchtem Schnee bedeckte Eisfläche, über welche unsere Narten mit den darunter gebundenen Wallfischribben ziemlich leicht und
rasch dahinglitten. Nachdem wir auf diese Art noch 41 Werst gemacht hatten, schlugen wir unser Nachtlager in der Breite von 71°
25′ 53″ und 0° 43′ Länge von Sucharnoje auf. Am folgenden Tage

ward es etwas kälter; wir hatten bei frischem Ostwinde und bewölktem Himmel Morgens 16° und Abends 12° Kälte.

Da dieser Theil des Eismeeres schon im Jahre 1810 durch Herrn Hedenström befahren war, so hielt ich unser weiteres Vordringen nach Westen für unnütz und richtete daher meinen Kurs nach Süden, um die Inseln aufzunehmen, die wir von der Vierpfeiler-Insel aus, in deren Meridian wir uns jetzt befanden, gesehen hatten. Wir legten an diesem Tage (18. April) 42 Werst zurück, obgleich der Wind so heftig war, dass unsere Hunde sich nur mit Mühe im Lauf erhalten konnten und mehrere Male umgeworfen wurden. Dabei war ein so starkes Schneegestöber, dass die hinten Fahrenden die vorderen gar nicht sehen konnten und Gefahr liefen, den Weg zu verfehlen, weil die Spur augenblicklich verweht wurde. Um zu verhüten, dass nicht dadurch irgend ein Unglück entstehe, banden wir die Narten, je zwei und zwei nebeneinander, zusammen, ausserdem aber knüpften wir noch die vorderen oder Leithunde der nachfolgenden an die vorausfahrenden Narten. Auf diese Art fuhren wir den ganzen Tag, ohne zu sehen wohin, fast nur nach dem Kompass, und mussten endlich, da sich durchaus gar keine schützende Torossen oder andere Erhöhung fand, unser Nachtlager mitten auf der platten Eisfläche nehmen, wo wir des anhaltenden Sturmes wegen weder unser Zelt aufschlagen, noch auch ein Feuer anmachen konnten. Diese Nacht war gewiss eine der schwersten und unangenehmsten auf unserer ganzen Fahrt: bei 11° Kälte ohne Obdach der ganzen Gewalt des Sturmes und Schneegestöbers ausgesetzt; ohne Feuer, um uns zu erwärmen oder etwas Thee und Suppe zu bereiten, statt deren wir uns mit einigen Mundvoll Schnee behelfen mussten, um unseren Durst zu löschen, und statt Mahlzeit etwas trockener Zwieback und verdorbener Fisch — so brachten wir die Nacht auf unseren schmalen Narten zu und freuten uns herzlich, als wir nach fünf bis sechs peinlich langen Stunden wieder aufbrechen konnten. Dazu mussten wir aber erst die Hunde aus dem tiefen Schnee hervorschaufeln, der sowohl sie, als auch zum Theil uns selbst und unsere Narten ganz verschüttet hatte. Nachdem diese ziemlich langwierige Arbeit vollbracht war, machten wir uns auf den Weg und fuhren ziemlich rasch nach Süden, nicht ohne einige Besorgniss, dass wir bei dem anhaltend trüben Wetter und Schneegestöber die Vierpfeiler-Insel verfehlen könnten. Zu meiner grossen Zufriedenheit wies sich jedoch hiebei aus, wie richtig unsere Rechnungen waren; obgleich wir die Insel nicht eher als in der geringen Entfernung von 5 Werst zu unterscheiden vermochten, so führte uns unser Kurs dennoch gerade in die auf der Nordseite der Insel belegene Bucht, wo wir Halt machten, nachdem wir am heutigen Tage 52 Werst zurückgelegt hatten. Auf die zuletzt ausgehaltenen Beschwerden und Entbehrungen schien uns diese Bucht eine wahre Wohlthat; wir konnten hier unter dem Schutze des hohen, steilen Ufers unser Zelt aufschlagen und es uns überhaupt so zu sagen bequem machen; besonders glücklich machte uns aber die Menge Treibholz, welches wir hier fanden. Da wurden gleich ein paar tüchtige Feuer angemacht, das eine um Thee und Suppe zu kochen, das andere, um unsere von dem feuchten Schnee ganz durchnässten Kleider zu trocknen, was wir wegen Mangels an Holzvorrath uns schon seit einiger Zeit nicht hatten erlauben dürfen. Wir schwelgten in dem reichlichen Genusse des Feuers und vergassen bei der freilich ziemlich mageren, aber siedend heissen Suppe und dem balsamischen Thee bald alles überstandene Ungemach, und selbst die beiden letzten Hungertage. Nur der Gedanke, dass unsere Anstrengungen vergeblich gewesen wären, indem das gesuchte vermeintliche Land sich nicht fand, trübte unsere Zufriedenheit.

Am folgenden Morgen verliessen wir neu gestärkt bei 10° Kälte und frischem ONO.-Winde unsere freundliche Herberge und fuhren nach NW. 65° der in dieser Richtung gesehenen Insel zu, wo wir abermals in einer kleinen Bucht an der Ostseite einen reichen Vorrath von Treibholz fanden. — Hier begrüssten uns ganz unverhofft die heiteren Verkündiger des herannahenden Frühlings, einige muntere Finken, mit den ersten freundlichen Tönen, die wir seit unserer Eisfahrt hörten, und die uns in dieser todten Einöde einen ganz unbeschreiblich angenehmen Genuss gewährten.

Um die Aufnahme dieser Inselgruppe schneller zu Stande zu bringen, theilten wir uns in diese Arbeit; Herr von Matiuschkin fuhr nach Süden und ich nach Norden. Zur Nacht trafen wir an der Nordspitze der mittleren Insel wieder zusammen, nachdem wir drei in der Richtung des Meridians liegende Inseln aufgenommen hatten. — Wir blieben den folgenden Tag (22. April) hier liegen, weil sich bei scharfem NO.-Winde und 11° Kälte wieder ein so dichtes Schneegestöber einstellte, dass wir durchaus nichts hätten ausrichten können. Da aber auch am 23. das Wetter eben so arg war, so entschlossen wir uns, als der Schnee etwas nachliess, nicht länger abzuwarten, sondern ohne Zeitverlust unsere Reise fortzusetzen. Wir brachen auf, und nachdem wir noch die am weitesten nach Westen liegende Insel aufgenommen hatten, brachten wir die Nacht an der nordwestlichsten Spitze derselben zu.

Da die Gestaltung der Küsten dieser Inselgruppe viel deutlicher auf der von uns angefertigten Karte der Bären-Inseln zu ersehen ist, als durch eine Beschreibung, so begnüge ich mich, hier nur kürzlich die hauptsächlichsten Lokalbemerkungen anzuführen, die wir bei der Aufnahme derselben gemacht haben.

Die erste Bären-Insel, Krestowoj genannt *), ist die höchste und grösste der ganzen Gruppe. Sie zeichnet sich besonders durch zwei hohe Berge aus, von welchen der südlichere, ungefähr in der Mitte der Insel gelegene, oben abgerundet ist. Die Küsten von Osten nach Norden sind steil und zum Theil felsig. Auf der Südseite, wo das Ufer mehr abschüssig wird, fällt ein kleiner Bach ins Meer; das westliche sanft hinabgehende Ufer besteht aus Kies. Treibholz trafen wir nur in einer kleinen, auf der nordwestlichsten Spitze befindlichen Bucht; hier, so wie auf allen übrigen Inseln, bestand es grösstentheils aus Lärchen, mit etwas Pappeln untermischt; selten aber fanden sich einige wenige Fichtenstämme dabei. — Nach der Menge von Thierlagern und Gruben zu urtheilen, die wir hier fanden, ist diese Insel stark von Steinfüchsen, Wölfen und Bären besucht; ganz vorzüglich aber scheinen die Feldmäuse hier einheimisch zu seyn. Auf der Südseite sahen wir auch einige Rennthiere. Unser Nachtlager auf dieser Insel, welches auf der Karte durch einen Anker angedeutet ist, liegt

---

*) Wir werden weiter unten den Grund zur Annahme dieser Benennung sehen.

nach Beobachtung in $70^\circ 52' 14''$ der Breite; die trigonometrisch berechnete Länge dieses Ortes ist $1^\circ 21'$ westlich von Sucharnoje.

Auf der zweiten Insel, die eigentlich nichts weiter ist, als eine
aus lauter grösseren und kleineren Granitblöcken bestehende Steinmasse
von 200 Faden Länge und ungefähr 150 Faden Breite, fanden wir
nur einige wenige, beinahe schon vermoderte Lärchenbalken. Diese,
wie es scheint, in sich selbst verfallende Felsmasse ist auf Leontjew's
Karte nicht angezeigt; vermuthlich war sie damals durch hohe Eisschollen verdeckt, die sie auch jetzt noch von allen Seiten umgeben.

Die dritte Insel ist an und für sich hoch, hat aber keine Berge.
Auf dem südlichen Ufer giebt es einige unbedeutende Felsenpartien,
die nach Westen und Osten zu ansehnlicher werden und ziemlich weit
in das Meer vortreten. In den Buchten senkt sich die Küste allmälig. An der Nordseite der östlichsten Spitze der Insel fanden wir
eine Art Keller in die Erde gegraben und inwendig mit stehenden be-
hauenen Pfosten bekleidet. Wir konnten übrigens das Innere dieses
Kellers nicht genau untersuchen, weil die Wegräumung des Schnees,
mit dem er bis oben zu angefüllt war, uns zu viel Zeit genommen
hätte. Nicht weit von da, an einem Uferabhange, fanden wir ein sehr
altes Ruder, von der Gattung, deren sich die Jukahiren auf ihren Kähnen (wètka) bedienen *); desgleichen sahen wir hier mehrere Rennthiergeweihe und auch Menschenknochen umherliegen, konnten aber keinen einzigen Schädel darunter finden.

Auf der vierten Insel erheben sich längs dem nordöstlichen und
südwestlichen Ufer zwei längliche, parallel neben einander stehende,

---

*) Wètka, eine Art leichter, aus drei schmalen Brettern zusammen-
gefügter, langer und schmaler Kähne, deren die Jukahiren und hiesigen
Russen sich vornehmlich zur Rennthierjagd bedienen. In einem solchen
Kahne sitzt gewöhnlich nur Ein Mensch mit einem einzigen Ruder, das
an jedem Ende ein Ruderblatt hat und womit er wechselsweise bald
rechts, bald links rudert. Die Fahrt geht sehr rasch. Zuweilen besteigen auch wohl zwei Menschen den Kahn, in welchem dann aber auch gar
kein Gepäck Platz findet. Diese Kähne sind so leicht, dass sie ohne Mühe
von einem Landsee oder Fluss zu dem andern hinübergeschleppt werden
können.

von NW. nach SO. 70° gerichtete Berge, die durch eine schräg hinlaufende Erhöhung mit einander verbunden sind, auf der wir ganz bequem von dem östlichen Ufer nach der nordwestlichen Bucht gelangten.
An denen Stellen, die durch den Sturm von Schnee entblösst waren,
fanden wir die Oberfläche mit einer dünnen Schicht vegetabilischer
Erde und Kies und einer Menge Bruchstücke derselben Steingattung
bedeckt, aus welcher die oben beschriebenen Pfeiler der sechsten Insel
bestehen. Von derselben Art sind auch die fast senkrechten Felsen,
welche die nördliche Küste ausmachen. Das südliche Ufer aber besteht aus gleichfalls sehr steil hinaufgehenden Erdhügeln, die ganz mit
Mammutsknochen besäet sind. In den Buchten lag eine Menge Treibholz. — Nach unseren Beobachtungen liegt die Nordspitze dieser Insel
unter 70° 46′ 35″ der Breite; die Abweichung der Magnetnadel war
14° 00′ östlich.

Die fünfte Insel ist ziemlich erhaben und hat steile Felsenufer
von derselben Gattung wie der westliche Felsen der sechsten Insel;
hier fanden sich einige Anzeichen von Schwefelkies.

Die sechste, oder Vierpfeiler-Insel, ist oben schon um-
ständlicher beschrieben.

Während unseres letzten Nachtlagers am 23. versicherte uns einer
der Nartenführer, ganz in dem Geiste der hier allgemeinen Grosspräh-
lerei, er sey vor vielen Jahren auf der ersten Bären-Insel
gewesen, die man vom Ausflusse des Baches Krestowaja
in einer Entfernung von 30 Werst sehen könne, und die
daher auch den Namen Krestowoj Ostrow erhalten habe. Ferner
erzählte er, dass diese von ihm besuchte Insel klein, vollkommen rund
und durchaus gar nicht der ähnlich sey, auf welcher wir
unser Nachtlager hielten. Trotz dieser seiner mit der grössten
Bestimmtheit ausgesprochenen Versicherung befanden wir uns, nach
Leontjew's Karte, gerade auf der Insel Krestowoj, hinter welcher nach
Westen nicht füglich noch eine bis jetzt unbemerkte Insel liegen kann.
Der durch Nebel und Schneegestöber sehr getrübte Horizont machte
es übrigens für jetzt unmöglich, irgend einen etwas entfernten Gegenstand zu unterscheiden. Im folgenden Sommer aber, als der Steuermann Kosmin die Küste des festen Landes, vom Ausflusse der Kolyma

bis an die Indigirka aufnahm, ward der Ungrund der obigen Behauptung vollkommen erwiesen. Herr Kosmin sah nämlich von dem Kap Maloje Tschukotschje und vom Hochufer an der Mündung des Baches Krestowaja eine Insel, welche seine Begleiter mit dem Namen Krestowoj Ostrow bezeichneten. Sie erschien ihm in der Gestalt eines runden Berges von mittelmässigem Umfange; nach den damals aufgenommenen Peilengen aber ergiebt sich, dass dieser Berg sich nicht auf der vorliegenden Insel Krestowoj, sondern auf einer hinter derselben liegenden befand, welche eben die ist, die wir jetzt aufgenommen und beschrieben hatten. — Um übrigens in dieser Hinsicht zu völliger Gewissheit zu gelangen, übertrug ich später (im Winter 1823) Herrn Kosmin, das Meer im Norden, zwischen unserem diesjährigen Kurs und dem des Herrn Hedenström im Jahre 1810, zu untersuchen. — Er verliess am 23. Januar mit zwei Narten und Lebensmitteln auf 14 Tage Nis'hne-Kolymsk; am 5. Februar Morgens gingen sie bei 28° Kälte von der Mündung des Flusses Agasonowka auf das Eis und erreichten noch vor Nacht die Insel, die Herr Kosmin im Sommer sah (dieselbe, die wir jetzt aufgenommen) und brachte auf derselben die Nacht zu. Am folgenden Tage fuhr er nordwärts von der Insel hinauf und gelangte am 9. Februar bis unter 71° 58' der Breite, ohne auf bedeutende Torossen oder ausgetretenes Meerwasser zu stossen. Dahingegen litten die Reisenden sehr von der Kälte, die auf 30° und an den beiden letzten Tagen ihrer Rückfahrt bis auf 32° stieg, so dass sogar die Hunde dadurch, und durch den gar zu hart gefrorenen Schnee an ihren Füssen Schaden nahmen. Nachdem Herr Kosmin von der Insel aus den Horizont nach allen Seiten genau beobachtet, und ausser einem bläulichen, duftigen Schimmer nach Norden hin nichts etwa Bemerkbares entdeckt hatte, kehrte er nach der mittleren Bären-Insel und von dort auf dem geradesten Wege nach Nis'hne-Kolymsk zurück, wo er am 17. Februar eintraf.

Diese Expedition erweist klar den Ungrund jener Erzählung des Nartenführers und bestätigt die Richtigkeit unserer Beobachtungen, sowohl in Betreff der Insel Krestowoj, als auch überhaupt der Bären-Inseln. Ich reintegrirte daher die dem Festlande zunächst liegende Erste Bären-Insel in dem Besitz ihres bisherigen Namens Krestowoj, und habe die übrigen zu dieser Gruppe gehörigen Inseln, je nach ihrer Entfernung von dieser ersten, durch die Benennung der zweiten, dritten u. s. w. unterschieden, so dass unsere Vierpfeiler-Insel die s e c h s t e der ganzen Gruppe ward.

Nach dieser kleinen Abschweifung, die ich mir von der chronologischen Folgereihe erlaubt habe, um das, was über diese Inselgruppe zu sagen war, zusammenzustellen, kehre ich zu unserer weiteren Eisfahrt zurück.

Obgleich die Aussage des Nartenführers mir unstatthaft schien, so wollte ich doch nichts unterlassen, was etwa noch zu sicherer Ausmittelung der Wahrheit dienen konnte, und entschloss mich daher, der Leontjewschen Karte folgend, nach dem Kap Krestowoj, in der Richtung von SSW ½ W., zu gehen, und die vermeintliche andere Insel Krestowoj zu suchen. — Je weiter wir uns von unserem Nachtlager entfernten, desto heftiger ward der Wind aus ONO.; da er uns aber im Rücken, und der Weg eben und gut war, so legten wir doch, trotz einem eingetretenen dichten Schneegestöber, in kurzer Zeit eine Strecke von 44 Werst zurück. Da bemerkten wir plötzlich, dass wir nicht mehr auf dem Eise, sondern über Land fuhren, und glaubten, uns auf der gesuchten Insel zu befinden, als einer unserer Nartenführer, der einige Schritte seitwärts gegangen war, uns freudig zurief, er habe eine seiner Fuchsfallen gefunden *); er folgerte ganz richtig daraus, dass wir uns auf dem Festlande, nicht weit von dem Flüsschen Agafonowka befänden, und übernahm es in dieser ihm bekannten Gegend, uns nach einem an der Mündung desselben befindlichen Balagan zu bringen. Obgleich das immer noch fortdauernde Schneegestöber selbst die nächsten Gegenstände den Blicken verbarg, so brachte unser Führer, der nun den kleinsten Hügel, jeden der hier so seltenen einzelnen Gegenstände erkannte, uns doch gerade nach dem versprochenen Balagan, wo wir uns für die Nacht niederliessen und wieder einmal zwischen Wänden gütlich thaten.

---

*) Ein jeder Jäger bezeichnet hier seine Fuchsfallen mit einem eigenen Merkmal, an welchem er sie von denen seiner Kameraden unterscheidet.

Völliger Mangel an Lebensmitteln und die schon weit vorgerückte Jahreszeit, bei der jede weitere Untersuchung auf dem Eise unmöglich wurde, nöthigten uns jetzt, auf dem kürzesten Wege nach Nis'hne-Kolymsk zurückzueilen. Gern hätte ich die Rückfahrt benutzt, um diesen Theil der Küste aufzunehmen, allein bei dem Unwetter, das immer noch anhielt, war es ganz unmöglich, an diese Arbeit zu denken. Der Wind, der sich nach NO. gewendet und sehr an Kraft zugenommen hatte, trieb so ungeheuer vielen und dichten Schnee herbei, dass die ganze Atmosphäre verfinstert war. Demungeachtet aber fanden sich unsere Führer, die diese Gegend alle sehr genau kannten, vollkommen gut heraus; wir überliessen uns auch gänzlich ihrer Leitung, und nachdem wir am 25. April 43 Werst zurückgelegt hatten, kamen wir glücklich bei einer Powarnä an, die am Ausflusse des grossen Tschukotschje, Bol'schoje Tschukotschje, auf dem hier ein hohes Kap bildenden Ufer liegt, und in welcher wir die Nacht zubrachten.

Am folgenden Tage (26. April) fuhren wir queer über den tschukotskischen Berg bis zu dem Flüsschen Jakutskaja Wiska *) (eine Strecke von 24 Werst) und von da 6 Werst weiter über eine Schneetundra an den jakuzkischen See, wo einer unserer Nartenführer einen Vorrath von Fischen im Eise hatte, aus dem er uns bewirthete. Es war dazu in dem Eise des Sees eine Art von Keller ausgehauen, dessen Oeffnung nachher wieder mit ebenen Eisstücken belegt, mit Schnee verschüttet und mit Wasser vergossen war, so dass die Oberfläche des Sees durchaus keine Spur des hier vergrabenen Schatzes andeutete und letzterer den Bären unzugänglich seyn musste. Während wir mit Oeffnen und Wiederverschliessen des Eiskellers beschäftigt waren, lief eine beträchtliche Heerde Rennthiere in einiger Entfernung von uns über die Tundra. Dieses uns neue und merkwürdige Schauspiel hätten wir aber beinahe theuer bezahlen müssen, denn unsere Hunde, ihrem Naturtriebe folgend, setzten sich gleich alle in Bewegung, um dem Wilde nachzujagen, und es kostete sehr viel Mühe, sie wieder in Ordnung zu bringen und aufzuhalten; wäre uns dies nicht gelungen, so

---

*) Wiska wird hier jedes Flüsschen genannt, das seinen Ursprung aus einem See nimmt.

hätten wir den Rest unserer Reise zu Fuss machen und unser Gepäck selbst schleppen müssen.

Von diesem See fuhren wir 15 Werst weiter über eine Tundra bis zu der Powarnä, welche 13 Werst von der Mündung der Kon`-kowaja Wiska, an dem linken Ufer des Flusses liegt. Von hier ging es wieder 15 Werst weiter bis zu den drei Balaganen an dem Flüsschen Ubiennaja Wiska, wo wir unser Nachtlager nahmen.

Am 27. April änderte sich das Wetter; der Schnee hörte auf, und es erhob sich ein schneidender SW.-Wind, mit 15° Kälte. Wir trafen bei der Ubiennaja Wiska auf einen eingefahrenen Weg, der uns über den tschukotskischen See zu einem $22\frac{1}{2}$ Werst weit entfernten, leer stehenden Dorfe am Flüsschen Maloje Tschukotschje brachte. — Dieser aus funfzehn alten Hütten und einer halb verfallenen Kaserne bestehende Flecken ist im Winter durchaus unbewohnt; im Sommer aber finden sich hier, des guten Fischfanges wegen, einige Familien aus dem 50 Werst weiter liegenden Dorfe Pochodsk ein, wo wir spät in der Nacht anlangten. — So jämmerlich auch diese Niederlassung ist, so erregte der Anblick derselben doch eine Menge angenehmer Gefühle in uns: einige Stellen zwischen den Hütten, wo die Frühlingssonne schon den Schnee weggethaut hatte und wo sich etwas Erde zeigte; rauchende Schornsteine, hin und wieder eine durch die matten Eisscheiben blinkende Thranlampe — wir waren wieder unter Menschen! — Bald verkündigte das Bellen der wachsamen Hunde unsere Ankunft; aus jedem Pförtchen erschallte das freundliche russische: „Seid uns willkommen!" — Wir betraten, nach einem langen, in der Eiswüste unter Mühseligkeiten und Entbehrungen verbrachten Monate, eine menschliche, warme Wohnung, wo wir unsere schweren, steifgefrorenen Pelzkleider abwerfen, uns an einem Ofen wärmen, ausruhen konnten. Es ward uns allen sehr wohl; unsere freundlichen Wirthe gaben das Beste her, was ihre ärmliche Wirthschaft vermochte, unter andern einige frischgeschossene Feldhühner in unseren Suppennapf. — Bei allen diesen lange entbehrten Genüssen ward uns dieser Tag ein wahres Fest, das wir unter traulichen Gesprächen mit unseren Wirthen sehr froh verbrachten.

Am folgenden Tage setzten wir unsere Fahrt weiter fort, und langten am 28. April glücklich in Nis'hne - Kolymsk an, nach einer Abwesenheit von 36 Tagen, während welcher wir, ohne die Hunde zu wechseln, grösstentheils auf dem Meere, zwischen ungeheuren Torossen und gefährlichen Eisspalten uns durcharbeitend, eine Strecke von 1210 Werst befahren hatten.

Achter Abschnitt.

Nis'hne-Kolymsk. Frühling. — Mangel an Lebensmitteln. — Fischfang für die Expedition. — Bau eines Fahrzeuges. — Bestimmungen für die Arbeiten der Expedition in diesem Sommer. — Wärme. — Mücken. Zugvögel. Abreise auf dem neuerbauten Boote. — Fischerei bei dem Dorfe Pochodsk. — Rennthierjagd auf der Tundra. — Ankunft zu Tschukotschje. — Expedition zur Aufnahme der Küste bis an die Indigirka. — Rückkehr aus Tschukotschje. — Feuerschaden. — Ankunft zu Nis'hne-Kolymsk. — Reise zu den Sredne-Kolymskischen Jakuten. — Ihre Sommerwohnungen und Lebensart. — Erzählungen eines dortigen Alten. — Ablaufende Seen. — Früher Winter. — Rückkehr nach Nis'hne-Kolymsk. — Ankunft der Herren Matiuschkin, Kyber und Kosmin.

In Nis'hne-Kolymsk fanden wir schon den Frühling; mit ihm hatte sich aber auch der zu Ende jedes Winters immer eintretende Mangel an Lebensmitteln mit seinem ganzen furchtbaren Gefolge von Noth und Krankheiten eingestellt. Trotz dieser sich alljährlich erneuernden traurigen Erfahrung ist die Sorglosigkeit der Einwohner von Kolymsk und der Umgegend doch so eingewurzelt, dass sie nie hinlängliche Vorräthe anschaffen, um von einem Sommer bis zum andern auszureichen; daher findet hier auch, wie gesagt, immer bei Annäherung des Frühlings mehr oder minder Hungersnoth Statt, je nachdem der Sommer (der als die Periode der Jagd und Fischerei die Erndtezeit in diesen Gegenden ausmacht) früher oder später eintritt. Auch in diesem Jahre war die Noth- gross, und kaum hatte sich die Eisdecke auf den Strömen gelöst, so zog die ganze Bevölkerung des Orts nach den sogenannten Sommerwohnungen, Letòwje, an den Ufern der Flüsse hin, den Fischen und Zugvögeln entgegen.

Die Erfahrung des vorigen Jahres hatte mich schon belehrt, dass wir uns in Betreff der Bedürfnisse der Expedition durchaus nicht auf die hiesigen Eingeborenen verlassen durften, welche kaum die für sie selbst nothwendigen Vorräthe anschaffen, sondern dass wir, um nicht aus Mangel an Lebensmitteln für uns, und besonders an Futter für die Hunde, vielleicht ein ganzes Jahr zu verlieren, uns selbst auf den Fischfang verlegen mussten. Ich eilte demnach, da die Schlittenbahn schon zu Ende ging, Leute mit Netzen, Körben u. dergl auf jeden der fischreichsten Flüsse auszusenden, um die uns so wichtige, bedeutende Menge von Fischen zu bereiten. Als Hauptort und Stapelplatz unserer sämmtlichen Fischereien bestimmte ich den kleinen Tschukotschje, der, obgleich er an und für sich sehr fischreich ist, doch durch eine mir unerklärliche Sonderbarkeit blos von den Bewohnern eines einzigen Dorfes und auch da nur auf kurze Zeit besucht wird, während alle übrigen Flüsse den ganzen Sommer über unablässig besetzt sind. Hieher, wo am wenigsten Nebenbuhler zu befürchten waren, schickte ich eine grössere Anzahl von Fischern, unter der Aufsicht des Sotnik Tatarinow, dem ich noch ein paar Leute zur Hülfe mitgab. So konnten wir hoffen, den Unterhalt der Expedition für den künftigen Winter vollkommen zu sichern.

Nachdem wir solchergestalt für die entferntere Zukunft gesorgt hatten, beriethen wir uns über die Art, wie wir den bevorstehenden kurzen Sommer benutzen wollten, und kamen über folgende vorzunehmende Beschäftigungen überein, nämlich: eine Abtheilung unserer Expedition sollte zu Pferde die Küste zwischen den Mündungen der Kolyma und Indigirka aufnehmen; — eine andere Abtheilung sollte zu Boote eine genaue Aufnahme der Kolyma-Mündungen veranstalten. Am Ausflusse der grossen Baranicha sollte ein kleines Wohngebäude nebst einem Vorrathsmagazin für unsere Winterexpedition erbaut werden. — Endlich sollte, seinem Wunsche gemäss, der von seiner Krankheit wieder hergestellte Doktor Kyber eine Untersuchungsreise an dem kleinen und grossen Aniuj vornehmen.

Es könnte vielleicht sonderbar scheinen, dass wir die Aufnahme der Meeresküste zu Pferde und nicht mit Rennthieren oder in Böten unternehmen wollten, da doch erstere die eigentlichen Hausthiere der

Tungusen sind, letztere aber ganz vorzüglich für eine Reise längs dem Strande geeignet zu seyn scheinen. Auch ich war anfänglich dieser Meinung, bei reiflicher Bewegung der Lokalumstände aber ergab sich, dass die Rennthiere zu schwach sind, um, besonders im Sommer, lange Tagereisen auszuhalten, und dass sie uns ausser dem Zeitverlust auch mehr Kosten verursacht hätten als Pferde. Was aber die Fahrt auf Böten anlangt, so fand ich dieselbe unzweckmässig, da die von der Küste sich auf mehrere Werst ins Meer erstreckenden Untiefen und Sandbänke es unmöglich machen zu landen, oder sich dem Ufer zu nähern; ausserdem läuft auch ein eben nicht sehr grosses Fahrzeug Gefahr, von den immer längs der Küste treibenden grossen Eisschollen fortgerissen oder beschädigt zu werden. Alle diese Gründe bewogen mich der Reise zu Pferde den Vorzug zu geben.

Als die Beschäftigungen für diesen Sommer festgesetzt waren, eilten wir uns mit den Sredne-Kolymskischen Jakuten zu verständigen, die uns die nöthigen Pferde nebst einigen der Gegend kundigen, zuverlässigen Führern liefern sollten. Wir wurden bald über die Bedingungen einig und trafen, in Erwartung ihrer baldigen Ankunft, von unserer Seite die zur Reise nöthigen Vorkehrungen.

Ich überliess dem Herrn von Matiuschkin die Aufnahme der Meeresküste zu Pferde, und behielt mir die Untersuchung der Kolyma-Mündungen zu Boote vor. Was endlich die am Ausflusse der grossen Baranicha auszuführenden Bauten betraf, so benutzte ich die Abreise unseres Reisegefährten, des Kaufmanns Beres'hnoj, der zu Pferde nach der östlichen Tundra zog, um dort Mammutsknochen zu suchen *),

---

*) Durch ganz Sibirien, besonders aber in dem nordöstlichen und nördlichen Theile, findet man in den Lehmhügeln und in den Tundry und Thälern längs den Flüssen Mammutszähne, oder wie sie hier heissen Hörner (rogy) und Knochen. — Die beste Zeit diese Ueberreste vorweltlicher Thiere zu sammeln, ist zu Anfange des Sommers, wenn die vom schmelzenden Schnee angeschwellten Ströme ihre Ufer aufwühlen, die Hügel unterwaschen und sie einstürzen machen. Dann ziehen die hiesigen Bewohner nach den Gegenden, die schon durch den Reichthum an Mammutsknochen bekannt sind, und haben gewöhnlich eine reiche Ausbeute. Dies veranlasst sie oft sehr weite Reisen zu unternehmen;

und fertigte mit ihm den Unteroffizier Reschetnikow, einen anstelligen, geschickten Zimmermann, nebst ein Paar tüchtigen Arbeitern ab. Diese sollten in seinem Gefolge bis an die grosse Baranicha gehen und dort, an einer bequemen Stelle, aus Treibholz eine grosse Powarnä und ein Gebäude für die Vorräthe erbauen.

Ich hätte schon früher des Bootes erwähnen sollen, welches Herr Kosmin während unserer zweiten Eisfahrt in Nis'hne-Kolymsk baute, und trotz dem Mangel an Materialien und Hülfsmitteln jeder Art vollkommen gut zu Stande gebracht hatte. Er war so glücklich gewesen, unter dem Schnee eine hinlängliche Anzahl Kniehölzer (kokòry) zum Gerippe des Fahrzeuges zu finden, und nachdem er sich ein stehendes Sägewerk eingerichtet und seine Leute gelehrt hatte damit umzugehen, rückte er so rasch in der Arbeit fort, dass wir bei unserer Ankunft schon den grössten Theil derselben gemacht fanden. Im Mai war das Boot völlig beendigt und zeugte, durch die Genauigkeit der Ausführung in allen seinen Theilen, sowohl von der Geschicklichkeit und dem Eifer des Meisters, als auch von der Anstelligkeit der Arbeiter.

Am 25. Mai ging endlich die Eisdecke des Stromes auf; in der folgenden Nacht hatten wir den ersten Regen, der einiges Leben in die Vegetation brachte. An den Ufern und auf den der Sonne ausgesetzten Abhängen keimte Gras hervor; die Knospen des Weidengebüsches öffneten sich und trieben falbe Blätter, und damit in der kurzen hiesigen Sommerperiode alles schnell genug wachsen möge, trat auch gleich eine Wärme der Luft ein, die oft von 10^0 bis 16^0 stieg, und die Vegetation sichtbar fortschreiten machte. — Dies Bild des allbelebenden Frühlings gewährte uns einen grossen Genuss; nach dem langen, alles lähmenden Winter zeigte sich überall die grösste Thätigkeit; Jedermann eilte die kurze, freundliche Lebensperiode zu benutzen, zu geniessen. Aber leider war unsere Freude nicht von langer Dauer; am 4. Juni schon stellten sich die hier gewöhnlichen ungeheuren Mückenschwärme ein, die die Luft nicht selten verfinsterten und mit ihren unleidlichen Bissen uns jeden Genuss im Freien verbitterten.

doch hat keiner diesen Industriezweig höher getrieben und weiter ausgebreitet, als der Kaufmann Beres'hnoj.

Um uns einigermaassen ihrer zu erwehren, waren wir genöthigt uns in unsere Zimmer zu flüchten und vor deren Fenstern und Thüren einen immerwährenden dicken Rauch zu unterhalten, der uns zwar die Augen beitzte und das Athmen erschwerte, aber uns doch vor den Bissen der Mücken schützte. — Nach zehn schrecklichen Wintermonaten wehte endlich ein Mal ein Frühlingslüftchen, doch konnten wir ihm nicht in's Freie entgegen eilen, mussten uns wieder in die dumpfe Winterstube einsperren und, statt der erquickenden Luft, stinkenden Rauch einathmen! Höchst willkommen war uns in dieser peinlichen Lage ein tüchtiger, rauher Nordwind, der am 9. Juni eintrat, die Temperatur plötzlich von 12^0 auf $2\frac{1}{2}^0$ herabsetzte und unsere Plagegeister wenigstens auf eine Zeit lang vertrieb. Da eilten wir hinaus und genossen das lang entbehrte Vergnügen, einmal im Freien zu athmen, ohne zu frieren; mit unsern Flinten auf dem Rücken durchzogen wir froh die Sümpfe und die mit niedrigem Gebüsch bewachsenen feuchten Wiesen der Umgegend, und kehrten gewöhnlich erst spät Abends mit reicher Beute an wilden Enten und Gänsen beladen zurück. — Die ersten Zugvögel hatten sich schon am 29. April gezeigt, jezt aber durchstreiften sie die ganze Gegend in langen Zügen von Süden nach Norden, und liessen sich auf den mit jungem Grase bewachsenen Uferabhängen nieder, wo eine Menge von Jägern den lang ersehnten Ankömmlingen auflauerte.

Unsere neuerbaute Schaluppe, der wir den Namen Kolyma gaben, konnten wir nicht vor dem 11. Juni von Stapel lassen, weil dann erst der durch das Schmelzen des Gebirgsschnee's hoch angeschwellte Strom wieder in sein altes Bette trat. Sie hielt im Kiel 14 Fuss Länge und hatte die Gestalt einer Lastbarkasse. Die Segel dazu hatten wir aus einigen hier vorgefundenen Segeln zusammengenäht, die zu den Schiffen des Kapitain Billings gehörten; den Anker aber schmiedeten wir uns selbst aus allerlei altem Brucheisen, das sich hier noch von jener Expedition vorfand. Ausser dieser Schaluppe war auch noch zum Uebersetzen an seichten Stellen ein nach jukahirischem Zuschnitte, aber grösser als die gewöhnlichen Wetki, gestaltetes Boot erbaut, welches drei Menschen fassen konnte.

Alle Vorbereitungen zu unsern verschiedenen Expeditionen waren

nun gemacht; die Jakuten, welche die Pferde und Führer zu der Land-
Expedition zu liefern übernommen hatten, waren angewiesen sich bei
dem Bache Maloje Tschukotschje einzufinden, von wo die Aufnahme
der westlichen Meeresküste beginnen sollte, und die Schaluppe war
mit den nöthigen Vorräthen und Sachen beladen und völlig zur Reise
ausgerüstet. Da die Herren Matiuschkin und Kosmin ihre Aufnahme
erst von jenem Flüsschen beginnen sollten, wo die Pferde sich befanden, so schifften sie sich mit uns ein, und der Doktor Kyber begleitete uns gleichfalls bis zum nächsten Dorfe. Am 17. Juni Nachmittags fuhren wir alle in dem vierrudrigen Boote, bei frischem NNO-
Winde die langsam fliessende Kolyma *) hinab, die in der Gegend
des Ostrogs eine Breite von 3 Werst hat. Der immer zunehmende
Wind, gegen den wir nur mit vieler Mühe lavirten, nöthigte uns endlich, nachdem wir nicht mehr als 5 Meilen zurückgelegt hatten, an
dem östlichen Ufer des Stromes, in der Mündung des in denselben
fallenden Baches Patarinowka, beizulegen.

Dieser unwillkührliche Aufenthalt war uns sehr unangenehm; es
ereignete sich aber dabei ein weit ernstlicherer Zufall, der unsern
Leuten von sehr übler Vorbedeutung schien, und der eine wesentliche
Aenderung in unsern Plänen für den Sommer nöthig machte. — Bei
dem Anlanden sprang unser Hund aus dem Boote um an das Ufer
zu schwimmen, verwickelte sich aber dabei in ein herabhängendes
Seil, welches ihm die Kehle zuschnürte; dies hätte ihm unfehlbar das
Leben gekostet, wenn nicht Herr von Matiuschkin schnell hinzugesprun-
gen wäre, um das Seil abzuschneiden. In der Eile und in dem Eifer
unsern treuen Gefährten zu retten, geschah es aber, dass er nebst
dem Seile auch ein bedeutendes Stück seines Daumens mit dem Nagel
wegschnitt. Die Verwundung war sehr bedeutend, und konnte durch
Vernachlässigung und Erhitzung gefährlich werden; ich beschloss daher,
auf Verlangen des Arztes den Herrn von Matiuschkin mit dem Doktor
Kyber nach Nis'hne-Kolymsk zurückzuschicken, wo beide bis zur völligen Heilung, die wohl einen Monat erforderte, bleiben sollten. Die
Folge dieses unglücklichen Vorfalles war, dass der Steuermann Kosmin

---

*) Ihre Strömung betrug nicht über ¾ Knoten in der Stunde.

die Aufnahme der Küste allein übernehmen musste. Die Reise des Doktors Kyber an den Aniuj aber war bis zur Genesung des Herrn von Matiuschkin aufgeschoben, welcher sie dann gemeinschaftlich mit unternehmen sollte.

Nachdem das Boot, welches den Patienten zurückbrachte, wieder angelangt war, setzte ich meine Flussreise mit Herrn Kosmin weiter fort, und langte am 25. Juni bei dem Flusse Maloje Tschukotschje an. In den Dörfern Tschernoussow und Pochodsk, die wir unterweges besuchten, um uns nach dem Fortgange der Fischerei zu erkundigen, fanden wir, dass die Bewohner mit Reusen und Setzkörben für ihren eigenen Bedarf hinlängliche Fische einfingen; auch waren alle Häuser mit Gerüsten zum Trockenen derselben umgeben. Diese Jahreszeit, auf deren Ertrag fast die ganze Existenz der hiesigen Einwohner beruht, wird von ihnen benutzt, um die in zahlreichen Schwärmen die Ströme und Flüsse hinabziehenden Fische zu fangen. Zu diesem Behufe wird gemeinschaftlich von einer Dorfschaft, oder auch nur von einigen zusammengetretenen Individuen, queer über den Strom ein Flechtwerk gemacht, welches den Zug der Fische aufhält; in der Mitte desselben befindet sich eine Oeffnung, in welche die Setzkörbe hineingestellt werden und zwar so, dass der Korb eines jeden Theilhabers 24 Stunden dort bleibt, da er dann herausgenommen wird, um dem Korbe eines Andern Platz zu machen, und so fort. Im Verlaufe dieser Zeit aber wird der ins Wasser gesenkte Korb mehrmals besichtigt, und der bei jeder solchen Besichtigung gefundene Fang in so viel Theile vertheilt, als es Besitzer von Setzkörben in der Gesellschaft giebt. Diese Art des Fischfanges ist so leicht und erfordert so wenig Kraft, dass sie ganz füglich von Weibern besorgt werden kann, welches denn auch gewöhnlich der Fall ist, indem die Männer, sobald die Wehre in den Strom gesetzt und alles Nöthige eingerichtet ist, einem andern, für ihren Lebensunterhalt eben so wichtigen Geschäfte, der Jagd, nachgehen. Ein Theil derselben fährt auf Karbassen *) nach

---

*) Die Karbassy sind aus einem Stamme ausgehöhlte grosse Böte, die nicht selten Lasten von 50 Pud tragen. Man nimmt dazu die gesundesten und dicksten Bäume von der um Werchne-Kolymsk wachsenden pappel-

den Gegenden, die besonders reich an Wild sind, und kehrt gewöhnlich, beladen mit Gänsen und Enten, zurück, die theils geschossen, theils auch nur mit Knitteln erlegt sind. Andere ziehen zu Pferde längs den Uferthälern hin und stellen den Rennthieren nach, die sie auf folgende Art erlegen: die Jäger (gemeiniglich zwei) sind zu Pferde und schleppen jeder hinter sich seine leichte Wetka oder Boot; ein Paar, oder mehrere gut abgerichtete Hunde folgen ihnen. So suchen sie die Rennthiere auf, die, um sich der Hitze und der Mücken zu erwehren, bis an den Hals im Wasser zu stehen pflegen, oder von den Hunden gejagt sich vom Ufer in dasselbe stürzen, um schwimmend ihren Verfolgern zu entgehen. Unterdessen aber haben die Jäger schon ihre Böte ins Wasser gebracht, eilen den nicht so schnell schwimmenden Thieren von verschiedenen Seiten entgegen und erlegen sie mit einer eigenen Art von Spiessen, Pokoliuga genannt. Wenn sie nicht im Stande sind, ihre Beute gleich mit sich nach ihrer Heimath zu bringen, die zuweilen mehrere Tagereisen von da entfernt ist, so vergraben sie das erlegte Thier in die hier immer in einer gewissen Tiefe gefrorene Erde, um es bei der nächsten Schlittenbahn abzuholen; da geschieht es denn wohl auch zuweilen, dass die Wölfe ihnen zuvorkommen und dem armen Jäger nichts als die Knochen in der Grube nachlassen.

Auch wir stiessen ganz unerwartet in der Gegend des Ortes Tschukotschje auf eine ganze im Wasser gelagerte Heerde Rennthiere, deren grosse Geweihe, gleich dürren Baumästen, hervorragten. Zwei der uns begleitenden Jukahiren warfen sich sogleich in unser leichtes Boot, und machten Jagd auf die Thiere; es gelang ihnen aber, in Ermangelung der gewohnten Waffe, nicht mehr als zwei Weibchen zu

---

artigen Espengattung; auch ist dieser Ort wegen der ganz vorzüglichen Karbassy berühmt, die hier verfertigt werden. Da diese Fahrzeuge einen flachen Boden haben, so sind sie schwer und zum schnellen Fahren untauglich; auch werden sie nur zum Fischfange gebraucht. Diese Böte sowohl, als die früher beschriebenen Schitiki, die zwar grösser, aber auch sehr unbeholfen und schwach sind, beweisen, wie weit die Einwohner von Kolymsk, die nicht einmal den Gebrauch der Segel kennen, sowohl im Schiffsbau selbst, als auch in der Schifffahrt noch zurückstehen.

erlegen. Wir schossen aus der Schaluppe einen grossen Rennthier-
bock; die übrigen erreichten schwimmend das nächste Ufer und ent-
schwanden bald unsern Blicken.

In Maloje Tschukotschje waren leider die Jakuten mit den bestellten Pferden noch nicht angekommen; zu einigem Troste für diese
Unannehmlichkeit fanden wir, dass unsere hiesige Fischerei guten Fortgang hatte und bis jetzt schon eine reiche Ausbeute gewährte. Eine
Menge Gerüste waren mit Fischen zum Trocknen behangen, und wir
legten alle Hand an, um noch Stangen zu neuen Gerüsten herbeizuschaffen, die auch bald zu Stande kamen. Der grösste Theil der eingefangenen Fische bestand aus Heringen, und einer hier unter dem
Namen Tschir' bekannten ziemlich grossen Stintgattung.

Am 1. Juli langte endlich ein Jakut mit fünf Pferden und dem,
uns höchst unangenehmen Berichte an, dass es unmöglich gewesen
sey, mehr als diese geringe Anzahl aufzutreiben. Und selbst von diesen waren nur zwei kräftig genug, um das Zelt, die nöthigen Provisionen, Instrumente u. s. w. zu tragen; es blieben demnach nur noch
drei ziemlich schwache Pferde zum Reiten. Bei den vielen mannig-
faltigen Beschwerlichkeiten und Gefahren, die mit einer solchen Reise
durch eine ganz menschenleere und überall von reissenden, ausgetretenen Strömen durchschnittene Einöde unzertrennlich sind, hätte ich
es kaum gewagt diese Expedition mit nicht mehr als drei Menschen
auf unzuverlässigen Pferden abzufertigen, wenn ich mich nicht auf die
Erfahrung und die Beharrlichkeit des Herrn Kosmin hätte vollkommen
verlassen können. Auch er fand das Vorhaben, selbst bei den unvollkommenen Hülfsmitteln, ausführbar; ich ertheilte ihm meine letzten
Verhaltungsbefehle und er trat am 2. Juli, in Begleitung des Jakuten
und eines jungen, gewandten, aber ganz unerfahrenen Koşaken, seine
Reise an. — Zum Uebersetzen über die Flüsse nahmen sie zwei
leichte Wetki mit, die die Pferde hinter sich herschleppten.

Am 3. Juli kehrten einige meiner Leute, die ich in dem Karbass
den Fluss Tschukotschje hinabgeschickt hatte, um Gänse und Schwäne
zu schiessen, mit dem unangenehmen Berichte zurück, dass die Baj
Tschukotskaja und selbst die Mündung des Flusses noch völlig mit
festem Eise bedeckt sey; ein Umstand der mich ganz wider meinen

Willen zwang, vielleicht noch ziemlich lange hier zu verweilen, weil ich eine Aenderung des Windes abwarten musste, der jetzt scharf von N. nach NW. wehte, und folglich, statt das Aufgehen des Stromes zu befördern, vielmehr noch das Eis aus dem Meere in denselben trieb. In ungeduldiger Erwartung untersuchten wir fleissig den Zustand des Eises vor und in der Mündung des Flusses, kehrten aber jedes Mal mit der wenig erfreulichen Ueberzeugung von da zurück, dass es immer noch ganz unmöglich sey, mit unserm Boote auszulaufen. Da sich gar kein Anschein einer Aenderung zeigte, und ich es nicht gerathen fand, meine Zeit an den ungewissen Ausgang eines Versuches zu wagen, über das Eis an die Mündungen der Kolyma zu gehen, so entschloss ich mich endlich für dies Mal mein Vorhaben aufzugeben und diese traurige Einöde zu verlassen, auf deren endloser Fläche kein Baum, kein Strauch, ja nicht einmal ein grünender Grashalm dem, ich möchte sagen, vom Nichtssehen ermüdeten Auge eine Erholung darbot. Dabei war es wegen des anhaltenden scharfen Nordwindes trotz dem Juli, immer sehr kalt, nicht selten schneite es und der Schnee hlieb ganze Tage auf der Fläche liegen, ohne zu schmelzen.

Ich trat daher meinen Rückweg wieder zu Boote an, und beschäftigte mich unterweges mit Aufnahme und Bestimmung einiger der bemerkenswerthesten Punkte an der Kolyma. Am 15. Juli befand ich mich am Ausflusse des Baches Krutaja, in der Parallele des Berges Sucharnaja (Suchàrnaja Sopka) dessen Breite ich zu bestimmen wünschte. Hier schlug ich mein Zelt in einem Weidengebüsche auf, wobei ich genöthigt war von der Windseite ein Rauchfeuer anzumachen, um mich der, bei etwas gelinderer Temperatur der Luft wieder erschienenen Mücken zu erwehren. Von meinen Leuten waren jetzt nur noch zwei bei mir geblieben, da ich der Jagd wegen einen Matrosen am kleinen Tschukotschje gelassen, und die übrigen in ihre Heimath zurückgeschickt hatte, um sie in dieser für ihre Winter-Existenz so kostbaren Zeit nicht länger von ihren nothwendigen häuslichen Verrichtungen abzuhalten.

Es schien wirklich, als ob meine diesjährige Fahrt, unter sogenannten ungünstigen Einflüssen begonnen, nicht gedeihen sollte, denn schon hatten wir sehr viele Zeit unter mancherlei Hindernissen und

Widerwärtigkeiten fast fruchtlos verloren, und heute überkam uns ein neuer Unfall, der mich beinahe um die ganze Frucht meiner Arbeiten des verflossenen Jahres gebracht hätte. Um uns gutes, reines Wasser zum Trinken und Kochen zu verschaffen, fuhren wir gewöhnlich von dem seichten, schlammigen Ufer abwärts in die Mitte des Stromes und schöpften dort; auch heute geschah dies, und da es durchaus Windstille war, so hielten wir es nicht der Mühe werth, für die kurze Zeit unseres Wegbleibens, das unweit unseres Zeltes brennende Rauchfeuer auszulöschen. Wir fuhren ab; kaum aber hatten wir uns etwas vom Ufer entfernt, als das Feuer, von einem plötzlichen Windstosse gegen das Zelt getrieben, dasselbe so schnell ergriff, dass, ehe wir noch Zeit hatten zur Rettung herbeizueilen, das Zelt sowohl als auch alle unsere Sachen in vollen Flammen standen. Dieser Verlust war freilich empfindlich; unersetzlich aber wäre er für mich gewesen, wenn es uns nicht gelungen wäre, aus den Flammen einen in Felle vernähten Kasten zu reissen, der alle meine Tagebücher, Notizen, Karten und Instrumente enthielt; nur mit vieler Mühe vermochten wir dieses für mich so wichtige Behältniss zu retten, dessen dicke Fellbekleidung allein meine Papiere vor der Vernichtung bewahrte.

Dieser Unfall, der uns um die meisten auf der Reise unentbehrlichen Sachen brachte, bewog mich unsere Rückfahrt nach Nis'hne-Kolymsk möglichst zu beschleunigen, wo wir denn auch am 20. Juli anlangten, und die Herren von Matiuschkin und Kyber noch antrafen, die sich zu ihrer Reise an den Aniuj anschickten. Da ich mir eine Erkältung zugezogen hatte, und sehr an Rheumatismus litt, rieth mir letzterer nach Sredne-Kolymsk zu gehen, wo das weniger rauhe und wechselnde Klima und leichtere, frische Nahrungsmittel, die hier nicht zu haben sind, gewiss zu meiner Genesung beitragen würde. — Diesem, unstreitig zweckmässigen Rathe zufolge verliess ich am 26. Juli Nis'hne-Kolymsk, und fuhr mit günstigem Winde die Kolyma hinauf. An demselben Tage traten auch die beiden Reisenden ihre Fahrt nach dem Aniuj an.

Je mehr ich mich von dem Ostrog und seiner niedrigen, unter dem tödtenden Einflusse des Eismeeres stehenden Gegend entfernte, desto freundlicher ward der Anblick des Landes, welches allmälig die öde Finförmigkeit der Polarregionen verliert, und von einem zum Theil zwar noch nomadisirenden, aber arbeitsamen, fleissigen und gutmüthigen Volke, den Sredne-Kolymskischen Jakuten, bewohnt wird. Bei dem 150 Werst von Sredne-Kolymsk entfernten Flecken Nisowoj Albut, der nördlichsten jakutischen Niederlassung, verliess ich am 2. August mein Boot und setzte meine Reise zu Pferde, landeinwärts fort. Nach den todten Eiswüsten, auf denen ich so viele Monate zugebracht hatte, erschienen nun die mit üppigem Graswuchse bedeckten hiesigen Wiesen mit den kräftigen Lärchenbäumen, Pappeln und Weidenbüschen, mit den zahlreichen Heerden, mit den überall verstreuten menschlichen Niederlassungen, ein wahres Paradies. Boden, Gewächse, die mildere Luft, die ganze Physiognomie des Landes war freundlich und athmete Leben.

Besonders üppig ist die Vegetation auf dem sogenannten Albuty, oder abgelaufenen, trocken gewordenen Seen, deren es hier eine grosse Menge giebt, und die eine Eigenthümlichkeit des nördlichen Sibiriens ausmachen. Diese Albuty sind eigentlich nichts anderes als flache Thäler, die sich im Frühlinge beim Austreten der Ströme mit Wasser anfüllen, und unzählige kleinere und grössere, immer aber fischreiche Landseen bilden. Bei den gewaltigen Frösten im Winter bekömmt der ganze Boden umher tiefe Risse und Spalten, die so gross werden, dass daraus förmliche Abzugskanäle entstehen, durch welche das Wasser des Sees, nach Umständen, in einigen Jahren, oft auch in einem Winter abfliesst, indem die Heftigkeit der Strömung darin so gross ist, dass das Wasser selbst bei starkem Froste nicht gefriert. — Dann überzieht sich der nun trockene und durch den zurückbleibenden Schlamm gedüngte Boden des Sees schnell mit dem schönsten Grase, und die Jakuten ermangeln nicht, sich gleich bei einem solchen neuentstandenen Weideplatz niederzulassen, daher denn auch die meisten der hiesigen Nasslegi oder Familienniederlassungen Albuty heissen *).

---

*) Eine noch merkwürdigere Naturerscheinung zeigt sich an den sibirischen Landseen, vornehmlich in der Gegend des Dorfes Alaseja, wo das Wasser mehrerer derselben, mitten im Winter, ohne sichtbare Seitenabflüsse, mit brausendem Getöse plötzlich verschwindet; in dem ausge-

Diese Sommerniederlassungen mit ihrer ganzen Umgebung, die um
dieselben herum weidenden Viehherden, das geschäftige Leben der Bewohner, die nicht wie alle meine bisherigen Gefährten in dicke Pelze
vermummt, sondern in einfach zierlicher Hauskleidung ihren ländlichen
Beschäftigungen nachjagen, alles das zusammen machte ein freundliches
Bild und verkündete mir, ich sey wieder unter lebensfrohen Menschen;
so gut war es mir lange nicht geworden! — Vor allen übrigen zeichnete sich die Sommerwohnung, letowje, eines wohlhabenden Jakuten-
häuptlings aus, der mit seinem ganzen Stamme und seinen zahlreichen
Viehheerden und Pferdetabunen, aus den Waldgegenden, wo sie den
Winter verbringen, auf den Sommer hieher gezogen war. Um seinen
Uross *) standen mehrere, demselben ähnliche kleinere Hütten, in
welchen die nächsten Angehörigen, Hausgenossen und Knechte wohnten;
das Ganze war mit einer Art von Verzäumung eingefasst, in welche
zur Nacht das Vieh eingepfercht wird. Alles verkündigte hier eine
gewisse Wohlhabenheit, mit patriarchalischer Eintracht und Sitten-

---

trockneten Seebecken finden sich dann immer eine Menge tiefer und breiter Risse. Diese sonderbaren Erscheinungen rühren von der ganz eigenthümlichen Beschaffenheit des Bodens in den hiesigen Tundry oder Steppen
her, dergleichen sich wohl nirgend in der Welt findet; er besteht aus
einer dünnen Schicht vegetabilischer Erde, in welcher Gras, Sträucher
und Bäume recht gut gedeihen, unter welcher aber, in nicht zu bestim-
mender, ungleicher Tiefe, dickere oder dünnere Eisschichten mit gefrorener
Erde untermischt liegen. Ich habe an verschiedenen Stellen in einer Tiefe
von 4 Faden immer noch horizontale Lagen klaren Eises von 1 Zoll bis
1 Fuss Dicke, zwischen gefrorenen Erdschichten von 1 bis 3 Fuss gefunden. Das ganze linke Ufer der Kolyma und beide Ufer des Alasej
sind so beschaffen, und auch die oben erwähnten Seen haben einen ähnlichen Eisgrund. Wenn nun im Frühlinge die Ströme austreten, wobei
das Land auf mehrere Werst weit unter Wasser gesetzt wird, so ist die
natürliche Folge davon, dass bei dem nächsten plötzlich eintretenden
starken Froste, die mit Wasser geschwängerte Erde platzt, so wie wir
Holz und selbst Felsen, zwischen deren locker an einander hängenden
Theilen Wasser eingedrungen ist, im Winter bersten sehen. So entstehen
dann auch wahrscheinlich auf dem Boden der Seen jene tiefen Risse und
Spalten, durch welche sich das Wasser in die noch tiefer liegenden Höh-
lungen im Innern der Erde verliert.

*) Die Urossy sind schon oben genauer beschrieben.

reinheit verbunden. — Die gastfreundliche Aufnahme, die mir hier ward, die milde Luft in diesen, durch die umliegenden Hügel und Waldungen vor rauhen Winden geschützten Thälern, der Ueberfluss an herrlicher Milch und anderer frischen Nahrung, endlich die vollkommene Geistesruhe in der ich hier, fern von Geschäften, dem Genusse der schönen Natur leben konnte — das alles vereinigte sich, um mich zu dem Entschlusse zu bewegen, den kleinen Rest des Sommers hier zu verbringen, und Kräfte zu den Beschwerden des bevorstehenden Winters zu sammeln. Wirklich fühlte ich auch sehr bald den wohlthätigen Einfluss meines hiesigen Aufenthaltes; ich lebte im eigentlichen Sinne des Wortes unter diesen gutmüthigen und, wie es schien, glücklichen Menschen wieder auf.

Unter andern lang entbehrten Genüssen, machte ich auch kleine Fussreisen, und besuchte die oft 20 bis 30 Werst von einander liegenden Albuty, unter denen mir einer derselben, der den Namen Sul'gi, Etar (Pferdetrift) führt, besonders merkwürdig ward. Hier lebt ein alter 82jähriger Jakut, Taufsohn des Lieutenants Laptew, der im Jahre 1739 die Kolyma bereiste, und dessen Namen er auch angenommen hat. Er hat eine Russin geheirathet, spricht nicht nur geläufig das Russische, sondern liest und schreibt es auch recht gut, und ist trotz seinem hohen Alter noch so gesund und rüstig, dass er mit den jungen Leuten weite Ritte macht, das Vieh auf die Weide und von da wieder in die Pferche treibt, und allerlei andere häusliche Arbeiten verrichtet. Dabei ist er ein leidenschaftlicher Liebhaber von Thee und Punsch, zwei hier sehr kostbaren Luxusartikeln. — Mit diesem ehrwürdigen, und nach hiesigem Maassstabe gebildeten Greise habe ich viele sehr angenehme Stunden verbracht. Er klagt sehr über die jetzige Unwissenheit seines Volkes, dass seiner Meinung nach ehemals einen gewissen Grad von Bildung hatte, aber seit der Absonderung von den übrigen tatarischen Horden, deren Stammverwandte die Jakuten sind, den Gebrauch und die Kenntniss der Schriftzeichen und damit die Mittel zur geistigen Ausbildung verloren haben soll. Unter andern behauptete er auch, dass die Jakuten früher einmal viel südlicher gelegene, weit von hier entfernte Länder bewohnt haben, und führte als Beweis dafür mehrere Volkssagen an, in denen von Gold und kost-

baren Edelsteinen, und von Löwen und Tigern die Rede ist, die sich
nun freilich in diesen Polarregionen nicht finden, und daher den jetzigen Bewohnern derselben durchaus ganz unbekannte und fremde Gegenstände sind. Bestimmteres über den ehemaligen Zustand seines
Volkes und über dessen frühere Wohnorte, konnte er mir nicht angeben, weil das alles sich nur in Traditionen erhalten hatte, die aber,
seit Einführung der christlichen Religion, mit dem ehemaligen Schamanismus verschwunden sind. — Dahingegen sprach er viel, und, wie
mir schien, mit Grund, über den moralischen sowohl als physischen
Verfall seiner Landsleute, über ihre immer zunehmende Prozesssucht,
den Hang zum Betruge und Diebstahl und den schädlichen, übermäs-
sigen Gebrauch starker Getränke (die er übrigens selbst leidenschaft-
lich liebt) und dem er die immer zunehmende Kraftlosigkeit der jetzigen Jakuten zuschreibt, von denen Niemand mehr, wie zu seines Vaters Zeiten häufig, ein Alter von **100** Jahren und drüber erreicht. Endlich klagte er auch über das schlechte Klima, das häufige Fehlschlagen
der Heuerndte und über die gefährliche Nachbarschaft der Wölfe, die
ihren Heerden grossen Abbruch thäten u. s. w.

Alles was ich aus seinen Erzählungen und aus meinen Unterhaltungen mit andern seiner Landsleute über die frühere Existenz dieses Volkes habe herausbringen können, beschränkt sich auf folgendes.

Die an den Ufern der Kolyma lebenden Jakuten sind nicht die
ersten Bewohner dieses Landes, welches vor ihnen von vier Völkerschaften, den Omöken, Schelägen, Tungusen und Jukahiren
bewohnt war. Die Omöki, die als angesiedelte Fischer lebten und die
Shelagi, die mit ihren Rennthieren nomadisirten, verschwanden, theils
durch die häufigen Kriege mit den sie verdrängenden Einwanderern,
theils durch verheerende Krankheiten aufgerieben, so dass jetzt kaum
nur noch ihr Name bekannt ist. — Auch die Jukahiren, ehemals zahlreiche, nomadisirende Völkerstämmen, sind sehr eingeschmolzen. Die
meisten derselben haben durch Seuchen ihre Rennthiere verloren, und
leben jetzt kümmerlich als Fischer an den Ufern der Flüsse; einige
wenige haben sich mit ihren Rennthierheerden an die Küsten des Eismeeres auf die dortigen Tundry zurückgezogen. — Die Jakuten allein
scheinen nicht nur an Zahl nicht abgenommen, sondern vielmehr be-

deutende Fortschritte in Bevölkerung und Kultur des Landes gemacht zu haben. Besonders gebührt ihnen das gewiss grosse Verdienst, zuerst Vieh- und Pferdezucht und allerlei andere landwirthschaftliche Industrie in einer Gegend eingeführt zu haben, die nach der Beschaffenheit des Klimas sowohl als des Bodens, durchaus nicht dafür gemacht zu seyn schien, der sie aber durch ihre Arbeitsliebe und Ausdauer nicht etwa blos eine kümmerliche Existenz, sondern eine gewisse Wohlhabenheit abzugewinnen wussten. — Die Jakuten haben so zu sagen diese unwirthlichen Steppen den kühnen Nachkommen Jermaks zugänglich gemacht, die hier das Christenthum einführten und ein unwissendes, abergläubisches Volk dem Schamanismus und seinen barbarischen Gebräuchen *) entrissen.

Die Jakuten sind jetzt alle getauft, und der Priester aus Sredne-Kolymsk bereist alljährlich ihre Niederlassungen um die erforderlichen kirchlichen Verrichtungen auszuüben. Besonders eifrig in Vertilgung des Schamanismus hat sich ein Protopop Namens Slezzòw gezeigt, der vor etwa 20 Jahren hier lebte; er spürte den heidnischen Gebräuchen unerschrocken nach, und wo er Götzenbilder oder deren Altäre entdeckte, bemächtigte er sich ihrer, um sie durch Feuer und Wasser zu vertilgen, so dsss man wohl jetzt kaum mehr noch dergleichen in dieser Gegend antrifft. Dessenungeachtet aber giebt es immer noch hier und da unter den Jakuten Schamane, die ihr Wesen im Geheimen treiben und, trotz dem Christenthume, doch noch Anhänger haben. Vorzüglich nimmt man seine Zuflucht zu ihnen, wenn es darauf ankommt einen Diebstahl zu entdecken, oder ein krankes Stück Vieh, nicht selten auch wohl Menschen zu heilen. Wie erfolgreich ihre Operationen seyn mögen, weiss ich nicht, aber so viel ist gewiss, dass die Schamane immer noch einen nicht unbedeutenden polizeilichen und medizinischen Einfluss auf das Volk haben, der sich wahrscheinlich noch lange erhalten wird, da sie in diesen beiden Beziehungen nicht

---

*) Unter andern war es bei ihnen üblich, neugeborne Kinder weiblichen Geschlechtes in Körben an Bäume auszuhängen, wo sie zuweilen, noch vor dem Erfrieren, von Reisenden gefunden und aufgenommen wurden. — Jetzt noch findet man hie und da alte Frauen in den Familien, die auf diese Art Mitglieder derselben geworden sind.

nur unter ihren Landsleuten, sondern auch unter den Russen eifrige Anhänger finden.

Die hiesigen Jakuten sind in ihren Sitten und Gebräuchen den um Jakuzk lebenden ganz ähnlich. Sie haben dieselbe Sprache, dieselbe Bauart für ihre Wohnungen, dieselbe Kleidung, Lebensweise u. s. w. — Die Viehzucht ist die Hauptquelle ihres Unterhaltes, während Fischerei und Jagd nur Nebenbeschäftigungen sind. Erst zu Ende des Sommers, wenn die Heu-Erndte beendigt ist, ziehen sie mit Netzen und Körben den Fischen nach, und nur im Winter durchstreifen sie, meist zu Pferde, die Wälder, um Füchse und Zobel zu jagen; da gelingt es ihnen auch wohl zuweilen ein Rennthier oder einen Bären zu erlegen. Ihre Waffe dabei besteht blos in Bogen und Pfeilen und in einem langen starken Messer, Pal'ma genannt.

Da die Pferde hier sich ihr Futter den ganzen Winter hindurch selbst verschaffen müssen, indem sie unter dem Schnee das alte Gras hervorscharren, so mähen die Jakuten nie in der Nähe ihrer Winterjurten, sondern ziehen mit Eintritt des Frühlings in andere, grasreiche Gegenden, wo sie den nöthigen Heuvorrath für ihr Hornvieh machen; den Pferden aber geben sie nur dann Heu, wenn sie eine Reise vorhaben. Gewöhnlich sind daher die Pferde im Winter mager und kraftlos. — Während der ganzen Zeit des Heumachens leben die Jakuten selbst fast blos von Kumyss, dessen sie oft ganze Eimer austrinken; sie sind bei dieser einfachen Nahrung nicht nur gesund, sondern werden dabei dick und kräftig.

Aus obigem ist es klar, dass der Wohlstand dieser Jakuten, ja ihre ganze Existenz von der Erhaltung ihrer Heerden, folglich von dem grössern oder geringern Vorrath an Heu abhängt, den sie während des kurzen Sommers zu machen im Stande sind; auch ist während dieser Zeit ihre Thätigkeit unbeschreiblich, und sie machen wirklich das Unmögliche möglich. Oft aber tritt plötzlich ein früher Winter ein, der ihrer Heu-Erndte ein Ende macht und von den traurigsten Folgen für sie ist. Davon war ich selbst bei meinem diesjährigen Aufenthalte unter ihnen Zeuge. — Am 22. August fiel, bei sehr kaltem, schneidendem NW.-Winde, ein so dichter Schnee, dass er in sehr kurzer Zeit das auf den Wiesen liegende, noch nicht im Schober zusammen-

gepackte Heu bedeckte, uns plötzlich aus dem Sommer in einen vollständigen Winter versetzte, und die unglücklichen Bewohner des Landes
um einen grossen Theil ihrer, mit so vieler Mühe bereiteten Vorräthe
an Winterfutter für das Vieh brachte. Dabei trat starke Kälte ein,
so dass die Seen zufroren, und aus den Wäldern kamen grosse Schaa-
ren von Wölfen, die die Thäler durchzogen, und im Laufe eines Monats über 80 Kühe raubten. Um das Unglück vollkommen zu machen,
war durch die häufigen Regengüsse die Kolyma ungewöhnlich ausge-
treten, so dass auch der Fischfang missrieth. Die Bestürzung und
der Jammer der armen Leute, die einem schweren, nahrungskargen
Winter entgegen sahen, war allgemein; am meisten aber schienen sie
darüber bekümmert, dass der Mangel an Futter sie in die traurige
Nothwendigkeit setzte, ihren schon durch die Verheerungen der Wölfe
eingeschmolzenen Viehstand noch zu vermindern.

So sah ich jetzt dies gutmüthige Hirtenvölkchen in Kummer und
Besorgniss versunken, welches bei meiner Ankunft froh und vergnügt
seinen friedlichen Beschäftigungen nachging und ruhig in die nächste
Zukunft blickte. Ich konnte ihnen nichts anbieten, als meine aufrich-
tige Theilnahme und die herzlichste Erkenntlichkeit für die gastfreundliche Aufnahme und für meine wiedergefundene Gesundheit und Kräfte,
die ich lediglich dem Aufenthalt unter ihnen, der einfachen, frischen
Kost und dem immerwährenden Genusse der milden, reinen Luft ver-
dankte.

Der so unverhofft frühzeitig eingetretene Winter nöthigte mich an
die Rückkehr nach Nis'hne-Kolymsk zu denken. Am 31. August trat
ich meine Reise zu Wasser dahin an, und brachte die erste Nacht
in einem an dem Flusse Timkina gelegenen russischen Dorfe zu, welches 40 Werst von dort liegt. Am Morgen (1. September) fanden
wir unser Fahrzeug eingefroren und den Fluss dermaassen mit Eis
bedeckt, dass wir viele Mühe hatten uns ein paar Werst durch dasselbe durchzuarbeiten, bis wir in die Kolyma gelangten, die noch frei
vom Eise war, theils wegen ihrer starken Strömung, theils auch weil
sie vermöge ihrer beträchtlichen Breite bei jedem Winde grosse Wellen macht. An demselben Tage kamen wir wohlbehalten in Nis'hne-
Kolymsk an.

Hier fand ich den von dem grossen Baranicha-Flusse zurück-gekehrten Unteroffizier Reschetnikow schon vor mir, welcher die ihm übertragenen Bauten ganz beendigt hatte. Während dieser Arbeit waren er und seine Leute oft den gefährlichen Besuchen der weissen Bären ausgesetzt gewesen. Auch berichtete er mir, dass in der Nachbarschaft unseres Baues sich Schwäne und Gänse in grosser Menge eingestellt hätten, um dort zu nisten und zu mausern, so wie auch dass das Meer dort sehr reich an einer, den Schmerlen ähnlichen Fischgattung sey, die hier Gol'zy genannt werden.

Bald nach mir kam auch der Matrose an, den ich am kleinen Tschukotschji hinterlassen hatte, und berichtete, dass am 21. August der tschukozkische Ausfluss der Kolyma schon völlig zugefroren sey. Anhaltende heftige Stürme und Schneegestöber waren ihm bei der Schwan- und Gänsejagd sehr hinderlich gewesen; dessenungeachtet hatte er derselben doch über 60 Stück geschossen. — Der Fischfang war sehr gut ausgefallen.

Unterdessen rückte der Winter mit starken Schritten heran; am 6. September schwammen grosse Eisschollen, die Kolyma hinab, und am 8. war der Strom ganz zugefroren. Der fast ununterbrochen fallende Schnee überschüttete den ganzen verödeten Ort, dessen Bewohner noch nicht von ihren Sommerbeschäftigungen zurückgekommen waren. — Zu Anfange des Sommers war alles von hier auf den Fischfang ausgezogen; gewöhnlich bleibt dann hier nur ein alter Kosak zurück, der die Stadtkanzellei bewacht. Dies Mal fand sich noch eine alte Frau, die, zu schwach um auf Arbeit zu gehen, die Einsamkeit des alten Veteranen theilte, und ihm half, in dem tiefen Schnee einen schmalen Fussteg auszuschaufeln, um sich Wasser aus dem Flusse holen zu können. So bestand denn nach meiner Ankunft die ganze Bevölkerung des Orts aus diesen beiden Alten und mir, nebst den drei zu unserer Expedition gehörigen Leuten.

Nach und nach sah man die ausgewanderten Bürger zurückkehren und mit nicht geringer Mühe sich Wege zu ihren hochverschneiten Wohnungen bahnen, nicht nur von aussen, sondern auch von innen, da in vielen derselben auch das Zimmer mit Schnee angefüllt war, weil die Eisscheiben während des Sommers wegschmolzen, und die

Laden oder andere einstweilige Vorkehrungen den durch Sturm und Wirbelwind herbeigetriebenen Schnee nicht hinlänglich abhalten. — Die Nachrichten, die sie mitbrachten waren nichts weniger als erfreulich. Eie Einen klagten über unglückliche Rennthierjagd, die Andern über fehlgeschlagenen Fischfang; dasselbe bestätigten auch die aus den umliegenden Dorfschaften und Niederlassungen kommenden Jukahiren und andere Bewohner der Umgegend; kurz, alles verkündigte allgemeinen Mangel und Hungersnoth für den bevorstehenden Winter.

Mitten unter dieser allgemeinen, leider sehr gegründeten Betrüb- niss, erfreute mich die Ankunft der Post aus Jakuzk. Die lang ersehnten Briefe versetzten mich in Gedanken unter die entfernten Freunde und Verwandten, und gewährten mir einen unbeschreiblichen Genuss, der aber freilich durch den Gedanken verbittert wurde, dass diese freundlichen Schriftzüge sechs ganzer Monate bedurft hatten, um aus Petersburg bis zu mir zu gelangen.

Am 29. September langten die Herren von Matiuschkin und Kyber von ihrer Reise am grossen und kleinen Aniuj hier an, und eine Woche später erfreute uns auch Herr Kosmin durch seine glückliche Rückkehr von seiner Küsten - Expedition an die Indigirka. — So waren wir denn alle wieder vereinigt, und wenn wir den Tag über mit Ordnen unserer Papiere und Journale und Eintragen unserer Beobachtungen auf die Karten verbracht hatten, versammelten wir uns um das gesellige Feuer des wärmenden Tschuwal, und kürzten die langen, finstern Abende durch Erzählungen unserer Reiseabenteuer, und gegenseitige Mittheilung der gesammelten Erfahrungen. Besonders lieferte dazu, in ethnographischer sowohl, als naturhistorischer Hinsicht, vielen Stoff die eben beendigte Reise der Herren von Matiuschkin und Kyber, deren Bericht in dem folgenden Abschnitte enthalten ist.